ROTH LIBERTADO

A marca FSC® é a garantia de que a madeira utilizada na fabricação do papel deste livro provém de florestas que foram gerenciadas de maneira ambientalmente correta, socialmente justa e economicamente viável, além de outras fontes de origem controlada.

CLAUDIA ROTH PIERPONT

Roth libertado

O escritor e seus livros

Tradução
Carlos Afonso Malferrari

1ª reimpressão

Copyright do texto © 2014 by Claudia Roth Pierpont

*Grafia atualizada segundo o Acordo Ortográfico da Língua
Portuguesa de 1990, que entrou em vigor no Brasil em 2009.*

Título original
Roth Unbound: A Writer and his Books

Capa
Charlotte Strick

Foto de capa
Ken Sharp

Preparação
Ana Cecília Agua de Melo

Índice remissivo
Luciano Marchiori

Revisão
Huendel Viana
Carmen T. S. Costa

Dados Internacionais de Catalogação na Publicação (CIP)
(Câmara Brasileira do Livro, SP, Brasil)

Pierpont, Claudia Roth
  Roth libertado : O escritor e seus livros / Claudia Roth Pierpont ;
tradução Carlos Afonso Malferrari. — 1ª ed. — São Paulo : Companhia das Letras, 2015.

  Título original: Roth Unbound: A Writer and his Books.
  ISBN 978-85-359-2544-9

  1. Roth, Philip 2. Crítica e interpretação I. Título.

15-00171   CDD-813.54

Índice para catálogo sistemático:
1. Philip Roth : Crítica e interpretação 813.54

[2015]
Todos os direitos desta edição reservados à
EDITORA SCHWARCZ S.A.
Rua Bandeira Paulista, 702, cj. 32
04532-002 — São Paulo — SP
Telefone: (11) 3707-3500
Fax: (11) 3707-3501
www.companhiadasletras.com.br
www.blogdacompanhia.com.br

Para Robert Pierpont

*Penso que devemos ler apenas os livros que nos mordem e afer-
roam. Se o livro que estamos lendo não nos desperta com uma
pancada na cabeça, por que nos dedicar a sua leitura?*

Nathan Zuckerman, 1981, *Zuckerman libertado*,
citando Franz Kafka, 1904, carta a Oskar Pollak

Sumário

Introdução 11

Defensores da fé 17
Americanos de verdade 28
Apego 51
Um paciente judeu começa sua análise 67
Uma piada de judeu 79
Cavando fundo atrás de inspiração 101
Filhos de Kafka 125
Aí ele me manda Claire 141
A loucura da arte 155
Um regime exclusivamente à base de palavras 177
Caim para o seu Abel, Esaú para o seu Jacó 200
Você não deve esquecer nada 224
Uma festa da neve 247
Ninguém que seja amado escapa vivo 266
A loucura assassina americana! 289
Traição 317

A fantasia da pureza é um horror 341

Os seios. 364

Todo anjo é terrível .379

Fantasmas 392

Seguindo em frente .414

Você nunca me derrubou 430

De novo com isso: adendos, lembranças e descobertas . . .448

Agradecimentos 461

Obras de Philip Roth 463

Índice remissivo 465

Introdução

Eu estava quase indo embora de uma animada festa de aniversário, em dezembro de 2002, quando o anfitrião me parou à porta e disse que, se eu ficasse, me apresentaria a Philip Roth, cuja obra ele sabia que eu admirava. A festa acontecia em um clube de jazz no sul de Manhattan e o atencioso anfitrião e aniversariante era o crítico de jazz Stanley Crouch. Roth estava sentado no bar, rodeado de gente. Com a coragem atiçada por Stanley e por algumas cervejas, fui até lá e, à queima-roupa, disse-lhe que eu o considerava um dos grandes ficcionistas americanos do século xx. Ele sorriu e respondeu: "Mas nós estamos no século xxi!". E, voltando-se para Stanley, que estava ao meu lado, acrescentou: "Você fica me trazendo essas mulheres aqui e elas só me insultam!". Todos rimos e eu disse mais algumas coisas que, espero, tenham sido menos embaraçosas. E parti. Roth não tem nenhuma lembrança de que isso aconteceu.

Quase dois anos depois, recebi pelo correio um envelope com o nome Philip Roth e um endereço de Connecticut estampados no canto superior esquerdo. Dentro havia um bilhete e uma carta datilografada em papel branco comum, explicando o contexto de uma fotocópia, também inclusa. Roth me escrevera em resposta a um artigo que eu havia publicado na *The New Yorker* sobre o antropólogo Franz Boas, cujo trabalho ao longo da vida tocara em algumas das questões levantadas por Roth em seu último livro, *Complô contra a América*, a saber, o perigo representado pela direita americana nos anos 1930 e 1940 e a luta contra o isolacionismo e o preconceito — para definir essas questões de maneira bem genérica e em termos que Roth não empregava na carta. A fotocópia era da primeira página de um jornal há muito esquecido chamado *In Fact* — "editado por George Seldes, uma espécie de paladino da esquerda", explicava Roth — com a data de 17 de novembro de 1941. Alguém tinha lhe enviado esse jornal porque continha um artigo sobre Charles Lindbergh, que, no romance contra-histórico de Roth, é eleito presidente dos Estados Unidos. E Roth me enviara a cópia porque o jornal também trazia um artigo de Boas, que ele julgara que talvez fosse de meu interesse. Mencionou que seu pai costumava receber o *In Fact* e também o *I. F. Stone's Weekly*: "Jornais para atiçar a indignação".

Leitores deste livro verão que não é incomum Roth enviar esse tipo de correspondência para pessoas que escreveram algo que tenha despertado seu interesse. Respondi à sua carta, à qual ele também respondeu, e acabamos nos encontrando para um café em Nova York. Meu nervosismo desapareceu de imediato. Roth é um interlocutor brilhante, daqueles que também sabem ouvir, e não só é tão engraçado como poderíamos imaginar por seus livros como também faz quem está a seu lado sentir-se igualmente engraçado — talvez seja a pessoa de riso mais fácil que conheci. Assim, esse acabou sendo o primeiro de muitos encontros e discussões semelhantes.

Sou jornalista por profissão, mas historiadora da arte por formação. Há um bocado de tempo, escrevi uma dissertação em história da arte sobre a Renascença italiana, para a qual passei longas horas em arquivos europeus, buscando uma frase que fosse capaz de acrescentar uma nesga de conhecimento ou uma nuance de significado a temas queridos que já haviam sido estudados à exaustão. A menor das descobertas me entusiasmava; era como se eu entreabrisse alguns milímetros a cortina do tempo e entrasse em contato com a história e com os grandes artistas do mundo. Assim, a despeito da gostosa camaradagem que Roth propiciou ao longo desses quase oito anos de discussões sobre literatura, política e mil outras coisas, nunca deixei de estar ciente de que poder conversar com Philip Roth sobre seu trabalho era um privilégio extraordinário. Sobre esse tema, pelo menos, tentei manter-me a par de tudo o que ele disse.

Eu não tinha este livro em mente; não tinha nada especial em mente. Eu resenhara um dos livros de Roth para a *The New Yorker* e acabei me tornando um dos vários leitores a quem ele mostrava seu novo trabalho antes da publicação. (Na primeira vez em que me pediu para ler um manuscrito, eu disse: "Ficaria honrada", ao que ele retrucou: "Nada de ficar honrada, por favor, senão você não vai me ajudar em nada".) Este livro começou em 2011 como um ensaio que eu pretendia tornar parte de uma coletânea sobre temas americanos. Todavia, não parou de crescer, por dois motivos principais: Roth escreveu um vasto número de livros e se dispôs a conversar longamente comigo a respeito deles.

Roth libertado é, em essência, uma investigação do desenvolvimento de Roth como escritor e uma consideração dos temas, reflexões e linguagem de sua obra. Necessariamente, cobre um arco enorme, desde sua infância em Newark, durante a Segunda Guerra, e a indignação totalmente inesperada com que seus primeiros contos foram saudados, até a explosão literária (e não literária) de *O complexo de Portnoy*; desde a renovação de si mesmo depois das experiências em Praga nos anos 1970 e a realização imaginativa de *O escritor fantasma* até a série de obras-primas publicadas entre meados dos anos 1980 e o ano 2000 — *O avesso da vida*, *Operação Shylock*, *O teatro de Sabbath*, *Pastoral americana*, *A marca humana* — e, por fim, seus romances curtos e intensos do século XXI. É claro, este sumário mal toca os pontos altos de uma carreira que se estendeu por mais de cinquenta anos e atravessou inúmeras fases diferentes. Em 2006, quando a *The New York Times Book Review* realizou uma enquete com escritores, editores e críticos contemporâneos a fim de determinar "a melhor obra de ficção americana publicada nos últimos 25 anos", nenhum romance de Roth apareceu em primeiro lugar simplesmente porque os votos para suas obras se fracionaram entre sete livros distintos. Nenhum outro ficcionista americano desde Henry James, me parece, trabalhou num ápice tão prolongado de concentração e sucesso, livro após livro após livro. Para não falar de seus assuntos: judeus na América, judeus na história, sexo e amor e sexo sem amor, a necessidade de encontrar sentido na vida, a necessidade de mudarmos nossa vida, pais e filhos, a armadilha do eu e a armadilha da consciência, ideais americanos, a traição pelos americanos dos ideais americanos, os tumultos dos anos 1960, a presidência Nixon, a era Clinton, Israel, os mistérios da identidade, o corpo humano em sua beleza, o corpo humano em suas degradantes doenças, as devastações da velhice, a chegada da morte, o poder e as falhas da memória. É um milagre que este livro não seja muito mais longo.

Roth concluiu *Nêmesis* no outono de 2009 e logo percebeu, ao contrário talvez do público, que seria seu último romance. Um estudo literário como este só poderia ter sido escrito a partir de então, com todo o arco da obra do autor completo. Mas a aposentadoria de Roth foi também uma precondição da forma um tanto híbrida que o livro acabou assumindo, graças a suas consideráveis contribuições para estas páginas: lembranças, observações, opiniões, ideias e contraideias, piadas, histórias e até canções. A menos que outra fonte seja indicada, todas as citações nas páginas seguintes provêm de minhas conversas com ele. (Do mesmo modo, as observações de vários amigos seus foram extraídas de minhas entrevistas e conversas com eles.) Em termos bem sucintos, Roth teve tempo para conversar sobre sua obra porque não estava mais ocupado em fazê-la. Mas foi estimulante para ele rever a produção de uma vida inteira, que nem mesmo ele tivera tempo de caracterizar — afora citar o que seu herói peso-pesado, Joe Louis, disse quando se aposentou: "Fiz o melhor que pude com o que tinha".

Roth foi extremamente generoso. Respondeu a muitas, muitas perguntas. Permitiu que eu vasculhasse seus arquivos no sótão em Connecticut. Conversei com ele tempo suficiente, e em circunstâncias suficientemente diferentes — na saúde e na doença, literalmente —, para ouvir mudanças de opinião, e procurei dar conta também dessas mudanças, ciente dos riscos de anotar uma ideia passageira como um registro permanente. E tudo isso com plena compreensão de que ele não leria uma única palavra que eu escrevesse antes da publicação. De um lado, Roth está muito além de importar-se com o que as pessoas dizem; ele já ouviu tudo que tinha para ouvir. De outro, ele sabe melhor que ninguém que a liberdade é tão essencial para a literatura como para a vida. Assim, embora este livro tenha se beneficiado além de qualquer medida da presença de Roth, eu o mantive resolutamente fora da minha mente no que diz respeito a meu trabalho crítico.

Devo acrescentar que, apesar do meu nome do meio, não tenho nenhum parentesco com meu célebre assunto. Houve uma ocasião, é verdade, quando estávamos ambos em um jantar com um grupo de amigos, em que alguém perguntou sobre uma possível relação familiar; Roth voltou-se para mim com uma expressão de leve horror e um vago reconhecimento: "Eu já fui casado com você alguma vez?!". Felizmente, bastou um momento de reflexão para provar que não era nada disso.

Em *Zuckerman libertado*, Roth faz uma distinção entre o mundo não escrito e o mundo que sai de sua máquina de escrever — não entre os mundos real e ficcional — com um senso de equilíbrio mais apurado do que se costuma admitir. O presente livro é sobre o mundo escrito de Roth, mas não seria possível escrever sobre esse mundo sem mergulhar também no não escrito, isto é, na vida que tantas vezes serviu à obra. A biografia é importante em alguns períodos mais que em outros e visa, acima de tudo, esclarecer. Todavia, como Roth disse em entrevista ao *Le Nouvel Observateur* em 1981, "Arte é vida, também, sabe? Solidão é vida, meditação é vida, fingimento é vida, suposição é vida, contemplação é vida, linguagem é vida". Este livro, pois, é sobre a vida da arte de Philip Roth e, inevitavelmente, sobre a arte de sua vida.

Defensores da fé

"O que está sendo feito para calar esse homem?" A pergunta, feita por um eminente rabino de Nova York em carta para a Liga Antidifamação da B'nai B'rith em 1959, tinha o tom de uma exigência e prosseguia com a insinuação de uma solução: "Judeus medievais teriam sabido o que fazer com ele". A figura condenada a esse tipo de justiça sanguinária era um autor de contos quase desconhecido chamado Philip Roth, de 26 anos. Quando fala sobre esse seu primeiro embate público, Roth tende a lembrar de si como ainda mais jovem, como se quisesse mostrar o quanto se sentiu vulnerável quando os anciãos da Liga o convidaram para um encontro a fim de discutirem o problema. Em seus tempos de colegial, Roth queria se tornar advogado dessa mesma organização, para defender os judeus americanos das distorções jurídicas e da discriminação — como explicou a dois altos membros da Liga durante um almoço no Ratner's, o restaurante judaico na Segunda Avenida, onde, ele se recorda afetuosamente, "o dedão do garçom estava sempre na sopa". Roth era claramente um jovem sério e o almoço acabou sendo um encontro amigável. Não havia como a Liga controlar o que ele escrevia, é claro, mesmo que seus membros desejassem fazê-lo, o que não era o caso. ("País livre, os Estados Unidos", Roth observou com satisfação ao relatar o incidente décadas depois.) Seja como for, nos anos seguintes ele pôde falar sobre seu trabalho em reuniões patrocinadas por diversas organizações judaicas, nas quais teve toda a liberdade para se defender do que a carta que o rabino escreveu em seguida, endereçada expressamente a ele, denunciava com igual liberdade como "maneiras de ver os judeus que, em nosso tempo, culminaram no assassinato de 6 milhões".

Um dos contos que Roth escrevera tratava de um aluno de treze anos de uma escola judaica que ameaça pular do telhado da sinagoga a menos que sua mãe, o rabino e todos os que haviam se aglomerado na rua se ajoelhem e declarem sua fé em Jesus Cristo. Não foi esse conto, entretanto, intitulado "A conversão dos judeus", que indignara o rabino. Havia outro, "Epstein", sobre um judeu casado, de sessenta e poucos anos, cujos castigos pelo pecado de um breve caso amoroso são, progressivamente, uma humilhante erupção cutânea e um ataque cardíaco. Mas este também não foi o conto mencionado pelo rabino, embora, de acordo com o *The New York Times*, outro rabino houvesse reclamado do modo como Roth retratara um adúltero judeu e outras "personalidades esquizofrênicas doentias", todas as quais eram, por acaso, judias. Será que as histórias de Roth tinham algum personagem principal que não fosse judeu? Em uma fábula sinistra, "Eli, o fanático", os cidadãos enraivecidos de um subúrbio de elite que querem despejar um lar para crianças judias refugiadas não são os gentios há muito estabelecidos na cidadezinha, mas sim os *nouveaux* suburbanitas judeus, que veem os refugiados como adventícios, embaraçosos e uma ameaça ao seu novo status americano — precisamente o tipo de ameaça que os rabinos viam em Roth.

A causa de toda a ira rabínica foi um conto publicado na *The*

New Yorker em março de 1959, intitulado "O defensor da fé". Mais do que os outros contos de Roth, este era bastante realista e psicologicamente complexo. (Roth hoje afirma que foi "a primeira coisa boa que escrevi".) Ambientada num acampamento militar no Missouri durante os meses finais da Segunda Guerra, a história acompanha o progresso moral e emocional de um sargento judeu justo e imparcial — um herói de guerra que acabara de retornar da zona de combate, entorpecido por toda a destruição que presenciara — que é continuamente adulado por um recruta judeu para que lhe conceda favores por conta do vínculo religioso entre ambos. As exigências da solidariedade judaica sempre foram incômodas para os altivos heróis americanos de Roth (o estudante de hebraico em "A conversão dos judeus" começa a se meter em apuros quando pergunta ao rabino como ele podia "dizer que os judeus eram 'o Povo Eleito' se a Declaração de Independência afirmava que todos os homens são criados iguais"). "O defensor da fé" trata diretamente desse conflito de lealdades: o jovem soldado vigarista quase consegue evitar que o mandem para o front, mas acaba sendo punido pelo sargento — que, apesar do afeto que nutre pelo jovem e das lembranças familiares que ele despertou, aprova sua transferência, obrigando-o a encarar os mesmos perigos que qualquer outro homem. No final do conto, quando os dois se confrontam ("O seu antissemitismo não tem limite!", grita o jovem enfurecido), o sargento explica que tem de cuidar do bem-estar não de um ou outro povo, mas de "todos nós". Esta é a fé que ele defende inequivocamente, sem, contudo, perder de vista a fé da qual teve de abrir mão em nome da outra.

Foi o modo como Roth retratou o sorrateiro e dissimulado soldado judeu de dezenove anos que provocou toda a celeuma. Nem as conclusões do autor, nem a inteligência controladora do sargento, nem, certamente, as qualidades literárias do conto impressionaram aqueles que se indignaram com a mera sugestão de que tal pessoa pudesse existir. Entretanto, o aspecto mais incendiário do conto foi a sua publicação na *The New Yorker*. Trabalhos anteriores de Roth já tinham aparecido em periódicos de prestígio, mas pouco lidos, como a recém-lançada *Paris Review* e a *Commentary*, lida quase só por judeus e fundada pelo American Jewish Committee depois da guerra. Na verdade, "o seu conto — em hebraico — em uma revista ou jornal israelense", escreveu o censório rabino a Roth, "teria sido julgado exclusivamente do ponto de vista literário". Aqui, porém, nos Estados Unidos, em uma revista tão estimada pela sociedade gentia, os melhores esforços de Roth eram nada mais, nada menos que atos de um "informante".

Roth foi pego de surpresa e ficou genuinamente estarrecido com essa reação. Na manhã em que a *The New Yorker* saiu, ele se lembra de ter ido e voltado "uma seis vezes" de seu apartamento na rua 10 Leste à banca de jornais na rua 14, até a revista finalmente chegar, e de tê-la levado para casa e "lido e relido, de trás para a frente e de frente para trás, e depois de cabeça para baixo; não conseguia largá-la". As cartas começaram a chegar nos dias seguintes e logo formaram tal enxurrada que os editores decidiram preparar uma carta-padrão para enviar como resposta. Na verdade, o conto discrepava da linha editorial da *The New Yorker*, acostumada a publicar contos judaicos no gênero *A educação de H*Y*M*A*N K*A*P*L*A*N*, de Leo Rosten, histórias sobre "judeuzinhos fofos", segundo Roth. (Alfred Kazin começa sua primeira resenha da obra de Roth declarando que "Há algumas semanas, fui despertado, ao ler a *The New Yorker*, por 'O defensor da fé', de Philip Roth".) Porém, fora dos círculos literários, a forte reação serviu apenas para comprovar não só como os nervos judeus continuavam à flor da pele passados apenas catorze anos desde o fim da guerra — com as perdas ainda sendo absorvidas e o termo "Holocausto" ainda por ser adotado para descrevê-las —, mas também a incapacidade de muitos judeus para aceitar o fato de Roth ter revelado o que ele chamou de "segredo" deles: "que os desvarios da natureza humana afligem os membros da nossa minoria".

A publicação, em forma de livro, de cinco contos de Roth, junto com a novela *Adeus, Columbus*, ocorreu em maio de 1959, apenas dois meses depois de a *The New Yorker* ter chegado às bancas. Roth diria mais tarde que, em certos círculos, o pequeno volume foi visto como "o meu *Mein kampf*". A novela, que dá título à coletânea, provocou acusações ainda mais veementes de auto-ódio judaico e antissemitismo em virtude do mesmíssimo material que tornava o livro irresistivelmente cômico: o olhar cheio de espírito de vaudevile sobre os judeus proletários de Newark ("Ele vive na *shmutz* [imundície] e não quer que eu me preocupe", preocupa-se tia Gladys) e, principalmente, as implacáveis alfinetadas nos judeus sócios dos clubes de campo do mundo tão próximo, mas tão distante, de Short Hills — espécimens suburbanos do pós-guerra ainda desconhecidos na literatura. No livro, após uma breve viagem de carro desde Newark, onde tia Gladys e tio Max passam as noites mormacentas de verão sentados num beco escuro à espera de uma brisa fresca, Neil Klugman, de 23 anos, se vê em meio a gramados irrigados, salas com ar--condicionado e ruas com nomes das faculdades onde a progênie local estuda. Neil, defensivo bacharel pela filial de Newark da Universidade Rutgers e aspirante a Gatsby (embora mais esperto), está atrás de uma garota — uma aluna do Radcliffe College de Harvard chamada Brenda Patimkin, que está passando o verão na casa dos pais — cujo fascínio está inextricavelmente ligado ao sereno domínio de si que o dinheiro produz.

Roth não estava, de modo algum, em interlocução consciente com o livro de Fitzgerald. *Adeus, Columbus* foi uma obra espontânea — "com algumas das virtudes e todos os defeitos da espontaneidade", Roth me explica, agora que os defeitos do livro lhe parecem claros até demais. Não obstante, naquela época *O grande Gatsby* estava fresco e vivo na sua cabeça. Em meados dos anos 1950, ele se matriculara em um curso de pós-graduação sobre a década de 1920 nos Estados Unidos e cada aluno recebera um ano específico sobre o qual preparar um relatório cultural. A Roth coube o ano de 1925: "O ano mais incrível", diz, "com *O grande Gatsby*, *Manhattan Transfer*, o começo da *The New Yorker*". O que mais teve impacto sobre ele no livro de Fitzgerald foi o "ângulo de observação social", explica, embora os primeiros críticos tenham visto não poucas semelhanças entre a frívola Daisy de Fitzgerald e Brenda Patimkin — impiedosamente competitiva, porém angelical em seu uniforme branco, jogando tênis numa suave noite de verão com uma amiga com falso sotaque de Katharine Hepburn, enquanto um impaciente Neil espera por ela. O fato de Brenda dever sua beleza a uma rinoplastia e sua fortuna familiar às Pias de Cozinha e Banheiro Patimkin, na humilde Newark, em nada diminui seu encanto. Para Neil, ela é tão "filha do rei" como Daisy era para Gatsby — Roth (ainda que inconscientemente) apenas tomou para si a expressão cavalheiresca de Fitzgerald. A filha de um rei é uma princesa, é claro, e Roth foi acusado de contribuir para o estereótipo da "princesa judia americana", embora, na realidade, o termo *Jewish American princess* só tenha surgido mais de uma década depois, no início dos anos 1970, provavelmente por causa do retrato exagerado de toda a família Patimkin na versão cinematográfica da obra, dirigida por Larry Peerce, lançada mais ou menos nessa época.

O livro de Roth é repleto de implicações sobre classe e raça. Por mais inteligente que seja, Neil tem um emprego sem futuro como bibliotecário e a única pessoa importante em sua vida, afora Brenda, é um menino negro que aparece regularmente para folhear os livros de arte. Instintivamente, ele protege o garoto tanto do racismo de um colega como da ameaça de que seu livro favorito, com reproduções do paraíso de Gauguin no Taiti, seja tomado emprestado por um desagradável velhote branco. (Roth deita descaradamente as cartas contra esse outro amante de Gauguin.) Todavia, embora o herói de Roth tenha uma certa empatia com um garoto negro que contempla imagens de inalcançável beleza — Neil ele próprio vê os taitianos de Gauguin sob a ótica dos Patimkin — e sinta uma conexão parecida com a empregada negra dos Patimkin, fica claro que nem o garoto nem a empregada sentem coisa alguma por Neil. Ele está sozinho em um espaço social incerto e desconfortável, sonhando acordado com a fortuna dos Patimkin, mas ainda assim cheio de orgulho e de raiva o suficiente para querer jogar uma pedra contra a vidraça da biblioteca de Harvard depois que Brenda finalmente faz a difícil escolha entre ele e a família dela.

A verdadeira novidade no modo como Roth enxergou a vida judaica americana em 1959 foi a ausência de qualquer senso de tragédia ou opressão ("Gramados verdes, judeus brancos", um dos personagens de Roth diz, comentando *Adeus, Columbus* 35 anos depois, em *Operação Shylock*: "O auge da história do sucesso judaico, tudo novo, emocionante, esquisito e divertido".) É verdade que tia Gladys envia pacotes para os "Judeus Pobres da Palestina", mas seu gesto já é visto como arcaico. O muito mais atualizado sr. Patimkin, contemplando seu grandioso império de lavatórios, chega à pesarosa conclusão de que seus adorados filhos — Ron, Brenda e Julie — sabem tanto sobre o que significa ser judeu como os góis. Mergulhando de corpo e alma no sonho americano, os Patimkin recebem uma dose diária de esportes (um lugar extra é posto à mesa no jantar não para Elias, mas para Mickey Mantle, o jogador de beisebol) e de comida — refeições pantagruélicas, servidas por Carlota, a empregada, abafam todas as conversas com digestão ativa e porções extras. Como resultado, Neil, na qualidade de convidado, conclui que "talvez seja melhor registrar tudo que foi dito logo de uma vez, em vez de indicar as frases perdidas enquanto alguém passava uma travessa para alguém, as palavras devoradas junto com bocados, a sintaxe picada e esquecida enquanto a comida era amontoada, derramada e engolida". É o que ele faz na forma de um pequeno esquete:

RON: Cadê a Carlota? Carlota!

SRA. P.: Carlota, traz mais pro Ronald.

CARLOTA (*gritando*): Mais do quê?

RON: De tudo.

SR. P.: Pra mim também.

SRA. P.: Se você cair no campo de golfe, vai sair rolando.

SR. P. (*puxando a camisa para cima e batendo na barriga negra e curva*): Mas que história é essa? Olha só pra isso!

RON (*levantando a camiseta*): Olha pra *isso*.

BRENDA (*para mim*): E você, vai exibir o ventre?

EU (*voz de menino de coro outra vez*): Não.

SRA. P.: Muito bem, Neil.

EU: É. Obrigado.

CARLOTA (*falando por cima do meu ombro, como um espírito que baixou sem ser chamado*): E *você*, também quer mais?

EU: Não.

SR. P.: Ele come que nem um passarinho.

JULIE: Tem uns passarinhos que comem muito.

BRENDA: Quais?

SRA. P.: Não vamos falar sobre animais durante o jantar.

A comédia não é particularmente cruel, pois a maioria dos personagens é retratada com afeto: o despretensioso sr. Patimkin, sempre batendo na barriga, que suou a camisa para escapar da pobreza de Newark; a graciosa e sagaz Brenda, quebradora de regras e leitora de Mary McCarthy; até o obtuso Ron, antigo astro de basquete universitário, que deixa seu suporte atlético pendurado nas torneiras do chuveiro — um rapaz imenso, tosco, sentimental, que lembra mais uma versão requentada do Tom Buchanan de Fitzgerald do que qualquer judeu concebido por qualquer outro escritor americano anterior. Os Patimkin não nutrem nenhuma dúvida acerca de seu direito a tudo o que possuem ou acerca de sua posição na sociedade americana. Mas o que a América pensava deles?

Adeus, Columbus conquistou o National Book Award em 1960, algo extraordinário para um primeiro livro de contos de um autor de 27 anos. Também foi bastante elogiado pelos "quatro tigres da literatura judaica americana" (é assim que Roth identifica Saul Bellow, Alfred Kazin, Irving Howe e Leslie Fiedler), que reconheceram nele uma voz vigorosa e uma perspectiva nova — um passo adiante na saga dos judeus na América à qual eles próprios pertenciam. O modo como Roth retrata os Patimkin, em especial, foi considerado (nas palavras de Howe) "ferozmente preciso", um reflexo verdadeiro da vacuidade espiritual (na formulação de Bellow) que acometia um número incontável de judeus americanos de classe média. Entre treze e dezoito anos mais velhos que Roth, esses tigres literários, à diferença dele, eram filhos de imigrantes, nascidos em uma geração que os mantinha mais próximos do sentimento religioso, por maior que tenha sido a ferocidade com que se rebelaram contra ele. O fato de que Bellow via os subúrbios alegres e saudáveis, ainda que tacanhos, de Roth como mais um capítulo na tragédia histórica dos judeus diz mais sobre o próprio Bellow do que sobre Roth. De qualquer modo, Roth ficou agradecido pelo apoio crítico e, em especial, pela declaração de Bellow de que não se deveria esperar que um autor judeu escrevesse "releases de relações públicas" na esperança de reduzir o sentimento antissemita e que, na verdade, as perdas para "nosso senso de realidade" não valiam os ganhos, se é que algum ganho havia. Bellow deu a Roth um importante siga-em--frente num momento em que — prêmios ou não prêmios — mais e mais pessoas pareciam decididas a fazer com que ele parasse.

Adeus, Columbus também ganhou o Prêmio Daroff do Jewish Book Council of America, apenas um ano depois de ser concedido (por outros jurados) a *Êxodo*, de Leon Uris. O livro de Roth não foi uma escolha muito popular. Uris chegou a falar de uma nova "escola" de autores judeus americanos, "que passam o tempo amaldiçoando seus pais, odiando suas mães, esfregando as mãos e se perguntando por que nasceram", cujas obras "me dão vontade de vomitar". Roth leu a entrevista de Uris, publicada no *New York Post*, que outro leitor indignado havia recortado e lhe enviado. Todas essas acusações foram citadas pelo próprio Roth em dois ensaios do início dos anos 1960: "Some New Jewish Stereotypes" (*American Judaism*, 1961) e "Writing about Jews" (*Commentary*, 1963), ambos republicados na coletânea de 1975, *Reading Myself and Others*. Esses ensaios — e Roth não escrevia ensaios com frequência — mostram o quanto ele levou a sério os ataques e o quanto se magoou com eles, mas também revelam sua certeza de que estava com a razão. Ele observou que as pessoas leem *Anna Karenina* sem concluir que o adultério é um traço russo; *Madame Bovary* não leva leitores a condenar a moral das mulheres provincianas francesas em massa. Ele estava fazendo literatura, não sociologia ou — na útil expressão de Bellow — relações públicas. Aspirava aos mais elevados ideais artísticos e esperava que, se conseguisse se explicar, com bastante cuidado, as pessoas entenderiam.

Em 1962, Roth, que estava lecionando na Universidade de Iowa, aceitou um convite para dar uma palestra na Universidade Yeshiva, em Nova York, em um simpósio sobre "A crise de consciência em escritores de ficção de minorias". Também falariam

Ralph Ellison, cujo retrato da vida de uma família negra em *Homem invisível* lhe rendera acusações de difamação de sua própria comunidade, e Pietro di Donato, autor de um romance sobre imigrantes italianos, *Christ in Concrete*, que havia sido um best-seller nos anos 1930. Mas desde o início ficou claro que Roth era o centro de interesse. Ele descreve o evento em seu volume autobiográfico, *The Facts*, onde explica que o tom do simpósio foi dado logo na primeira pergunta do moderador: "Sr. Roth, o senhor escreveria as mesmas histórias que escreveu se vivesse na Alemanha nazista?".

Os ataques prolongados que se seguiram deixaram-no atordoado, mal podendo responder com coerência às perguntas e asserções lançadas ao palco, e avassalado pela consciência de que "eu não era apenas antagonizado, mas odiado". Solidário, Ellison tomou sua defesa; Roth lembra-se de ele ter afirmado, em relação a sua própria obra, que se recusava a ser uma peça na engrenagem dos direitos civis. Mesmo assim, ao deixar o palco, Roth foi rodeado por uma multidão inquieta, de punhos erguidos. Conseguiu escapar, por fim, com sua esposa e seu editor. Na segurança da Stage Delicatessen, saboreando um sanduíche de pastrami, ele jurou: "Nunca mais vou escrever sobre judeus".

Americanos de verdade

Para começo de conversa, Roth não tinha tido a intenção de escrever sobre eles. Já indicou diversas vezes que teve a infância de um garoto americano típico: cresceu em Newark nas décadas de 1930 e 1940 — nasceu em 19 de março de 1933, menos de uma semana depois da posse de Franklin Roosevelt —, fazia suas lições de casa, ouvia rádio e jogava beisebol. Seus avós tinham feito parte da grande onda de imigrantes judeus vindos da Rússia e da Galícia polonesa no final do século XIX; recebeu o nome do pai de sua mãe, que morrera antes de ele nascer e que mudara seu nome hebraico, Feivel, para Philip. Seu avô paterno, Sender Roth — que estudara para ser rabino na Galícia e acabou trabalhando numa fábrica de chapéus em Newark —, morreu quando Philip ainda era bem pequeno, mas as duas avós foram presenças marcantes ao longo de toda sua infância. A família ia visitá-las todos os domingos: saíam de manhã para encontrar a mãe de seu pai, que vivia com a irmã num apartamento alugado bem pobrezinho no centro de Newark (Roth se lembra de que elas cozinhavam num fogão a carvão). Depois do almoço, iam de carro ver a mãe de sua mãe, que morava num minúsculo apartamento na cidade vizinha, Elizabeth. Quando a gasolina foi racionada durante a guerra, a família fazia o trajeto até Elizabeth a pé uma vez por mês, uma aventura superdivertida, pois tinham de atravessar uma ponte sobre os trilhos de trem e contornar os limites de um grande e tenebroso cemitério. No entanto, nem Philip nem seu irmão mais velho, Sandy, chegaram a conhecer bem as avós, pois as duas *balabustas* [donas de casa] mal falavam inglês e os garotos nem sequer arranhavam o ídiche.

Mesmo assim, Roth se lembra de que havia grande afeto entre as gerações, mesmo sem palavras. Em uma amorosa carta que escreveu da faculdade para sua "vovó" materna quando ela estava muito doente — sua mãe deve tê-la traduzido e lido para ela —, ele conta, cheio de orgulho, que tinha conseguido um papel numa peça (o do catador de papel em *A louca de Chaillot*, de Giradoux), que descreve como "um homem bem pobre, que lembra muito o vovô quando viu a América pela primeira vez. Como você e o vovô, esse pobre homem quer que o mundo seja bom". (Hoje Roth acha essa carta insuportavelmente sentimental, mas na verdade ela mostra apenas um rapaz bem-intencionado de dezenove anos tentando ver o mundo como sua avó o via.) Em meio a esses bons e veneráveis parentes, Roth também se lembra de uma figura francamente assustadora, a irmã de sua avó paterna, uma mulher severa, que usava camadas sobre camadas de roupas, chamada Meema Gitcha. O nome dela era "bom demais para não ser usado", diz rindo, e décadas depois ele de fato usou-o em *Operação Shylock* — embora até hoje não saiba ao certo o que significa.

Os pais de Roth, Herman e Bess Roth, haviam nascido e crescido em Nova Jersey — "americanos desde o primeiro dia", como ele diz. Como tantos outros de sua geração, acabaram se tornando para seus filhos uma espécie de anteparo entre o velho mundo e o novo. A família frequentava a sinagoga somente nos feriados mais importantes — e, ao que parece, principalmente para agradar à geração mais velha. Sua mãe mantinha uma cozinha kasher, explica Roth, pelo mesmo motivo: caso contrário, como as avós iriam jantar em casa? (Em contrapartida, ele também se lembra da mãe acendendo velas de Shabat, num gesto devocional íntimo, agitando os braços hipnoticamente em torno da chama, como num transe — se recordando talvez do pai, Roth acredita —, exatamente como a mãe em "A conversão dos judeus". Ternamente, Roth repete o gesto para mim, mas parece ter esquecido que já o incorporou num conto um dia.) Por três longos anos, Philip frequentou a escola judaica três tardes por semana, sempre contrariado por desperdiçar horas preciosas depois da aula numa sala abafada sobre a sinagoga em vez de estar jogando beisebol ao ar livre. Mas poderia ter sido pior. Sandy teve de ir à escola judaica por cinco anos (a rigidez da família ia pouco a pouco abrandando).

Ele lembra claramente quando, aos oito anos, brincando na rua, a notícia do ataque a Pearl Harbor interrompeu a transmissão de um jogo de futebol americano entre os Dodgers e os Giants. O rádio estava ligado no apartamento dos Roth. Seus pais gritaram pela janela para que ele subisse e tentaram explicar ao garoto o que acontecera e o que a guerra significava para o país. Foi a primeira ruptura de verdade no ritmo de sua vida, depois da qual suas lembranças se tornam mais nítidas. Durante toda a guerra, ele acompanhou os mapas das batalhas e escreveu longas cartas para dois primos que estavam do outro lado do Atlântico, dois jovens cujo pai (um dos irmãos mais velhos de Herman Roth) morrera também jovem e que tinham frequentado bastante a casa em Newark quando eram garotos. Outro primo, em uniforme da Marinha americana, ensinou-lhe a jogar dados. Roth ficou bastante impressionado com "a virilidade dos homens que haviam estado na guerra", ainda mais porque ele se sentia, como diz, "um menininho judeu bonzinho, um maricas": um garoto com mais cérebro do que músculos (embora logo acrescente que não era assim que os outros o viam). A mística da masculinidade que perpassa a obra de Roth pode ter suas origens aqui, nas experiências de um menino durante a guerra.

Ansioso por fazer a sua parte, o garoto magricela ia de casa em casa recolhendo jornais velhos e latas de folha de flandres, que levava para o centro de coleta na escola. As aulas de educação física passaram a incluir uma seção chamada "táticas de assalto": galgar cercas, pular sobre valas, agir como um soldado. Ele adorava. Em seu relato desses anos em *The Facts*, Roth se pergunta se gerações posteriores — as gerações pós-Vietnã — conseguirão entender o absolutamente inequívoco senso que ele adquiriu, durante a guerra e com a vitória americana, "de pertencer à maior nação da Terra". Aqueles foram anos de ininterrupta propaganda sobre liberdade e democracia; e anos de muito esforço, tanto na guerra como em casa, para tornar os slogans verdadeiros. Foi uma época em que a promessa americana parecia infindável, com oportunidades abertas para todo garoto disposto a trabalhar com afinco.

Newark era uma cidade cheia de imigrantes que lutavam para subir na vida — havia populações significativas não só de judeus, mas de italianos, irlandeses, alemães e afro-americanos vindos do Sul —, embora cada grupo se ativesse a sua própria região demarcada. O bairro de Weequahic, onde a família Roth morava, era um enclave quase só de judeus no sudoeste da cidade. A região só foi se desenvolver plenamente nas décadas de 1920 e 1930, mas havia sido povoada por judeus americanos de primeira geração ansiosos para fugir da sordidez superpovoada dos bairros de imigrantes de seus pais no Terceiro Distrito, no centro de Newark, onde Herman Roth nasceu em 1901. (Bess Roth — Finkel quando solteira — nasceu três anos depois, em Elizabeth, e crescera em uma das poucas famílias judias numa vizinhança de irlandeses católicos.) Weequahic era um bairro de casas de estrutura de madeira, muitas das quais — como a dos Roth — tinham sido subdivididas em três apartamentos. Havia alfarrobeiras ao longo de toda a Summit Avenue, onde Philip viveu no nº 81, em um apartamento de cinco cômodos no segundo andar, até os nove anos de idade. A casa tinha um pequeno jardim na frente, com um canteiro de íris, e Roth ainda consegue visualizar seu pai, de camiseta, cuidando das plantas nos finais de semana. (Ele também se lembra do ano em que nenhum íris nasceu, certamente porque o pai — um jardineiro principiante — plantara os bulbos de cabeça para baixo.) A situação era quase igual na Leslie Street, ali perto, para onde a família se mudou quando o aluguel subiu. A única diferença foi que a nova casa ficava defronte a um orfanato católico, parte de um complexo contendo uma igreja, uma escola e uma granja, tudo protegido por uma cerca de arame. Do lado de cá da cerca, Roth podia observar os órfãos brincando — nunca falou com nenhum deles — e se sentir um garoto de muita sorte por ter uma família.

Na periferia da cidade ainda havia muitos terrenos baldios, cheios de mato crescido, macieiras selvagens e, também, entulho ("As pessoas jogavam coisas fora", observa Roth, "mas até que não havia muito lixo"), onde as crianças da vizinhança brincavam. Num passado não muito remoto, a região havia sido uma fazenda e Roth se lembra da família italiana que morava na casa ao lado na Summit Avenue — uma das poucas famílias não judias das redondezas —, cujo avô, já idoso, sempre ia de terno e gravata (sua única indumentária) a esses terrenos vicejantes "catar cebola selvagem, cebolinha e até batatas-bebê, que levava para fazer sopa". Não chegava a ser exatamente bucólico, diz, "mas também não era inteiramente urbano — havia bastante espaço aberto".

A população das novas escolas, de construção recente, também era judaica. Em Newark, como em toda grande cidade americana, esperava-se que as escolas públicas completassem o trabalho de assimilação e transformação social que os pais deveriam ter iniciado. As escolas de Weequahic eram extraordinariamente eficientes nessa função; no segundo ano, diz Roth, a maioria das crianças supunha que ia entrar na faculdade. "Os pais não tinham quase nada para nos dar", explica, "nem dinheiro, nem posição social, nem empregos, por isso queriam ter certeza de nos dar educação." Ele ficou tão empolgado quando começou a frequentar a escola — a escola da Chancellor Avenue, uma rua comercial perpendicular à Summit Avenue — que ia correndo até lá todas as manhãs.

As escolas também inculcavam valores que iam além da disciplina e das notas. Roth mostrou-me recentemente um programa de formatura do oitavo ano da escola da Chancellor Avenue, datado de 30 de janeiro de 1946, que um antigo colega lhe enviara e que o listava como um dos dois autores de uma peça intitulada *Let Freedom Ring!* [Deixe soar a liberdade!]. Sua amiga e coautora da peça, Dorothy Brand, interpretava a Tolerância e Roth representava o Preconceito (é como se desde essa época ele tivesse propensão para o papel moralmente mais sombrio), ambos invisíveis para os demais atores no palco. Na pequena peça, Tolerância propõe uma série de visitas a famílias de diferentes etnias e Preconceito rebate com uma série equivalente de expectativas insultuosas (embora pueris) — coisas como "suas cabeças estão cheias de chop suey", recorda-se Roth, no caso de uma família chinesa —, expectativas que logo se provavam infundadas na visita que faziam: a família chinesa, por exemplo, era encontrada lendo Confúcio à mesa de jantar. No final, a classe inteira entoava o hino liberal dos anos 1940, "The House I Live In" [A casa em que moro], e Roth, como Preconceito, esgueirava-se para fora do palco. Em 1946, em Weequahic, esse desfecho era uma expressão melhor do credo local do que qualquer coisa que pudesse ser ensinada na escola judaica.

Se havia um problema com as escolas e com o projeto educacional no qual os pais depositavam suas esperanças é que, quanto melhor o processo funcionava, mais esses pais iam ficando para trás e mais distantes se tornavam de seus filhos. Herman Roth abandonara a escola no oitavo ano; ele sustentou a família graças a sua labuta incansável e a uma teimosa perseverança, que impressionaram seu filho mais jovem, mesmo na inquietude da adolescência, com esse misto de heroísmo e páthos. Como vendedor de apólices de seguro da Metropolitan Life, Herman Roth galgou a hierarquia da empresa até onde isso era possível para um judeu nas décadas de 1930 e 1940, de acordo com cotas e tradições extraoficiais, mas abertamente praticadas. Philip, com certeza, não ignorava as limitações impostas à carreira do pai. Quanto ao antissemitismo, ele sabia de algumas grandes figuras americanas imbuídas de ódio, como o padre Coughlin e Henry Ford — Roth lembra-se que praticamente ninguém na vizinhança queria ter um carro da Ford —, e presenciara vários garotos judeus ser agredidos por valentões locais. Quando a escola Weequahic High conquistou uma improvável vitória no futebol americano contra outro time da cidade, que era o favorito, houve um verdadeiro "pogrom pós-jogo" e um de seus amigos acabou hospitalizado. Em *The Facts*, Roth escreve que tinha doze anos quando começou a pensar em se tornar advogado e trabalhar para uma organização como a Liga Antidifamação, a fim de "combater as injustiças impostas pelos violentos e pelos privilegiados".

Mas, de modo geral, sua experiência de antissemitismo não foi a de uma perseguição brutal fluindo diretamente de sua fonte gentia, não foi o tipo de antissemitismo que moldara a vida de seus avós e ainda ecoava na mente de seus pais. O mais comum era presenciar em primeira mão as deformações que esse tipo de perseguição provocara nas gerações mais antigas de judeus ao seu redor: o rígido cumprimento de normas, a necessidade de causar boa impressão, o medo de sair da linha e implicar um povo inteiro em qualquer opróbrio pessoal. Se o hábito de seu pai cumprimentar e puxar conversa com todo mundo que encontrava fora motivo de embaraço quando garoto, Roth esclarece que acabou reconhecendo nesse comportamento não só a tarimba do vendedor mas também o desejo de "atenuar o antissemitismo e mostrar a todos que ele era uma pessoa simpática e normal".

Por mais que Herman e Bess Roth parecessem ser típicos judeus americanos de primeira geração, famosa por valorizar carreiras em medicina ou direito para os filhos, eles aceitaram de muito bom grado que os dois rapazes se tornassem artistas. Sandy — Sanford Roth, nascido em 1927, cinco anos mais velho que Philip — estudou na Art Students League quando ainda estava concluindo o secundário e, depois de uma temporada na Marinha, foi estudar pintura no Instituto Pratt, no Brooklyn, em vez de entrar em uma faculdade. (Em entrevista para o site Web of Stories, Roth conta como costumava "interrogar" o irmão, maravilhado, quando ele voltava das aulas de desenho anatômico na Art Students League, onde estivera ao lado de uma mulher nua de verdade — "e para desenhar, pasmem".) Roth diz que, sob alguns aspectos, seus pais eram simplesmente desapegados demais para impor aos filhos uma direção profissional, mas também ressalta que o adorado irmão de sua mãe, Mickey (nascido Emmanuel) — solteiro, sem emprego fixo, o clássico boêmio —, era pintor e que suas telas ocupavam lugar de honra na casa dos Roth, bem ao lado de uma cópia emoldurada da Declaração de Independência publicada pela Metropolitan Life. Quando, mais tarde, Sandy reviu suas metas e decidiu ir para a publicidade, não foi por pressão dos pais e sim porque tinha formado sua própria família e precisava sustentá-la.

Como acontece em muitas famílias, os irmãos tendiam a compartir suas qualidades. Sandy era o mais bonito, o galã da vizinhança. Philip tinha a inteligência, talvez o charme e com certeza a vontade de se tornar o favorito secreto de sua mãe escrupulosamente imparcial — ou, pelo menos, assim lhe parecia (mas acredita que deve ter parecido o mesmo para o irmão na infância e na adolescência). Tendo, por duas vezes, saltado um semestre para ingressar num ano mais avançado, ele era o primeiro da classe e o artista da família, um incipiente comediante stand-up com grande repertório de sotaques e imitações — a maioria surrupiada do rádio — que fazia os pais gargalhar. Como leitor, sua primeira paixão foram as aventuras marinhas e, aos onze anos, já escolhera para si um pseudônimo: Eric Duncan ("as oclusivas me pegaram"). Chegou a datilografar a página de rosto de sua primeira aventura marinha, *Storm off Hatteras*, mas não se importou com o resto do livro. Estava apenas testando a sensação de ser um escritor.

Durante os anos de guerra, ficou mesmerizado pelas notícias e reportagens de rádio e pelas dramatizações politicamente carregadas escritas por Norman Corwin, o inconteste poeta do rádio. Ele se lembra do programa mais famoso de Corwin, *On a Note of Triumph* [Sobre uma notícia de vitória], ouvido por 60 milhões de americanos em 8 de maio de 1945, Dia da Vitória na Europa, como "uma das experiências mais emocionantes da minha infância". Boa parte do impacto de Corwin, diz Roth, provinha dos nomes geográficos que ressoavam em seus textos: "Um rapaz do Texas avança sem titubear com uma granada na mão para mostrar a um nazista o que é o quê!". Roth está improvisando agora, usando um barítono de locutor, para sugerir como era a experiência: "Um rapaz de Chattanooga..." e recomeça. "Os nomes tomavam conta de mim e eu pensava: 'Este é um grande país'." Um dos motivos da sua paixão geográfica, explica, é que os "lugares eram tão distantes na época. E as palavras, tão mágicas: *Chattanooga*". Não pode ser irrelevante o fato de que o frenesi da linguagem sobreveio pela primeira vez a esse escritor tão ricamente coloquial na forma de vozes — não só as vozes dos arroubos dramáticos das peças de Norman Corwin, mas também as de Jack Benny, Bob Hope, Fred Allen e tantos outros que Roth cita até hoje e que ainda o fazem rir. O roteiro de *On a Note of Triumph*, publicado em 1945, foi o primeiro livro que ele comprou.

Roth tinha apenas doze anos quando entrou no colegial e, embora os livros dados em classe não lhe interessassem a mínima — ele se lembra de ter se entediado com *Silas Marner* e *Scaramouche* —, era fascinado por livros sobre beisebol e pelo esporte em si. De acordo com Roth, seus anos de colégio foram um tempo de profunda camaradagem entre os rapazes. Havia, é claro, garotas de quem ele gostava e que convidava para sair, e nos dois últimos anos teve uma namorada firme chamada Betty Rogow, uma linda menina de cabelos castanhos. Sexo estava fora de questão, é claro — "Nem me passaria pela cabeça" —, mas ele me assegura que havia muita esfregação, muita apalpação e tantos amassos que às vezes "os lábios ficavam entorpecidos". (Houve também, é claro, bastante treinamento para aperfeiçoar o que chama de "habilidades motoras pequeno-musculares", ou artes masturbatórias; durante certo tempo, ficou enfeitiçado por um rolete de papel higiênico cujo interior havia sido besuntado de vaselina.) Os rapazes eram os mesmos amigos que vinham desde o primário — multiplicados por três, pois ele passara por três classes diferentes. Jogavam bola, jogavam vinte e um, iam ao cinema nas noites de sexta — gastando uma hora e meia para voltar para casa, rolando de rir pelas ruas e parando pelo caminho para comer meia dúzia de *bagels* cada um. (Ele me esclarece que esses *bagels* não eram tão grandes como os de hoje.)

Os filmes em si não tinham importância — eles assistiam ao

que estivesse sendo exibido. Quando era menor, Sandy o levara para ver os filmes da série Andy Hardy e, aos doze, ficou embevecido com *Feira de ilusões*, que tinha trilha musical de Rodgers e Hammerstein e mostrava os encantos típicos do estado de Iowa: "A gente se apaixonava por uma certa imagem da América". Seu caderno de autógrafos na formatura do oitavo ano menciona a canção-tema do filme "It Might as Well Be Spring" como sua favorita e refere-se à fonte como "o melhor filme que existe". O pequeno álbum também proclama que seu escritor favorito era John Tunis (autor de inúmeros romances ambientados no mundo do beisebol); sua futura profissão, "jornalista"; sua faculdade futura, "Northwestern" ("Eu não sabia nada a respeito dela", explica; "só gostava do nome."); e seu lema favorito, "Não pise em quem está por baixo". Tudo isso confirma que ele era um garoto muito bem-comportado, não só em seu relato retrospectivo, mas na realidade de 1946. Três anos depois, ele e seus amigos mentiram sobre suas idades para entrar no Little Theater de Newark e assistir a um antigo filme de arte, *Êxtase*, infamemente estrelado pelos seios nus de Hedy Lamarr, numa cena que, se ele bem se lembra, dura cerca de três segundos, mas pusera o bando todo de Weequahic a sussurrar freneticamente, à medida que o grande momento se aproximava: "É isso aí! É isso aí!".

Mas livros eram importantes e aqui também a América foi fundamental para definir seus interesses. Roth tornou-se leitor ávido dos romances históricos de Howard Fast, com títulos como *Cidadão Tom Paine*. Fast era membro do Partido Comunista e seus livros, Roth diz hoje, "celebravam a história americana sob uma óptica marxista, mas eu não sabia disso. Eu não conseguia distinguir nenhum ponto de vista especial". O que o fascinou foram a dramatização e a personalização da história americana. Mas, como se diz, do outro lado da seriedade estava Damon Runyon, que ele descobrira no jornal: "Eu adorava que seus personagens falassem daquele jeito maluco", diz. Todas as semanas, Roth ia de bicicleta à biblioteca de Weequahic e enchia o cesto com livros. E depois que entrou no Instituto Pratt, em 1948, Sandy voltava nos finais de semana e deixava umas brochuras mais sofisticadas espalhadas pela casa. Certa vez, trouxe toda uma iluminante lista de leitura de verão: Sinclair Lewis, Sherwood Anderson, Ernest Hemingway, George Orwell. Roth estava entrando naquela fase maravilhosa, diz, em que "tudo é importante e nenhum livro é ruim".

Só que não havia dinheiro suficiente para ele sair de casa e ir para a universidade. Depois da guerra, Herman Roth tentara se esquivar dos obstáculos corporativos e entrar num ramo totalmente novo — alimentos congelados —, trabalhando à noite e nos finais de semana, enquanto continuava em tempo integral na Metropolitan Life. Precisou tomar dinheiro emprestado para lançar o negócio e, com isso, dilapidou as economias da família quando o empreendimento fracassou, enquanto Philip ainda estava no colegial. Ele se formou com dezesseis anos, em janeiro de 1950, e acabou se matriculando na filial de Newark da Universidade Rutgers, cujas aulas começariam no outono seguinte. Enquanto isso, arranjou um emprego de almoxarife na loja de departamentos S. Klein, no centro de Newark, que exigia um período de treinamento na loja principal da rede em Union Square, em Manhattan, a poucos passos das grandes lojas de livros usados da Quarta Avenida. "Eu almoçava lá mesmo nas livrarias", diz. Brochuras e livros de bolso a preço de banana: uma nova alegria. Ele se lembra de ter ficado encantado com John Dos Passos: "os trens, os grevistas, as fábricas — o mundo contemporâneo como ficção". Foi um entusiasmo que em pouco tempo iria ajudá-lo a delinear suas aspirações profissionais, quando foi despedido da S. Klein depois de poucas semanas por ser um "espertinho metido a besta".

Ele queria trabalhar em uma fábrica. Arranjou um emprego

numa oficina de portas de garagem em Irvington, Nova Jersey, onde ficava sentado numa salinha minúscula separando pregos em barris enormes, das oito da manhã às cinco da tarde. Achou espetacular o primeiro horário de almoço: "Estavam jogando *softball*. Achei o máximo, os caras todos, os operários". Era puro Dos Passos. Era glamoroso. Era um outro ideal de mística viril. Depois do almoço, porém, voltou a separar pregos. À noite, na hora do jantar, disse aos pais que seu dia havia sido ótimo, mas perguntou-lhes: "Eu tenho mesmo de voltar lá?". Nem se deu ao trabalho de retirar seu pagamento. Obteve outro emprego nada heroico como treinador de um acampamento de verão e assim conseguiu chegar até o outono.

A filial de Newark da Rutgers, onde estudou durante um ano, ocupava uma velha cervejaria e as antigas instalações de um banco no centro da cidade. O lugar falava ao seu "espírito democrático liberal" e, sendo a primeira vez que travava contato com alunos não judeus da cidade, proporcionou-lhe algo novo e até mesmo instigante. Porém, ao contrário de Neil Klugman em *Adeus, Columbus*, ele não demorou a seguir adiante. Continuar morando no apartamento de cinco cômodos da família, sob o olhar atento do pai, era penosamente cerceador. Atritos entre ambos vinham se acumulando desde o colegial, pois Herman Roth tinha sempre absoluta certeza de como as coisas deveriam ser. "Você está fazendo tudo errado!" era o grito de guerra constante do pai. (A mãe, em contrapartida, desde que o filho caçula crescera o suficiente para impressioná-la — e até intimidá-la —, tinha seu próprio refrão característico: "Querido, o que você achar que está certo está certo".) A experiência do pai ensinando-o a dirigir, Roth me confidencia, foi "como a batalha de Iwo Jima"; no final, acabou procurando uma autoescola para preservar a paz.

Brigas furiosas começaram a pipocar por causa de seus horários. O toque de recolher paterno parecia adequado para um garoto no colegial, mas agora ele era um homem-feito que fazia faculdade. Roth sabia que o pai, que vira três dos cinco irmãos morrerem jovens, apenas temia por ele; mas isso em nada facilitava as coisas — na realidade, o fato de compreendê-lo talvez até tornasse tudo mais difícil. Certa vez, ao chegar em casa depois da meia-noite, encontrou a porta da frente trancada e teve de ficar dando murros até que alguém (a mãe) o deixasse entrar. Para seu segundo ano na faculdade, ele solicitou uma transferência e, graças a seu pai ter sido promovido, pôde ir para a Universidade Bucknell, na região rural da Pensilvânia, a bem-vindas sete horas de distância de carro. Foi uma bênção, explica, principalmente porque impediu-o de continuar tendo o tipo de confronto com o pai que nenhum dos dois na verdade queria.

Ele teria ficado feliz em ir para quase qualquer lugar, mas escolhera Bucknell porque um colega do colegial estudara lá e retornara no feriado de Natal com um invejável ar de independência e histórias a contar sobre uma namorada. Além disso, essa instituição fundada por batistas, situada em meio a milharais, também atendia a seu desejo cada vez maior de vivenciar a "América": o país não imigrante, não étnico dos filmes, dos livros e, em particular, de seu então ídolo literário, Thomas Wolfe. A ambição lírica de *Look Homeward, Angel* e dos demais livros de Wolfe — Roth já havia lido todos quando foi para Bucknell — o fez desistir da ideia de estudar direito e intensificou seus laços com a literatura: não tanto pela beleza de sua prosa, diz (embora Wolfe oferecesse isso também), mas como expressão de apetite, busca e liberdade. Roth ainda chama Wolfe de "gênio pela metade". Escrevendo sobre seu primeiro herói literário mais de cinquenta anos depois (em alguns apontamentos inéditos sobre os escritores que o influenciaram na juventude), Roth lembra como Wolfe o impressionou pelo "franco anseio por uma existência épica, por uma existência *americana* épica". Ele tinha esperança de encontrar algo parecido em Bucknell. A vida em uma cidade pequena, os edifícios cobertos de heras, uma biblioteca com um campanário branco e um carrilhão, as fraternidades universitárias (ainda que tenha ingressado na única fraternidade judaica e se retirado pouco mais de um ano depois), os serviços religiosos compulsórios (mesmo que fosse para ficar lendo Schopenhauer no banco da igreja). Roth pode ter tido uma infância tipicamente americana, mas ele começava a suspeitar que nunca conhecera um americano de verdade em Newark.

As histórias que escreveu em Bucknell falavam de americanos de verdade, por isso não viu nelas nenhum lugar para os judeus. Os santuários sublimes da literatura eram vedados a sua família, às pessoas que conhecera, à cidade de imigrantes onde crescera. Tampouco havia no Parnaso lugar para a comédia, embora estivesse descobrindo que podia ser atrevido e galhofeiro quando quisesse — e não apenas quando interpretava Nathan Detroit na versão abreviada de *Garotos e garotas* encenada na noite de talentos da sua fraternidade. Ele divertia os jovens professores com quem fizera amizade contando histórias absurdas da vida judaica em sua cidade natal — em parte lendas urbanas de seu bairro, em parte trechos do repertório dos comediantes que haviam se apresentado no teatro Empire Burlesque de Newark. Mas nada disso eram coisas que ele imaginasse escritas.

Na época, era praticamente impossível estudar literatura americana moderna onde quer que fosse; em Bucknell, mesmo o curso de literatura de um ano para alunos selecionados começava com *Beowulf* e terminava com T.S. Eliot e Virginia Woolf. ("Eu estava interessado em literatura britânica. Literatura era *isso*.") O único vislumbre que teve de algo diferente foi ao ler as peças de Eugene O'Neill num curso de dramaturgia americana, dado por um dos jovens professores amigos seus, Bob Maurer. Por acaso, Charlotte Maurer, esposa de Bob, havia trabalhado como secretária de William Shawn na *The New Yorker* e Roth conheceu-a quando, junto com a namorada, ficou tomando conta do pequeno filho do casal. ("O único lugar onde se podia transar naquela época era na cama dos professores quando se trabalhava como baby-sitter.")

Quando Roth e seus colegas assumiram a revista literária do campus — "Foi um expurgo", confessa para mim, "um verdadeiro golpe à la Khrushchev" —, os Maurer foram seus conselheiros e eles tomaram a *The New Yorker* como modelo, incluindo até uma seção inicial semelhante a "The Talk of the Town". ("Estávamos lá em Sheboygan outro dia...", diz, imitando a voz com perfeição.) A revista, chamada *Et Cetera*, também tinha bastante espaço para o que ele hoje chama de "pequenas historietas sensíveis", muitas delas relatos trágicos sobre jovens cuja existência alegórica apontava para "algo como a vida da mente", escreve ele em *The Facts*. Essas histórias talvez refletissem um pouco do senso de deslocamento cultural, ou mesmo espiritual, do jovem autor na "futebol-roupas-carros-namoros-acne" Bucknell, mas não refletiam a exuberância nada literária que ele também sentia.

No terceiro ano em Bucknell, começou a se sentir mais dono de seu destino. Ele era o editor da *Et Cetera*. Ao fazer testes para participar do clube de teatro, obteve o papel principal a respeito do qual escreveria para a avó. Também recebeu o primeiro reconhecimento de sua "argúcia literária", como diz, quando um de seus professores, Willard Smith, destacou o trabalho que ele escrevera sobre a novela *Mário e o mágico*, de Thomas Mann, e pediu que desse uma aula a respeito. A aprovação de Smith tinha grande peso: não só era sabido que ele estivera em Princeton na época de F. Scott Fitzgerald e Edmund Wilson, como se vestia com esmero impressionante (os seus foram os primeiros ternos estilo Ivy League que Roth viu na vida). Também houve motivo de júbilo no âmbito pessoal, quando, depois de dois anos de faculdade, ao longo dos quais não tivera mais experiências sexuais do que na Weequahic High, ele arranjou uma namorada e deu início à carreira de baby-sitter.

Ao contrário do que se poderia esperar, Betty Powell — outra Betty; aquela foi a era das Bettys — não era nenhuma líder de torcida. A garota mais sofisticada do campus, na opinião de Roth, ela vinha de uma família de oficiais da Marinha e passara parte da infância no Japão após a guerra. Loira, frágil, sofrera bastante com o divórcio dos pais. E seu pai morrera recentemente de câncer. Ela fumava e bebia martínis — muitas vezes, sedutoramente, ao mesmo tempo — e sua mistura de erudição e vulnerabilidade parece ter sido muito atraente. Além disso, fazia-se de difícil. Roth cortejou-a com persistência e ainda hoje se lembra de ela lhe dizer: "Quer fazer o favor de parar de *sonhar* comigo?". Achou o modo de ela se expressar tão encantador — um sinal incipiente do efeito que a linguagem feminina teria sobre ele — que tentou conquistá-la com ainda mais ardor. (A valia daqueles serviços de baby-sitter ficou comprovada no ano seguinte, depois que Betty foi descoberta no quarto que Roth alugava fora do campus, escondida debaixo da cama. Ele acredita que o único motivo de a senhoria não tê-lo despejado foi que ainda não havia pagado o aluguel do mês.)

Foi também no seu terceiro ano de faculdade que Roth se meteu pela primeira vez numa verdadeira encrenca. E tudo por causa de algo que escrevera. Especificamente, uma matéria de página dupla, na *Et Cetera*, satirizando o jornal semanal da universidade — uma adorada publicação cuja diligente mediocridade tornava-a um alvo perfeito para esse autointitulado "antagonista crítico" de vinte anos. Seus professores do Departamento de Inglês só tiveram elogios para sua espirituosidade. ("Eles tinham agora um pequeno Swift judeu em mãos", diz Roth — "Swiftberg".) O próprio Roth tinha ficado satisfeito: a sátira não era uma daquelas suas histórias artificiais, mas uma resposta revigorante e "inconsequente" a algo real. Entretanto, pouco depois da publicação, foi chamado para falar com o diretor de alunos. Ele se lembra de que ficou amedrontado. Potencialmente, não se tratava de um problema trivial: o ano era 1953, a Guerra da Coreia continuava a pleno vapor e ser expulso significaria não só ignomínia pessoal, mas a possibilidade real de ser convocado para combate. O diretor de alunos deixou mais do que claro que Swift não condizia com o espírito de Bucknell — e Roth acha que a parte do "-berg" não ajudou em nada. Além disso, foi chamado a comparecer perante o conselho de publicações da universidade. Em busca de conselhos e conforto, decidiu procurar Mildred Martin, a mais venerada de seus professores de literatura, que mais tarde relembraria que Roth aparecera em sua casa praticamente em lágrimas. Roth não hesita em admitir que estivesse sequer perto de chorar, mas se lembra, com gratidão, do conselho que recebeu: "É isso que você deve esperar" — e recita as palavras com convicção — "se quiser ser um satirista neste país".

Roth acabou não sendo expulso, mas o episódio serviu para que descobrisse seu dom para a irreverência literária — bem como, graças a seu interesse pela *The New Yorker*, os contos de J. D. Salinger, oito dos quais já haviam sido publicados na revista na primavera de 1953. Roth lera *O apanhador no campo de centeio* logo que foi lançado, dois anos antes. Agora, contudo, na qualidade de escritor, vasculhava tudo o que havia de Salinger, incluindo as histórias publicadas nos anos 1940 na *Collier's* e na *The Saturday Evening Post*. Foi "a voz, a intimidade" que o impressionava, explica. "Não era isso que se aprendia quando se estudava literatura. Parecia uma conversa, havia um senso de confissão. Era indecoroso. Como eu poderia saber disso lendo Thomas Hardy?"

Foi Salinger, diz ele, o principal responsável pela embaraçosa "sensibilidade" de seus primeiros contos.

Buscando revistas dispostas a publicar seus contos, ele passou muito tempo em seu último ano em Bucknell na sala de periódicos da biblioteca da universidade. "*The Hudson Review, Kenyon Review, The Sewanee Review*", recita; "li todas elas e muitas outras." Ficou fascinado ao descobrir a *Commentary*: "Eu não fazia a menor ideia do que se tratava", diz, "mas ali estavam matérias e histórias sobre os judeus de um tipo que eu nunca vira antes — objetivas, sinceras, descritivas". Nas páginas da revista, encontrou uma resenha de um romance que Saul Bellow publicara havia pouco tempo, *As aventuras de Augie March*. Para o autor da resenha, Norman Podhoretz, o livro era um fracasso, mas ele elogiava o esforço de Bellow para "insuflar um pouco de sangue na ficção contemporânea" e oferecer "indícios de qual poderia ser o caráter distintivo da língua americana". Roth saiu e comprou o livro — e me confessa que foi apenas o segundo ou terceiro volume de capa dura que comprara na vida, afora os livros de texto. "Os livros custavam cerca de cinco dólares — eram um investimento." De início, achou o livro mais confuso do que excitante: "Não sabia o que pensar a respeito. Era tão *novo*. Foi uma verdadeira invasão da minha formação acadêmica, e da formação acadêmica de todos, mas esse era o propósito".

Ele releu o romance de Bellow durante seu primeiro ano de pós-graduação na Universidade de Chicago, um ambiente intelectual inteiramente distinto. E, de repente, seus olhos se abriram para o tipo de literatura que um judeu poderia escrever sobre judeus: efervescente, moderna, consciente. Como exemplo prático para um jovem escritor, *Augie March* lhe mostrara que "é possível incluir tudo em um livro", diz Roth, "até mesmo o pensamento — o que contraria diretamente Hemingway, que era então o mestre supremo". Apesar do extraordinário frescor do livro,

Roth pressentiu certa continuidade com outro mestre literário, já meio fora de moda, seu antigo herói Thomas Wolfe. Bellow também havia lido Wolfe com fervor, ressalta Roth, e as correspondências são claras: "a efusão da linguagem, o senso épico da vida, os personagens desmesurados, a paixão pela grandeza americana". Mas seu novo herói literário, diz Roth, era "um gênio por inteiro".

Bellow foi o grande libertador das tradicionais fronteiras literárias judaicas — "Sou americano, nascido em Chicago" são as famosas primeiras palavras de Augie — e foi logo seguido, nas leituras de Roth, por Bernard Malamud, cuja obra não é tão ostensivamente rebelde. Os contos de Malamud são ambientados entre imigrantes judeus pobres e estão impregnados da tristeza do velho mundo; no entanto, ele criou uma nova arte a partir da sintaxe e das inflexões do ídiche incorporadas ao linguajar cotidiano dessas pessoas. Roth escreveu mais tarde que esse era um tipo de fala — "uma pilha de ossos verbais quebrados" — que nunca parecera aproveitável a nenhum autor sério. E, cúmulo das maravilhas de Malamud, "ele escrevera um livro sobre beisebol!". Quando pensa em *The Natural*, de Malamud, Roth quase grita de admiração rememorada: "Eu não sabia que era possível escrever um livro adulto sobre beisebol! Quem autorizou isso?". No entanto, diz que a lição mais importante que esses dois grandes escritores lhe ensinaram foi que as histórias que escreveram sobre a vida em família em Chicago ou no Brooklyn eram "tão válidas como a Paris de Hemingway ou a Long Island de Fitzgerald" e que a experiência judaica podia ser convertida em literatura americana.

A voz do próprio Roth pôde ser ouvida tão logo ele começou a escrever sobre as pessoas que conhecia melhor. "A conversão dos judeus" e "Epstein" foram escritos durante o ano que passou no Exército, a partir do outono de 1955, quando tinha 22 anos. Depois de um ano no curso de pós-graduação em Chicago, ele decidiu se alistar, em vez de esperar ser convocado, mas seu serviço militar foi abreviado por ter sofrido uma lesão nas costas durante o treinamento básico em Fort Dix. (Ele mais tarde escreveria um conto sobre essa lesão, "Novotny's Pain".) Esse não era o Exército sobre o qual lera em *Os jovens leões*, de Irwin Shaw, ou *Os nus e os mortos*, de Norman Mailer, livros que ele tinha devorado em sua avidez por heroísmo em tempos de guerra. Ele foi designado para uma função burocrática no hospital Walter Reed, em Washington, D.C., redigindo notícias hospitalares para distribuição pública. Por sorte, o cargo vinha com uma máquina de escrever que ele podia usar nas horas vagas.

Foi nesse período que descobriu a música — em especial, a música de câmara, a outra arte que o arrebatou e o consolou ao longo da vida, capaz de envolvê-lo sem o ônus das palavras. Ele nunca ouvira música clássica na casa dos pais. Em Chicago, foi ao Orchestra Hall algumas vezes, mas as grandes peças sinfônicas, embora impressionantes, pareciam-lhe "clamorosas", e ia a tais concertos mais por achar que tinha de ir. Na base do Exército em Washington, porém, havia ingressos gratuitos disponíveis para concertos na Biblioteca do Congresso, onde o Quarteto de Cordas Budapest estava em residência. Parecia uma boa ideia: ele ia sozinho, uniformizado ("De uniforme era mais fácil arranjar garotas") e descobriu-se profunda e inexplicavelmente comovido. A grande experiência de conversão, relembra, foi o Quinteto para Clarineta de Mozart, apresentado pelo Budapest com um clarinetista convidado (Roth agora está cantarolando a peça baixinho, tentando trazer à mente o nome do solista de um concerto de 57 anos atrás), e exclama: "Fui fisgado!". Continuou indo a concertos e escrevendo, mas a dor nas costas tornou-se tão excruciante que precisou ser hospitalizado. Foi dispensado do Exército com honras no verão de 1956, gravemente ferido sem nunca ter visto uma batalha.

As histórias que levou consigo do Exército mostram um ouvido notável para o modo de falar das pessoas comuns e uma renovada confiança nessa aptidão. "Epstein" remontava a um escândalo no seu bairro, que seu pai mencionara certa vez à mesa de jantar. "A conversão dos judeus" baseava-se numa história contada por Arthur Geffen, jovem escritor e amigo de Chicago, sobre um garoto que ameaçara pular do telhado de uma sinagoga enquanto o rabino lá na rua implorava para que desistisse. Como explicou na entrevista ao Web of Stories, Roth gostou tanto da imagem — as figuras justapostas, o garoto e o rabino, um em cima e o outro embaixo — que disse a Geffen: "Eu lhe dou cinco anos para escrever essa história; se não escrever, ela é minha". E acrescenta: "De qualquer jeito acabei escrevendo eu mesmo, no ano seguinte — mas Arthur continua meu amigo até hoje".

Quando Roth retornou a Chicago para lecionar, depois de deixar o Exército, "A conversão dos judeus" — ainda inédito e recusado por "todos os periódicos mais seletos" — recebeu a aprovação crítica de ninguém menos que Saul Bellow, que havia sido convidado para falar em um curso ministrado por outro colega escritor de Roth, Richard Stern. Stern pedira permissão a Roth para que sua classe lesse o conto e Roth estava presente nessa aula. No final, saiu com Bellow e Stern para tomar café, embora se sentisse intimidado na presença do grande escritor. Bellow — embora "se divertisse comigo" — não deu nenhum indício de que desejava estabelecer uma amizade. Ainda assim, Roth ao menos soube que sua obra fizera o autor de *Augie March* rir.

Adeus, Columbus teve sua origem num bar de Chicago, a University Tavern, mais ou menos na mesma época, em 1957. Roth conversava com Richard Stern sobre uma família de judeus de Nova Jersey que pertencia a um clube de campo, cuja lindíssima filha, a ruiva Maxine, ele havia namorado, ainda que muitas vezes à distância, depois de formar-se em Bucknell. Em particular, mencionou sua experiência de viver por algumas semanas na mansão dessa família certo verão. Roth lembra-se que Stern lhe perguntou o que planejava fazer com "esse negócio" e que ele nem sequer entendeu a pergunta. Foi Stern quem lhe disse que fosse para casa e escrevesse sobre aquilo tudo. A despeito de tudo que Roth pensava ter aprendido sobre a gama de assuntos permissíveis, os subúrbios de classe alta de Nova Jersey pareciam ser um salto impossível. Ele não via por que alguém haveria de se interessar por aquilo. "Não tinha me passado pela cabeça", comentou muito tempo depois, "que aquele era *meu* negócio." Embora cético, concordou em fazer uma tentativa. Escreveu uma parte e mostrou-a a Stern, que gostou e disse que queria ler mais. Roth escreveu outra parte; Stern quis ainda mais. E assim acabou escrevendo tudo num piscar de olhos.

Apego

Os contos que acompanham *Adeus, Columbus* complementam não apenas a extensão do volume como seus temas, de tal modo que a coletânea parece tratar dos ajustes (ou desajustes) dos judeus à vida americana contemporânea. Na época, Roth se opôs à ideia bastante disseminada de que seu livro era um relato da assimilação de um povo específico. Por certo, não são apenas os judeus que, como acontece invariavelmente com os personagens de Roth, lutam para ter uma vida mais desenvolta, mais livre, do que a que lhes é prescrita pelo nascimento ou pelas circunstâncias. (Esta até poderia ser considerada uma definição razoável de "americano".) Em entrevista ao *New York Post* em 1960, Roth descreveu sua obra como sendo sobre "pessoas metidas em encrencas", um conceito bastante universal. Logo após a publicação do livro, porém, longe de deixar de escrever sobre os judeus, ele resolveu defrontar as maiores encrencas históricas que os judeus modernos conheceram.

Buscando um assunto para seu primeiro romance, ocorreu-lhe a ideia de um empresário judeu americano que viaja para a

Alemanha depois da guerra, resolvido a matar um alemão, um alemão qualquer. Todavia, não chegou a levar o projeto adiante, explica, porque nunca estivera na Alemanha e a questão toda lhe pareceu além do seu alcance. Teria gostado de escrever sobre Anne Frank, mas não sabia como abordar o assunto. Chegou a concluir uma peça de teatro, encomendada por um produtor do programa de televisão *Playhouse 90*, sobre Jacob Gens, o chefe do gueto de Vilna durante a guerra, um homem tido como colaborador nazista por muitos e um joguete bem-intencionado por outros. No início dos anos 1960, antes de Hannah Arendt trazer os Conselhos Judaicos para os olhos do público, Roth decidiu explorar "o terrível porém irresistível dilema moral" de um judeu que negociara com os nazistas e oferecera centenas de vidas judaicas na vã esperança de salvar muitas mais. "Ele talvez acreditasse que poderia tornar aquilo tudo menos horrível", explica, "mas pode-se argumentar que isso era impossível. Ele soube que o plano seria um fracasso desde o momento em que o empreendeu." A rede de televisão decidiu não levar a produção adiante. "Não era o momento para uma peça sobre um judeu que entrega outros judeus", Roth concorda hoje: "Ainda era cedo demais". Na época, contudo, ele acreditava firmemente que o programa deveria ter sido produzido. Mas acrescenta: "É provável que eu tivesse de fugir para a Argentina, como Eichmann".

É difícil imaginar uma obra mais diferente que *Letting Go* [sem tradução em português], o romance que Roth publicou em 1962, pouco depois do confronto na Universidade Yeshiva, e que não continha uma página sequer capaz de incitar ou mesmo interessar aqueles que o atacavam. *Letting Go* trata de dilemas morais, mas em escala bem menos retumbante. Foi escrito sob a influência não de Bellow ou de Malamud, mas de Henry James, o velho mestre que recuperara o vigor nos departamentos de literatura das universidades americanas nos anos 1950, com o primeiro volume da biografia de Leon Edel e inúmeras edições novas e estudos acadêmicos. O romance de Roth é uma história intencionalmente jamesiana sobre dois jovens alunos de pós-graduação da Universidade de Iowa. Gabe Wallach, um aspirante a romancista, e Paul Herz, um acadêmico empenhado, são baseados em Roth e seu amigo Ted Solotaroff, que de fato se conheceram numa aula sobre Henry James. (Solotaroff mencionou que eles costumavam se referir a Isabel Archer [personagem principal de *Retrato de uma senhora*] como uma *shiksa*.) O livro, com uma trama complexa e requintada, afasta-se das mesas de jantar kasher de Nova Jersey e adota um modo literário refinado e reconhecível. Para o ficcionista, que nem chegara aos trinta anos, está claro por que o recuo mais parecia um avanço.

Havia muito com que se debater: uma complexa teia de relacionamentos entre personagens jovens e sisudos — que julgam a humanidade e, principalmente, uns aos outros, pelos padrões morais de *Retrato de uma senhora* — e (voltando a um terreno familiar) entre eles e seus pais aturdidos. Mas *Letting Go* é, sem dúvida, um livro da sua época, e sobre sua época, o final dos anos 1950, de modo que trata acima de tudo sobre *não* abrir mão: de responsabilidades, de expectativas sociais, das divisões usuais entre homens e mulheres, e do mútuo senso de exploração que tais divisões provocam. Os heróis garotos de Roth são implacavelmente arrastados para baixo pela vida adulta, durante a última era americana em que as obrigações imobilizadoras assumidas aos vinte e poucos anos — casamento, filhos, um emprego para sustentá-los — ainda constituíam prova essencial de masculinidade. E a estrutura social não é menos debilitante para as mulheres.

É um assunto denso e Roth produziu um livro denso, muitas vezes fascinante, mas, com mais de seiscentas páginas, longo demais e — especialmente perto do fim — laborioso demais. O autor às vezes parece tão constrangido por suas responsabilidades como seus heróis moralizadores. "Senti que eu tinha de incluir tudo", diz Roth em retrospecto. "Afinal, eu estava escrevendo um grande romance americano." Nessa ambição ele continuava tão próximo de seu velho ídolo literário, Thomas Wolfe, como estava de Saul Bellow — mestre da inclusão — e de James. Pressente-se certa imitação descarada de Wolfe em *Letting Go*, como quando Paul Herz, no funeral do pai, abraça a mãe que não vê há muito tempo: "Ele agora fechou os olhos e abriu os braços e o que viu em seguida foi sua vida — viu-a como o sacrifício que era. Isaac sob a faca, Abraão brandindo-a. *Ambos!* Enquanto sua mãe beijava-lhe o pescoço e gemia seu nome, ele viu o seu lugar no mundo. Sim. E o mundo em si — sem admiração, sem piedade. Sim! Ah, sim!". Inclua *isto* num teste literário às cegas e veja se alguém acerta o nome de Philip Roth. O que *Letting Go* mostra, mais que tudo, é um escritor talentoso experimentando diferentes identidades em busca da sua.

As críticas foram decididamente ambíguas; na época, Roth disse que elas o deixaram doente. Até as mais favoráveis — "Roth tem um ouvido fenomenal para diálogos coloquiais", observou Orville Prescott no *The New York Times* — reconheciam a propagação desordenada do livro e sua atmosfera depressiva. (Sobre o caráter depressivo da obra, Solotaroff escreveria mais tarde que Roth não fora impreciso — era, de fato, uma época de casamentos difíceis, sufocos financeiros, invernos infindáveis —, mas que ele "tinha passado camada em cima de camada".) Alfred Kazin chamou Roth de um "realista, observador, cronista e satirista nato" e, como sempre, foi sagaz ao identificar a principal preocupação de Roth como "pessoas tentando viver de acordo com noções irrealizáveis de si mesmas" — uma preocupação presente em sua obra até o final. Todavia, observações ambivalentes como "o tipo de livro ruim que somente um bom autor poderia ter escrito" e "o melhor livro ruim do ano" não ajudaram a conquistar muitos leitores e *Letting Go* foi uma decepção tanto comercial como do ponto de vista da crítica.

Seja como for, o livro traz algumas cenas maravilhosas, que ampliam as qualidades já conhecidas de Roth — um jantar de Dia de Ação de Graças com um grupo de judeus idosos e abastados de Central Park West, perfeitamente suspenso entre a sátira e a pungência —, e, nas passagens em que a ação é vista pelos olhos de uma menina de sete anos, certos efeitos que ele nunca mais tentaria. (A menina acredita que sua professora é sua mãe disfarçada, uma ideia que Roth reutilizou com muito mais impacto na abertura de *Complexo de Portnoy* sete anos depois.) Além disso, vez por outra, o tom um tanto taciturno do livro é rompido pela comédia pastelão de uma dupla de comediantes judeus se altercando sobre uma pilha de roupas íntimas roubadas — e temos um vislumbre do Meister prestes a emergir por detrás do Mestre —, embora Roth mantenha as estrepolias do duo (e sua própria energia) sob controle. O foco permanece fixo sobre os jovens ansiosos, continuamente tolhidos, dolorosamente sufocados: um deles é cativo emocional de um pai exigente, vulnerável e distante; outro, de uma esposa exigente, vulnerável e onipresente — ambos esforçando-se para se manter firmes e resistir com bravura, quando o que realmente querem é fugir em disparada.

Roth tinha experiência em ambas as situações. Ele se casara em fevereiro de 1959, pouco antes da publicação de "O defensor da fé", quando estava no limiar de tudo: aos 25 anos, tinha um conto prestes a ser publicado em uma revista de circulação nacional, um contrato editorial para seu primeiro livro e o apoio convicto de editores importantes. No ano anterior, confiante — enfim — de que seria capaz de se sustentar como escritor, deixara a vida acadêmica e se mudara para Nova York, onde ele e Margaret Martinson Williams foram unidos em casamento por um juiz de paz em Yonkers, no que parecia ser a culminância do triunfo do jovem Roth. Maggie, ao que tudo indicava, era o sonho americano de Roth feito carne. Oriunda de uma pequena cidade do Meio-Oeste, protestante, olhos azuis, loiríssima, era a "encarnação pictórica", como ele escreveria mais tarde, "das raízes nórdicas americanas", vale dizer, de tudo pelo qual ele deixara a casa dos pais: "uma sósia da garota sólida e energética daqueles filmes alegres sobre o coração da América, uma amiga de Andy Hardy, uma colega de classe de June Allyson". Mas essa era apenas parte da atração. Ele a conhecera em Chicago e a cortejara com ardor, embora, como destacou, não houvesse escassez de loiras na região. O encanto especial de Maggie parecem ter sido justamente as rachaduras na pintura, as insinuações de uma América acerca da qual Andy Hardy nada lhe dissera.

Roth concluíra o mestrado na Universidade de Chicago antes de entrar no Exército. Quando saiu, voltou a Chicago, em setembro de 1956, encantado por ter sido contratado como professor de redação do primeiro ano — aos 23 anos, era o membro mais jovem do Departamento de Literatura —, enquanto continuava seus estudos de pós-graduação e ainda conseguia tempo, entre ensinar e aprender, para escrever. Foi seu primeiro emprego de verdade. Ele achou Chicago fascinante e, como escreveu em *The Facts*, estava determinado a "exercer minha liberdade ao máximo". Com o dinheiro que recebeu ao desligar-se do Exército, comprou um terno na Brooks Brothers (três peças, estilo príncipe de Gales), que vestia para dar aulas; com quatrocentos dólares que acumulara fazendo críticas de cinema para a *The New Republic* (25 dólares cada duas semanas), comprou um carro com oito anos de uso. Embora usasse um colete com lâminas de aço sob o terno para atenuar a dor incessante nas costas e praticamente não tivesse dinheiro, dava a impressão de um jovem que chegaria a algum lugar. Mesmo assim, não foi fácil convencer Maggie a sair com ele quando, em outubro, ele a encurralou na saída de uma livraria e

56

contou-lhe tudo o que tinha conseguido descobrir a seu respeito — que nascera em Michigan, que trabalhara como garçonete, que tinha dois filhos — desde que a vira pela primeira vez alguns anos antes.

Em *The Facts*, escrito cerca de trinta anos depois, Roth não usou o nome verdadeiro de Maggie — preferiu Josie, em parte por respeito aos filhos dela. Mas narra como a cortejou, à maneira de Otelo, com narrativas exóticas de seu passado em Nova Jersey: a sopa de tomate Campbell's esquentando em fogo baixo no fogão quando chegava em casa da escola na hora do almoço, os pijamas bem passados na hora de dormir. Ironicamente, foram os relatos de Maggie sobre sua infância muito menos atraente e todos os perigos que enfrentara que o enlaçaram. Quatro anos mais velha que ele, Maggie era filha de um pai alcoólatra, que permaneceu preso por roubo miúdo ao longo dos anos que permaneceram juntos. Inteligente o bastante para ter ingressado na Universidade de Chicago aos dezessete anos, foi azarada o bastante para precisar deixar a escola menos de um ano depois, quando engravidou. Ou melhor, foi inteligente o bastante para fazer Roth acreditar nessa história — a história de que tinha entrado na faculdade se revelou uma das suas muitas, inúmeras mentiras. Não havia dúvida, no entanto, de que era divorciada e de que o ex-marido obtivera a guarda dos filhos. E de que tinha recentemente trocado o emprego de garçonete no restaurante em que Roth a conhecera por um cargo burocrático na mesma universidade onde ele agora se ocupava dando notas a trabalhos e lendo Henry James.

Maggie passara a vida à margem dos livros e para Roth, nas palavras de um personagem de *Letting Go*, ela parecia "muito mais adulta e genuína, mais em contato com as realidades da vida" do que ele jamais seria. (E certamente muito mais adulta que sua namorada de Nova Jersey, Maxine Groffsky, a quem mais tarde ele transformaria em Brenda Patimkin e de quem então se afastou.) Nem mesmo a temporada no Exército lhe proporcionara experiências intensas como as dela. Como Roth perceberia mais tarde, revendo-se como um ingênuo molecote de índole literária, ele estava buscando o "V maiúsculo da vida". Habituado a superar com facilidade quaisquer desafios que se apresentassem, desejava ardentemente que "algo difícil e perigoso acontecesse comigo". E aconteceu.

A união de Philip Roth e Maggie Williams talvez tenha sido o casamento literário mais dolorosamente destrutivo e mais duradouramente influente desde Scott e Zelda. Logo no começo, Roth criou um retrato amoroso de Maggie em *Letting Go*, na figura da personagem Martha Reganhart, uma garçonete loira, mãe de dois filhos, que se junta com um dos heróis atormentados da história. Martha tem o coração bondoso, é sensual, zombeteira e nem um pouco letrada, embora seja muito inteligente. Ninguém leva a melhor perante ela e, se suas habilidades de mantenedora do lar são questionáveis e seu gosto para roupas é às vezes embaraçoso para seu amante de estética mais requintada, ela é, não obstante, a figura mais vivaz e adorável do livro. Não há dúvida de que ama seus dois filhos — ainda que não possa protegê-los — e o menino e a menina também são retratados com amor. (Roth convivera bastante tempo com os filhos de Maggie quando começou a escrever o livro.) Ele não sabe ao certo quanto tempo levou para perceber como esse retrato era "idealizado" — sua descrição hoje — ou para se dar conta de que os mesmos percalços que ela tinha suportado tão admiravelmente aos olhos de Roth tinham deixado nela cicatrizes irreparáveis.

Os dois se separaram diversas vezes ao longo do seu segundo ano como professor em Chicago. Em uma dessas ocasiões, Roth foi assistir a uma leitura de Saul Bellow no campus da universidade, acompanhado de uma nova namorada, uma linda e rica aluna de pós-graduação chamada Susan Glassman. Roth conta que

Maggie também estava na plateia e ele foi cumprimentá-la, enquanto sua namorada conversava com Bellow. (Um bilhete furioso de Maggie, cheio de insultos, aguardava Roth na caixa de correio quando ele voltou para casa.) É instigante imaginar quais voltas a literatura americana teria dado se Susan Glassman não tivesse maravilhado Bellow naquela tarde e se tornado sua terceira esposa três anos depois. Os dois ficaram casados quatro anos — Bellow ainda teria mais duas esposas por vir — e, depois de um divórcio amargo, Glassman tornou-se o modelo para diversas mulheres desagradáveis na obra de Bellow. A grande pergunta, porém, é como a obra de Roth seria afetada se Glassman tivesse ficado com o namorado naquela tarde e impedido Maggie Williams de tornar-se a sra. Philip Roth.

São especulações ociosas, mas o que as torna interessantes é a reação de Roth a minha sugestão: E se ele tivesse se casado com Susan Glassman em vez de Maggie? Para minha surpresa, ele vira o problema pelo avesso e explica que jamais poderia ter se casado com Glassman porque ela era linda e rica demais e havia estudado em Radcliffe, e que teria ficado "completamente indefeso" diante dela. "O que eu ia fazer, ficar beijando-lhe os pés o tempo todo?" Essa resposta oferece-nos talvez um vislumbre dos atrativos de Maggie, cicatrizes e tudo. Ao menos no começo, quando ainda acreditava ser possível para ele reparar o que havia de fraturado nela, quando o sombrio menino judeu ainda era também um aspirante a príncipe encantado, as carências e fraturas de Maggie parecem ter posto ambos em pé de igualdade, aos olhos dele, e davam-lhe um papel que ele era capaz de compreender.

Roth diz ter sido incapaz de libertar-se de Maggie: não tinha preparo emocional e aquilo tudo era demais para ele. Um dos motivos de ter deixado Chicago na primavera de 1958 e ido para Nova York foi escapar dela. Passou o verão, no entanto, em sua primeira viagem à Europa, em solitário enlevo, assimilando as paisagens literárias de Londres e as prostitutas de Paris (também pela primeira vez), chegando até Florença e Siena. Em Paris, recebeu o prêmio Aga Khan da *Paris Review* por "Epstein", graças ao apoio de George Plimpton. O prêmio foi concedido numa festa no Bois de Boulogne — "Todos os maiorais de Paris estavam lá", diz Roth, "e George conhecia todos eles" —, onde recebeu um cheque das mãos de ninguém menos que o príncipe Aly Khan, mais conhecido por ter sido casado com Rita Hayworth. Mais tarde houve um jantar num restaurante da Rive Gauche, onde sua maior emoção da noite foi sentar-se ao lado de Irwin Shaw. "Ele lutara na guerra e havia escrito *Os jovens leões*", diz Roth. "Eu tinha 25 anos e ele era um autor de best-sellers, mas nos demos muito bem, porque ele era um garoto do Brooklyn. Embora tivesse se mudado para Paris — era um gourmand e um grande esquiador — *ainda* era um garoto do Brooklyn. Não era um autor literário que eu aprendera a amar, mas era um escritor de verdade. E lá estava ele, jogando conversa fora comigo: engraçado, vivaz, cheio de energia, vinte anos mais velho e me incentivando. Eu estava nas nuvens!" Houve também uma garota francesa que ele conhecera no Café Odéon na noite anterior e convidara para a festa. Ela chegou numa motocicleta, fazendo um barulho enorme. "Foi como um filme de Jacques Tati", lembra-se. "Eu convidara um Jacques Tati travestido para ir ao Bois de Boulogne."

Como um último gesto de boa vontade, e para amortecer sua culpa por ir embora, Roth ajudara Maggie a conseguir um emprego de verão na *Esquire*, em Nova York, precisamente durante os meses em que estaria fora — são e salvo a um oceano inteiro de distância. Infelizmente, ela decidira que ia ficar com ele e estava aguardando-o no píer, acenando, quando ele voltou. Roth tentou preservar seu espaço, sua perspectiva, sua vida nova e independente. Alugou um apartamento de dois cômodos na rua 10 Leste, sustentando-se com parte da modesta soma que ganhara com

Adeus, Columbus. Não sobrava quase nada, mas nem era preciso. Vivia com um orçamento mínimo, sozinho, exceto pelo gato que adquirira no outono e a quem dera o nome de Allegra, em homenagem à deslumbrante bailarina felina Allegra Kent. Entretanto, Maggie não conseguiu arranjar outro emprego depois do verão, ou não foi capaz de manter o que havia arranjado. Quando seu dinheiro acabou, ela apareceu na porta de Roth. Era uma manhã fria. Trazia a sua mala e não tinha para onde ir. Roth deixou que ela ficasse.

Em *The Facts*, Roth dá bons motivos para suas ações. Havia a possibilidade de que ela se estabilizasse se conseguisse recomeçar a vida; havia a possibilidade de ela acabar fazendo mal a si mesma caso não conseguisse. Acima de tudo, diz, ele aprendera com os pais a buscar soluções quando alguém precisava de ajuda — mesmo que essa pessoa tivesse penhorado sua máquina de escrever de reserva, jurando de pés juntos que ela tinha sido roubada. (Ele acabou encontrando o recibo do prego no bolso dela.) Mesmo que essa pessoa afirmasse que a resistência dele ao casamento tinha de ser sinal de sua "homossexualidade latente". (Bem latente.) Mesmo que a presença dela transformasse seu apartamento no que chamou de "ala psiquiátrica com cortininhas de bistrô". Apesar disso tudo, a confiança do leitor nessa linha de raciocínio é abalada quando, ao detalhar os acontecimentos que culminaram em casamento cerca de três meses depois, Roth recorre à locução tortuosamente passiva "Ela apareceu grávida".

Tinham acontecido alguns encontros no escuro da noite, ele admite, destituídos de emoção e quase anônimos. Entretanto, no início, ele desconfiou que ela estivesse mentindo. Maggie lhe deu a notícia quando ele voltou de uma viagem a Boston, onde estivera examinando as provas de *Adeus, Columbus*. Ela parecia ter ciúmes do livro — vivia dizendo às pessoas que ela era a editora dele — e receios de que o sucesso tiraria Roth do alcance dela. Mas levou uma amostra de urina para exame na farmácia e o resultado foi positivo. (O próprio Roth foi pegar o resultado e lembra-se de ter ficado tão aturdido que perguntou ao farmacêutico: "Positivo que ela não está grávida? Ou positivo que ela está?".) Depois disso, Maggie passou a ameaçá-lo, dizendo que ia deixar o bebê na soleira da porta dos pais dele caso não se casasse com ela. Isso Roth considerou muito crível. Assim, aos 25 anos, mal capaz de sustentar a si mesmo, ele apresentou uma contraproposta ríspida, desesperada mas talvez previsível: se casaria com ela se ela fizesse um aborto imediatamente. E foi o que ela fez, ou disse fazer, com os trezentos dólares que esvaziaram sua conta bancária. Maggie voltou da cirurgia sentindo dores e não pouca angústia pelo que ele a obrigara a suportar — o que talvez ajude a explicar por que, na virada mais inexplicável de todas, Roth manteve sua parte do acordo. Os dois se casaram em 22 de fevereiro de 1959. Comemorariam o aniversário de casamento na mesma data que os pais dele.

Em *The Facts*, Roth se pergunta à queima-roupa: "Por que eu não aproveitei *aquele* momento para fugir, um homem livre? Como eu pude *ainda* continuar com ela?". Em vez de responder, contudo, ele se esquiva para a segurança do mundo exaltado da literatura e atribui a culpa ao fato de ser um romancista incipiente, escravo de uma imaginação ousada, porém diabólica: "As cenas escabrosas que ela improvisava! A absoluta hipérbole do que imaginava! A autoconfiança desencadeada por seus próprios ardis!". Ao destruir-lhe as certezas e as ilusões da juventude, Maggie foi nada menos que "o maior de todos os professores de escrita criativa", conclui Roth — a força que o libertou da enfadonha inocência de seus primeiros contos e da elegante probidade de Henry James. Como poderia ele simplesmente deixar tudo isso para trás?

Roth talvez não soubesse exatamente por que permaneceu e, mesmo hoje, não se orgulha da fraqueza que, a seu ver, tamanha manipulabilidade revelava. Ele sempre fora um garoto judeu embaraçosamente bonzinho, "receoso de parecer impiedoso", sujeito a "uma aniquiladora, semi-insana responsabilidade", como escreveu em *The Facts* — ou, em linguagem mais crua, "um otário". Não se trata de uma justificativa posterior: tais expressões refletem o mesmo senso cativo e pesaroso de responsabilidade moral que permeia *Letting Go*. Ele ainda se pergunta quanto dessa noção de retidão masculina ele herdou do pai — um homem dedicado a consertar problemas alheios, vidas alheias. "Foi isso que aprendi com meu casamento", Roth me diz hoje, "que eu não podia consertar tudo."

Como não poderia deixar de ser, o casamento teve dimensões que nenhum discernimento posterior, nenhuma tentativa de diagnóstico psicossexual é capaz de abranger. Não muito tempo depois da cerimônia, Maggie se converteu ao judaísmo, um gesto que seu novo marido desencorajou por julgá-lo "sem sentido" e autoanulador, embora tenha concordado em se submeter a uma segunda cerimônia, em uma sinagoga de Nova York, com a presença dos pais. (Roth gosta de repetir o conselho que Maggie recebeu da avó — de quem ele gostava — sobre casar-se com um judeu: "São umas criaturas feias e baixinhas, mas são bons para suas esposas e seus filhos".) Maggie esteve com ele durante os primeiros ataques rabínicos; esteve com ele enquanto escrevia *Letting Go*; foi uma leitora valiosa do livro. Ele, por sua vez, ajudou-a a reaver os filhos do primeiro marido e, durante parte do tempo em que lecionou na Universidade de Iowa no início dos anos 1960, foi um pai caseiro e devotado para Holly, filha de dez anos de Maggie. Tornou-se bastante próximo dela, uma criança brilhante, mas muito negligenciada, que nem sequer sabia ler as horas quando entrou em sua vida. Também foi dedicado — como tutor e amigo mais velho — ao filho de doze anos, David, que estudava num internato mas ficava com eles nos feriados e, às vezes, durante o verão.

Contudo, fiel ele não era. Em algum momento durante seu segundo ano em Iowa, começou a ter um caso com uma das suas alunas. Ele se lembra de que, quando Maggie descobriu, certa tarde de janeiro de 1962, houve uma "conflagração" particularmente sórdida, depois da qual ele anunciou que estava indo embora para sempre. Maggie ameaçou se matar. Ele já ouvira a ameaça antes e foi embora assim mesmo. Contudo, uma vez fora de casa, explica, ficou receoso de que ela pudesse levar adiante a promessa e resolveu voltar — não por causa dela, insiste, mas porque não podia suportar a ideia de que Holly "voltasse da escola e encontrasse a mãe morta" ou, no mínimo, toda estropiada. De fato, Maggie ingerira uma mistura de pílulas e uísque, e desmaiara. Roth levou-a até o banheiro e a fez vomitar, e foi quando ainda estava meio grogue que ela confessou: "Eu não estava grávida em Nova York".

A história fica ainda pior. Para obter um resultado positivo no exame de gravidez, ela usara uma amostra de urina que havia comprado de uma grávida, uma miserável sem-teto que morava no Tompkins Square Park, a algumas quadras do apartamento de Roth. E não tinha havido aborto algum: ela tinha simplesmente ido ao cinema. Assistiu a *Quero viver!*, com Susan Hayward, duas vezes seguidas e voltou para casa chorando de dor e humilhação. Tudo isso ela confessou, alegando que queria abrir a alma para ele antes de morrer. É claro, sempre havia a possibilidade de que estivesse dizendo tudo isso para magoá-lo ainda mais e que a confissão em si fosse mentira.

Depois disso, confessa Roth, ele passou a dormir em um quarto separado, dizendo a si mesmo que continuava lá só para "cuidar de Holly". A essa altura, já estava profundamente envolvido com sua linda aluna, uma aspirante a escritora de 22 anos.

(Ela aparecerá alguns anos depois como Karen Oakes, em *Minha vida de homem*, uma universitária com tranças de morango que gostava de andar de bicicleta.) Roth tinha apenas 29 anos e o romance logo prevaleceria sobre as obrigações semiparentais: naquela primavera, ele convidou sua aluna/paixão para fugir com ele. Ela teve o bom senso de declinar.

Ele voltou atrás em seus planos de passar o verão com Maggie e os filhos numa casa alugada em Wellfleet, Massachusetts; deixou o lugar só para eles e hospedou-se em Connecticut na casa de seu amigo William Styron, que estava viajando com a família. Ficou muito impressionado com uma citação de Flaubert que encontrou, datilografada e afixada com tachinha na parede atrás da escrivaninha de Styron, uma frase que já citou em sua obra e ainda repete com aprovação: "Seja metódico e ordeiro em sua vida como um burguês, assim você poderá ser violento e original em sua obra". Em setembro, quando assumiu um novo posto de professor em Princeton, ele e Maggie e Holly foram morar juntos em uma nova casa — uma última e desesperada tentativa de vida metódica e ordeira. Não foi fácil. Roth se recorda de que ele e Maggie eram capazes de brigar por tudo — como pronunciar a palavra "orange", por exemplo, se à maneira de Michigan ou à maneira de Newark — e que a pobre Holly ficava olhando para um e para outro, como se estivesse assistindo a uma partida de tênis. Ele acredita que Maggie chegou a sentir ciúmes de seu afeto por Holly; é a única explicação que tem para ela ter lhe dito certo dia, de supetão, que, se alguma vez tentasse seduzir sua filha, o mataria enquanto dormia com uma faca de cozinha. (É possível que o pai de Maggie a tivesse molestado. Roth diz que ela chegou a lhe dizer um dia que isso acontecera, mas foi num momento de raiva e ela nunca mais repetiu a acusação. Até hoje Roth não sabe se é verdade ou não.) Por precaução, naquela noite ele escondeu todas as facas da casa antes de dormir.

Letting Go, publicado na primavera de 1962, foi dedicado "para Maggie". No final do ano, porém, Roth voltou sozinho de Princeton a Nova York, tentando escapar dela mais uma vez. A distância geográfica lhe parecia a única estratégia confiável. Ela logo o seguiu até Nova York, mas dessa vez a separação vingou. Holly passou um ano em um colégio interno e, quando voltou, foi morar com a mãe. Roth manteve contato com ela por carta e, mais tarde, em encontros ocasionais, ao menos durante certo tempo, mesmo quando ele e Maggie estavam brigados. Ele se lembra de ter levado Holly a uma peça na Broadway e de receber de Maggie uma intimação judicial ali mesmo na poltrona do teatro.

Bem ou mal, conseguiu se afastar dela — física, ainda que não emocional e muito menos financeiramente. Ela rejeitou todas as suas propostas de divórcio e parecia ter o sistema jurídico a seu favor no esforço de sugá-lo ao máximo. Roth estava longe de estar livre, mas mal chegara aos trinta anos e ainda tinha tudo pela frente. E sendo o tipo de ficcionista que é, pôde enfim dedicar todas as suas horas de vigília tentando imaginar como Maggie havia se tornado o que era — desesperada, exasperante, assustadora, trágica — no seu livro seguinte.

Um paciente judeu começa sua análise

As melhores intenções... [*When She Was Good*] levou cinco anos para aparecer, o mais longo hiato na produção de Roth — 1962 a 1967 — em toda sua carreira de mais de cinquenta anos. Durante certo tempo, não conseguiu escrever nada; estava "paralisado imaginativamente", como diz, pelos problemas conjugais. Mas acrescenta que, mesmo sem esses problemas, talvez se sentisse indeciso acerca do que fazer depois da derrocada crítica de *Letting Go*. Por fim, começou a escrever um livro que pretendia intitular *The Jewboy*, sobre sua infância e adolescência, escrito em linguagem mitológica, à maneira de Malamud ("Malamuddy", exclama com uma gargalhada, enfatizando o "muddy" [obscuro, confuso]). "Mas eu não sabia como controlar um livro não realista", diz, explicando por que o deixou inacabado. "Se vale tudo, tudo vale. Como vou controlar isso?"

Além disso, Maggie continuava presente demais em sua cabeça e, em especial, o embuste da amostra de urina. "Aquilo ficou me assombrando", diz. "Assombrando", repete, sacudindo a cabeça: "Tolheu minha juventude, roubou minhas forças, minha promessa, minha capacidade de trabalho... tudo que eu tinha — era isso que tinha acontecido". Pôs-se então a escrever uma peça com a intenção explícita de incluir a história da falsa gravidez. O título era *The Nice Jewish Boy*. Embora a tenha concluído e a peça tenha chegado a ser ensaiada pelo American Place Theatre em 1964, tendo no papel principal o ainda-por-ser-descoberto Dustin Hoffman, decidiu que ela não prestava e cancelou uma leitura dramática já agendada. "Eu tinha uma granada prestes a explodir em mãos", diz a respeito do engodo de Maggie e do que significara para ele. "Mas não sabia como utilizá-la."

Na vida, porém, ele não se deixara abater: continuou namorando, formou um novo círculo de amizades, visitou Israel pela primeira vez e começou a lecionar em Stony Brook e, depois, na Universidade da Pensilvânia. Gostava de ensinar, mas era também uma necessidade econômica. Roth ganhara uma bolsa literária da Houghton Mifflin por *Adeus, Columbus*, prêmio que elevou sua remuneração total com o livro para 7,5 mil dólares. Para seu próximo livro, seguiu o conselho de William Styron e mudou-se para a Random House, onde ganhou mais dinheiro. Mesmo assim, o adiantamento de 20 mil dólares que recebeu por *Letting Go* teve de ser parcelado ao longo dos três anos que demorou para concluir o livro. Roth se lembra de que seu editor, Bennett Cerf, foi extremamente bondoso quando ele estava se firmando em Nova York, depois de deixar Maggie, e convidava-o para noitadas glamorosas em que conheceu Truman Capote, Frank Sinatra, Claudette Colbert e, é claro, Martin Gable, o antigo astro do rádio que havia narrado *On a Note of Triumph*.

No final de 1964, Roth teve um breve flerte com Jackie Kennedy. Os dois se conheceram numa festa, na qual ficaram conversando por um longo tempo ("ela era muito inteligente"), mas ele se sentiu intimidado demais — além de carecer de um guarda-roupa apropriado, acrescenta — para manter vivo o relacionamento. Convidado para acompanhá-la a um segundo jantar, viu--se obrigado a sair para comprar um terno novo e um par de sapatos pretos. ("Eu estava uma pilha de nervos. Sou canhoto e nesses jantares eles servem pela direita. E se eu derrubasse alguma coisa em cima dela?") Ao levá-la para casa depois do jantar, numa longa limusine preta, com um agente do Serviço Secreto no banco da frente — e ele que tinha pensado em chamar um táxi na rua! —, lembra-se de ter pensado: "Será que devo beijá-la? Sei tudo sobre Lee Harvey Oswald, será que deveria beijá-la? E a crise dos mísseis em Cuba, será que devo beijá-la?". Lembra-se também de quando ela perguntou, ao chegarem a seu prédio na Quinta Avenida: "Quer subir? Ah, é óbvio que quer" — o único indício de que ela sabia exatamente quem era, diz Roth. Dentro do apartamento, explicou que seus filhos estavam dormindo, o que o deixou ainda mais perturbado: "Você quer dizer aquele garotinho que bate continência desse jeito e a menininha que chama seu pônei de Macaroni?". Quando finalmente a beijou, foi como beijar um cartaz. O relacionamento não foi muito além disso, confessa — só se viram em mais duas ou três ocasiões. "Mas eu adoraria que ela tivesse sido a mulher implicada no processo de divórcio movido por Maggie."

A essa altura, ele já havia conhecido (na casa de Bennett Cerf) a mulher que seria sua namorada por vários anos, Ann Mudge, uma beldade em discreta rebelião contra uma família rica e conservadora. Roth, aos oitenta anos, lembra-se dela como um dos grandes amores de sua vida. Serena e delicada, Ann era a antítese de Maggie e, em certos aspectos, seu antídoto. Roth observa em *The Facts* (onde Ann chama-se May) que a única coisa que as duas mulheres tinham em comum era o fato de serem loiras, protestantes e terem uma relação antagônica com o mundo privilegiado que sua aparência parecia representar. Pois, apesar da riqueza, Ann tinha sofrido com uma educação emocionalmente rude e, como Maggie, carregava "as cicatrizes das feridas infligidas" no passado. Ela abandonara a faculdade sem se formar; em Nova York, tinha trabalhado um pouco como modelo e como decoradora de interiores — nem de longe o trabalho mais gratificante de que se julgava capaz. Roth mais uma vez pôde exercer um papel terapêutico — logo a encorajou a voltar a estudar —, ao mesmo tempo que ela o ajudava a se curar de suas próprias feridas e a recobrar a equanimidade. Mas cura leva tempo e nesses anos o que ele precisava era escrever sobre Maggie. Em 1965, começou um romance que incluiria o incidente da urina comprada, mas constatou que ainda não era capaz de contemplar literariamente seu casamento. Decidiu, em vez disso, usar as histórias que Maggie lhe contara da infância e da adolescência, bem como suas próprias experiências com as pessoas e lugares que conhecera nas visitas à família dela, para investigar as origens de sua ex-mulher nos anos 1930, sua adolescência nos anos 1940 e, em especial, sua transformação de menina em mulher no início dos anos 1950. Sentindo-se incapaz de lidar com o pleno vigor dessa mulher tal como a conhecera, decidiu escrever sobre a garota que nunca chegou a conhecer. Porém, mesmo depois que ele se organizou para trabalhar, o livro passou por muitas, muitas versões. Caixas de manuscritos começaram a se acumular e, por um tempo, ele chegou a imaginar que não conseguiria chegar ao fim da história. Boa parte do livro foi escrita durante uma estadia em Yaddo, a colônia de escritores no norte do estado de Nova York, e sua profunda lealdade a esse lugar nasceu do fato de ter concluído lá *As melhores intenções...*, "após anos de tormento".

As melhores intenções... é uma obra tão ríspida e tão franca como o mundo que Roth retrata. O livro contém poucos gracejos, nenhum judeu, nenhum dos diálogos bem-humorados de *Adeus, Columbus* e nenhum outro sinal de ter sido produzido pelo escritor que ele prometera ser. Tamanha autossupressão revela uma penosa adaptação do estilo ao assunto. Roth não estava mais à margem dos "americanos" que vinha observando desde que saíra de casa; estava escavando no meio deles, ainda que tenha descoberto enorme resistência a aceitar a profundidade. O personagem masculino principal, que crescera na honrada cidade que Roth chama de Liberty Center, em um estado não especificado do Meio-Oeste, não consegue soltar um só palavrão, nem mesmo em seus pensamentos, ousando no máximo "aquela maldita cama" ou, referindo-se à garota pela qual está apaixonado — uma líder de torcida do colegial —, "ela era mesmo um violão". Correm boatos de que a garota em questão é daquelas "que logo se 'abriam', como se costuma dizer, logo no primeiro encontro". É um mundo de clichés, repressão e escândalos mesquinhos, e Roth adere sem pestanejar às suas limitações. Bem ou mal, é uma extraordinária, mas às vezes onerosa façanha literária. Roth hoje diz que o livro "poderia ter sido escrito por Sherwood Anderson" e sente certa satisfação em ter conseguido levá-lo a cabo. Na época, diversos críticos julgaram a obra uma exibição intencional de envergadura autoral, ancorada numa esfera geográfica (e emocional) distante demais da experiência do autor para que ele pudesse de fato se apropriar dela. Seja como for, *As melhores intenções...* é uma obra obsessiva, profundamente pessoal (ainda que rigidamente disciplinada), sobre a destruição da alma da mulher que, a seu ver, quase o destruíra.

A heroína de Roth, Lucy Nelson, é uma moça interiorana ambiciosa que sonha com uma vida maior, melhor, mas acaba se dando terrivelmente mal pelo caminho. Um pai alcoólatra, uma mãe fraca e inepta, um rapaz estabanado que a engravida aos dezoito anos e, pior ainda, se casa com ela: todos são responsáveis, aos olhos dela, pela pequenez e pelos desapontamentos de sua vida. Em parte, ela tem razão. A despeito da severidade dos julgamentos que faz e de sua crescente degradação, o livro é um relato sensível, movido pelo esforço de Roth para compreender "o sofrimento", como diz hoje, "por trás da raiva". Os perigos e limitações da vida de uma jovem no início dos anos 1950 são apresentados com realismo atroz, à maneira de Theodore Dreiser: as oito páginas de uma cena de sedução, perpetrada em parte com lisonjas, em parte com ameaças, em que o namorado de Lucy a conduz para o banco traseiro de seu carro e a engravida; a recusa desdenhosa do médico da cidadezinha universitária a quem ela implora um aborto. Com uma visão ampla, Roth nos deixa ver a disparidade entre os seres humanos cheios de falhas que rodeiam Lucy e os monstros que ela imagina que eles são, embora os danos que acabam infligindo a ela sejam tão graves que essa diferença quase não importa.

Cada vez mais isolada, ressentida, raivosa, Lucy é um íncubo, mas também um produto, uma figura de forças imensas, mas empedradas. Muitas resenhas do livro dependiam do que o crítico pensava da personagem, e o leque foi de "um dos grandes retratos literários, como os de Emma Bovary ou Becky Sharp" (Josh Greenfeld, *The Village Voice*) até "histérica" e "uma rematada vigarista" (Wilfrid Sheed, *The New York Times Book Review*). A visão mais sombria reflete o consenso de praticamente todos os outros personagens do livro; no final, até o filho de dois anos de Lucy não a suporta. Embora na época as resenhas de mulheres não tenham feito objeções ao retrato de Lucy (tanto Doris Grumbach como Maureen Howard acharam-na perfeitamente realista), a reputação de Roth entre as feministas caiu tanto nas duas décadas seguintes que a história de Lucy foi assaltada por uma espécie de fúria retroativa. Em entrevista com Roth na *Paris Review* em 1984, Hermione Lee explicou que "o ataque feminista" a sua obra baseava-se, em parte, no fato de que "as personagens femininas são tratadas sem compaixão; por exemplo, Lucy Nelson, em *As me-*

lhores intenções..., é vista com hostilidade". Roth, um tanto quanto na defensiva, argumentou que Lucy podia ser interpretada como "um caso de ira feminista prematura" e tal afirmação não é destituída de mérito. Numa reavaliação do livro no *The Huffington Post* em 2010, Karen Stabiner exibiu todas as suas credenciais feministas ao mesmo tempo que declarava que Lucy Nelson é "uma feminista incipiente e tragicamente fracassada", apostando com os leitores que, se tivessem nas mãos *As melhores intenções...* sem saber quem o tinha escrito, haveriam de supor que o autor era uma mulher.

É perigoso dar à luz um escritor — Roth gosta de citar Czesław Miłosz, afirmando que "quando nasce um escritor em uma família, a família está acabada" — e, às vezes, é perigoso até ser amigo de um. (Basta ver as histórias que Henry James e Edith Wharton escreveram um sobre o outro.) Sobretudo, a despeito de Saul Bellow, há riscos especiais à reputação eterna de quem se casa com um. Com Lucy reduzida a um estado de indignação permanente, *As melhores intenções...* termina com um ato espetacular de exorcismo. Depois de expulsar para longe de si todas as pessoas, Lucy sai vagando pela cidade numa gélida noite de inverno, mais do que semienlouquecida: "Adeus, adeus, adúlteros e impostores, covardes e pusilânimes, calhordas e mentirosos. Pais e maridos, adeus". Seu corpo é descoberto três noites depois, debaixo de camadas de gelo e neve. É um golpe descaradamente melodramático, reforçado pela macabra ironia de o cadáver ser descoberto por dois jovens estudantes que tinham estacionado no bosque, um local conhecido como Paraíso da Paixão, onde Lucy havia sido seduzida e engravidara. O casal acaba batendo no corpo congelado com a pá que usavam para desatolar o carro. A essa altura da história, a morte dela é um tremendo alívio — para o leitor e, ao que parece, para o autor. O livro chega o mais perto possível para um romance realista de cravar uma estaca no coração da heroína.

A realidade de escapar de Maggie foi muito mais árdua. No começo de 1963, Roth obteve uma separação judicial, mas somente sob a condição de pagar a ela a quantia de 150 dólares semanais, o equivalente a cerca de metade de sua renda — um arranjo que permaneceria válido até que ela se casasse novamente ou, o que parecia mais provável, dadas as suas preferências, até o fim da vida. Roth e Maggie não tiveram filhos no casamento, que durara menos de quatro anos. Ela tinha 33 anos e era fisicamente apta. Ele tinha 29 e seus dois livros publicados tinham lhe rendido mais elogios que dinheiro. (Roth lembra-se que o juiz que concedeu a pensão perguntou-lhe quanto tempo levava para escrever um livro e ele então respondeu: "Dois ou três anos". O juiz retrucou: "Não dá para você escrever mais depressa?".) Mesmo sem dividi-la, sua renda era parca, e ele já vinha pedindo dinheiro emprestado para pagar sessões de psicanálise, algo que julgava precisar urgentemente para controlar todo o ressentimento e a raiva que havia incorporado.

O psiquiatra de Roth, Hans Kleinschmidt, era um judeu nascido na Alemanha que fugira dos nazistas em 1933, concluíra a faculdade de medicina na Itália, viajara para Jerusalém em 1939 e, por fim, emigrara para os Estados Unidos em 1946. Seu campo de especialização era a criatividade e era conhecido por tratar artistas e escritores. Meio brincando, Roth conta que o National Book Award serviu para conseguir um desconto no preço da sessão. Roth começou a vê-lo no outono de 1962. Ia de Princeton a Nova York várias vezes por semana, uma rotina que durou cerca de cinco anos, embora com longos hiatos quando ele se recolhia em Yaddo ou passava o verão fora da cidade. O psiquiatra talvez mereça o crédito por tê-lo ajudado a romper definitivamente com Maggie. Roth lembra-se de que, depois de uma briga particularmente medonha, ele telefonou para Kleinschmidt e disse que tinha de vê-lo no dia seguinte. Roth mudou-se para um hotel de Princeton naquela noite e, na mesma semana, para um hotel em Nova York — um quarto junto ao duto de ventilação, com uma "diária acadêmica" — e nunca mais voltou para casa, exceto para pegar suas roupas. Mas Maggie continuou sendo o foco da terapia; gastou meses só despejando a sua fúria por ter sido ludibriado com a amostra de urina. Sua meta, explica, era tornar-se "alguém que jamais caísse nesse tipo de logro outra vez".

Todavia, a relação médico-paciente nem sempre era tranquila, pois Kleinschmidt tendia a evocar amplos construtos freudianos (a "ameaçadora mãe fálica", o pai fraco) e Roth tinha certeza de que tais abstrações não se aplicavam a sua família. "Por que você resiste a mim?", Roth murmura com pesado sotaque alemão, imitando seu psiquiatra. Em seguida, representando a si mesmo, retruca vários decibéis mais alto: "Por que você resiste *a mim?*". De qualquer maneira, é possível que, na época, um pouco de dúvida tenha sido introduzido e que o psiquiatra tenha conseguido despertar em Roth sentimentos de raiva em relação à mãe e fazê-lo trazer à tona lembranças que os justificassem. A raiva serviu a um propósito, em termos emocionais e literários, como Roth deixa claro em obras posteriores, como *O complexo de Portnoy* e *Minha vida de homem*. Não demorou até que viesse a acreditar que sua raiva era injustificável e injusta, mas a essa altura os sentimentos e as lembranças já haviam cumprido seu papel.

E embora Roth admirasse Kleinschmidt em diversos aspectos, tinha provas de que o bom médico podia cometer equívocos espantosos. No outono de 1967, Roth vinha se sentindo estranhamente fraco — "um mal-estar generalizado", diz, "a sensação de que algo estava errado, e às vezes náusea". Certa noite, foi a uma festa no 21 Club em comemoração à publicação de *As confissões de Nat Turner* de William Styron. Chegando lá, começou a se sentir cada vez pior e tão tonto que mal conseguia ficar em pé. No dia seguinte, na sessão de análise, o psiquiatra assegurou-lhe que ele estava sofrendo de inveja. Roth protestou, dizendo que achava o livro de Styron uma obra-prima (ele ainda acha), que Styron era seu amigo e que queria o melhor para ele. E perguntou — seu trunfo — por que então se sentira mal antes da festa. "Porque você estava antevendo sua inveja", foi a resposta. Na mesma semana, Roth começou a passar tão mal que teve de ir ao hospital, onde um médico apalpou-lhe o abdômen — "Pulei até o teto de dor!" — e descobriu que seu apêndice havia rompido e o estômago estava cheio de pus. Precisou ser operado imediatamente. Dois de seus tios paternos tinham morrido de peritonite causada por apêndice supurado, e Herman Roth também quase sucumbira ao mesmo mal em 1914. O caso de Roth foi bastante delicado e ele permaneceu no hospital por um mês. Mas no final sentiu que não só enganara a morte como preservara a boa opinião que tinha de si mesmo.

Também descobriu, mais ou menos na mesma época, que Kleinschmidt escrevera a respeito dele num periódico de psicanálise, *American Imago*, em um artigo intitulado "The Angry Act: the Role of Aggression in Creativity" [O ato raivoso: o papel da agressão na criatividade]. Seu nome fora omitido, sua profissão ligeiramente alterada, mas lá estava ele, psiquicamente nu, na perspectiva sinistra de seu psiquiatra: um homem que padecia de "angústia de castração em face de uma figura materna fálica", um homem que quando criança fantasiara que "suas professoras eram na realidade sua mãe disfarçada" e que se lembrava de uma ocasião particularmente degradante aos onze anos, quando o pedido de um calção de banho com suporte atlético foi rejeitado pela mãe, na presença da vendedora, com as palavras: "Você não precisa. O seu é tão pequeninho que não faria a menor diferença". Furioso com o psiquiatra, Roth, que reduzira suas sessões para apenas uma ou duas por semana, pensou em encerrar a análise de uma vez por todas. Mas estava se beneficiando demais com ela — e de maneiras das quais ele não suspeitava quando começou.

Esses foram os anos em que perdera a capacidade de escrever, até enfim conseguir produzir o romance sobre a vida (e a morte) de Maggie, que parece ter funcionado como um acessório imaginativo da análise. O processo analítico, contudo, também estava trazendo novas ideias à tona, ideias de liberdade, de rompimento com as restrições do seu bom-mocismo judaico, que o aprisionara no esquema do casamento, bem como de rompimento com as restrições da convenção literária que moldara tanto *Letting Go* como *As melhores intenções*... A maioria dos críticos bocejou quando *As melhores intenções*... foi publicado em 1967 e a reputação de Roth parecia estar em queda livre, como tudo o mais. Mas eles se postaram em posição de sentido quando, no mesmo ano, excertos de um tempestuoso seja-lá-o-que-for psicanalítico em que Roth vinha trabalhando começaram a ser publicados: "A Jewish Patient Begins His Analysis" [Um paciente judeu começa sua análise] na *Esquire* em abril; o instantaneamente notório "Whacking Off" [Batendo uma bronha] no improvável bastião intelectual da *Partisan Review* em agosto; e "The Jewish Blues" [Melancolia judaica], apenas um mês depois, na nova e ousada publicação de Ted Solotaroff, *New American Review*. Não estávamos mais no Meio-Oeste.

Na primavera de 1968, quando o quarto capítulo da nova obra apareceu, tornou-se claro que algo grandioso estava a caminho. Roth estava envolvido a fundo com Ann Mudge a essa altura, vinha participando do movimento antiguerra (do mesmo modo, em uma igreja de Greenwich Village, a própria Mudge aconselhava homens em idade militar sobre seus direitos) e começara a escrever com um grau inédito de energia. Embora o novo livro ainda estivesse incompleto, sinais de seu iminente sucesso já haviam inspirado Maggie a levar Roth aos tribunais para exigir mais dinheiro — não pela primeira vez. Até que, certa manhã, quando se sentava à mesa para trabalhar, recebeu um telefonema de Holly dizendo que Maggie havia morrido.

De início, pensou que fosse algum truque para pegá-lo em alguma reação desagradável que Maggie pudesse usar contra ele no tribunal. Esse tipo de livramento, afinal, só acontece em obras de ficção. Mas, na verdade, as circunstâncias de sua morte foram muito mais prosaicas do que a tumba congelada que ele inventara: um acidente de carro no Central Park. Ninguém mais se ferira. Para o bem dos filhos dela, Roth concordou em organizar o funeral. Foi uma cerimônia judaica, como Holly havia dito que a mãe queria, e Roth viu-se tendo de escolher os salmos apropriados, lado a lado com um dos rabinos que o haviam acusado, não muitos anos antes, de ser um perigo para os judeus. Alguns dias depois do funeral, deixou Nova York e foi para Yaddo, onde, num ritmo febril de doze a catorze horas diárias de trabalho, concluiu o livro que haveria de mostrar ao rabino quanto ele era capaz de pôr os judeus em perigo se realmente se dedicasse a isso.

Uma piada de judeu

Complexo de Portnoy (pórt-nói) subs. [de Alexander Portnoy (1933-)] Quadro mórbido caracterizado por fortes impulsos éticos e altruísticos em constante conflito com anseios sexuais extremos, muitas vezes de natureza pervertida.

O complexo de Portnoy foi um dos atos subversivos mais salientes de uma época subversiva. O furor em torno da publicação do livro foi tanto que, antes mesmo de ser lançado, em fevereiro de 1969, a revista *Life* pronunciou-o "um dos grandes eventos na cultura americana". Lado a lado com concertos de rock e passeatas de protesto — com os quais parecia ter mais em comum do que com outros livros — anunciava a rejeição, por toda uma geração, de regras sem sentido que havia muito tempo não eram questionadas, o repúdio a autoridades poderosas, a luta de todos por liberdade pessoal e política. A derrocada de Lyndon Johnson, o término da guerra, o fim da hipocrisia! A extinção definitiva dos anos 1950! E tudo isso graças a Alexander Portnoy, um garoto judeu ultramimado de treze anos, que se masturbava obsessivamente atrás da porta do banheiro ("Minha pica era a única coisa minha de verdade") ou em qualquer outro lugar, de qualquer maneira, a qualquer momento em que a ânsia irreprimível se manifestava — no ônibus, ao lado de uma jovem que cochilava, dentro de uma maçã, no fígado cru que seria o jantar da família. As descrições vertiginosas de compulsão masturbatória conferiram ao romance o selo absoluto dos tardios anos 1960, sua obscena exultação e, é claro, sua notoriedade. Se Holden Caulfield se comportava assim, nunca nos disse nada.

As tentativas de um desgraçado bom menino judeu para se desembaraçar da camisa de força ética de sua infância não eram muito distantes dos temas de algumas histórias anteriores de Roth, ou de *Letting Go*. Portnoy, no entanto, em seu esforço para derrotar uma consciência hipertrofiada e se tornar um *mau* menino judeu, transforma em comédia o destino trágico dos personagens dessas outras obras. E, por fracassar tão redondamente em se tornar mau — pagando em angústia mental o preço de insistir em cada ato ultrajante —, fez com que a comédia se tornasse emocionalmente complexa e dolorosamente engraçada. Mesmo depois de adulto, Portnoy continua "marcado dos pés à cabeça, como um mapa rodoviário, com [suas] repressões", incapaz de ter prazeres sem arrependimento. A descomunal força balística do texto, no entanto, faz com que o próprio Roth alcance a liberdade que seu desventurado herói é incapaz de conquistar — a linguagem desavergonhada e espezinhadora de tabus foi libertadora tanto para o autor como para seus leitores. Em sua entrevista no Web of Stories, Roth descreveu o processo de escrever o livro em termos de uma revolução privada: "Eu estava liquidando minha formação literária". Porém, se, no limite extremo, ele estava liquidando a "seriedade literária que acompanhara minha educação e que fizera de mim um escritor", estava também encontrando uma maneira de resgatá-la.

Os Portnoy surgiram inicialmente como parentes exagerados que moravam no andar de cima da família sã e sólida do próprio Roth, em um manuscrito que ele abandonou quando descobriu que poderia contar melhor a história por meio da psicanálise. Após vários anos de sessões psiquiátricas reais, foi a premissa de uma maratona analítica, uma longa sessão abarcando o livro inteiro, que finalmente permitiu a Roth, aos trinta e poucos anos, se soltar. Uma premissa como esta significava que nada deveria ficar oculto. ("O senhor quer ouvir tudo, não é?", Portnoy diz a seu psiquiatra, dr. Spielvogel; "Então vou contar tudo".) A cronologia não vinha ao caso. ("De repente me lembro do dia em que minha mãe me ensinou a mijar em pé! Escute, quem sabe não era essa a informação que estávamos aguardando.") Digressões, diversões, excursões, tudo era permissível — eram, na verdade, o caminho a seguir. ("O único livro que eu conhecia que operava a partir de digressões era *Tristram Shandy*", observa Roth, "mas eu não chamaria isso de influência.") Foi essa permissão sem precedentes que permitiu a ele tirar os esqueletos do armário de Henry James, da truculência do Meio-Oeste e de todas as gentis características gentias que sempre associara com as grandes planícies americanas da literatura.

A permissividade pública da época também teve um papel: política, teatro, sexo, o teatro político e sexual de Nova York. Mesmo enquanto ainda trabalhava em *As melhores intenções...*, Roth já vinha representando pequenos esquetes em jantares com seus amigos judeus de Nova York, como outrora representara esquetes de rádio para seus pais e esquetes sobre Newark para seus professores em Bucknell. Essas pequenas atuações cômicas eram verdadeiras sondagens para auscultar as reações às bizarrices de *Portnoy* — e ele encontrara o público ideal. Eram pessoas cuja formação não havia sido muito diferente da sua, que conheciam tanto Lenny Bruce e a banda The Fugs como Freud e Kafka, e que sabiam apreciar a mistura de realidade e farsa em suas pequenas encenações sobre famílias judias. (Roth lembra-se de que, certa vez, numa improvisação a dois particularmente maníaca, ele saiu em perseguição a Jules Feiffer por todo o elegante apartamento no Upper West Side de seus amigos editores Jason e Barbara Epstein.)

Numa época mais amena, o estilo conversacional de Roth produzira *Adeus, Columbus*; agora ele percebeu que poderia usar esse tipo de "atuação desinibida" também na sua literatura. Desde que Henry Miller adaptara as cartas deliciosamente obscenas que escrevera em Paris para pôr a pique sua retitude literária e emergir são e salvo em *Trópico de câncer*, nenhum outro autor havia se valido de um recurso tão despudorado — a comédia stand-up com um viés improvisatório — para revigorar a própria literatura. Partindo novamente do material do inacabado *Jewboy*, Roth voltou sua atenção para a infância e a juventude da outra metade do casal atormentado que formou seu casamento. Buscando decifrar o estado crônico de culpa que o conduzira àquela prisão e a fúria que o levara para o divã, mergulhou no lodaçal daquela piada de judeu e espalhou lama para todo lado.

Assim, aos 33 anos, Alexander Portnoy conta ao médico, da maneira mais calma de que é capaz, como havia sido uma noite recente em companhia de seus pais:

Doutor, essas pessoas são inacreditáveis! Inacreditáveis! Esses dois são os maiores produtores e vendedores de culpa do século! Eles extraem culpa de mim como quem tira gordura de um frango! "Liga pra gente, Alex. Visita a gente, Alex. Dá notícia, Alex. Não viaja de novo sem nos avisar, por favor. Na última vez que você viajou e não avisou, o seu pai estava quase ligando para a polícia. Sabe quantas vezes por dia ele ligava e ninguém atendia? Adivinha, quantas vezes?" "Mamãe", eu explico, os dentes trincados, "se eu morrer vão sentir o cheiro do cadáver dentro de setenta e duas horas, eu garanto!" "*Não diga* uma coisa dessas! *Deus* me livre!", exclama ela. Ah, e agora apela para o argumento final, o argumento infalível. Mas como eu poderia querer que ela não fizesse isso? Seria exigir o impossível de minha mãe. "Alex, pegar o telefone é uma coisa tão simples — porque, afinal de contas, a gente não vai ficar incomodando você por muito mais tempo, não é?"

O pai passivo e coagido, a mãe que é uma górgona manipuladora e o mortificado filho que (mal e mal) sobrevive para contar a história: esse trio criado por Roth foi o mais recente acréscimo à dolorosa tradição da comédia judaica. Os judeus sempre foram os principais instigadores e o melhor público das piadas de judeu. Estudiosos e psicólogos (incluindo Freud) já observaram a propensão dos judeus para o humor autolacerante, que atua como válvula de escape para inevitáveis agressões e frustrações. (Em quem, afinal, poderiam os judeus descarregar sua ira?) Além disso, limitar as críticas ao perseguidor revela ressentimento e marca a vítima. Mas igualmente relevante é o desejo de autoproteção: é o mesmo desejo que inspirou os afro-americanos a inventar "*The Dozens*", o jogo de insultos mútuos rimados — se você disser algo terrível primeiro, não vai doer tanto quando sair da boca de outros, e um pouco de riso pode até distraí-los para que você não seja morto. Entre os diversos temas de piadas de judeu que Freud catalogou em *Os chistes e sua relação com o inconsciente* (1905) estão a aversão a tomar banho (especialmente entre os judeus da Galícia), as prevaricações dos agentes matrimoniais sobre sua mercadoria humana (que às vezes envolvem até corcundas) e o desplante de um *Schnorrer* [parasita] intriguista que toma dinheiro de um homem rico. Mas não há nenhum sinal da mãe judia.

Algumas décadas depois, no final dos anos 1920, a mais famosa mãe judia da cultura americana, a de Al Jolson em *O cantor de jazz*, era uma figura doce e delicada, o tipo de santa doméstica que levou Irving Howe a descrever a mãe judia entre os imigrantes como "um objeto de veneração sentimental". As provocações cômicas de Fanny Brice — num esquete de teatro de variedades chamado "Mrs. Cohen at the Beach" — e de Gertrude Berg introduziram a natureza intrometida que podemos reconhecer em tia Gladys [em *Adeus, Columbus*], com sua sintaxe das montanhas Catskill e sua necessidade de sempre estar alimentando alguém. ("Às vezes você deixa comida no prato e eu mostro pro tio Max, dá até pena.") Mas Gladys, como suas antepassadas, não tinha maldade alguma no coração e nenhum poder de fato. Ela não é mãe de Neil Klugman, é claro. E o novo arquétipo — a mãe dominadora, poderosa, causadora de graves estragos psíquicos — estava apenas nascendo.

A "mãe judia" não surgiu isoladamente, mas teve algo em comum com a ascensão de outros tipos monstruosos de mãe prevalecentes no imaginário americano da época: a "mãe" dominadora e parasitária em *Generation of Vipers*, de Philip Wylie, no início dos anos 1940 ("Ela joga bridge com a voracidade estúpida de um tubarão-martelo"); as "mães-geladeira" tidas como frias e pouco amorosas, que os psicólogos culparam pelo autismo dos filhos nos anos 1950; até a estouvada e descuidada mãe em *Gypsy*, musical que foi sucesso na Broadway em 1959. Mas, significativamente, os historiadores desse tipo de coisa (Joyce Antler, Lawrence J. Epstein) datam o aparecimento do estereótipo da mãe judia do teatro de comédia e, em especial, de um esquete de Nichols e May na Broadway em 1960, no qual Mike Nichols é um cientista de foguetes repreendido pela mãe por não ter lhe telefonado na hora do lançamento. ("Você sempre arranja alguma desculpa!", a mãe, uma improvisadora Elaine May, diz.)

Não que a gozação não estivesse baseada na realidade: Nichols explicaria mais tarde que sua inspiração viera de um telefonema verídico que recebeu da mãe. Do mesmo modo, Roth cita entre suas inspirações para Sophie Portnoy, a transcendente mãe judia, três histórias entregues por três alunos judeus de pós-graduação num curso que deu em Iowa, todas envolvendo a incapacidade de um filho judeu de escapar do olhar vigilante da mãe onipresente e sua inveja dos garotos gentios por causa da indiferença dos pais, que lhes permitia escapulidas e aventuras sexuais. Em um ensaio de 1974, publicado em *Reading Myself and Others*, Roth explicou que identificara imediatamente a situação como "um fragmento autêntico de mitologia judaico-americana", mas que demorou até vislumbrar como dar vida a essa situação, até que decidisse baseá-la "no reconhecível, no verificável, no histórico" — ou seja, nas cozinhas (e banheiros) de Newark.

O excesso de zelo da mãe judia tinha, é claro, motivos compreensíveis, considerando-se a longa e histórica incerteza de que um filho judeu chegaria ileso ao fim do mais corriqueiro dos dias sob a botina dos russos, dos poloneses ou dos alemães. A palavra "Holocausto" não aparece em *O complexo de Portnoy*. Não era de uso corrente na infância e adolescência de Alexander Portnoy — ou de Philip Roth —, mas pode-se dizer que o termo afeta tudo o que Sophie Portnoy faz. O próprio Alex conecta o cômico e o trágico e os vê como os fios entrelaçados de seu destino judaico:

Dr. Spielvogel, esta é a minha vida, minha única vida, e estou vivendo minha vida no meio de uma piada de judeu! Eu sou o filho numa piada de judeu — *só que não é piada, não!* Por favor, quem foi que nos mutilou desse jeito? Quem foi que nos fez ficar desse jeito, tão mórbidos, histéricos, fracos? Por que é que eles continuam gritando "Cuidado! Não faça isso! Alex — *não!*", e por que é que, na minha cama em Nova York, eu continuo desesperadamente a bater bronha? Doutor, qual é o nome dessa doença que eu tenho? Será o tal sofrimento judaico de que tanto falam? Foi isso que sobrou para mim

85

em consequência dos pogroms e das perseguições? Dos deboches e xingamentos que os góis despejaram sobre nós nesses dois maravilhosos milênios? Ah, meus segredos, minha vergonha, minhas palpitações, meus rubores, meus suores! A maneira como eu reajo às vicissitudes mais simples da vida humana! Doutor, não aguento mais viver desse jeito, com medo de tudo e de nada! Me conceda a virilidade! Me faça ficar corajoso! Me faça ficar forte! Me faça ficar *completo*! Chega de ser um bom menino judeu, agradando meus pais em público e esfolando o ganso no meu quarto! Chega!

Mas este é Alex falando como adulto (ou o mais adulto que é capaz de ser). Como garoto, ele não admitia desculpas — e certamente nenhuma que particularizasse o caso dos judeus. Quando sua sensata irmã mais velha, Hannah, tenta debelar sua raiva adolescente e defender os pais, consegue apenas perturbá-lo ainda mais mencionando os nazistas. "Os nazistas servem de desculpa", ele grita, "para tudo o que acontece nesta casa!" Ao que ela retruca: "Talvez, talvez seja isso mesmo". É difícil não entender a conversa dos dois como tacitamente central para toda a hilaridade paranoide do livro. "Você sabe", Hannah pergunta, "onde você estaria se tivesse nascido na Europa e não na América?" Como ele não tem resposta, ela mesma responde: "Morto. Envenenado com gás, ou baleado, ou cremado, ou massacrado ou enterrado vivo".

Mas Alexander Portnoy *nasceu* nos Estados Unidos, a terra da fraternidade e da dignidade do homem. Chegou até a escrever um programa de rádio sobre Tolerância e Preconceito (tirado da peça que o próprio Roth encenara na formatura do oitavo ano) chamado *Let Freedom Ring!*. Contra o pano de fundo desse fulgor democrático, as infindáveis admoestações e advertências de seus pais soam não estratégicas e judiciosas, mas irritantes e ridículas, e seus pais parecem tão distantes de sua própria tranquila vida americana que ele pensa: "Era tanta maluquice que eu nem me espantaria se eles andassem com um prato enfiado no beiço e um monte de argolas no nariz e a cara toda pintada de azul!". A percepção desse abismo cultural não era novidade. Em 1964, quatro anos depois do esquete de Nichols e May, o best-seller de Dan Greenburg, *O manual da mãe judia*, enfatizou algumas técnicas importantes dessa figura materna de súbito renome, como "O uso do sentimento de culpa", "A estratégia das refeições: repetindo o prato" e até "Como servir a nova repetição". No mesmo ano, o *The New York Times* chamou a heroína de *A Mother's Kisses*, de Bruce Jay Friedman, "a mãe mais inesquecível desde Medeia".

A mãe judia estava no ar que se respirava, por assim dizer, a melhor piada que judeus assimilados, de vida confortável, podiam compartilhar no pós-guerra a respeito de seu longínquo passado vivo. (Em 1989, Woody Allen mandou sua mãe literalmente para os ares, como um enorme e prepotente balão, em *Contos de Nova York*.) Quando *Portnoy* foi lançado, o *The New York Times* pôde se referir aos excessos de Sophie como "novas lamúrias nascidas de todas as velhas lutas". Mas o livro de Roth foi a apoteose, o golpe mortal. Nenhuma outra mãe supervisionara tão escrupulosamente o filho em ambas as extremidades do canal alimentar. Ameaçando-o com uma faca de pão quando ele se recusa a comer, ela é igualmente ameaçadora do lado de fora da porta do banheiro: "Dessa vez não puxa a descarga. Ouviu, Alex? Eu preciso ver o que está nessa privada!". O motivo de a nova geração americanizada querer desesperadamente escapar, ou vingar-se, disso tudo é expresso por seu filho em tonitruantes letras maiúsculas, caso alguém não estivesse entendendo: "PORQUE A GENTE NÃO AGUENTA MAIS! PORQUE VOCÊS, MÃES JUDIAS, SÃO INSUPORTÁVEIS, PUTA QUE O PARIU!".

Não é de admirar, pois, que o enorme afeto que Portnoy também nutre pelos pais acabasse obscurecido na algazarra com que o livro foi recebido, embora seja tão intenso quanto sua raiva e igualmente necessário para sua tensão psíquica. ("Doutor, devo me livrar do quê, me diga: do ódio... ou do amor?") Não são poucas as coisas que ele se lembra da infância "com um sentimento arrebatador, corrosivo de perda": voltar para casa numa tarde de inverno e sentir o cheiro de sopa de tomate fervilhando no fogão, verões num quarto mobiliado alugado em Jersey Shore, a determinação de seus pais de poupá-lo da dureza da vida que tiveram. Mas a ternura filial foi facilmente sobrepujada pela raiva, pela masturbação e pelas conquistas sexuais de cabelos dourados que ensinaram ao mundo uma nova palavra ídiche, *shiksa*: uma mulher não imigrante, não judia, americana até o âmago, que não precisava provar nada a ninguém no país que a produzira.

As *shiksas* foram o último e mais eletrizante tabu, combinando sexo e repúdio da família com o mais poderoso de todos os desejos portnoyanos: ser um americano. ("O que estou dizendo, doutor, é que, quando enfio o pau nessas garotas, estou também enfiando o pau nas origens delas — é como se, por meio das trepadas, eu pudesse descobrir a América.") Assim, temos Kay Campbell ("que nem a marca de sopa") de Davenport, Iowa, que — surpresa! — vive numa rua chamada Elm e tem uma mãe chamada Mary, ou Sarah Abbott Maulsby, de New Canaan, Connecticut, que é inspirada a seu primeiro boquete pela audição do Quarteto de Cordas Budapest tocando (o que mais?) o Quinteto para Clarineta de Mozart. O destino manifesto de Portnoy, altamente patriótico, é "seduzir uma garota de cada um dos 48 estados". (Com relação às alasquianas e às havaianas — "esquimós e orientais" — ele permanece indiferente.) Contudo, não importa quantas partidas de beisebol Alexander Portnoy tenha jogado quando garoto ou quantas *shiksas* ele venha a conquistar, não importa que tenha sido o orador da turma na formatura na Weequahic High ou mesmo o editor da *Columbia Law Review*, ele não pode se desvencilhar da suspeita de que ser judeu — ser

Portnoy em vez de Smith ou Jones — significa que jamais será um americano de verdade.

Motivos suficientes para um rebuliço entre os judeus? Não satisfeito, Roth ainda salpicou um pouquinho de maldade impertinente, acrescentando que o rabino Warshaw, venerado por Portnoy pai, "é um farsante, gordo, pedante e impaciente". "Será que a senhora não entende", alterca-se Alex aos catorze anos com a mãe, "a sinagoga é o ganha-pão dele, *e é só isso, mais nada.*" O final do livro leva Portnoy a Israel, onde ele tenta violar uma sabra ruiva de um metro e oitenta de altura, uma ex-soldada ainda por cima: "Vamos abrindo essas pernas, sangue do meu sangue, destranquemos a fortaleza das suas coxas, escancare bem essa racha judaica messiânica!" — só para recuar e admitir que o principal efeito de estar na Terra Prometida é que não consegue mais levantar o pau. ("Im-po-ten-te em Is-ra-el, lá lá láá": é uma descoberta vertiginosa, que ele entoa com a melodia de *Lullaby in Birdland.*) Roth descobrira que nada como um pouco de oposição para realmente estimular seu germe criativo.

Mas a reação dos rabinos mal foi notada em meio ao estardalhaço colossal que a publicação de *O complexo de Portnoy* provocou. Uma carta privada para a Liga Antidifamação talvez tivesse algum peso em resposta a um conto publicado, ou mesmo aos 12 mil exemplares de capa dura que *Adeus, Columbus* vendeu. Entretanto, 210 mil exemplares de *O complexo de Portnoy* foram vendidos nas primeiras dez semanas, chegando a mais de 400 mil no final do ano, desbancando *O poderoso chefão* como obra de ficção mais vendida de 1969. Obviamente, muitos judeus (e não judeus) adoraram o livro e pelo menos um rabino aclamou a obra publicamente como um nobre documento sobre o anseio insaciável da humanidade por uma vida moral. (E quem melhor para representar esse anseio, ele nobremente observou, do que um judeu?) Todavia, o tratamento que Roth dera aos anseios sexuais igualmente insaciáveis que destroçam essa vida moral mostrou-se muito mais difícil de ser aceito por alguns leitores judeus do que os assassinatos da Máfia pareciam ser para os leitores italianos de Mario Puzo. Quando tanta roupa suja judaica havia sido exposta aos olhos de tantos gentios, pessoas que nunca precisaram de mais do que um lencinho sujo para justificar crimes de ódio contra os judeus?

Não apenas indignação, mas medo declarado estava evidente em reações como a de Gershom Scholem, o estudioso berlinense de hebraico, que trocara a Alemanha pela Palestina na década de 1920 e agora advertia, no jornal israelense *Haaretz*, que Roth havia escrito "o livro pelo qual todos os antissemitas sempre rezaram", uma obra potencialmente mais desastrosa até mesmo que *Os protocolos dos sábios de Sião*, e pela qual "o povo judeu pagará um preço". Nos Estados Unidos, a *Commentary* publicou uma série de artigos furiosos, incluindo um que Roth ainda define como "um ataque cabal e devastador contra toda a minha obra", escrito por seu antigo apoiador Irving Howe. Nesse artigo, intitulado "Philip Roth Reconsidered" e publicado em 1972, Howe repudia *O complexo de Portnoy* como pouco mais que "um amontoado de pilhérias" e afirma que Roth nunca mais escrevera algo que igualasse o interesse literário de *Adeus, Columbus*, dedicando páginas e mais páginas para revogar os elogios que havia feito a essa obra.

Os Patimkin, em particular, cujo retrato Howe julgara ser "de uma precisão feroz" dez anos antes, haviam se tornado agora mera "paródia ou caricatura". Para ele, Roth, ao privar seus personagens do contexto histórico que poderia tê-los tornado compreensíveis — "a assustadora autoconsciência que os acontecimentos de meados do século xx lançaram sobre os Patimkin deste mundo" —, preferiu torná-los desprezíveis colocando sua vulgaridade em "abrasadora evidência". Marie Syrkin, também escrevendo na

Commentary, expandiu as acusações de Howe, afirmando que a fixação de Portnoy em *shiksas* claramente ressuscitava o estereótipo do violador racial judeu que havia sido característica proeminente da propaganda nazista e tinha saído "diretamente do roteiro de Goebbels e Streicher". Roth mal tocara na questão do Holocausto, mas agora poucos de seus críticos judeus viam sua obra em outros termos.

E o rebuliço entre os leitores Não Eleitos do livro? E entre os judeus que acharam as comparações com Joseph Goebbels e Julius Streicher um tanto exageradas? Leitores que não se assustaram nem se envergonharam com *O complexo de Portnoy* ficaram entusiasmados com sua defesa das várias subversões privadas de cada um. Em 1969, não era preciso ser judeu (ou homem) para simpatizar com a reprimenda (interior) de Portnoy a sua mãe: "De onde foi que a senhora tirou a ideia de que a coisa mais maravilhosa a que eu poderia aspirar na vida era ser *obediente*? Ser um pequeno *cavalheiro*? Logo eu, uma criatura cheia de luxúria e desejo!". Ou com seu argumento de que continuar solteiro aos 33 anos era não uma calamidade ("Então qual é o crime? Liberdade sexual? No tempo em que vivemos?"), mas uma disposição para encarar a verdade sobre os laços conjugais:

Eu simplesmente não posso, não *quero*, assinar um contrato estipulando que vou ter que dormir com apenas uma mulher pelo resto da vida. Imagine só: digamos que eu me case com A, a dos peitinhos lindos etc. O que vai acontecer quando aparecer B, que tem peitos ainda mais lindos — ou, pelo menos, novos? [...] Como posso abrir mão do que nem cheguei a provar, em troca de uma garota que, por mais deliciosa e provocante que tenha sido, inevitavelmente vai acabar se tornando algo tão conhecido para mim quanto um pão? Por amor? Que amor? Será isso que mantém unidos todos esses casais que conhecemos — esses que se dão ao trabalho de se manter unidos? Não seria mais fraqueza? Não seria mais conveniência e apatia e sentimento de culpa? Não seria medo, exaustão, inércia, covardia pura e simples, muito, muito mais do que o tal "amor" que os conselheiros matrimoniais e compositores populares e psicoterapeutas vivem alardeando? Por favor, não me venham com essa embromação de "amor" duradouro.

Nem o contrato social nem o contrato matrimonial estavam em vias de ser rompidos, mas no final dos anos 1960, com um pouco de ajuda de Roth, ambos haviam se desgastado. *O complexo de Portnoy* fez de Roth um homem rico. Em maio de 1968, ele tinha 8 mil dólares em dívidas: "Eu ficava sentado em minha sala como se fosse a cela de Soljenítsin", diz ele, "separando o dinheiro da Maggie e sentindo raiva". De repente, em junho, Maggie estava morta, seu livro concluído e um mensageiro lhe entregara um cheque da editora de um quarto de milhão de dólares. (Revista *Life*: "Quanto se deve dar de gorjeta para um quarto de milhão?".) Roth pagou suas dívidas, comprou um carro, mudou-se para um belo apartamento no East Side e levou Ann Mudge para a Europa, viajando de primeira classe no *SS France*. Havia anos que não comprava roupas, de modo que fez vários ternos em uma das alfaiatarias mais finas de Londres — Kilgour, French & Stanbury, em Savile Row. A experiência não foi tão exótica quanto esperava. "Era como o templo B'nai Jeshurun lá dentro", ele me garante. "O tecido era como a arca da Torá, havia silêncio, raios de luz atravessavam as janelas encardidas e todos os alfaiates eram judeus." Encomendou outros ternos sob medida de outras lojas. Tentou seduzir a primeira jornalista atraente que enviaram para entrevistá-lo. Contratou uma garota de programa, enquanto Ann estava fora, para passar uma hora num hotel de Londres. "Eu estava atordoado", lembra-se, "atordoado com sucesso e liberdade e dinheiro."

Rompeu com Ann assim que voltaram a Nova York naquele outono — por acreditar no que tinha escrito sobre casamento, por ter sido tão causticado por Maggie e porque, depois de mais de quatro anos juntos, haviam chegado ao ponto em que casamento e filhos eram o próximo e inevitável passo. ("Ela nunca disse: 'Case-se comigo'; não precisava dizê-lo, estava dito a cada momento.") A vida era cheia demais de possibilidades, mas Roth não era o destemperado sexual pelo qual muitos o tomavam. "O livro saiu em fevereiro de 1969; fui para Yaddo em março e fiquei lá vários meses", diz ele em resposta a uma pergunta sobre a vida depois de *Portnoy*. "Essa foi a minha liberdade."

A história é verdadeira, mas não é toda a verdade. Em um jantar em dezembro de 1968, ele conheceu uma linda jovem chamada Barbara Sproul — pós-graduanda em história da religião, doze anos mais jovem que ele, mas "bem crescida" e "alguém que sabe o que quer", explica —, que logo se tornou sua nova paixão. Sproul visitou-o em Yaddo em meados de março e, novamente, no final do mês. Em meados de abril, quando Roth se deu conta de que não suportaria voltar para Nova York, Sproul encontrou uma casa para os dois alugarem em conjunto a alguns quilômetros do centro de Woodstock, do outro lado do vale onde ficava a cabana que ela já alugava para si. Para Roth, praticamente não houve intervalo entre um e outro caso amoroso de longa duração. Mais uma vez ele se viu vivendo uma vida decididamente metódica e ordeira — embora ninguém quisesse acreditar.

Ele era uma celebridade e tornou-se ainda mais famoso quando *Paixão de primavera*, a versão cinematográfica de *Adeus, Columbus*, foi lançado apenas dois meses depois da publicação de *Portnoy*. Que dose dupla para os judeus! O filme foi um enorme sucesso e, para Roth, Ali MacGraw estava maravilhosa como Brenda Patimkin, mas a mãe — sra. Patimkin, representada por Nan Martin — pareceu-lhe estridente e exagerada. De fato, a resenha de Vincent Canby no *The New York Times*, embora bastante elogiosa, revelou certo mal-estar com o contraste entre os personagens secundários "delicadamente delineados" de Roth e as "caricaturas desmedidas, apanquecadas" do filme, e destacou a cena de uma recepção de casamento, em particular, como exemplo de "cinematografia vulgar". Roth, por sua vez, não gosta nem de se lembrar da "grande escultura de fígado picado e das pessoas se empaturrando, que certamente eu não pus no livro". Embora continue apreciando o filme, o melhor dentre os que foram feitos de sua obra, nota que nele "um pouco de estridência rende muito; um pouco de vulgaridade judaica também".

Entretanto, Roth se tornara não apenas famoso, mas notório. Hoje é quase impossível acreditar no impacto que o livro teve, muito além das muralhas protetoras da literatura. Em 1º de abril de 1969, o *Times* publicou um editorial, "Beyond the (Garbage) Pale", que dividia a página com declarações igualmente peremptórias sobre a lei de reorganização hospitalar do prefeito Lindsay e os cortes nos gastos do governo federal com bem-estar social. A grande preocupação do editorial era a deterioração dos "padrões de decência pública" em obras teatrais e cinematográficas não especificadas. Mas reservava rancor especial para "um best-seller atual saudado como 'obra-prima', que, chafurdando em psicanálise pública autocongratulatória, submerge seus méritos literários em revoltantes excessos sexuais". (Parece quase oportuno demais que a procissão fúnebre de Eisenhower fosse a manchete do dia.) Segundo o *Times*, os tribunais haviam desapontado o povo americano recusando-se a proibir esse tipo de "mergulho na devassidão", enquanto os críticos haviam simplesmente suspendido o juízo. A comprovação podia ser encontrada à vista de todos, na página oposta, que ostentava um enorme anúncio desse mesmo best-seller com citações trombeteando "uma obra magistral americana" (*Life*), "o livro mais importante da minha geração" (*The*

94

Washington Post), "uma autobiografia da América" (*The Village Voice*) e — do próprio *The New York Times* — "uma experiência de leitura brilhante e vívida", com "potencial para ter um efeito monumental".

Na televisão, Jacqueline Susann, autora do nada imaculado *O vale das bonecas*, disse no *The Tonight Show* que gostaria de conhecer Philip Roth, mas não de apertar sua mão. Roth, por sua vez, se recusou a aparecer na televisão, receoso de se tornar ainda mais reconhecível do que já era (a sobrecapa do livro ostentava uma fotografia do autor). Pessoas o abordavam na rua o tempo todo, convictas de que o conheciam na intimidade. ("Ei, Portnoy, deixa isso quieto!") Foi por isso que ele deixou a cidade e se refugiou em Yaddo, perseguido por boatos contraditórios de que estava namorando Barbra Streisand e havia sido internado em um hospício.

Ao contrário de muitos símbolos de sua época, *O complexo de Portnoy* sobreviveu e dá sinais de estar se tornando um clássico, não uma relíquia. Houve uma edição comemorativa de 25º aniversário, com nova introdução de Roth; alguns anos depois, em 1997, Louis Menand, na *The New Yorker*, escreveu que "Portnoy é para sempre"; e o livro continua notavelmente controverso numa época em que o outrora escandaloso *Casais trocados*, de John Updike, adentrou o domínio do confortavelmente histórico e *Por que estamos no Vietnã*, de Norman Mailer — outro romance deliberadamente provocador e bem recebido nos anos 1960 — saiu de circulação. Em 2009, no quadragésimo aniversário da obra, *Portnoy* recebeu um Booker Prize retrospectivo e extraoficial no Festival Literário de Cheltenham, como melhor romance de 1969. Um membro dissidente do júri, a classicista inglesa Mary Beard, reclamou da escolha num blog do *Times Literary Supplement*, escarnecendo o livro como "tortura literária" e uma "repetitiva fantasia sexual de marmanjo", e se tornou alvo de uma saraivada de reações, favoráveis e contrárias — desde uma acalorada defesa do "vigor magnético da literatura de Roth" até comentários zombeteiros sobre os "estereótipos étnicos" do autor e a afirmação destemidamente universalizante de que "qualquer homem que tenha crescido num lar étnico ou de imigrantes nos Estados Unidos tem a história de sua vida inteira traçada nas páginas desse livro". Alguém que não havia lido *Portnoy* anunciou sua decisão de adquirir um exemplar imediatamente: "Tem de haver algo nesse livro se é capaz de provocar uma gama tão variada de comentários".

Em retrospecto, Roth imagina o que poderia ter acontecido se não tivesse escrito *O complexo de Portnoy*. Ele acredita que o livro ainda determina sua reputação, como escritor e como homem, tanto de maneira depreciativa como positiva. (Em fevereiro de 2013, a revista *Town & Country* incluiu Roth na sua lista dos "Quarenta Solteirões Mais Cobiçados" — aos 79 anos de idade — com um único comentário: "O vencedor do prêmio Pulitzer, recentemente aposentado, raras vezes encontrou uma *shiksa* de que não gostasse".) Para Roth, a cena mais importante — "o coração palpitante do livro" — passou quase inteiramente despercebida e nada tem a ver com masturbação. É uma cena aparentemente periférica em que o tio de Alex, Hymie, se livra da *shiksa* que seu filho adora, uma líder de torcida: o pai resoluto, em segredo, diz para a moça que o filho sofre de uma doença incurável e que tem ordens médicas para nunca se casar — passando-lhe certa quantia em dinheiro para o caso de ela não ter compreendido bem suas palavras. Quando o filho descobre, ele e o pai têm um confronto exaltado, fisicamente violento, durante o qual o rapaz é derrubado no chão e subjugado com crueldade. Alguns anos depois, quando o filho é morto na guerra, o único consolo que as pessoas pensam em oferecer é o fato de não ter deixado para trás uma esposa *shiksa* ou filhos *goyische*. O que Roth queria mostrar era a insularidade e a brutalidade da vida familiar judaica naqueles anos: as demandas sobre todos os aspectos da vida, a ruína mortal com que se pagava qualquer transgressão.

Roth admite que nunca testemunhou esse tipo de violência física, embora seu pai costumasse contar a história de que *seu* pai uma vez deu uma surra num filho mais velho para "salvá-lo" de casar-se com o que Herman Roth chamava "uma mulher mundana". A expressão, explica Roth, indica uma mulher mais velha, possivelmente divorciada — não uma *shiksa* —, mas ele ouviu muitas histórias sobre pais judeus que subornaram moças cristãs ou que sentaram shivá [mantiveram sete dias de luto] por filhos que haviam se casado fora da fé, como se houvessem morrido. Esse era o contexto cultural no qual *O complexo de Portnoy* foi escrito e Roth hoje suspeita que seja o aspecto do livro que os judeus acharam mais perturbador: ele ter revelado a "fúria judaica e, em particular, a fúria judaica contra os gentios". É também o ambiente cultural de onde ele mesmo proveio, embora seja infatigável em afirmar que tal brutalidade era inexistente em sua família. Para começar, seus pais nunca se opuseram a que ele namorasse — ou se casasse com — qualquer mulher por ela não ser judia. Além disso (e quantas vezes já teve de dizer isso?), eles enfaticamente não eram os Portnoy.

"Um romance disfarçado de confissão", escreveu Roth em 1974, em um ensaio intitulado "Imagining Jews", "foi recebido e julgado por grande número de leitores como uma confissão disfarçada de romance." A voz natural, não literária, do narrador em primeira pessoa levou muitos leitores a imaginar que a história de Portnoy fosse a do autor, por mais que ele afirmasse que tal naturalidade era um expediente técnico, aperfeiçoado a duras penas, mais ou menos como o estilo de atuação de Marlon Brando. (Livros anteriores na tradição do "filho judeu" podem ter contribuído para obnubilar a questão: a sobrecapa de *O manual da mãe judia* ostentava duas fotografias do autor, Dan Greenburg, e de sua mãe alimentando-o com uma colher — na primeira ele ainda é um bebê, na outra aparenta ter trinta anos.) É verdade que os Portnoy têm alguns pontos em comum com o pai e a mãe de Roth, conforme revelaram suas obras posteriores de não ficção: Jack Portnoy, como Herman Roth, é um vendedor de seguros assíduo, de forte índole moralizadora, que não chegou a concluir o segundo grau. Sophie Portnoy tem a mesma aptidão de Bess Roth para as artes domésticas e prepara a mesma sopa de tomate para o almoço do filho. *Portnoy* também explora alguns dos mesmos incidentes que constam do artigo do dr. Kleinschmidt, incluindo a reação de Sophie — "Para a *sua* coisinha?" — quando Alex, aos onze anos, lhe pede um calção de banho com suporte atlético. A despeito de ter lembranças da aconchegante felicidade de sua infância, não é difícil entender por que, em *The Facts*, Roth admite que sua palavra favorita desde o começo da adolescência foi "*away*" — longe, embora, distante.

Mas os Portnoy não eram seus pais. Afinal, eles começaram como parentes que moravam bem próximos e só se tornaram pais depois que Roth adotou a perspectiva psicanalítica: "Ninguém se deita no divã e fica falando sobre seus vizinhos por cinco anos", observa Roth. De qualquer forma, era seu pai que o deixava fora de si; era seu pai, não sua mãe, que era difícil e dominador, ainda que comovedoramente bem-intencionado. Foi da interferência de seu pai que ele precisou escapar se mudando para Bucknell e Chicago. Em comparação, sua mãe era um ser reticente, a pacificadora da família quando os homens se digladiavam. Uma verdadeira dama, uma escrupulosa autora de bilhetes de agradecimento, uma admiradora ardente de Eleanor Roosevelt: uma mulher acerca da qual a única crítica que Roth faz na vida real é que, às vezes, ela era "um pouco *comme il faut* demais". Roth vem justificando-a e defendendo-a há décadas, de modo que fico um pouco surpresa quando certo dia ele comenta que, para seu irmão, Sandy, é provável que as coisas fossem um pouco diferentes.

Estamos no verão de 2009, pouco depois da morte de Sandy, e Roth está refletindo sobre as diferenças no modo como cada um dos meninos percebia a mãe. Roth idolatrava seu irmão mais velho na juventude e os dois mantiveram um relacionamento forte e constante ao longo de toda a vida, mas ele acredita que é bem possível que Sandy tenha desgostado da mãe desde o dia em que voltou da escola, aos cinco anos de idade, e encontrou-a brincando com o novo bebê. Também é possível que a mãe se comportasse de outra maneira com seu primogênito: mais rígida, talvez, mais temerosa e mais vigilante. Seja como for, Sandy, que acabou não seguindo a carreira artística que queria, culpava a mãe por tê-lo tornado fechado demais, cuidadoso demais, receoso demais para ter sucesso como artista — e continuou culpando-a, diz Roth, até o dia de sua morte. Foi a relação de Sandy com a mãe que Roth utilizou como modelo em *Portnoy*. Se o próprio Roth tinha sentimentos ambivalentes em relação a ela na juventude, se tinha algum vestígio de raiva que a psicanálise possa ter despertado, tudo foi deixado de lado há muito tempo. Ele diz que não há um dia sequer em que não pense na mãe ou em algo que ela tenha dito e que lhe parece maravilhoso. Não que dissesse coisas excepcionais. "Ela foi uma mãe perfeitamente comum", diz, "o que, em si, é bastante maravilhoso."

Pouco antes do lançamento de *O complexo de Portnoy*, Roth advertiu os pais de que repórteres talvez viessem incomodá-los. Para eles, porém, isso era algo além da compreensão; sua mãe chegou a chorar, temerosa de que o filho estivesse se iludindo a respeito dos efeitos do livro e que acabaria decepcionado. Os dois sempre se orgulharam do trabalho do filho e não conseguiam entender todas as acusações que havia provocado. Roth diz que quando o pai lhe contou a história de um vizinho, um adúltero velhusco que havia sido mais ou menos surpreendido com as calças arriadas (a história que se tornaria "Epstein"), expressara a mesma comiseração seca e irônica que ele próprio tentara capturar na página escrita. Quem haveria de imaginar que essas coisas humanas tão comuns seriam vistas como calúnia racial? Ou como antissemitismo?

Porém, à medida que a maré das reações a *Portnoy* se agigantava, Roth sentiu a necessidade de proteger os pais. Enviou-os em uma longa viagem, começando por Londres, onde pediu a uma amiga que cuidasse deles e lhes mostrasse a cidade. (A amiga era ninguém menos que Gertrude Buckman, ex-esposa de Delmore Schwartz, que achou Herman Roth quase impossível de aturar. "Meu pai", exclama Roth com certo orgulho, "superou Delmore Schwartz!") Em seguida, visitaram Israel pela primeira vez. Ficaram fora cerca de um mês e, tal como ele planejara, conseguiram escapar um pouco do vendaval que estava fustigando o livro. Seu pai, contudo, levara consigo alguns exemplares do livro e, mais tarde, contou que sempre perguntava a todos que encontrava no navio: "Você quer um exemplar autografado do livro do meu filho?". Corria então até a cabine, pegava um exemplar de *O complexo de Portnoy* e assinava: "Do pai de Philip Roth, Herman Roth".

Cavando fundo atrás de inspiração

A resposta definitiva de Roth para todas as acusações dirigidas contra ele foi sua fé na América. Em um ensaio intitulado, sem rodeios, "Writing About Jews" [Escrevendo sobre judeus], publicado na *Commentary* em 1963, à pergunta se poderia escrever como escrevia caso vivesse na Alemanha nazista ele respondeu que enfaticamente *não* estava escrevendo sob Hitler e que as barreiras legais a qualquer tipo de perseguição eram fortes e firmes nos Estados Unidos. Se algum dia parecesse que essas barreiras estavam enfraquecendo, prosseguiu, as medidas necessárias para fortalecê-las com certeza não incluiriam o que seus críticos exigiam dele — que ele "vestisse um sorriso", por assim dizer, e fingisse que a vida dos judeus não está sujeita às imperfeições que marcam a vida das demais pessoas. Judeus que insistiam nesse tipo de falsidade e de repressão estavam optando por viver como vítimas em um país que os havia libertado, enfim, desse papel. Para Roth, a excessiva tolerância à perseguição que a história engendrara entre os judeus — "a adaptabilidade, a paciência, a resignação, o silêncio, a abnegação" — precisava acabar nos Estados

Unidos, onde a única reação apropriada a ameaças de restrição às liberdades é: "Não; eu me recuso". Ao contrário de seus detratores, Roth não tinha dúvida alguma quanto a seus direitos ou a seu lugar nesse país. Como um judeu que podia falar livremente e um homem loucamente apaixonado pelos ideais americanos, Roth não tinha por que não defender sua obra como parte do grande projeto nacional de libertação.

Em 1969, contudo, ele já não estava tão convicto acerca dos ideais do país. Richard Nixon estava no cargo outrora ocupado por Franklin Roosevelt; os objetivos da Guerra do Vietnã haviam substituído os da Segunda Guerra; os avanços do que Roth chamou de "década desmistificadora" estavam impelindo-o e a outros para uma postura inédita de oposição política. Em março de 1970, graças ao dinheiro obtido com *Portnoy* e acompanhado de sua nova namorada, Barbara Sproul, viajou para o Camboja. De início, não era para ser uma viagem política; Sproul sugerira o passeio para celebrarem o aniversário dele e para ajudá-lo a escapar da ainda opressiva fama pós-*Portnoy*. Visitaram primeiro a Grécia, mas a viagem incluiu também Bangcoc e Rangum. Sproul estava concluindo uma tese de doutorado em religião, na qual comparava mitos de criação de várias culturas, de modo que seus interesses eram amplos e variados. Um editor da revista *Look* pedira a Roth que ficasse de olho em assuntos de possível interesse e, a princípio, ele julgou ter encontrado um tema em Bangcoc, onde ficou abismado de constatar — "não importa o que se tenha ouvido dizer" — que "cada grama de carne feminina está à venda".

O mais impressionante eram "as meninas tailandesas e seus cafetões aguardando no aeroporto o desembarque de soldados americanos em folga", recorda-se hoje. "Eles chegavam e contratavam uma garota por uns cinquenta dólares por cinco dias — reservavam a menina para a semana toda. Podíamos vê-los partindo, também, de volta ao aeroporto, e parecia que todos tinham se apaixonado. As garotas se despediam com beijos ardentes, aos gritos: 'Adeus, soldado, eu te amo! Vou te visitar em Ronkonkoma' ou fosse lá onde... E então se punham a esperar a chegada do próximo avião." Também fez anotações sobre disputas de kickboxing e sobre uma banda local de soldados foragidos, que "parecia uma mistura de Jimi Hendrix com a tripulação do navio do capitão Ahab". Era uma "guerra rock 'n' roll", diz, usando uma expressão da época.

Roth e Sproul chegaram ao Camboja para conhecer os templos em Angkor Wat apenas algumas semanas antes do início dos ataques aéreos dos Estados Unidos ao país. (Ou melhor, antes que começassem os ataques aéreos que o governo foi forçado a admitir; bombardeios secretos vinham ocorrendo desde 1965.) Roth aproveitou o tempo para visitar lugarejos às margens de um enorme lago alguns quilômetros ao sul e lá constatou que tinha encontrado a sua matéria. Ao voltar, escreveu um artigo intitulado "Cambodia: A Modest Proposal", publicado na *Look* em outubro de 1970 e republicado em *Reading Myself and Others*. Meio sátira — o tributo a Swift é evidente — e meio tragédia, o texto começa com uma simples descrição do que ele vira nas choupanas de bambu sobre palafitas na lama: "Os bens de cada domicílio parecem incluir uma sampana, redes de pescar, cestos de palha para peixe e arroz e um jarro d'água". Roth explica que faria muito mais sentido político lançar sapatos, vacinas, sacas de arroz, geladeiras e aparelhos de ar-condicionado sobre aquela população desamparada em vez de bombas. Ele reconhece que haveria sérios riscos nesse programa alternativo — alguém poderia acabar sendo atingido na cabeça — e propõe então "zonas especialmente demarcadas para despejo de aparelhos de ar-condicionado" para que o compassivo governo americano, como lhe convém, evitasse causar vítimas. ("Sou categoricamente contra qualquer criança, de qualquer lugar do mundo, ser esmagada por um ar-condicionado, *mesmo que seja uma criança comunista.*")

Ele se voltara para a sátira política, diz, por causa de uma única palavra: "Nixon". Orgulhava-se de dizer que sua devota família democrática, pró-New Deal, julgara Nixon um escroque uns vinte anos antes que o resto do país se desse conta do fato. Quando, numa mesma semana de abril de 1971, o presidente concedeu perdão ao tenente William Calley — um dia depois de Calley ser condenado pelo assassinato de 22 civis vietnamitas em My Lai — e logo em seguida fez um pronunciamento contrário ao aborto, proclamando sua "crença pessoal na santidade da vida humana", Roth não pôde resistir e escreveu uma coluna para o *The New York Times* (que, todavia, o jornal rejeitou por considerá-la de "mau gosto"). Barbara Sproul, que na época vivia com ele em Woodstock, me conta que se lembra de Roth martelando a máquina de escrever e repetindo de si para si: "Mau gosto... eu vou lhes mostrar o que é mau gosto!". Em apenas três meses, conclui o livro *Our Gang*, uma sátira anti-Nixon.

Publicado no outono de 1971, com epígrafes de Swift e Orwell, o livro evidencia uma forte ira moral por trás das oblíquas histórias de Trick E. (Tricky [= traiçoeiro]) Dixon, um presidente que faz campanha para conceder o direito de voto aos não nascidos ao mesmo tempo que defende o tenente Calley dos "reclamões retardatários de My Lai". Quando um cidadão preocupado pergunta se porventura alguma das mulheres assassinadas por Calley não estava grávida — o que tornaria o tenente culpado do grave crime de aborto —, Tricky explica que ninguém deve esperar que "um oficial que está arrebanhando civis desarmados" possa distinguir entre uma mulher vietnamita grávida e uma que seja apenas rechonchuda. "Se ao menos as grávidas vestissem roupas de grávida", pondera o presidente, "isso ajudaria muito nossos rapazes. Mas, não, preferem todas passar o dia inteiro de

pijama..." Tricky garante ao povo americano que tem um crono-
grama secreto para a retirada completa de todos os vietnamitas
do Vietnã.

Tricky acaba assassinado. Seu cadáver é encontrado enfiado
num saco plástico e um número surpreendente de cidadãos se
apresenta para confessar o crime. De início, o diretor da Random
House, Robert L Bernstein, relutou em publicar o livro, não por
motivos políticos, mas devido ao que hoje o próprio Roth chama
de questões de "gosto e critério", particularmente no tocante ao
assassinato do presidente (ainda que de forma bizarra) e a despeito do fato de Tricky ressurgir com força total no último capítulo,
no inferno, planejando seu retorno. Roth me diz que ele e Bernstein tiveram "uma discussão bastante razoável", em que discor-
reu sobre a importância da sátira numa sociedade civilizada e
mencionou Swift — "sempre tiramos Swift da cartola", acrescenta, "quando estamos fazendo algo repulsivo". O editor por fim
concordou que lançar o livro seria a coisa certa a fazer.

Na *The New York Times Book Review*, Dwight Macdonald
chamou *Our Gang* de "inverossímil, injusto, vulgar, perturbador,
lógico, grosseiro e muito engraçado" — "em suma, uma obra-
-prima". Afirmou ter gargalhado sozinho dezesseis vezes e, desnecessário dizer, mencionou Swift. A resenha ajudou a colocar o
livro na lista dos mais vendidos, onde permaneceu (ainda que nas
posições inferiores) por quatro meses. Mesmo hoje, arranca boas
risadas, mas não tantas quantas proporcionou a Macdonald. O
problema com *Our Gang* não é que seja datado — dificilmente
nos veremos livres do tipo mortal de ofuscamento político que
Roth escarnece —, mas que há espaço demais entre uma risada e
outra e as piadas em si, longas e forçadas, parecem mais apropria-
das para um esquete numa festa de universitários alcoolizados.
Em parte, isso é porque Roth — sem personagens reais para explorar (seu elenco inclui Lying' [mentiroso] B. Johnson e o Chefe

Heehaw [zurro] do FBI) — parece fora do seu elemento, a saber, romances sobre pessoas com emoções desmedidas, mas sempre reconhecíveis. E em parte, também, porque estava tentando exagerar uma realidade tão torpe e absurda que superava qualquer sátira.

NIXON: O que você sabe sobre o livro de Roth...

HALDEMAN: Ah, bastante coisa.

NIXON: Quem é responsável? Soube que esse troço do Roth teve uma resenha na *Newsweek*, o que pode indicar que talvez estejam por trás de tudo.

HALDEMAN: É, porque a resenha é totalmente desproporcional ao livro. Recebemos uns exemplares em primeira mão e nosso pessoal está muitíssimo perturbado. Cada um vai ler como quiser. Eu li, ou pelo menos folheei. É um livro ridículo. É repugnante e é...

NIXON: É sobre o quê?

HALDEMAN: É sobre o presidente dos Estados Unidos.

NIXON: Isso eu sei! Isso eu sei. Qual é o assunto?

HALDEMAN: Trick E. Dixon. E o assunto é que, ah, ele meteu os pés pelas mãos com esse negócio de aborto. O que inspirou o livro foi a declaração que o senhor fez sobre aborto. Ele então decidiu usar essa afirmação e a justapôs com a defesa que o senhor fez do Calley, que — palavras dele — matou a tiros uma mulher que estava com bebê. Uma mulher grávida. Ele diz que o senhor está defendendo um sujeito que matou uma mulher com um nascituro dentro dela... Que fica uma coisa pela outra. É doentio, veja bem, um negócio meio pervertido... E termina com o senhor sendo assassinado — ou com Trick E. Dixon sendo assassinado e indo para o inferno e no inferno começa a organizar politicamente as coisas por lá.

NIXON: O *New York Times* também publicou uma resenha positiva?

HALDEMAN: Não vi a resenha do *Times*, não sei.

NIXON: Qual é a tiragem?

HALDEMAN: Do livro? Ainda não apareceu nas listas de vendas. Não há nenhum sinal dele. Mas Philip Roth é um autor bem renomado, de modo que ele...

NIXON: O que ele é? O que ele fez?

HALDEMAN: Ele escreveu *Adeus, Columbus*, que virou um filme de muito sucesso e lhe deu certa notoriedade. Mas o seu grande lance é *O complexo de Portnoy*, que é o livro mais obsceno, mais pornográfico de todos os tempos.

NIXON: É isso que eu quero dizer...

HALDEMAN: Este livro, ao que parece, é obsceno em outro sentido. E é muito metido a engraçadinho. O pastor é o Billy Cupcake [bolo queque] em vez do Billy Graham [farinha integral]. E o procurador-geral é John Malicious em vez do John Mitchell. Ele espalhou esses trocadilhos pelo livro todo. Mas é — pelo menos a mim me parece um livro muito infantil. Nunca li *O complexo de Portnoy*, mas pelo que sei é um livro bem escrito, só que sujo e doentio...

NIXON: Roth, claro, é judeu.

HALDEMAN: Ah, sim... Ele é brilhante de um jeito meio pervertido.

NIXON: Ah, eu sei...

HALDEMAN: Tudo que ele já escreveu é doentio...

NIXON: Podemos aproveitar uma boa parte disso a nosso favor... Acho que esse negócio antissemita pode, detesto dizer isso, mas pode ser muito bom para nós. A gente ouve até mesmo um cantor brilhante como Richard Tucker e ele é judeu.

HALDEMAN: É mesmo?

NIXON: ... Ele é metido...

HALDEMAN: Há muito mais antissemitas do que judeus, e de

modo geral os antissemitas estão conosco e é certo que os judeus não estão.

Esta conversa não foi inventada por Roth — podemos imaginar os gritos de indignação se tivesse sido — e aborda questões que ele nunca tratou em *Our Gang*. Trata-se de uma transcrição (com algumas omissões, quando outros assuntos foram mencionados ou as vozes estavam inaudíveis) das fitas de Nixon, uma gravação da conversa entre o presidente e seu chefe de gabinete, H. R. Haldeman, na manhã de 3 de novembro de 1971, no Executive Office Building. Roth escreveu *Our Gang* às pressas, pois tinha outros assuntos em mente e sobre a mesa. Após a explosão de diversas bombas nos Estados Unidos pelo grupo antiguerra radical Weather Underground, ele começou um livro sobre uma adolescente que explode um prédio. Chegou a completar cinquenta ou sessenta páginas, mas não conseguiu fazer a história coalescer em torno da personagem, nem imaginar o que aconteceria depois da explosão, e resolveu deixar o manuscrito de lado. Além disso, estava tendo dificuldades com um romance que — mais uma vez — pretendia estruturar em torno do seu casamento e da amostra de urina comprada que Maggie usara para engabelá-lo. Roth havia tentado encaixar essa cena atormentadora até em *Portnoy* e, embora não funcionasse em nada que tivesse escrito — "escabrosa e sombria demais", diz ele hoje —, ela não o deixava em paz.

O herói desse romance desordenado mantém na sua escrivaninha a máxima de Flaubert que Roth encontrara sobre a mesa de Styron: "Seja metódico e ordeiro em sua vida como um burguês, assim você poderá ser violento e original em sua obra". É verdade que a vida que ele levava com Barbara Sproul em Woodstock não tinha semelhança alguma com os livros violentos e originais que estava fermentando, e muito menos com todo o clamor em torno de *Portnoy* que deixara para trás. Sproul trabalhava em sua dissertação enquanto ele escrevia. Roth adorava morar no campo e andava a pé vários quilômetros todos os dias. (Sproul se lembra de que, certo dia, enquanto caminhavam por uma estrada tranquila, ela tentava convencê-lo de que ninguém ali se importava com quem ele era. De repente, um homem pôs a cabeça para fora do carro e gritou: "Olha lá, é o Portnoy!".) Embora não houvesse muitas pessoas por perto, Roth fez amizade com o pintor Philip Guston, outro refugiado de Manhattan, vinte anos mais velho, que — de acordo com um ensaio que Roth escreveu a seu respeito anos depois — estava em meio a "uma reviravolta artística" muito parecida com a sua (envolvia farsa e temor e rejeição da complexidade), sentindo-se "enfastiado e desgostoso com as habilidades às quais devia seu renome". No lugar do mundo literário nova-iorquino, que ele nunca lamentou deixar para trás, havia agora a sala de aula, que Roth sempre adorou. "É o único lugar onde eu podia falar a sério sobre livros", diz hoje, com certa nostalgia. "Em qualquer outro lugar, se você menciona um livro as pessoas começam a falar sobre filmes."

Roth começara a dar um curso de literatura na Universidade da Pensilvânia em 1965, mas parou depois da publicação de *Portnoy*, pois, como diz, "eu não queria visibilidade alguma". Em 1971, recomeçou, dando um curso sobre Kafka. Como ainda tinha seu apartamento em Nova York, ele e Sproul iam de Woodstock para a cidade na segunda-feira; ele então partia para Filadélfia na terça de manhã e retornava a Nova York altas horas da noite. Sproul, por sua vez, dava um curso introdutório de filosofia no Hunter College durante a semana e os dois voltavam para o campo ao término de sua última aula. Todo esse esforço — ele certamente não precisava do dinheiro — sugere quanto a experiência era importante para ele.

Sproul é uma mulher de grande apetite e habilidade intelectuais. Ela se tornaria diretora do Programa de Religião do Hunter College (foi criada como unitarista, embora nunca tenha sido religiosa), mas não se considerava particularmente literária. Recorda-se de que Roth revisava todas as suas aulas a seu lado, enquanto fazia suas anotações e desenvolvia suas ideias. Leu com prazer todas as obras da longa lista de leitura que ele elaborara — uma espécie de lista de leitura para a vida — e lia também os livros que ele indicava semanalmente em aula. Muitas vezes, lia os exemplares dele e, no início, ficou curiosa com os trechos que ele sublinhava. Lembra-se de ter mostrado a Roth certa passagem misteriosa, de perguntar-lhe por que ele a destacara — Sproul tinha um senso enraizado de que a leitura deveria transmitir informação — e de como ficou surpresa e maravilhada quando ele respondeu: "Porque é linda".

Mesmo hoje, não há nada que Roth mais ame do que conversar sobre livros: tramas, personagens, linguagem, até edições antigas de brochuras. Sua paixão por essas coisas em nada esmoreceu e ele relê regularmente algumas obras: *Adeus às armas* de Hemingway, *Mário e o mágico* de Thomas Mann. (Diz que se estivesse à beira da morte e lhe fosse permitido ler apenas mais um livro, seria *Mário*.) Tem fama de dar exemplares do que está lendo para os amigos, a fim de instigar conversas. Quando voltou a lecionar em 1971, constatou que seus alunos na Penn eram bastante receptivos. "Desfrutavam a liberdade que os anos 1960 haviam lhes dado, mas não tinham torrado o cérebro", diz. "Eu só tinha de acender o rastilho e me afastar." Seus cursos em meados dos anos 1970 trataram de livros saídos das mais diversas partes do mapa literário: *Madame Bovary* e *Pavilhão dos cancerosos*, obras de Céline, Genet, Mishima. Certo ano, deu um curso apenas sobre Colette e Tchékhov; em outro, sobre seus dois ídolos, Kafka e Bellow: "O artista da fome e o artista da abundância, da superabundância", explica. "Eu queria mostrar-lhes o pêndulo, o oscilar da ficção."

De volta a sua escrivaninha, dedicou-se a uma empreitada por meio da qual pretendia afastar-se o máximo possível não só de *Portnoy*, mas também de sua soturna e enervante temática matrimonial. Ele amava beisebol quase tanto quanto amava livros; o jogo estava indissoluvelmente associado a sua infância e, a seu ver, continuava sendo uma das poucas coisas míticas e incorruptíveis do país. Se Malamud escrevera sobre beisebol, por que não ele? A apenas duas horas de carro de Woodstock está o Hall da Fama do Beisebol, em Cooperstown, onde Roth lia os livros da biblioteca e ouvia gravações com os jogadores de outrora, fazendo muitas anotações. Sentia-se num estado de beatitude, diz. O livro que nasceu desse esforço, no entanto, *The Great American Novel*, é uma farsa proliferante, festiva, fatigante, às vezes engraçada mas quase sempre uma receita garantida para induzir dor de cabeça, um livro que pelo menos um escritor amante dos esportes que conheço — Scott Raab, da *Esquire* — considera uma obra-prima ignorada, mas que para muitos parece uma estonteante barafunda.

Talvez Roth amasse demais o assunto. Parece não haver nada que ele não quisesse incluir nessa epopeia de uma equipe de jogadores de beisebol desajustados durante a Segunda Guerra — um receptor de uma perna só, um defensor externo de um braço só, um anão com camisa número ½ —, aos quais atribuiu nomes semidivinos que aprendera ao visitar os templos da Ásia. (Uma década antes, no Iowa Writers' Workshop, Roth integrou um time de *softball* formado por romancistas que jogava contra uma equipe constituída exclusivamente de poetas — Mark Strand na primeira base, Donald Justice como interbases — durante um torneio que muitos talvez considerem não mais estrambótico que sua obra futura, embora Roth tenha bastante orgulho do seu recorde de *home-runs* e jure que os poetas eram bem durões.) O arremessador heroico no centro de *The Great American Novel*, Gil Gamesh, foi vítima de bullying quando criança por ser babilônio

("Volte pra sua terra, seu babilô desgraçado!") e acaba se revelando um espião comunista. Ernest Hemingway dá os ares da graça, pescando agulhões e discutindo o Grande Romance Americano com um locutor esportivo embriagado de 87 anos, a quem acusa de haver roubado seu estilo ("Se tenho uma mensagem", afirma Hemingway, "eu mando por telegrama.") Enquanto isso — porque bastante ainda não é o bastante —, uma gaivota mergulha para atacar Hemingway, gralhando *"Nevermore!"*. Os jogadores anões se multiplicam e o redator de esportes, Word Smith — artífice das palavras —, nos oferece sua versão de *Moby Dick* num dialeto beisebolístico. Tomando emprestada a crítica feita por um dos leitores do sr. Smith, isso tudo é "loucamente excessivo" e "um pouco desesperado".

Desesperado para o quê? Para seguir adiante depois de *Portnoy*? Para escapar de *Portnoy*? Para recuperar a escrita como uma prática desvinculada do tormento pessoal? Roth concluiu o manuscrito de *The Great American Novel* durante sua estadia em Yaddo e logo no dia seguinte teve uma ideia ainda mais extravagante para um livro: e se um homem se transformasse num seio? A ideia vem em parte de Kafka, é claro, mas também da nítida sensação de que os leitores de *Portnoy* — mesmo aqueles que amaram o livro, ou talvez especialmente eles — o viam como uma espécie de pênis ambulante. Quando o encontravam na rua, era isso que viam, ou assim lhe parecia, era a pica que congratulavam. Era desalentador, era enfurecedor, e é possível que a vergonha e a repugnância de si mesmo inerentes à ideia tenham sido responsáveis por lançar uma luz sombria sobre seu time de beisebol formado por párias e aberrações. Mas agora aqui estava uma maneira não só de expressar o que lhe acontecera, mas também de dar a volta por cima. "Era como Henry Higgins [de *Pigmaleão*]", Roth traça hoje sua linha de raciocínio: "Por que a mulher não pode ser mais como um homem? Só que ao contrário".

Desse modo, um novo protagonista, David Kepesh, professor de literatura em Stony Brook — que completara cinco anos de psicoterapia para se recuperar de um casamento que havia sido um verdadeiro circo dos horrores e que recentemente arranjara uma linda namorada e inúmeras razões para acreditar que já estava fora de perigo —, acorda certa manhã e descobre que está transformado em um gigantesco seio: um metro e oitenta de comprimento, mais de setenta quilos e um mamilo rosado hipersensível de doze centímetros. É uma situação genial. E há certa pungência na raiva que Kepesh sente de Gogol e Kafka por terem lhe colocado nessas circunstâncias. "Muitos outros professores de literatura já deram aulas sobre 'O nariz' e *A metamorfose*", argumenta seu psiquiatra. "Mas talvez não com tanta convicção", retruca Kepesh.

Infelizmente, Roth não tem para onde levar tudo isso. Afora alguns indícios de conteúdo mais profundo no arrefecimento do desejo de Kepesh por sua namorada perfeita, ainda antes da transformação, e a presença de um pai forte e amoroso o bastante para agir como se nada de desagradável tivesse acontecido, o livro sofre da mesma ausência de personagens e sentimentos reais que *Our Gang* e *The Great American Novel*. Roth, ao contrário de Kafka, não é um artista abstrato. Sua sátira é mais potente quando — como no caso dos Patimkin ou da sra. Portnoy — é canalizada ou obstruída por alguma emoção calorosa ou contenciosa. O fato de o seio gigantesco tornar-se obcecado por sexo — e de uma maneira pouquíssimo metamorfoseada ("Doutor, eu quero fodê-la! Com meu mamilo!") — parece mais um retorno ao velho saco de surpresas do que uma elaboração da invenção do livro. *O seio* é um livro curto — Roth escreveu-o em poucas semanas —, mas termina em exaustão e com outro autor realizando o trabalho pesado, pois Roth cita na íntegra o poema de Rilke sobre um torso arcaico de Apolo, concluindo que "Precisas mudar de vida".

Roth, por certo, mudou a vida de Kepesh e também a sua própria. Mas mudar sua obra provou ser mais difícil.

Nenhum desses livros do início dos anos 1970 — todos intencionalmente grotescos, surreais e muitas vezes exagerados — fez muito bem para sua reputação. "Eu não estava tentando alienar o enorme público que conquistara com *Portnoy*", ele me diz, "mas não me importaria se isso acontecesse." Pausa. "E acho que foi o que de fato aconteceu." Alguns críticos interpretaram os livros como reflexo de uma época anárquica, ela mesma um tanto surreal. Talvez; mas foram também reflexo da incerteza e da confusão de Roth depois de *Portnoy*. *O seio* e *The Great American Novel* foram publicados na ordem inversa à que foram escritos, em 1972 e 1973, respectivamente. Roth mudara de editora, trocando a Random House pela Holt, Rinehart & Winston, para poder trabalhar com o editor Aaron Asher, um amigo íntimo e muito admirado. Foi Asher que julgou que *O seio* tinha mais a ver com *Portnoy* e *Our Gang* e que essa trajetória fazia mais sentido. Mas o que Asher realmente estava esperando, diz Roth, era o próximo grande livro que ele havia prometido.

Em abril de 1972, Roth, o ex-urbanita, completou sua transmutação adquirindo uma propriedade rural, que incluía uma casa do século XVIII, no noroeste de Connecticut, e logo se mudou para lá com Barbara Sproul. Dezesseis hectares, um pequeno pomar de macieiras, alguns bordos gigantes defronte à casa e um estúdio com vista para as campinas: uma atmosfera mais para Tchékhov do que para qualquer cena que pudesse lembrar os Portnoy ou o livro tormentoso que finalmente conseguiu concluir lá. *Minha vida de homem* é a obra tantas vezes postergada sobre seu casamento. As dificuldades que enfrentou para escrevê-la, todos os falsos começos, são descritos em detalhes por um dublê de Roth, o protagonista-escritor Peter Tarnopol. A evidência dessas dificuldades toma a forma engenhosa de duas histórias escritas pelo próprio Tarnopol, inseridas no começo do livro, cada uma com voz e detalhes familiares diferentes — terceira pessoa, primeira pessoa, um irmão aqui, uma irmã ali — na esperança de lhe despertar a imaginação e levá-lo a concluir o livro. O herói de Roth está bem ciente de que outros podem não achar o tema do seu horrível casamento tão fascinante quanto ele próprio o julga. Sua irmã mais velha lhe escreve: "Por que você não tapa o poço de uma vez e perfura outro lugar para ver se encontra inspiração? Faça um favor a si mesmo (se essas palavras têm algum sentido para você) e ESQUEÇA. Siga em frente!". Mas ele não tem escolha: "Obcecado, eu era tão incapaz de não escrever sobre o que estava me matando como de alterá-lo ou compreendê-lo". Matando-o, ainda, embora, quando *Minha vida de homem* foi publicado, em 1974, Maggie já estivesse morta havia seis anos.

Não importa. Como ressalta o psiquiatra de Tarnopol — o mesmo dr. Spielvogel que afiara seus dons auscultatórios em Alexander Portnoy —, é possível escapar de uma armadilha e, mesmo assim, não estar livre. A única esperança de um escritor é colocar tudo no papel a fim de compreender e, talvez um dia, superar. Assim, aqui está a história de Maggie, chamada Maureen Tarnopol no livro, que toma emprestada a máquina de escrever do marido, que depois encontra o recibo da loja de penhores no bolso dela. Aqui estão, enfim, a mentira sobre a gravidez, a amostra de urina comprada, o aborto que não aconteceu e o filme com Susan Hayward. Aqui está a pensão que ele pagou sem nenhum fim à vista. E aqui está o psiquiatra que pôs a culpa de tudo na "ameaçadora mãe fálica" que tornou Tarnopol suscetível a esse tipo de casamento, despertando nele uma labareda de raiva contra sua mãe de verdade, dolorosamente perplexa, uma raiva que só foi se agravando enquanto ele rememorava os insultos com que ela às vezes demolia seu amor-próprio juvenil — indícios, todos eles, somente de que ela não era perfeita, Tarnopol diz perceber agora.

Tarnopol tem certeza de que a caracterização da mãe pelo psiquiatra está totalmente equivocada, mesmo que tenha sido necessária, em termos psiquiátricos, "para esvaziar as reservas de veneração materna" da qual Maggie — ou melhor, Maureen — sempre soubera sacar. Aqui estão, em suma, inseridos de modo bastante discreto depois da ducentésima página, uma explicação de Sophie Portnoy e um indireto pedido de desculpas a ela.

Hoje *Minha vida de homem* talvez tenha mais vitalidade como retrato do poder e das falácias da psicanálise nos Estados Unidos no auge de sua influência. Em conversa, Roth recorda que sua própria análise foi, sob vários aspectos, uma espécie de "lavagem cerebral". "Como os norte-coreanos", diz, meio sério, meio brincando, "o psiquiatra tortura o paciente e volta a torturá-lo com falsas interpretações até que, por fim, quando se cala por um instante, o paciente fica tão grato que simplesmente as aceita." Freud foi sem dúvida um gênio, mas a ideia de transpor suas ideias para esse tipo de terapia é "meio bizarra", pois "estampa em todos a mesma história". Uma história de responsabilidade e culpa — culpa pelo próprio sofrimento, culpa até mesmo por fantasias inconscientes, que supostamente são as mesmas fantasias inconscientes que todos têm. Roth menciona as pacientes a quem Freud acusou de fantasiar abusos na infância que elas de fato haviam sofrido. O verdadeiro problema com Freud, conclui Roth, é que "ele não era um bom romancista. Não prestava a devida atenção às diferenças individuais, aos detalhes".

A raiva que Tarnopol aprende a sentir pela mãe pode ter servido a um propósito psiquiátrico, mas nada faz para atenuar sua antiga raiva pela esposa, que acaba irrompendo numa hedionda explosão. Em uma das últimas cenas com o desgraçado casal, a promessa que Maureen fizera de conversar sobre divórcio revela-se apenas mais um truque e, na realidade, ela vai até o apartamento dele só para lhe ler uma história que ela própria escrevera a seu respeito. "A calúnia é um jogo do qual dois podem participar", diz. E quando se recusa a ir embora, jogando-se no chão e agarrando-se a uma cadeira, ele lhe dá uma surra de tirar o couro. Literal e asquerosamente: logo há sangue e fezes por toda parte, pela sala inteira. O cheiro é medonho. Não obstante, ele admite estar se divertindo, ameaçando matá-la sabendo que não o fará. É uma cena chocante de violência, visto que estamos falando de Roth, não de Norman Mailer. ("A propósito", Roth me diz certo dia, sem que eu houvesse perguntado, "eu nunca fiz isso.") Pouco depois, Tarnopol, sendo um protagonista de Roth e, portanto, sempre um bom rapaz por trás de toda a maldade, ajuda Maureen a telefonar para o advogado. E, é claro, logo se vê em dificuldades ainda maiores. O livro tem um desenlace súbito, quando Maureen, à maneira de sua comparsa na vida real, morre num acidente de carro. Todavia, nem mesmo esse destino é suficiente para saciar Tarnopol. "Por que não há demônios nem danação?", ralha o viúvo nada alegre com o fantasma dela. "Ah, se eu fosse Dante", jura, ponderando uma derradeira opção literária, "escreveria isso de outra maneira!"

Por motivos óbvios, o livro marcou o começo dos grandes enfrentamentos literários entre Roth e as mulheres. Até mesmo Peter Tarnopol, ao examinar sua produção, teme estar "transformando a arte em um penico para o ódio", citando obliquamente seu ídolo, Flaubert. Em dezembro de 1976, alguns anos depois que o livro foi lançado, uma matéria de capa de Vivian Gornick no *The Village Voice* estampou fotografias de Roth, Bellow, Mailer e Henry Miller — "como aqueles cartazes de 'Procura-se'", recorda-se Roth — sob a manchete: "Por que estes homens odeiam as mulheres?". Gornick, uma feminista ativa e crítica impetuosa, não afirmava que eles eram maus escritores (exceto, às vezes, e com as devidas citações, Mailer) e estava longe de ser imune ao poder e à beleza de suas melhores obras. Expressou admiração quase desarrazoada pelos contos de *Adeus, Columbus* ("brilhantes e profundamente comoventes [...] cheios de personalidade, sabedoria e um senso luminoso da busca por uma vida moral e sensível [...] tudo o que Tolstói disse que um livro deveria ser") e foi calorosamente receptiva a *O complexo de Portnoy* ("uma obra tão repleta da maravilhosa confusão do ser humano, uma obra tão claramente *sobre* o pânico e não movida por ele, que não podemos senão rir e nos angustiar junto com o hesitante Portnoy"). Não fosse por *Minha vida de homem*, Roth claramente não teria sido incluído em sua lista. E Gornick não está destituída de razão quando diz que os problemas com mulheres em *Portnoy* eram problemas de Portnoy; os problemas com mulheres — talvez devesse ter dito "a mulher" — em *Minha vida de homem* eram problemas do autor. Gornick não foi o único crítico a classificar o livro como terapia, não ficção.

Minha vida de homem é uma obra de humor intenso, verve coloquial e ludicidade formal. Os dois "contos" de Tarnopol — que introduzem seu próprio protagonista ficcional, Nathan Zuckerman — são contrapostos a uma seção "factual" mais longa intitulada "Minha história verdadeira". No entanto, há algo inquietante e premido no cerne do livro: um senso de confinamento e — a despeito das demonstrações de técnica — uma falta de liberdade. Roth retoma por fim um elenco de personagens que vivem e respiram, mas os mantém na periferia do casamento central, meras vozes que ricocheteiam. Há a irmã de Tarnopol, Joan, uma mulher totalmente autocriada (por meio tanto da eletrólise como da educação), feliz com seu casamento, seus filhos, sua pele. (Ela não teme que o irmão a inclua em seus textos, pois, como lhe diz, "você é incapaz de tornar o prazer crível. E um casamento funcional que funciona é tão compatível com seus talentos e seus interesses como o espaço sideral".) Há o psiquiatra sábio mas equivocado, dr. Spielvogel, sempre disponível para dar conselhos emergenciais e consistentemente adaptável. ("Se você for preso", ele assegura Tarnopol depois da surra, "farei de tudo para conseguir alguém que fique com seus horários.") E há uma Brenda Patimkin rediviva chamada Sharon Shatzky, jovem, ousada e alegremente sensual, de cujas virtudes — "caráter, inteligência e imaginação" — Tarnopol só se dá conta quando é tarde demais, quando a descarta para ficar com Maureen.

Maureen. O que significa para um escritor pôr alguém que ele considera uma psicopata no centro de seu livro? O problema com *Minha vida de homem* não é que Maureen seja uma mulher iludida, maquinadora, às vezes malévola, mas que a obsessão contínua do marido com suas ilusões, maquinações e malevolência suga todo o ar do livro, desgasta sua textura e o deixa frouxo pela repetição. O leitor às vezes se sente como Tarnopol no ato de escrever, "tentando se arrancar de dentro de um saco de papel". Maureen é uma vilã, mas não é desinteressante; ao que parece, abriu com os cotovelos seu próprio caminho para fugir de uma família de classe baixa neurastênica e intolerante, tem um ex-marido espalhafatoso, um resto de glamour e pode ser uma oponente tão sagaz quanto feroz. Falando desde o mundo dos mortos — para onde Tarnopol despachou suas histórias para que as lesse —, ela muda o título de seu livro para *Meu martírio de homem*, o que não é inteiramente impróprio. (É típico de Roth dar ao inimigo as melhores falas.) Ela avança sempre, sem parar, em ritmo frenético. Tarnopol, em contrapartida, parece apenas um Portnoy mais moleirão, que reclama da esposa gentia em vez da mãe judia: *"Eu não aguento mais"*. Ele admite que, por mais que tente transformar sua história em arte, sempre aparece "estampado no rosto da narrativa, em sangue: COMO ELA PÔDE? COMIGO!". Tarnopol claramente não está chegando a lugar algum. O mesmo acontece com Roth, apesar da inventividade formal do livro e de sua luminosa veia cômica.

Em meados dos anos 1970, a pergunta mais inquietante acerca de Maureen não era a que normalmente se faz sobre um personagem de romance: Ela é crível? (De fato, alguns críticos julgaram que ela seria reprovada nesse teste simples; Morris Dickstein escreveu na *The New York Times Book Review* que Maureen "podia muito bem ser uma criatura de Marte".) Nos anos 1970, a pergunta que pairava sobre tudo era: Ela é representativa? Ela é apenas uma mulher ou ela é a Mulher? Gornick, de sua parte, não titubeou quanto à resposta. A força de sua convicção levou-a inclusive a distorcer a surra que Tarnopol dá em Maureen, repulsiva em si, tomando-a como a cena em que "a esposa é espancada até a morte", e a deduzir disso que "Roth está claramente dizendo que essa criatura repelente — e todas que a ela se assemelham — *merecem* morrer". É um salto e tanto entre esses dois travessões. Gornick é uma leitora atenta e perspicaz; o equívoco que cometeu sugere que sua raiva diante dessa cena, talvez do livro inteiro, provocou um curto-circuito em suas faculdades críticas. A vituperação de seus demais comentários ("vileza desumanizante", "inteligência moral em desintegração", "misoginia inconfessa" que "escorre como um veneno lento e escuro") parece tão extrema quanto seus elogios às obras anteriores de Roth. (O juízo de Gornick tornou-se ainda mais extremado com o passar dos anos. Em um ensaio em *The Men in My Life*, de 2008, ela teoriza que tanto Roth como Bellow deslocam a ira dos judeus contra os gentios para as mulheres e condena de uma tacada só todo o conjunto pós-*Portnoy* da obra de Roth: "Em todos os livros que viriam nos trinta anos seguintes, as mulheres são monstruosas porque para Philip Roth as mulheres são monstruosas".) Outros críticos, incluindo Dickstein, também acharam que *Minha vida de homem* revela problemas com as mulheres, embora Dickstein tenha dado um passo além e sugerido que a rixa de Roth é com as pessoas em geral. Mas a palavra "misoginia" colou.

O herói de Roth tinha se esforçado muito para deixar claro que não odiava as mulheres. Odiava apenas a mulher com quem se casara. E por bons motivos. Quando seu crítico mais severo, dr. Spielvogel, acusa-o de "reduzir todas as mulheres a objetos sexuais masturbatórios" — não existe crítica que o próprio Roth não antecipe —, Tarnopol oferece uma refutação angustiada, evocando em sua defesa uma série de casos amorosos cheios de ternura e explicando que, se Maureen tivesse sido apenas um "objeto" para ele, jamais teria se casado com ela. "Você não vê", ele exclama, "não é que as mulheres significam pouco para mim — o que causou todo o problema é que elas significam muito, até demais. Elas são o campo de testes não da potência, mas da *virtude*! Creia-me, se eu tivesse ouvido o meu pau em vez de meus órgãos superiores, jamais teria me metido nessa encrenca, para começar!"

Fica claro por que os críticos puderam rotular o romance de "terapia" sem conhecer muito sobre a vida privada de Roth. A exclamação de Tarnopol é idêntica à explicação que Roth daria mais tarde, em *The Facts*, sobre os laços morais e emocionais por trás de seu casamento na vida real. Haverá céticos aqui também, com certeza. Maggie Martinson Williams Roth não teve oportunidade de apresentar o seu ponto de vista, ao contrário de seus duplos ficcionais. É fácil imaginar que uma mulher sem fala seja uma mulher difamada — uma vítima do "jogo da calúnia" a que Maureen Tarnopol se refere. Gostaríamos, portanto, de encontrar algum detalhe objetivo da vida e do temperamento de Maggie, algo para contrapor aos retratos perturbadores traçados por Roth. Uma entrevista com o filho de Maggie, David Williams, foi publicada no *St. Louis Jewish Light* em 1975, quando ele tinha 27 anos e trabalhava como caminhoneiro em St. Louis, aguardando um emprego na luta contra a pobreza. Procurado por um repórter que desvendara suas relações com o famoso escritor, Williams respondeu solicitamente a uma série de perguntas. As respostas, porém, não foram muito redentoras. "Mamãe era não só uma mulher de aparência muito sensual e uma pessoa bem inteligente", disse ele, "mas também bastante destrutiva. Ela tentava destruir todos em seu caminho." Mesmo assim, prossegue, "Philip sempre a defendia quando eu a criticava".

Quanto a "Philip", que tinha passado anos sem ver, Williams lembra-se dele ajudando-o a entrar num bom colégio interno e estudando a seu lado. Como seu tutor de literatura, Philip selecionou alguns livros (os quais "literalmente me forçou a ler" — e cita *O emblema vermelho da coragem* e *Limite de segurança*) e discutiu-os com ele à mesa da cozinha, "até ficar seguro de que eu tinha entendido o verdadeiro motivo de o autor ter escrito aquela obra". Também "me arranjou umas aulas de matemática e gramática", explica Williams; "mas Philip foi meu principal tutor". E essas não foram as únicas matérias: "Sobre masturbação", esclarece Williams, "Philip mencionou esse cara de Harvard que afirmou que 98% das pessoas se masturbam e os outros 2% mentem". Williams reconheceu que fora um garoto bem endiabrado — "era o único jeito de sobreviver que eu conhecia" — e "devo dizer que, se não fosse a influência positiva que Philip teve em minha vida naquela época, eu provavelmente estaria na cadeia hoje".

Por outro lado, e sob alguns aspectos, Roth de fato não estava escrevendo sobre uma mulher específica. Mesmo nesse romance um tanto hiperbólico, no qual Tarnopol admite que qualquer generalização que fizer pode muito bem ser vista como "uma consequência infeliz do meu próprio casamento horroroso", ele não pode deixar de notar que suas experiências também diziam respeito a um mal-estar social mais amplo. A expectativa de encontrar realização no casamento, e só no casamento, que caracterizou as mulheres americanas dos anos 1950 — a era dos votos matrimoniais dos Tarnopol (e dos Roth) — baseava-se em noções de "dependência, desamparo e vulnerabilidade femininas" e era fortalecida pelo igualmente nefasto "mito da inviolabilidade masculina". Não chega a surpreender, pois, que o resultado, para muitas mulheres, fosse o ressentimento. Maureen Tarnopol apreciava o sucesso literário do marido, mas também o desprezava por esse mesmo sucesso. "A vicariedade foi sua nêmesis: o que conseguiu por meio dos homens foi tudo o que conseguiu." *Minha vida de homem* traz uma marca própria de ressentimento e de irritabilidade sexual, mas — como em *As melhores intenções...* — os argumentos subjacentes do autor estão longe de ser hostis às mulheres ou ao feminismo. Quando Tarnopol critica o que chama de "síndrome do Príncipe Encantado", ele soa muito como Vivian Gornick.

Há ainda uma última volta no parafuso conjugal. A epígrafe de *Minha vida de homem* é uma frase do diário de Maureen Tarnopol, descoberto, num momento bem tardio do romance, por seu marido perplexo e exaurido: "Eu poderia ser sua Musa, se ele ao menos deixasse". Ela, que fizera tudo o que pôde para criar-lhe obstáculos? Para atrapalhá-lo? O diário contém ainda uma afirmação mais detalhada e mais confiante de seu valor literário para ele: "Se não fosse por mim, ele ainda estaria se escondendo atrás de seu Flaubert e não saberia o que é a vida real mesmo se tropeçasse nela. *Sobre o que* ele imaginou que iria escrever, nada sabendo e em nada acreditando exceto o que havia lido nos livros?". É uma linha de raciocínio que Roth retoma catorze anos depois, em *The Facts*, quando sugere que permaneceu tanto tempo com Maggie porque ela era "o maior de todos os professores de escrita criativa, uma especialista por excelência na estética da ficção extremista". Vindo dele, tal afirmação parece espirituosa além da conta e emocionalmente evasiva, ainda que, de maneira tortuosa, como deixa claro esse livro selvagem, engraçado, semibrilhante, semiasfixiado, talvez seja muito possivelmente verdade.

Filhos de Kafka

"Precisas mudar de vida." Roth tinha viajado, dado aulas, lido — tudo o que podia fazer para se renovar. Embora mantivesse seu apartamento em Nova York, raramente ficava lá. Não estava mais interessado no que as pessoas chamam de vida social. Trabalhava sem parar, mas nenhum dos livros que escrevera desde *Portnoy* sequer se aproximara do sucesso deste. *Minha vida de homem* foi um fracasso particularmente desanimador e, embora tal recorde não o deixasse feliz, não era o cerne do problema. Roth sabia muito bem quem ele não era, mesmo que milhares de pessoas julgassem que ele fosse exatamente isso. "Não sou um vagabundo imprestável, nem um libertino, nem um gigolô", Peter Tarnopol diz a seu psiquiatra, "nem algum tipo de pênis ambulante" — mensagem que parecia não chegar ao público de Roth. Na verdade, porém, nem o público importava. Descobrir quem realmente era, aprender a sair de si mesmo, compreender o que era importante para ele e fazer algo a respeito, em sua vida e em seu trabalho: estas eram as metas algo nebulosas que entraram em foco assim que desembarcou em Praga.

"Eu queria conhecer a cidade de Kafka", diz, "e, por acaso, descobri algo bem mais importante." Ele viajara, de novo com Barbara Sproul, como presente a si mesmo por ter completado uma longa jornada de trabalho. O plano era conhecer "as belas cidades". Foram para Veneza (onde já havia estado) e Viena (onde visitou a casa de Freud e inúmeros museus) e depois contrataram um carro para levá-los até Praga. Era a primavera de 1972, quase quatro anos desde que os tanques soviéticos haviam esmagado as esperanças democráticas do movimento de libertação conhecido como Primavera de Praga. Logo nas primeiras horas de caminhada, Roth foi cativado pela beleza rota e deteriorada da cidade, o grande castelo na outra margem do rio e as ruas tranquilas, muitas vezes vazias. ("Os únicos outros turistas eram de uma delegação comercial búlgara.") Era evidente que "as pessoas não estavam felizes", diz, mas era também impossível não notar de imediato que "havia ali algo para mim".

Ele não ignorava as tribulações políticas da Tchecoslováquia ou suas ramificações literárias. Barbara Sproul era membro ativo da Anistia Internacional — "efeito do espírito vagamente missionário que também inspirava seus interesses religiosos", explica Roth hoje — e, quando não estava conhecendo a cidade, ia visitar familiares de pessoas que haviam sido presas. Sproul me diz que teve sorte de não ser levada a sério pelas autoridades sexistas tchecas — "acharam que eu era apenas uma perua qualquer". Todos os dias, "agentes do governo saíam no encalço de Philip" e ela ficava livre por algumas horas para fazer suas rondas. (Em meados dos anos 1970, Sproul tornou-se coordenadora da Anistia Internacional na Tchecoslováquia.) Para Roth, uma reunião com o conselho editorial de sua editora tcheca serviu para lhe sugerir, ao menos em parte, um propósito para sua estadia lá. No final da reunião, uma das editoras, que falava inglês fluentemente, convidou-o para almoçar e a primeira coisa que disse foi que as outras pessoas que ele acabara de conhecer eram "porcos", meros lacaios do governo contratados ou promovidos pela repressão soviética, depois que os membros originais do conselho foram demitidos. E ofereceu-se para apresentá-lo à "verdadeira" Praga literária. Roth e Sproul logo estavam jantando com os tradutores tchecos de seus livros, Rudolf e Luba Pellar, que tinham acabado de concluir a tradução de *O complexo de Portnoy* — embora o livro fosse impublicável na Tchecoslováquia da época. Muitos livros e muitos autores eram impublicáveis na Tchecoslováquia, explicaram. Por ora, *Portnoy* seria lançado em *samizdat* — manuscritos datilografados distribuídos em quantas cópias feitas com papel-carbono fossem possíveis. Apesar dos dissabores políticos e sociais de seus anfitriões, Roth lembra-se que a noite foi "divertidíssima". Os Pellar estavam tendo bastante dificuldade com as obscenidades do livro e passaram boa parte da noite retraduzindo para um inglês todo peculiar a tradução que haviam feito das passagens mais sujas, para se certificar de que as tinham entendido corretamente. (Barbara Sproul lembra-se de um exemplo digno de nota, traduzido como "Ele lambeu sua panela".) Hilariante, mas não menos fascinante, perturbador e excitante.

Roth nunca se esquivou do engajamento social, como homem e como escritor. Do garoto em "A conversão dos judeus" que questiona o rabino sobre o status do "Povo Eleito" aos heróis de *Letting Go* debatendo-se com seu senso de responsabilidade para com os outros, de Alexander Portnoy trancado num embate interior para se libertar de imperativos éticos aos ultrajes descarados de Trick E. Dixon, é a batalha moral que essas obras tão distintas entre si têm em comum. Poder-se-ia dizer que a batalha moral é essencial para o seu senso de ser judeu — é o fator que o levou a declarar, inúmeras vezes, que se sentia grato por ter nascido judeu. Peso histórico, oposição injusta, encargos de consciência, ameaças iminentes de denúncias e desastres, difíceis petições de lealdade. Que magnífica temática para um escritor herdar por nascimento! É verdade que o apogeu dessa temática foi a época de seus pais — quando o antissemitismo era para valer —, mas até mesmo seu pai, depois de uma vida inteira nos escalões inferiores da Metropolitan Life, acabou promovido nos anos 1950 a gerente distrital de uma região no sul de Nova Jersey, onde dirigiu uma filial com cerca de cinquenta funcionários. Deus salve a América. Em Praga, porém, o mais longe possível de Newark que Roth conseguiu chegar, ele acabou encontrando outra temática moral estimulante — sem faltar o peso histórico, ameaças de denúncias e difíceis petições de lealdade. Em Praga, ele se sentiu em casa.

A primeira viagem foi breve, mas, quando voltou a Nova York, Roth mergulhou a fundo nesses temas: história tcheca, literatura tcheca, cinema tcheco. Seu amigo Robert Silvers, coeditor da *The New York Review of Books*, colocou-o em contato com um imigrante tcheco, o jornalista e crítico de cinema Antonín Liehm, que estava dando um curso sobre cultura tcheca no Staten Island Community College. Roth pegava a balsa até lá todas as semanas e ficou conhecendo não apenas Liehm e sua esposa, Mira, historiadora do cinema, mas também diversos diretores que visitavam a classe. Certo dia, tomou a balsa de volta com Ivan Passer, depois de a classe assistir a *Intimate Lighting* [*Intimní osvětlení*, 1965] — "Se Tchékhov tivesse escrito e dirigido um filme, seria *Intimate Lighting*", afirma Roth hoje. Os dois foram jantar e engataram uma longa e íntima amizade. (Passer mais tarde conseguiu que Roth escrevesse um roteiro de *As melhores intenções...* na esperança de dirigir o filme, mas o projeto deu em nada.) Roth leu todos os romances tchecos traduzidos que conseguiu encontrar e sua vida passou a girar mais e mais em torno de coisas tchecas: jantava frequentemente em um dos restaurantes tchecos em Yorkville, onde acabou fazendo parte de uma roda sempre crescente de pessoas. Sua festa de quarenta anos, em março de 1973, organizada por Barbara Sproul, aconteceu em um desses restaurantes. As fotografias do evento mostram uma mistura de convidados de todas as fases de sua vida: os Liehm e outros amigos tchecos recentes; Mildred Martin e Bob e Charlotte Maurer, de Bucknell (Roth manteve contato com os professores que admirava até o fim da vida deles); um contingente de amigos de Chicago; editores de Nova York; e, no centro de tudo, seus pais, radiantes.

Foi nessa época que escreveu um extraordinário conto experimental, um vislumbre dos novos impulsos criativos em sua obra: "'I Always Wanted You to Admire My Fasting'; or Looking at Kafka" ["'Sempre quis que você admirasse o meu jejum'; ou Olhando para Kafka"], publicado na *American Review* em 1973 e republicado em 1975 em *Reading Myself and Others*. Escrito depois do curso que deu sobre Kafka na Universidade da Pensilvânia no outono anterior e dedicado "aos alunos do curso Inglês 275", essa obra discretamente radical começa não como um conto, e sim como um ensaio, em que Roth contempla uma fotografia de Kafka tirada em 1924, aos quarenta anos — "exatamente minha idade na época", observa Roth, mas o último ano da vida de Kafka. Kafka morreu "cedo demais para o holocausto", escreve Roth, introduzindo em sua prosa esse termo histórico, não mais inédito mas ainda sem a inicial maiúscula. "Crânios cinzelados como esse foram tirados com pás, aos milhares, dos fornos; se tivesse vivido, o dele estaria lá, junto com os crânios de suas três irmãs mais novas."

Sua vida fora sombria. Em algumas poucas páginas perspicazes, se bem que algo professorais, Roth traça os problemas de Kafka com o pai imperioso, suas dificuldades com as mulheres e os acontecimentos do ano em que sucumbiu à tuberculose. Mesmo que tivesse sobrevivido, observa Roth, é quase impossível imaginar Kafka — "tão fascinado por armadilhas" — emigrando para a Palestina com seu amigo Max Brod ou escapando de alguma outra maneira do mais terrível dos destinos. Porém, nesse momento o próprio Roth abre a armadilha e o liberta. O ensaio cede lugar à ficção, estamos subitamente em 1942 e o refugiado judeu tchecoslovaco de 59 anos emigrou para os Estados Unidos. Dr. Franz Kafka é agora o professor de hebraico do menino Philip Roth, de nove anos, que, para deleite do resto da classe, apelidara o excêntrico velhote — com seu sotaque alemão, sua tosse, seu hálito levemente azedo — de dr. Kishka [intestino]. Mas o pequeno Philip não é cruel. Na verdade, ao saber que seu professor mora sozinho em um pequeno quarto, é inflamado por "fantasias redentoras de heroísmo" voltadas para aqueles a quem aprendeu a chamar, entre aspas, "os judeus da Europa". Ele decide interceder e tem uma conversa com seus pais: "Eu tenho de salvá-lo. Se não eu, quem?".

Assim, o dr. Kafka é convidado para jantar na casa dos Roth, junto com tia Rhoda, uma solteirona jovial com ambições teatrais, com a qual se pretende que Kafka *se case*, Philip percebe horrorizado. Para sua estupefação, Kafka convida tia Rhoda várias vezes para sair, e ela fica tão animada com essa demonstração de interesse que consegue um papel importante numa encenação de *As três irmãs* pela Associação Cristã dos Moços de Newark. (Em uma fantasia dentro da fantasia — Roth hoje afirma ter certeza de que "Kafka leu Tchékhov" —, Kafka abre os olhos de Rhoda para a beleza da peça de Tchékhov, lendo-a inteira para ela. Como ficamos sabendo logo no começo do ensaio, Kafka perdeu três irmãs.) Entretanto, mesmo enredando o santo literário nas minúcias da vida doméstica em Newark, como fizera com os míticos Portnoy, é evidente que Roth só pode levar Kafka até certo ponto nesse mundo. O namoro fracassa por causa de um problema não especificado de natureza sexual ou, como admite o pai de Philip, porque o dr. Kafka é *"meshugeh"* [louco de pedra].

O conto termina com duas dolorosas transformações. Philip

entra na faculdade e fica por lá durante as férias de verão para escrever suas histórias mas também porque não suporta mais voltar para casa. Está sempre brigando com o pai e chorando por causa das brigas, pois se sente esmagado não pelas críticas paternas mas por um amor imperioso e insuportável. Para seu grande desalento, ambos, seu pai e sua mãe — "eles, que juntos retiraram todos os obstáculos de meu caminho" —, parecem "ser agora meu obstáculo final!". A mãe, magoada e confusa, continua a escrever-lhe cartas e em uma delas inclui um obituário do jornal local, no qual anotou: "Lembra-se do pobre Kafka, namorado da tia Rhoda?". Philip lê: "refugiado dos nazistas", "professor de hebraico", "setenta anos de idade", "não deixa herdeiros". Nem livros, acrescenta. "Nada de *O processo*, nada de *O castelo*, nenhum *Diário*." Somente algumas cartas "*meshugeneh*" para tia Rhoda, que ela talvez ainda preserve junto com sua coleção de cartazes da Broadway. ("*Meshugeh*" versus "*meshugeneh*": restam poucas pessoas no mundo capazes de calibrar a diferença, e Roth não é uma delas.)

O destino do Kafka sobrevivente não é uma questão apenas de intercâmbio entre fato e ficção, ou entre vida e arte, embora esses temas sejam cruciais na obra subsequente de Roth. O esmorecimento nasce aqui da confusão de poder entre vida e arte, entre fato e ficção. No final do conto, e acerca desse final, Roth faz uma pergunta sensata: "Como poderia ser de outro modo?". Os heróis de Kafka não chegam ao Castelo, nem escapam do Processo. Seu artista da fome, de quem Roth tomou o título — o derradeiro asceta, que faz da morte à míngua uma arte —, morre e é esquecido. Kafka pedira que seus manuscritos fossem destruídos sem ser lidos. "Não", conclui Roth, "simplesmente não estava nas cartas que Kafka se tornasse um dia *o* Kafka." Sua sobrevivência e grandeza literárias são o destino impossível, no qual o próprio Kafka teria sido o último a acreditar.

Esse brilhante conto híbrido foi concluído pouco antes da

segunda viagem de Roth e Sproul a Praga, na primavera de 1973. Dessa vez, ele foi equipado com uma lista de escritores, que por sua vez haviam sido alertados de sua chegada. Seu contato mais próximo e guia para todas as coisas foi Ivan Klíma, que falava inglês fluentemente. Klíma era um romancista e dramaturgo cujas obras haviam sido proibidas e cujo passaporte fora confiscado pelo regime pró-soviético. Era um sobrevivente do campo de concentração em Terezín. Outro aliado imediato foi Milan Kundera, que falava pouco inglês, mas impressionou Roth como uma figura de forte magnetismo, "uma combinação de boxeador profissional e pantera". Ele tinha lido dois livros de Kundera — *Risíveis amores* e *A brincadeira* —, nas minúsculas edições em inglês, e logo os dois estavam tendo longas conversas, de três ou quatro horas, possibilitadas pelos serviços de tradução da esposa de Kundera, Vera. "Quando terminávamos, Vera parecia ter feito sexo com nós dois", lembra-se Roth com uma gargalhada, "lívida, os cabelos desgrenhados por todo o rosto, mas entusiasmadíssima com a conversa." Os livros de Kundera também haviam sido banidos em sua terra natal, como acontecera com as obras de outros escritores e tradutores que Roth conheceu — Ludvík Vaculík, Miroslav Holub, Rita Klímová. Sproul lembra-se de que diversos autores tchecos nutriam verdadeira paixão pelo tema dos caubóis e índios americanos e, em especial, que Vaculík desafiara Roth para ver quem conseguia listar o maior número de tribos indígenas. Roth logo ficou para trás e foi pego improvisando nomes de tribos como "os Kreplach".

Sproul também se recorda da sensação de "responsabilidade" que essas viagens davam aos dois — "como americanos, tínhamos todo esse privilégio, todo esse poder, e o que fazíamos com isso?". Impedidos de receber direitos autorais do estrangeiro e privados de qualquer forma de trabalho intelectual, os melhores talentos literários de Praga, os verdadeiros herdeiros de Kafka, estavam varrendo ruas ou trabalhando em outros empregos subalternos para sobreviver. Quando deixou a cidade dessa vez, Roth perguntou a Klíma: "Do que vocês mais precisam?". (Podemos ouvir ecos do jovem Philip no conto sobre Kafka: "Se não eu, quem?".) A resposta foi imediata, clara e simples: "Dinheiro".

Roth pediu a ele que preparasse uma lista de quinze escritores que estivessem precisando de auxílio e, de volta a Nova York, arquitetou um plano. Abriu uma conta bancária em nome do que chamou Fundo Tcheco Ad Hoc e convocou catorze amigos escritores a se juntar a ele e contribuir com cem dólares por mês, associando cada um a um autor em Praga. "Ficava mais pessoal se houvesse um nome para cada um, em vez de um fundo genérico", explica Roth. Com base nesse princípio, emparelhou Arthur Schlesinger a um historiador e Arthur Miller a um dramaturgo. Entre os outros autores que alistou estavam John Updike, Alison Lurie, John Cheever, William Styron e John Hersey. Do lado tcheco, ressalta Roth, Klíma fez parte da lista no primeiro ano, mas se desligou no segundo, quando sua situação melhorou. (Roth também conseguira para ele um cargo acadêmico em Bucknell, o tipo de honraria que seria capaz de tirá-lo da Tchecoslováquia. Mas Klíma declinou, "por solidariedade e porque não queria que as coisas fossem mais fáceis para ele do que para os outros", diz Roth, acrescentando: "Ele é um santo".) Kundera, um eterno "lobo solitário" na descrição de Roth, nunca participou do plano.

A correspondência dos beneficiários era rotineiramente censurada, é claro, de modo que os financiadores do Fundo Ad Hoc não podiam lhes enviar cheques. "Peguei o dinheiro e levei para uma agência de viagens bem popular em Yorkville", explica Roth. "Procurei uma que fosse realmente mixuruca, a menos provável de ser infiltrada pelo governo, e achei uma bem desmazelada, cheia de papéis empilhados na vitrine, com um funcionário atrás do balcão que lembrava o garçom gordo de *Casablanca*." Lugares como esse eram especializados em enviar dinheiro para familiares do outro lado da Cortina de Ferro. "Eu entregava a eles o dinheiro e eles remetiam quinze cupons — cupons *Tuzek* — resgatáveis em dinheiro vivo nos bancos de Praga." Roth tomava o cuidado de variar as quantias — às vezes enviava dois ou três cupons de baixo valor por mês — e também a data da remessa, para não despertar suspeitas e permitir que até mesmo autores na lista negra pudessem descontá-los. Klíma certificava-se de que todos os cupons eram recebidos e confirmava por meio de mensagens discretas a um primo nos Estados Unidos ou a Roth. "Foi uma fissura no sistema", reconhece Roth, "e deu certo."

Ele teve outra ideia para ajudar, com resultados bem mais abrangentes: fazer que esses autores fossem lidos. Isso era impossível na Tchecoslováquia, mas talvez conseguisse que acontecesse nos Estados Unidos, o que só traria vantagens para todos: seria bom para os autores, que se sentiriam ouvidos, talvez bom até para sua segurança política — a fama internacional certamente ajudou Soljenítsin — e bom para os leitores americanos. De volta a Nova York, Roth levou esses argumentos e uma lista de obras que admirava para um editor da Penguin Books. O resultado foi a série Escritores da Outra Europa [Writers from the Other Europe], que começou a ser publicada em 1974 e continuou até o advento da Revolução de Veludo e suas liberdades concomitantes, dezessete volumes depois, em 1989. Todos os livros da coleção já haviam sido publicados antes em inglês e as traduções não eram novas, mas "cada um fora publicado, individualmente, por uma editora diferente, como uma espécie de boa ação", diz Roth, "e logo sucumbira". Agora Roth não só estava lançando todos os livros juntos, mas, como editor geral da série, estava sempre lendo novos candidatos, escolhendo a arte da capa e provendo cada volume com uma introdução por um autor de renome, capaz de granjear atenção. Ele próprio escreveu a introdução de um dos

134

primeiros volumes, *Risíveis amores*, de Kundera — na época, praticamente ninguém nos Estados Unidos sabia quem era Kundera — e outros receberam introduções de autores como John Updike, Angela Carter e Joseph Brodsky. "Eu queria soltá-los pelo mundo afora em grande estilo", diz Roth, com um leve aceno de mão. "Foi a minha pequena Hogarth Press" [editora de Leonard e Virginia Woolf].

Roth não foi atraído apenas pelas terríveis agruras desses autores ou pelo conteúdo político de seus livros. Os escritores da Europa Oriental "revelam toda uma faceta da literatura que foi abafada na tradição americana", diz, uma faceta que ele tem em alta conta e que pode ser identificada por uma relação distanciada com o realismo ou, como às vezes diz, pela "riqueza da tendência delirante". (Roth, com razão, rejeita o termo "surrealismo" aplicado a essas obras.) Embora diga que nunca chegou a aspirar a esse tipo de literatura, é possível argumentar que vinha buscando justamente isso, à sua maneira, desde *O complexo de Portnoy*. "O realismo americano é uma fonte poderosa", Roth me diz, "e eu o amo — já nos deu Bellow e Updike —, mas é apenas uma vocação literária entre outras." Os autores da "outra Europa" lhe proporcionavam algo diferente, uma perspectiva enviesada e às vezes invertida, que tinha a ver com o fato de descenderem de Kafka, mesmo que, como no caso de Kundera, Roth encontrasse vestígios de seu outro deus literário, Tchékhov.

Risíveis amores não é um livro político, mas uma coletânea de histórias voltadas ao "mundo privado das possibilidades eróticas", segundo a introdução de Roth. Inclui um conto — "Que os velhos mortos cedam lugar aos novos mortos" — que Roth considera notavelmente "tchekhoviano" por sua ternura, inquietação com a passagem do tempo e alta qualidade. Roth observa que Kundera possui um senso de humor que costuma faltar aos especialistas eróticos de outras tradições, como, digamos, Mailer e

Mishima. (Ele não menciona o humor sexual em sua própria obra.) Ressalta que, até mesmo no livro mais político de Kundera, *A brincadeira*, o jovem protagonista, condenado a anos de trabalho forçado em uma mina de carvão por um gracejo inofensivo, empreende uma vingança puramente sexual (e cômica em seu fracasso), tentando seduzir a esposa de seu traidor político. A vingança sexual é a única possível, Roth parece sugerir, para um homem que é "passível de ser atacado" sob todos os outros aspectos. (A um mundo de distância, em Newark, ouvimos a exclamação de Alexander Portnoy: "Minha pica era a única coisa minha de verdade".) Para Roth, é importante que Kundera, mesmo em sua obra mais lúgubre, continue, "em essência, achando *divertidos* os usos que um homem concebe para seu membro sexual, ou os usos que seu membro sexual lhe impõe" — e, mais, que essa perspectiva divertida o impeça sequer de se aproximar do misticismo sexual ou da ideologia do orgasmo que caracteriza tantos outros autores homens que escrevem sobre sexo (com a devida deferência a Mailer e Mishima). Sátira, divertimento, autodiversão, eros, vulnerabilidade, "um notável ar de sinceridade que, de algum modo, se aproxima da impropriedade": estas são algumas das qualidades que Roth vinha descobrindo em Kundera e seus colegas. Não é de admirar que sentisse certa afinidade com eles — é como se tivesse encontrado irmãos longamente perdidos de vista.

Em outra viagem a Praga, em 1975, Ivan Klíma apresentou Roth a outro talentoso dissidente (e autoproclamado herdeiro de Kafka), Václav Havel. As peças de Havel haviam sido proibidas pelo regime e seu passaporte havia sido confiscado, mas afora isso vinha conseguindo evitar maiores problemas. Roth já conhecia seu trabalho. (Ironicamente, os dramas absurdos de Havel, com seus variados matizes políticos, tinham se tornado parte da cena teatral off-Broadway de Nova York — *O memorando* foi encenado na primeira temporada de Joseph Papp no The Public

Theater, em 1968. Havel viajou para Nova York para assisti-la. Permaneceu na cidade por várias semanas e retornou a Praga no verão em que a cidade foi invadida pelos tanques soviéticos. O *memorando* ganhou um prêmio Obie de melhor peça estrangeira — Havel conquistaria outro Obie em 1970 —, mas, é claro, não pôde viajar para recebê-los.) Klíma, Havel e Roth se encontraram para almoçar, com Klíma servindo de tradutor. Havel viera de sua casa no campo, onde mantinha uma existência discreta e tentava escrever — "embora continuasse apreensivo", diz Roth, com ar de quem sabe o que está falando. "Só porque alguém vive no campo não significa que deixa de ficar apreensivo."

Na verdade, Havel tinha ido a Praga para mostrar a Klíma uma carta que estava redigindo, endereçada ao secretário-geral do Partido Comunista Tchecoslovaco, Gustáv Husák. Roth lembra muito bem a reação de Klíma: "Você vai se meter numa grande encrenca". (Como, de fato, aconteceu, quando a carta de 33 páginas foi publicada em inglês no periódico britânico *Encounter* — outrora financiado pela CIA e ainda enfaticamente antissoviético — em setembro: "Até hoje, você e seu governo escolheram a saída fácil para si próprios", escreveu Havel, "e o caminho mais perigoso para a sociedade".) Lembra-se também da inteligência viva e da espirituosidade de Havel, evidentes mesmo na intermediação do tradutor. Em dado momento, Havel falou um pouco em inglês e Roth ainda acha engraçada — e aproveitou em seus escritos — uma expressão idiomática que Havel usou de maneira canhestra: "As coisas tinham chegado a tal ponto" para fulano de tal, disse, "que ele cometeu *suitcase* [mala de viagem; cf. *suicide* = suicídio]". Roth não riu, pois o assunto era sério demais e o malapropismo pareceu-lhe brilhante: "Quando se vai daqui para melhor", explica, "faz perfeito sentido dizer que cometemos *suitcase*".

Roth também foi apresentado à sobrinha de Kafka, Vera Saudková, filha da irmã mais jovem e favorita de Franz, Ottla, que morreu em Auschwitz. (Suas duas outras irmãs morreram no gueto de Łódz, para onde haviam sido enviadas de Praga, ou no campo de extermínio de Chełmno.) Uma mulher de pouco mais de cinquenta anos, Saudková nascera três anos antes da morte do tio. Uma carta de Kafka a Max Brod compara a alegria da pequena Vera quando ele elogiou seus primeiros passos, mesmo depois de cair de bunda no chão, com o deleite que ele próprio sentira com os elogios de Brod a seu último livro (*O castelo*). Roth ficou encantado simplesmente de estar em presença dela.

Ela ainda tinha a escrivaninha de Kafka entre seus pertences e deixou que Roth se sentasse diante dela. Mostrou-lhe uma gaveta cheia de fotografias da família, algumas conhecidas, enquanto muitas outras nunca haviam sido publicadas. Roth ficou particularmente tocado com uma fotografia do pai de Kafka, já bem idoso, sendo empurrado numa cadeira de rodas, e mais ainda quando Saudková contou que esse mais intimidante dos pais "sentira a morte de Kafka terrivelmente e nunca se recuperara". Com a fotografia nas mãos, Roth viu-se murmurando as famosas linhas de Kafka sobre o pai, que começam, "Às vezes imagino um mapa-múndi aberto e você estendido transversalmente sobre ele"... Ao me contar o episódio, passados mais de trinta anos, Roth recita de memória essas mesmas linhas, relembrando a imagem "desse pai envelhecido para quem vieram a dor e a derrota, como vêm para todos", diz.

Roth visitou Saudková diversas vezes. Ela havia trabalhado em certa ocasião para uma "editora de Praga com o pouco apropriado nome de Freedom House", disse, mas perdeu o emprego, como todo mundo ligado ao liberalismo socialista, quando os russos chegaram. Ansioso para ajudá-la e, se possível, tirá-la da Tchecoslováquia, Roth perguntou-lhe em uma das visitas se ela se disporia a casar-se com ele. Foi uma proposta estritamente política e de amizade. (Roth tinha em mente o casamento de W. H.

Auden com Erika Mann em 1935, que conferiu cidadania britânica à noiva.) Saudková agradeceu, mas recusou. Praga era a sua cidade, explicou, onde vivera a vida inteira e onde estava criando seus filhos. Apesar de todas as dificuldades, não queria partir. ("Ou então", observa Roth, impassível, "estava à espera de uma proposta de John Updike.")

Como sugere o título da série, Escritores da Outra Europa, Roth desejava apresentar aos americanos autores não apenas da Tchecoslováquia. Em 1974, viajou de Praga a Budapeste e logo escritores húngaros foram acrescentados à coleção. Autores poloneses tiveram sua vez graças aos conselhos de uma amiga polonesa em Nova York, Joanna Rostropowicz Clark. E Roth considera o romancista iugoslavo Danilo Kiš (*Uma tumba para Boris Davidovich*) um dos melhores escritores, ao lado de Kundera, revelados pela série. Embora o foco original da coleção fossem autores vivos, por motivos políticos óbvios, o leque foi se abrindo com o tempo e acabou por incluir o imprevisível gênio judeu polonês Bruno Schulz, assassinado por um soldado nazista em 1942, cuja obra era quase desconhecida na época, e Tadeusz Borowski, autor polonês de histórias pungentes, mas absolutamente prosaicas, ambientadas em campos de concentração, que fora membro da resistência em Varsóvia e prisioneiro em Auschwitz antes de cometer suicídio aos 28 anos em 1951. Roth estava conseguindo realizar muitas coisas com essa coleção de livros — inclusive se abrir para refletir sobre a pergunta que Alexander Portnoy se recusara a ouvir: Onde você estaria hoje se tivesse nascido na Europa e não nos Estados Unidos?

Em meados dos anos 1970, Roth estava indo e vindo com tanta frequência que começou a chamar a atenção. Em Praga, já havia se acostumado a ser vigiado. Certo dia, porém, quando estava sendo seguido pelos agentes à paisana "de sempre", foi subitamente abordado por dois policiais uniformizados. "Disseram-

-me que eu tinha de acompanhá-los", ele se recorda, "embora não tenham encostado a mão em mim. Mostrei-lhes meu passaporte, mas pareceram não dar a mínima. Estávamos perto de um ponto de bonde e eu me pus a berrar a plenos pulmões, em inglês e francês, para todos ouvirem, o meu nome, que eu era um cidadão americano e que por favor informassem à embaixada que eu estava sendo preso." No instante seguinte, quando um dos policiais foi consultar o agente à paisana, Roth aproveitou a oportunidade e saltou para dentro de um bonde. "Andei por uns dez minutos, saltei e tomei outro bonde em outra direção", explica. "Quando achei que sabia onde estava, desci, fui a uma cabine telefônica e liguei para Ivan Klíma. Ele disse: 'Philip, não se preocupe, eles só estavam querendo dar um susto em você'. Bem, conseguiram." Mas o incidente ainda não chegara ao fim. "Naquela noite, Ivan foi preso e levado a uma delegacia de polícia. Ele, porém, era tarimbado em interrogatórios e quando lhe perguntaram: 'Por que Philip Roth vem a Praga ano após ano?', tinha a resposta na ponta da língua: 'Vocês não leram os livros dele?', retrucou. 'Ele vem atrás das nossas garotas.'"

Aí ele me manda Claire

As transferências monetárias para a Tchecoslováquia se desmantelaram, depois de alguns anos de sucesso, quando Roth foi convencido por seu amigo Jerzy Kosinski, na época presidente do PEN [clube de Poetas, Ensaístas e Romancistas fundado em Londres em 1921], a deixar que a organização cuidasse de tudo. "Porque aí seria possível deduzir do imposto de renda", Roth explica agora, desgostoso. "Eu disse a Jerzy, não importa, ninguém dá a mínima. Mas acabei cedendo." Ele já havia escrito, anonimamente, um longo relatório para o PEN, enviado a todos os membros, dando informações sobre escritores dissidentes tchecos e detalhes precisos sobre os vários métodos dissimulados que o governo usava — desrespeitando as leis internacionais de direitos autorais — para confiscar-lhes os royalties estrangeiros. Todavia, o comitê que ficara encarregado das transferências começou a achar ruim que as remessas de dinheiro se restringissem à Tchecoslováquia, alegando que o PEN se tornara "um joguete do Departamento de Estado" nesse tipo de "ação anticomunista", lembra Roth, balançando a cabeça. O que eles queriam dizer: Por que não enviar dinheiro também para escritores vítimas de governos fascistas que os Estados Unidos apoiavam? "Então o esquema todo acabou", diz. "Eu sempre soube, minha vida inteira, que se você quiser fazer alguma coisa, tem de fazê-la você mesmo e em pequena escala." E acrescenta: "Fiquei doente com essa história. Passei a ter o mínimo contato possível com o PEN depois disso".

Em 1977, o governo tcheco recusou-se a conceder-lhe um visto. Roth tornara-se persona non grata e, embora seu interesse pelos escritores nunca tenha esmorecido, ele foi impedido de retornar a Praga até 1990, depois da Revolução de Veludo, quando Václav Havel já havia sido eleito presidente. Dessa vez, Roth foi recebido no aeroporto por Ivan Klíma. Contudo, não havia como retomar a vida que levara antes de suas experiências em Praga. No final dos anos 1970, ele começou a viajar com certa frequência para Paris, para onde Milan Kundera, agora um bom amigo, conseguira se mudar. No início dos anos 1980, também estava visitando Israel regularmente, onde se sentiu atraído pelo mesmo tipo de fervor moral que conhecera em Praga. Em termos mais imediatos, porém, a tarefa de refazer sua vida prosseguia graças a seu namoro com a atriz inglesa Claire Bloom. Eles já haviam se encontrado em algumas ocasiões, quando um ou ambos estavam em relações com outras pessoas. Mas, em 1975, quando se cruzaram numa rua de Nova York, o relacionamento de Roth com Barbara Sproul chegara ao fim — embora continuassem (e ainda continuem) amigos — e Bloom acabara de se divorciar pela segunda vez. Bloom diz que achou Roth extraordinariamente belo e intelectualmente intimidante. Ele teve a mesma boa impressão dela, por bons motivos.

Bloom era neta de judeus da Europa Oriental que haviam se fixado em Londres. Nas memórias que escreveu em 1996, *Leaving a Doll's House*, ela se lembra da admiração da família, expressa em forte sotaque ídiche, quando a imprensa apelidou-a "the English

Rose" — a típica garota inglesa. Extraordinariamente precoce, estreou como atriz profissional aos quinze anos, foi a Ofélia do Hamlet de Paul Scofield aos dezessete e tornou-se uma estrela com o filme *Luzes da ribalta*, ao lado de Charles Chaplin, aos 21. (Roth diz que se apaixonara por ela quando assistiu a *Luzes da ribalta* num cinema de Newark em 1952.) Bloom estava agora com 44 anos — dois a mais que Roth — e era "estonteantemente linda", ele ainda se lembra. Bloom morava em Londres com a filha adolescente e estava em Nova York apenas para uma rápida visita. Alguns meses depois, porém, em fevereiro de 1976, estava de volta e os dois se encontravam todas as noites. Ele se encantara não apenas com a beleza dela, mas com tudo a seu respeito. "A avidez com que conversávamos!", relembra: "Sobre nossos passados, nosso trabalho, nossas dificuldades, nossos livros". Ela tinha mais romances ingleses do século XIX na cabeça do que qualquer outra pessoa que conhecera "fora dos departamentos de literatura". E ficou fascinado com sua vida de atriz, que sentiu ter muitas semelhanças (e diferenças igualmente interessantes) com seu próprio trabalho de imaginação. Em menos de um ano, decidiram morar juntos, metade do tempo na casa de campo dele em Connecticut, a outra metade na casa dela em Londres. O amor lhe proporcionara um outro mundo, justamente quando Roth mais estava precisando.

Era um mundo estimulante, segundo todos os parâmetros. Sua primeira vivência londrina com Bloom foram três semanas, no final do verão de 1976, na casa dela nos arredores de Chelsea. Ele se lembra de que a filha dela estava fora, exceto nos dois últimos dias de sua visita. Bloom estava ensaiando uma peça baseada em *A outra volta do parafuso*, de Henry James, dirigida por Harold Pinter, e Roth caminhava com ela todas as manhãs até uma igreja em South Kensington, onde ela ensaiava — "Era um prazer estar a seu lado" — e ia buscá-la mais tarde. Em meio a essas idas e vindas, teve várias oportunidades de conversar com Pinter e logo Roth e Bloom estavam jantando a quatro com Pinter e aquela que em breve seria a esposa deste, Antonia Fraser. No ano seguinte, Roth alugou um escritório em Notting Hill, não muito distante da casa que Pinter e Fraser dividiam, e frequentemente se encontrava com um ou ambos para almoçar num restaurante da vizinhança. Roth é grande admirador da obra de Pinter e fala com gosto e precisão sobre o "viés social" que distingue as peças dele das de Beckett. A amizade foi muito importante para ele durante seus primeiros anos em Londres.

Roth também renovou a amizade com o poeta e crítico britânico Al Alvarez, que conhecera numa visita muito tempo antes e que o apresentou a alguns de seus vizinhos em Hampstead, como David Cornwell (também conhecido como John le Carré) e Alfred Brendel — o primeiro grande músico que Roth conhecia, diz, exceto por um breve encontro com Toscanini em uma festa nos anos 1950. Em Londres, ia ouvir Brendel tocar sempre que possível. E jantar na casa dos Brendel podia incluir Isaiah Berlin e Noel Annan entre os convivas. Quem ia querer ficar em casa? "Minha vida social em Londres era cinquenta vezes mais ativa que em Nova York", diz hoje. "No começo, não entendia muito bem como isso funcionava. Queria ficar lendo à noite. Mas depois me dei conta de que ficar lendo à noite é coisa de quem mora no campo."

Além disso, como se Londres estivesse determinada a compensar Praga, ficou conhecendo outra sobrinha de Kafka, Marianne Steiner, filha da irmã do meio de Franz, Valerie. Com sessenta e poucos anos, Steiner tinha onze quando seu tio morreu e compartilhou com Roth lembranças da Praga que os dois haviam conhecido juntos. Sua família escapara dos nazistas em 1939, retornara a Praga depois da guerra e, por fim, conseguira escapar dos comunistas em 1948. Steiner havia herdado alguns dos mais importantes manuscritos de Kafka (*O castelo, A metamorfose, Amé-*

rica) de Max Brod, que os tinha levado consigo em segurança para a Palestina em 1939. Foi Brod, com sua decisão de ignorar as instruções de Kafka e publicar em vez de queimar os manuscritos, que contrariou o destino e transformou Kafka em "*o* Kafka". (Brod morreu em Tel-Aviv em 1968. Vinte anos depois, quando seus herdeiros venderam o manuscrito de *O processo* para o Arquivo Alemão de Literatura por quase 2 milhões de dólares — a instituição cobriu lances de bibliotecas na Inglaterra e Israel —, o livreiro alemão que intermediou a compra declarou ao *The New York Times* que "esta é talvez a obra mais importante da literatura alemã do século xx e a Alemanha tinha de tê-la". Roth respondeu com uma carta irada ao jornal, ressaltando a "tétrica ironia kafkiana" tanto da afirmação como da compra em si.) Steiner legou seus manuscritos à Biblioteca Bodleian, em Oxford, no país que salvara sua família — duas vezes.

E havia as livrarias. Praticamente a primeira coisa que Roth fez ao chegar a Londres foi visitar as livrarias em Fulham Road, perto da casa de Bloom. Como sempre, ele tinha um prodigioso apetite literário para saciar. Ainda hoje, relata com entusiasmo palpável sua descoberta, em uma livraria londrina, das obras de Robert Musil, que achou esplêndidas (e curiosamente similares às de Bellow) pelo modo como "incorporam a mente ao tecido da prosa. Não atrás dela, como em *A montanha mágica*, onde os personagens têm discussões filosóficas", explica, "mas dentro do tecido mesmo da prosa". As editoras londrinas ofereciam uma gama de livros que ele nunca vira antes: Curzio Malaparte (cuja obra encontrou na biblioteca de Bloom) e diversos seguidores de Freud, incluindo o "divertido mas bizarro" Georg Groddeck, e Sándor Ferenczi, cuja principal contribuição à teoria analítica, observa Roth, talvez tenha sido fazer os pacientes sentar em seu colo. ("Isso teria reduzido minha análise pela metade.")

Mas o que ele estava buscando especificamente eram livros

de autores da Europa Oriental. Em uma livraria de Londres deparou com as comédias mordazes de Witold Gombrowicz — um aristocrata polonês homossexual que passara boa parte da vida adulta na miséria em Buenos Aires, um irreverente satirista e, para Roth, um confrade à primeira vista. Logo acrescentou o romance de Gombrowicz, *Ferdydurke*, à série e negociou com a editora a inclusão no livro de um ensaio que o próprio autor escreveu sobre a obra. O tema da imaturidade, especialidade de Gombrowicz — que ele defende em face do que hoje passa por maturidade e que foi tão mal compreendida pelos críticos —, formou um vínculo especial com o passado literário de Roth. (No ensaio, Gombrowicz, cuja primeira coletânea de contos se chamava *Memórias de uma época de imaturidade* [mais tarde renomeada *Bacacay*], escreveu: "Consequentemente, os críticos exclamaram, cheios de júbilo: 'Olhem para ele! Vejam como é imaturo!'". Depois disso, acrescentou, "a imaturidade — que palavra comprometedora, desagradável! — tornou-se meu grito de guerra".) E embora Gombrowicz não seja o único ficcionista moderno a dar o próprio nome a um protagonista, o fato de que estava disposto a "se colocar no centro do caos", diz Roth, deixou-o mais do que empolgado. Por fim, havia "suas diabruras, como as diabruras de Pinter, das quais eu gostava".

Roth continuava escrevendo. No verão de 1976, havia quase concluído seu novo romance, *O professor do desejo*, concebido como a história da vida de David Kepesh antes de ele se tornar um seio gigante, na qual o professor que deu aulas sobre Kafka com uma convicção talvez excessiva vai visitar a cena do crime original, Praga. Mas é sinal do amor de Roth por Bloom que, em sua estadia em Londres, tenha passado grande parte do tempo trabalhando não no romance, mas em um presente para ela: a adaptação, para a televisão, de um conto de Tchékhov, "A festa", com Bloom no papel principal, o de uma rica mulher casada que não suporta as mentiras sociais que ela e seu marido contam. "Havia uma fala que eu adorava", diz Roth hoje: "'Por que eu sorrio e minto?'. Aí está a habilidade de Tchékhov de acertar o alvo em seis palavras". (Embora os produtores tenham mostrado algum interesse, o projeto não foi adiante, o que Roth ainda acha uma pena: "Claire teria sido brilhante na peça".) De Kafka para Tchékhov, o pêndulo da ficção de Roth ia oscilando, à medida que ele — cedendo à felicidade doméstica, compartilhando sua vida (como Tchékhov) com uma atriz de sucesso — também efetuava mudanças em si mesmo.

O professor do desejo foi publicado em 1977 pela Farrar, Straus and Giroux. Em mais uma mudança, Roth novamente acompanhara Aaron Asher para uma nova editora, mas dessa vez permaneceu lá — mesmo depois de Asher partir — por catorze anos. O livro, dedicado a Bloom, é sobre transições e é, ele mesmo, uma obra de transição. Bem diferente da vociferante piada sexual que marcou a estreia de Kepesh, é uma delicada tragédia sexual tchekhoviana, com um vigor que vai crescendo a partir de um começo improvável. As primeiras seções, que descrevem em detalhes a infância nas montanhas Catskill e as peripécias sexuais pós-adolescentes de um bom rapaz judeu obcecado pela "detonação do meu sêmen" — o jovem Kepesh, à solta em Londres, faz sexo a três e não se furta a algumas chicotadas inofensivas —, parecem requentadas e estereotipadas; Roth já fizera bem melhor esse tipo de coisa antes. E o livro piora antes de melhorar. O casamento de Kepesh com uma *femme fatale* que oculta um misterioso passado em Hong Kong é uma tolice: essa *femme* não só não parece mais que uma tentativa forçada de variar o igualmente repisado tema da esposa destrutiva, como é uma paródia da famosa sedutora de Hemingway, Lady Brett, com frases como "Acho que metade das garotas que vão de Rangum a Mandalay naquela carroça voadora são de Shaker Heights". (Mas só mesmo

Roth para fazer com que Kepesh lhe diga, algumas páginas depois, que existe uma heroína em um livro intitulado *O sol também se levanta*, chamada Brett, que o faz lembrar muito dela.) Sem o austero poder de Lucy Nelson ou Maureen Tarnopol, Helen Kepesh é uma figura trivial demais para justificar a situação em que seu ex-marido se encontra por volta da metade do livro, mas lá está ele: impotente, mal capaz de sorrir quanto mais de fazer sexo ou sentir amor, despejando suas entranhas para o psiquiatra e uivando "Quero alguém! Quero alguém!" para o espelho do banheiro.

É o próprio Kepesh que conta a sua história, com uma voz fluente e sardônica — o dom de Roth para a intimidade da primeira pessoa continua inquietante —, a qual, todavia, carece da agudeza histérica (de modo geral) de Alexander Portnoy, ainda que Kepesh lamente a mesma dolorosa divisão entre corpo e alma, ou sexo e amor, ou liberdade e responsabilidade, ou entre gratificação física necessária e a igualmente necessária mas antagônica felicidade. Dedicado professor de literatura, Kepesh é capaz de abordar o problema analiticamente e com ajuda de muitas referências literárias: o livro contém insights sucintos sobre diversos autores, de Melville a Colette, enquanto Kafka e Tchékhov assomam com a força de qualquer outro personagem principal. Seguindo o modelo de "Um relatório para uma academia", de Kafka, no qual um narrador fala da sua "vida pregressa como macaco", Kepesh acaba escrevendo um relatório para a sua própria Academia — "Dignos Membros do Curso de Literatura 341" — sobre "minha vida pregressa como ser humano". Sua meta é fazer com que os alunos compreendam as suas qualificações pessoais para dar um curso sobre a literatura do desejo erótico ingovernável.

O curso, em parte, visa ajudá-lo a explicar sua história para si mesmo, mas Kepesh também tem uma motivação pedagógica: ele quer que os alunos leiam romances sobre desejo sexual porque, tendo experimentado o desejo eles próprios, é menos provável que acabem relegando tais obras ao submundo acadêmico "das estratégias narrativas, dos motivos metafóricos e dos arquétipos míticos" — ou mesmo de seus velhos equivalentes de sempre — "estrutura", "forma" e "símbolos". Haverá pelo menos uma chance de eles associarem essa literatura a suas vidas. (Na época, Roth contou a um entrevistador francês, Alain Finkielkraut, que, como professor, proibia o uso desse tipo de jargão "sob pena de expulsão".) Pois livros não são "não referenciais", por mais que queira o odioso jargão do momento. Livros são inteiramente referenciais e eles se referem à vida. Kepesh admirou Kafka quando o leu na faculdade, mas só mais tarde, quando a impotência o acomete, é que "as histórias de K.s obstruídos e frustrados, batendo com a cabeça em paredes invisíveis" adquirem maior significado. Ele se pergunta se *O castelo* não teria relação com os problemas eróticos do próprio Kafka. Kepesh é tão terrivelmente obstruído — tão "kafkizado", como chega a dizer — que por muito tempo não consegue sequer dedicar-se a seu livro sobre Tchékhov.

E então ele é salvo. Sexo, amor e, por fim — que prova maior poderia ele querer? —, a conclusão de seu livro. Sobre desilusão amorosa em Tchékhov. (Alguém esperava felizes para sempre? Com Tchékhov? Com Roth?) Ele lê os contos de Tchékhov todas as noites, "ouvindo os lamentos angustiados dos infelizes que se veem aprisionados na armadilha da vida em sociedade, as esposas bem-educadas que durante o jantar com convidados se perguntam 'Por que eu sorrio e minto?'". Tchékhov, para Kepesh, revela "as humilhações e os fracassos" de pessoas que buscam escapar das restrições e convenções — por tédio ou sufocante desespero —, pessoas que continuam lutando por uma vida mais livre, ainda que inevitavelmente fracassem. O Tchékhov de Kepesh não parece menos opressor que o seu Kafka. No entanto, ele acaba encontrando um caminho de volta à vida através do autor russo e, mais importante, através de uma jovem que lhe dá a confiança para voltar a escrever. "Pensei que o deus das mulheres, que as concede aos homens, houvesse olhado para mim aqui embaixo e dito: 'Impossível agradá-lo, que se dane!'", Kepesh lhe diz, aproximando a mão dela de seus lábios. "Aí ele me manda Claire."

Claire Ovington, a heroína de *O professor do desejo*, ganhou seu nome bem antes de Bloom entrar na vida de Roth; é a mesma garota por quem o desejo de Kepesh está arrefecendo antes de ele se transformar num seio. (A metamorfose, por estranho que pareça, lhe restaura o apetite. Talvez haja aqui uma advertência para tomarmos cuidado com o que desejamos.) Roth diz que ele simplesmente gostava do "som aberto" do nome "Claire". Professora de uma escola particular, alta, loira, ordeira e bondosa, Claire, de 25 anos, se valeu da ordem e da bondade para sobreviver a uma infância difícil e construir uma vida que superasse esse passado. "Tão delicada por dentro como por fora", com a beleza bem-composta de uma mulher Amish e — vale lembrar que quem fala é Kepesh — seios magníficos, Claire é aquela que curará as feridas infligidas por Maggie/Lucy/Maureen/Helen. Baseia-se, vagamente, em Barbara Sproul e uma viagem a "belas cidades" também está na agenda de Kepesh e Claire.

Roth e Sproul ficaram juntos seis anos. Foi o desejo dela de ter filhos, explica Sproul — que estava na época chegando aos trinta —, que fez com que se afastassem. "Ela queria algo que eu não podia lhe dar", concorda Roth, mas nota que continuaram a cuidar juntos de "nosso bebê, a Tchecoslováquia". Houve, por certo, alguma tristeza no momento da separação, mas não restaram mágoas — ou, dadas as circunstâncias, muito poucas. (Sproul convidou-o para seu casamento em 1978; ele não foi.) "Ele é um professor, um sacerdote da literatura", diz ela hoje, "e eu sempre soube que era casado com seus livros."

Kepesh e Claire ganham doze páginas de felicidade antes do

esmorecimento, da exasperação e do medo tomarem conta dele. Ele a ama; sabe que ela é a melhor coisa que já lhe aconteceu. O fato de ela não apreciar o gosto de sêmen na boca não é importante, claro. ("Como se tivesse importância! Como se Claire estivesse negando algo que importe!") Não precisamos repreender Kepesh por sua estupidez, ingratidão, insensibilidade ou perda lunática e suicida de toda e qualquer perspectiva: ele mesmo se admoesta, embora lembranças de uma amante mais audaciosa — que fez parte de sua vida anterior, quando era um ser humano diferente — encham-lhe a cabeça. Essa outra mulher é pouco mais que uma figura esquemática, sem outra existência que a sexual, e pode ser vista simultaneamente como uma falha do livro e como parte da sua significação. E se Claire parece uma figura fora do comum pela ausência de defeitos, também isso é parte da significação dura e triste da obra. Esta é a troca que Kepesh está com bem pouca disposição disposto a fazer.

As críticas foram, no geral, favoráveis, embora mesmo as mais entusiasmadas expressassem certa hesitação. Na *The New York Times Book Review*, Vance Bourjaily chamou o livro de "um exame erudito do troglodita que existe em nós", mas criticou Roth por dar exagerada importância ao fato óbvio de que casais fazem mais sexo no começo do relacionamento do que mais adiante. As coisas são assim — "uma triste, diminuta, universal e inescapável piada". Mas faz parte do labor de um ficcionista apresentar essas piadas universais com frescor, surpresa e, se necessário, indignação — tal como elas nos afetam antes de as aceitarmos, antes de sabermos que a experiência é universal ou uma piada ou algo que possamos chamar de diminuto. Kepesh se esforça para se desembaraçar de sua inquietude sexual. Ele está disposto a aceitar, sexualmente, "um cálido platô" ("Já não sou tanto o animal nem ela é tanto a vagabunda"), mas teme a inevitável e íngreme descida até o frio. Nada nas primeiras cenas sexuais superficialmente esfuziantes do livro é tão perturbador como essa serena e ponderada contraposição de amor e desejo. Tudo de bom em um lado da balança; sexo do outro, forçando-a para baixo.

O desejo sexual, por seu absolutismo e sua insânia, é um tema momentoso — mas ainda era um tema que bastava para Roth? Em Praga, Kepesh visita diversos monumentos kafkianos: sua escola, o local do negócio do pai, a casinha que a irmã caçula lhe alugou certo inverno. (Em um sonho kafkiano, Kepesh é levado a visitar a prostituta de Franz, agora com quase oitenta anos: dez dólares para descobrir o que os dois fizeram juntos, mais cinco para inspecionar-lhe a anatomia, para fins literários. A prostituta ainda explica que, dada a ocupação profissional de Kepesh, "o dinheiro pode ser deduzido dos impostos".) Ao final do dia, Kepesh confronta o guia, que já foi ele próprio professor de literatura, mas perdeu o emprego com a chegada dos tanques soviéticos, e cuja esposa, outrora pesquisadora científica, trabalha agora como datilógrafa em um abatedouro. Quando Kepesh lhe pergunta: "O que o leva a atravessar cada dia?", o homem tem uma resposta simples: "Kafka, sem dúvida"; e quando, ao replicar, ele questiona Kepesh sobre o interesse dele em Kafka, Kepesh menciona sua impotência pregressa, equiparando-a à lamentável situação do homem — a intransigência do corpo lhe parece, explica, "um regime totalitário incontrolável". Kepesh fala com modéstia ("Obviamente, comparado ao que você...") e até conquista a simpatia do guia, mas o argumento parece contaminado com autoexaltação e não conquista o leitor com a mesma facilidade.

Roth parece estar fazendo grande esforço para transportar o significado íntimo de suas experiências europeias recentes para a índole e os interesses vitais de um herói portnoyano que, decididamente, não é uma reconstrução. O resultado, no entanto, é que Kepesh parece petulante e mesquinho, ainda que ansioso para superar sua petulância e mesquinhez. Ao visitar o túmulo de

Kafka num pequeno cemitério judaico nos arredores da cidade, ele pega "uma pedrinha no caminho de cascalho" e deposita-a sobre a lápide — e uma pedrinha também sobre o túmulo de Max Brod, que fica em frente —, um ato judaico tradicional de homenagem que ele admite nunca ter realizado no túmulo de seus próprios avós. O cemitério, porém, não contém apenas grandes e venerandos nomes da literatura. Olhando em torno, Kepesh surpreende-se ao descobrir "placas afixadas ao longo de todo o muro do cemitério em memória dos cidadãos judeus de Praga exterminados nos campos de Terezín, Auschwitz, Bergen-Belsen e Dachau" e constatar que "não há um número suficiente de pedrinhas para homenagear todos eles".

O professor do desejo torna-se rica e surpreendentemente vivo na última cena, com a chegada do loquaz e bem-intencionado pai de Kepesh (que, à maneira de um típico Herman Roth, acaba roubando a cena) à idílica casa de campo onde ele e Claire moram nas montanhas Catskill. O único personagem dotado de uma voz capaz de romper o burburinho inclemente dos pensamentos de Kepesh, seu pai vem acompanhado de outro velho judeu cuja voz é também extraordinária, um amigo que ele apresenta como "uma vítima dos nazistas" e um sobrevivente dos campos de extermínio. Enquanto "velas de cera de abelha queimam invisivelmente" durante o jantar numa aprazível noite de verão e ouve-se Bach tocando baixinho na vitrola, o sobrevivente conta sua história em alguns poucos parágrafos de serena reflexão. Depois que termina e os dois velhos vão dormir, Kepesh comenta com Claire que a noite toda — a inesperada narrativa de um mundo arruinado, a música, o amor dos dois, o medo de perderem um ao outro — caberia num conto de Tchékhov e poderia chamar-se "A vida que vivi". Naquela noite, Kepesh abraça Claire com mais força que nunca. Pois sabe que não vai durar.

A vida que vivi foi um dos títulos considerados para o livro.

E o herói de Roth, no final, é inexoravelmente arrastado de volta a essa vida antiga. E Roth? Em que direção ele estava indo? *O professor do desejo* mistura temas superados com novos sinais e novas cenas cheias de energia e imaginação, e com uma ternura em surdina nunca antes vista em sua obra. Não é nem um livro do qual se queira prescindir nem uma realização plena. É no mínimo alentador, depois do trio de sátiras autocomplacentes e o mergulho literário no abismo conjugal. Todavia, Roth não tivera um grande sucesso desde *O complexo de Portnoy* oito anos antes. E desde *Adeus, Columbus*, somados mais dez anos. Dois livros celebrados em dezoito anos. A despeito de sua fama e de seu talento evidente, não era uma marca notável. Em 1977, o futuro literário de Roth era, na melhor das hipóteses, incerto. Conseguiria se livrar de suas antigas e desgastadas preocupações? Encontraria um dia um modo de transformar os mundos do amor e da ruína em uma história que fosse genuinamente sua?

A loucura da arte

"Princesinha" era como as enfermeiras chamavam aquela menina quieta, morena, emaciada. Então, uma manhã, quando sentiu que estava pronta, ela disse que seu sobrenome era Bellette. O Amy fora inspirado num livro americano que a fizera chorar quando criança: *Mulherzinhas*. Durante seu longo período de mutismo, ela tomara a decisão de ir para a América, agora que não restava mais ninguém com quem pudesse viver em Amsterdam. Depois de Belsen, imaginou que talvez fosse melhor interpor um oceano do tamanho do Atlântico entre si e as coisas que precisava esquecer.

Soube que seu pai estava vivo enquanto aguardava que o dentista da família Lonoff examinasse seus dentes, em Stockbridge. Ela vivera três anos na Inglaterra com famílias adotivas e já tinha quase um ano de caloura na faculdade Atena quando, na sala de espera do consultório, tirou da pilha de revistas um velho exemplar da *Time* e, folheando-o sem muito interesse, topou com a foto de um empresário judeu de nome Otto Frank. [...] Chorou muito. Mas, ao chegar ao dormitório na hora do jantar, fingiu que nada de catastrófico tornara a suceder à Anne de Otto Frank.

O escritor fantasma, publicado em 1979, é um romance tão harmonioso que parece ter sido concebido e florescido de uma só vez. Na verdade, porém, vinha fermentando havia muito tempo e foi se formando a partir de ideias díspares. Roth queria escrever sobre Anne Frank desde os primeiros anos de sua carreira: mudar a história dela, fazê-la sobreviver e trazê-la para a América, como fizera com Kafka em seu conto de 1973. Mas o tema da menina judia martirizada era muito mais difícil de abordar. Os riscos de uma hagiografia, de um lado, e do mau gosto, do outro, eram bem claros. E qual deveria ser o centro dramático? Depois de diversas visitas a Praga, ele começara a escrever sobre um romancista americano que se debate com o tipo de sucesso funambulesco que sua cultura oferece — um sucesso gigantesco à maneira de *Portnoy* — e que, em uma viagem à Tchecoslováquia, acaba se envolvendo na vida de escritores que travam batalhas de verdade. A história acabou se tornando *A orgia de Praga*. Roth escreveu uma longa primeira versão, que começava com o jovem escritor se lançando no ofício e acompanhava o seu sucesso, mas logo percebeu que estava comprimindo demais o material. Era algo suficiente para vários livros.

O primeiro desses livros, pois, tratou de um jovem escritor que se debate com as exigências de sua vocação e vai visitar um autor mais velho, que havia sido seu ídolo. A estrutura geral é bastante jamesiana: apenas o mestre e seu discípulo, mais ou menos, e as lições que são ensinadas e aprendidas. O escritor mais velho seria uma figura à la Malamud, cuja obra significara muito para Roth e a quem ele visitara inúmeras vezes desde 1961, quando se conheceram graças a um amigo em comum. Malamud era um mestre de tragédias despretensiosas, animadas por uma comédia compensatória ainda que dolorosa; tempos depois, Roth compararia as "parábolas de frustração" malamudianas às de Samuel Beckett. Fora do papel, porém, Malamud era uma figura reservada, quase taciturna, cuja postura rígida lembrava a Roth certo vendedor de seguros, colega de seu pai na Metropolitan Life. Ele se recorda de Malamud pedir à esposa que lhe preparasse meio ovo para o café da manhã. Nenhum gozo excessivo. Quase nenhum riso e muito pouca conversa: todas as suas energias eram tomadas pela "responsabilidade para com sua arte", ou assim parecia a Roth. Tratava-se de uma responsabilidade resoluta, capaz de tudo suportar — impressionante no homem, mas insuficiente para elaborar um personagem ficcional vívido. Malamud não era alto e Roth decidiu dar a seu mestre autor a presença física mais imponente do amigo Philip Guston, cujo impulso artístico era igualmente obstinado. Mas ainda faltava algo, algo que ele precisava acrescentar para tornar essa figura mais dramática, mais cativante e mais humana.

Roth então se lembrou de que, em uma de suas visitas aos Malamud em Vermont em meados dos anos 1960, ele vira por lá uma garota, uma aluna do Bennington College, que Malamud contratara para fazer algum tipo de serviço burocrático. Roth não chegou a conhecê-la e nem sabia se ela estivera lá apenas naquele dia ou por um período mais longo. Vira-a apenas de passagem, "sentada no chão da sala ao lado, examinando uns documentos", diz agora. "A imagem era como um Vermeer — uma mulher sozinha, com um belo perfil, ocupada com algo." Era-lhe totalmente impensável que o homem casmurro que conhecia pudesse ter algum envolvimento romântico ou mesmo pessoal com a garota. Entretanto, graças a esse lampejo da memória, Roth encontrou uma maneira de complicar o personagem e, com isso, suas ideias disparatadas para um livro começaram a se encaixar.

Em *O escritor fantasma*, Nathan Zuckerman, aos 23 anos, chega à terra natal do grande escritor E. I. Lonoff, avalia o lugar — os livros, o piano, a solidão, os grandes bordos, as campinas em neve — e logo decide: "É assim que eu vou viver". O mais importante nessa decisão é o próprio Lonoff: sua devoção de corpo e alma à vocação literária, sua modéstia e, não menos importante, sua admiração pela obra de Zuckerman, que então consistia em apenas quatro contos publicados. Zuckerman enviara-lhe os contos buscando não apenas a aprovação de um mestre, mas também a bênção de um pai. Pois Zuckerman se sente perturbado. Faz cinco semanas que ele não fala com seu adorado pai. A discussão que tiveram, e ele não consegue pensar em mais nada, foi provocada pelo último conto que escreveu, ainda inédito, que, como sempre, enviara aos pais para obter a aprovação deles — a qual, pela primeira vez na vida, não recebeu.

O conto de Zuckerman — podemos pensar em "Epstein" ou "O defensor da fé" — é baseado em um desentendimento da parentela, motivado por dinheiro. O pai ficou tão contrariado que tentou convencer Nathan a não publicá-lo. ("Nathan, aos olhos de um gentio, esse seu conto é sobre uma e uma só coisa", diz: "os judeus mãos de vaca e sua obsessão por dinheiro.") Frustrado em seu intento, o sr. Zuckerman enviou o conto para o líder judeu mais respeitado de Newark, o juiz Leopold Wapter, que por sua vez escreveu uma longa carta para Nathan, pedindo-lhe que considerasse uma série de questões, a começar por: "Se vivesse na Alemanha nazista dos anos 1930, você teria escrito uma história como a que escreveu?". O juiz encerra a carta recomendando que Nathan assista à produção em cartaz na Broadway de *O diário de Anne Frank* — ele e a sra. Wapter haviam comparecido à noite de estreia; era uma experiência que talvez ensinasse a Nathan algo sobre os judeus.

Lapidar, sem uma palavra em excesso, *O escritor fantasma* não é muito mais extenso que *Adeus, Columbus*. A ação se passa ao longo de um período de cerca de dezoito horas, na casa dos Lonoff, onde Nathan vislumbra uma misteriosa moça sentada no chão de uma sala adjacente, examinando os manuscritos do anfitrião. (No livro, ela lembra uma *infanta* de Velázquez, não um Vermeer.) Descobrimos que é uma refugiada — de onde, não fica claro — e que fala com um sotaque estranho e cativante. Uma forte nevasca começa a cair e os dois jovens são convidados a passar a noite na casa dos Lonoff. É um cenário simples como o de uma história de detetive, mas esse pequenino livro tem amplitude histórica e profundidade dramática. Desde o parágrafo inicial, sentimos a nova serenidade de Roth e o lúcido poder da sua escrita:

> Faltava uma hora para escurecer naquela tarde de dezembro de mais de vinte anos atrás — eu tinha 23 anos, estava escrevendo e publicando meus primeiros contos e, à maneira de muitos protagonistas de *Bildungsroman* antes de mim, já sonhava com o meu próprio e monumental *Bildungsroman* — quando cheguei ao recanto onde me encontraria com o grande homem. A casa de madeira, sede de uma fazenda, ficava no fim de uma estrada de terra, 350 metros morro acima nos Berkshires e, apesar disso, o homem que saiu do escritório para me cumprimentar cerimoniosamente envergava um terno de gabardina, uma gravata de crochê azul, fixada na camisa branca com um prendedor de prata liso, e sapatos pretos tão bem escovados e sacerdotais que me fizeram pensar que ele acabara de descer de uma cadeira de engraxate, e não do excelso altar da arte.

É um livro de recordações, pois, e estamos diante de um passado longínquo. O ano é 1956. Lonoff, logo ficamos sabendo, morreria cinco anos depois, em 1961. O destino do próprio Zuckerman depois dessa visita é desconhecido. A neve e a luz declinante e a prosa meticulosamente alerta conferem à atmosfera, no livro inteiro, um brilho tchekhoviano que tem um precedente na última cena de *O professor do desejo*. Mas, no ponto onde aquele livro concluía, Roth aqui está só começando. Ao menos parte dessa revolução tem de ser atribuída ao novo protagonista, Nathan Zuckerman. Embora Roth tenha reputação de ser um autor confessional, ninguém é mais ciente da importância, para a liberdade literária, do autodisfarce. Em um ensaio obituário sobre Malamud, publicado na *The New York Times Book Review* em 1986 e republicado em 2001 na coletânea *Entre nós*, Roth ressalta o contraste entre aquele homem severo e reprimido e sua arte opulentamente irreprimida e evoca um termo alemão extraído de Heine, *Maskenfreiheit*: "a liberdade conferida pela máscara". Poderíamos até nos referir a Nathan Zuckerman como uma nova máscara, pois, embora um personagem com o mesmo nome apareça em *Minha vida de homem*, o novo Zuckerman é muito diferente daquela figura enraivecida e aprisionada pelo casamento, como é diferente de Peter Tarnopol e de David Kepesh — e de Philip Roth —, igualmente enraivecidos e aprisionados pelo casamento.

É verdade que este Zuckerman tem muitas semelhanças biográficas com Roth. Nascido em Newark, em 1933, em uma família judia extremosa, Zuckerman foi para a faculdade, passou um tempo no Exército e é agora um aspirante a escritor. Os fatos de seu pai ser um quiropodista e não um vendedor de seguros, de ele ter um irmão mais novo e não mais velho, e de ter estudado na Universidade de Chicago não chegam a fazer diferença. Já o fato de ele ter se mudado para Nova York, e não voltado para Chicago, quando deixou o Exército e, portanto, de nunca ter esbarrado em Maggie — ou Maureen, ou Lucy, ou qualquer um dos vários outros nomes que teve — é mais pertinente. Não fazia muito, Nathan tinha uma linda namorada, mas ela quebrara todos os pratos e o expulsara de casa quando ele (com certa nobreza de espírito, pensara) se confessou suscetível a suas amigas igualmente belas. Abatido, parte então para uma colônia de escritores, onde se recupera facilmente ao longo das semanas que antecedem sua chegada, em dezembro de 1956, à porta de Lonoff. Não está preso em nenhuma armadilha conjugal, nem está prestes a cair numa. Tampouco está enraivecido, exceto talvez com o juiz Wapter. É plenamente capaz, aos 23 anos — a idade em que Roth encurralara Maggie na saída de uma livraria de Chicago —, de continuar sendo um jovem de 23 anos, um escritor e livre. Que *Maskenfreiheit*!

Entretanto, se Nathan Zuckerman permitiu a Roth voltar ao momento de sua decisão mais desastrosa e seguir outro caminho — morro acima, debaixo de neve, à casa de campo de um escritor —, nem por isso ele foi eximido de um grande embate pessoal. O embate se manifesta pela primeira vez, de forma pouco fatal, num emprego que conseguiu, vendendo revistas de porta em porta, o qual o deixa suscetível a ser distraído por donas de casa lascivas ("Ou vão trepar", diz seu chefe, "ou vender assinaturas de *Silver Screen*"), mas nunca suficientemente lascivas: "Eu, por imposição das circunstâncias", conclui Zuckerman, "optava pela perfeição no trabalho, não na vida". Essa opção fica mais difícil, no entanto, quando o trabalho se torna Arte e ele se depara, na casa dos Lonoff, com um mestre que confessa que seu único propósito e prazer na vida é sentar-se à mesa o dia inteiro, todos os dias, e "virar frases pelo avesso". E quando se depara também com a voz raivosa da solitária e extenuada esposa de Lonoff: "É do *não* viver que ele tira sua maravilhosa ficção!".

Arte versus vida: Nathan, na encruzilhada da juventude, sente-se aturdido. Não apenas porque poderia facilmente ter seguido outro caminho; bastaria que alguma daquelas donas de casa tivesse lhe dado a oportunidade. Talvez nunca fosse procurar Lonoff se tivesse conseguido se aproximar da contrapartida mundana do grande escritor, Felix Abravanel — o maravilhoso retrato do artista como um escritor cuja vida descomunal incluía "mulheres bonitas, amantes bonitas, pensões alimentícias do tamanho da dívida pública, expedições polares, reportagens na frente de batalha, amigos famosos" e mais. Tal como Roth o pinta, Abravanel é uma mistura debochada de Mailer e Bellow, com a ênfase decididamente recaindo sobre Bellow quando ele narra a visita que a personagem faz a uma sala de aula em Chicago, onde um conto de Zuckerman está sendo lido. (Bellow certa vez comparecera a uma aula em Chicago onde "A conversão dos judeus" de Roth era discutido; Bellow admirou o conto, mas, tal como Roth se recorda, não demonstrou nenhum interesse em estabelecer algum tipo de camaradagem.) Abravanel admira o conto de Zuckerman. Mas, com seu paletó esporte de caxemira, sua absorção em si mesmo e seu charme devastador e condescendente, deixa claro que não tem o hábito de oferecer ajuda a escritores jovens e certamente não está em busca de um filho de vinte anos. (Uma das frases jamesianas mais belas nesse livro assombrado por James é a descrição do charme de Abravanel, "como um fosso de proporções tão oceânicas que não dava para enxergar a coisa formidavelmente torreada e fortificada para cuja proteção ele fora escavado".) Embora Roth e Bellow tivessem estabelecido um relacionamento amigável na época de *O escritor fantasma*, não faltaram boatos de que o retrato de Abravanel nada fez para aproximá-los.

Pais versus Arte: um problema ainda maior ou, no mínimo, mais imediato. E a escolha, para Nathan, é insuportável. Em entrevista à *Paris Review*, publicada alguns anos depois que o livro apareceu, Roth descreveu o tema de *O escritor fantasma* como "as dificuldades de contar uma história judaica". ("Qual o tom? A quem deve ser contada? Para quê? Deve-se sequer contá-la?") Em 1971, em artigo que escreveu para o *The New York Times*, ele já havia reconhecido que teria sido "pedir o impossível" que muitos judeus reagissem a suas primeiras histórias sem raiva ou medo "passados apenas 5 mil dias desde Buchenwald e Auschwitz". Mas nesse livro ele leva o problema para dentro de casa. Depois que se recusa a repudiar o próprio conto, Nathan é atormentado pela imagem do pai "desnorteado, sozinho, na esquina quase às escuras [...] pensando que ele e todo o povo judeu haviam sido gratuitamente humilhados e expostos ao perigo por minha inexplicável traição". Mesmo assim, ele não pode recuar.

Naquela noite, de cuecas em um quarto improvisado no escritório de Lonoff, ele senta-se na cadeira em que o grande homem escrevia. Ao lado da escrivaninha, em fichas afixadas num quadro de feltro, há duas citações, uma atribuída a Robert Schumann, sobre Chopin, e outra de Henry James: "Trabalhamos no escuro — fazemos o que está ao nosso alcance — damos o que temos. Nossa dúvida é nossa paixão e nossa paixão é nosso ofício. O resto é a loucura da arte". A última frase o confunde. Não é a arte que é sanidade, contra a loucura de todo o resto? No entanto, são estas as palavras que pairam sobre a cabeça de Lonoff todos os dias enquanto ele vira sentenças pelo avesso. Nathan pega um bloco de papel e se põe a escrever. Começa fazendo uma lista de leitura dos livros nas estantes de Lonoff, depois um relato daquele dia extraordinário, incluindo o elogio de Lonoff a sua voz literária distinta — "Não estou falando de estilo", Lonoff dissera, "estou falando de voz" — e, inevitavelmente, uma carta ao pai sobre a arte e a sua voz e os laços familiares, a qual explicará tudo. Todavia, não consegue terminá-la, pois não consegue encontrar as palavras certas.

E também porque se distrai com as vozes de Lonoff e da jovem misteriosa discutindo no quarto acima. Com o simples ato de ficar em pé sobre a mesa de Lonoff, ouvidos colados no teto e com um volume de Henry James sob os pés, como apoio literário, ele descobre que os dois haviam sido amantes. Isso o deixa estupefato. O grande asceta! (Roth ficou tão estupefato como todos quando a biografia de Malamud, publicada em 2007 — 28 anos depois de *O escritor fantasma* e 21 depois da morte de Malamud —, revelou que, no início dos anos 1960, ele tivera um caso sério com uma aluna de dezenove anos. "As pessoas começaram a me perguntar", diz Roth, "'Como você adivinhou?'.") Nathan, no entanto, fica mais perturbado porque a cena inimaginável expusera os limites da sua imaginação. Se ele ao menos pudesse inventar algo igualmente atrevido!

É a deixa para Anne Frank. Ela agora atende pelo nome de Amy Bellette, desde que despertou num hospital de campanha britânico, mas não pretendera ocultar sua identidade — não havia motivo, pois ninguém sabia quem era. Queria apenas esquecer. Fora encaminhada para pais adotivos na Inglaterra, onde, ao passar a ferro uma blusa, queimara o braço para apagar o número. De lá, graças ao patrocínio de Lonoff, viera para os Estados Unidos, para os montes Berkshires e a faculdade Atena, onde Lonoff ainda leciona dois cursos por ano. Ele atesta o estilo notável de sua prosa. Ela só lhe contou quem realmente era anos depois, ao assistir a *O diário de Anne Frank* na Broadway, em 1955, e não suportar mais manter o segredo. Lonoff, é claro, de início não acreditou em sua história. Quem acreditaria? Porém, o que mais causava dor a Anne era esconder de seu adorado pai o fato de ainda estar viva. O preço de contar-lhe agora seria simplesmente alto demais, por causa de seu livro e por causa das lições que ele ensinava. Isso era algo que ia e vinha sem parar em sua mente: seu pai, seu livro, seu pai, seu livro. Todos os dias, pessoas iam não só assistir a sua peça em Nova York, mas também, em Amsterdam, visitar o esconderijo de sua família, como se fosse um santuário. Compadeciam-se dela, choravam por ela e não apenas por ela. "Eu sou a encarnação dos milhões de anos não vividos de que os judeus assassinados foram espoliados. Agora é tarde demais para estar viva", conclui. "Tornei-me uma santa."

O fato de Anne Frank ser realmente uma santa constituiu um problema tremendo para Roth. Por um tempo, o desejo de escrever sobre ela foi quase superado pelo temor de parecer "blasfemo", como confidenciou em carta a seu amigo Jack Miles, o ex-seminarista jesuíta e historiador da religião que trabalhava então como editor na Doubleday. Roth passou semanas debatendo-se com a questão, escrevendo não mais que uma ou duas frases por dia, e ele e Miles decidiram reler o *Diário* ao mesmo tempo e trocar ideias. Em 2 de dezembro de 1977 — quase dois anos antes da publicação de *O escritor fantasma* (e quase vinte antes da publicação de *Deus: uma biografia*, o livro de Miles ganhador do prêmio Pulitzer) —, Roth cumpriu sua parte do acordo ao escrever para Miles uma carta de sete páginas datilografadas em espaço simples, implacável em sua análise mas profundamente terna, detalhando suas reflexões sobre o famoso livro e sua autora: uma garota vitoriosa, uma escritora por natureza, uma europeia judia (não uma judia europeia) que sonhara estudar em Paris, uma adolescente que adorava o pai e não gostava da mãe, e que já era uma espécie de gênio, mas ainda não uma santa. O diário atendia a suas necessidades imediatas: confidenciar o indizível ("particularmente sobre sua mãe"), dar vazão ao desespero ocasional e escrever. Ela vislumbrou que poderia publicar um livro baseado no diário somente depois de perceber que "o que começara como um registro pessoal tinha uma dimensão histórica", escreveu Roth — isto é, quando seu senso da experiência mudou de "isso é o que eu tive de fazer" para "isso é o que uma família judia teve de fazer para sobreviver à guerra".

A pergunta central da carta de Roth é: O que confere ao livro de Anne seu apelo quase universal? Em termos estritamente literários, Roth compara o fascínio que Anne Frank exerce sobre os leitores ao de Huckleberry Finn e Holden Caulfield: "Você consegue imaginar outro adolescente capaz de cativar assim nosso interesse?". Sua voz, é claro, não é tão estilizada nem tão "distintivamente 'adolescente'" como as deles, mas ela não é um adulto fingindo ser um adolescente. Ela é uma adolescente, cuja atitude perante a sociedade é necessariamente muito diferente: "Ela foi trancada do lado de fora e, mais do que tudo, quer que a deixem entrar de novo: o sonho *dela* é *voltar* para a escola". Além disso, ela apresenta o seu terrível confinamento como uma espécie de história de aventura. (Ele cita: "sou jovem, forte e estou vivendo uma grande aventura" — 3 de maio de 1944.) O *Diário* tem semelhanças com *Robinson Crusoé* ao "pôr à prova o engenho civilizado" e enfrentar os problemas de "como prosseguir com a vida, como prosseguir com o desenvolvimento de si, sob as pressões do confinamento e à sombra da morte". E há ainda sua personalidade: não perfeita demais (Anne afirmava que Margot, sua irmã mais serena e mais submissa, era perfeita), sem defeitos demais, uma menina com quem os adolescentes poderiam se identificar, mas cuja natureza "mercurial e entusiástica" fazia dela a filha ideal de todos. "Ela era, no sentido mais simples e mais atraente da palavra, *viva*. E é isso que é tão arrasador, e tão representativo, em sua morte."

E o que poderia ter tornado o livro menos cativante? "Se ela tivesse sobrevivido à guerra", escreve Roth, "fico imaginando quantos leitores teria, se é que teria algum." Como "sua" Anne conjectura em *O escritor fantasma*, o fato de estar entre os sobreviventes e não entre os 6 milhões assassinados mudaria drasticamente a percepção que os leitores tinham do livro. Roth sugere a Miles que, à maneira do romance autobiográfico de Lore Segal, *Other People's Houses*, sobre a fuga de sua família da Áustria, *O diário de Anne Frank* "poderia ter sido publicado em partes na *The New Yorker* — e ter ficado nisso". Ele também se pergunta se as pessoas ficariam tão comovidas caso Anne tivesse continuado a escrever no campo de concentração. "Há algo tão poderoso no modo como o livro é interrompido — suponho que isso nos revele algo da qualidade da *escrita* em si, ou de como essa jovem parece viver com mais paixão graças ao que escreve. O silêncio, o vazio que se segue à última página representa o horror indescritível."

Por fim, se Anne Frank tivesse sido mais ostensiva ou estereotipicamente judia — "filha de um *shtetl* [povoado] ou do gueto", sugere Roth, "com a infância de Isaac Singer" — "duvido que seu diário tivesse significado muito para os cristãos ou mesmo para um grande número de judeus". Seu destino teria sido considerado injusto, mas de algum modo compreensível. A prisão dessa jovem em particular, porém, é "algo além da compreensão"; não apenas uma tragédia judaica, mas uma tragédia absurda, algo saído de Kafka. ("Alguém certamente havia caluniado Anne F.", escreve ele, "pois uma manhã ela foi detida etc..."). Sem o confinamento, prossegue Roth, essa jovem — que estudara numa escola Montessori até os nazistas obrigarem-na a frequentar o Liceu Judaico e cujas "línguas a aprender" eram francês e inglês, cujo "assunto 'de estimação' era mitologia grega e romana" — teria tido poucos motivos para pensar em si mesma como uma judia. Ironicamente, "ela é muito mais judia para nós do que foi para si". Por fim, Roth faz a grande pergunta que está pairando sobre ele: "O que você acha que aconteceria se eu dissesse em voz alta (isto é, em livro) que a menos judia das crianças judias é a nossa santa judia?".

Anne Frank é o fantasma de *O escritor fantasma*, mas Nathan Zuckerman é o escritor fantasma que cria, em nome dela, uma nova história para ela. À luz da manhã, é uma história que Nathan reconhece como produto de seu próprio cérebro febril, ficcionalizante e obcecado pelo pai. Essa solução prestidigitadora para o problema de como retratar Anne Frank é engenhosa, dissolvendo tanto a ameaça de blasfêmia como a de kitsch — essa não é *real-*

mente Anne Frank, afinal. No entanto, Roth consegue conciliar os dois mundos. Somos seduzidos pela história de Anne após a guerra, antes de a autoria de Nathan ser desmascarada, e não nos é fácil voltar atrás. Intelectualmente, conseguimos desconsiderar o espectro da sua presença; emocionalmente, porém, o desapego é mais difícil. (Esta talvez seja a grande lição que Roth tirou de Kafka: quanto mais fantástico for o plano imaginativo, mais detalhada e realista deve ser a execução.) A fantasia de Nathan presta-se tão bem a suas intenções que ele mesmo tem dificuldades para abrir mão dela. Na manhã seguinte, ao café da manhã — quando Lonoff pede seu meio ovo —, Nathan começa a imaginar que se casará com Anne e que a levará para conhecer seus pais em Nova Jersey. ("'Casar? Mas assim tão rápido? Nathan, ela é judia?'") Quando apresentá-la a eles, compreenderão enfim quem ele realmente é, com mais clareza do que seria possível expressar por carta: "Anne?, diz meu pai — *aquela* Anne? Ah, como me enganei a respeito do meu filho. Como o compreendemos mal!".

Mas Roth extrai da história de Anne Frank — tanto da real como da fantasmática — muito mais do que a comédia das agruras de Nathan, a despeito da irresistível piada de judeu. Repetidamente, as perguntas esmiuçadoras da carta de Roth são dramaticamente transformadas no romance. Ele tem coisas a dizer sobre o aprimoramento do ofício da jovem e ambiciosa escritora ("De repente ela descobre o tom reflexivo, em seguida se põe a fazer descrições, esboços de personagens") e sobre o pesadelo de que ela trata. "Ela lembra uma irmãzinha entusiasmada de Kafka", diz Nathan a Amy Bellette, saindo de seu sonho ou tentando arrastá-la para dentro dele: "O que ele inventou, ela sofreu". Mas sua grande preocupação são as lições do *Diário*. A despeito de todas as lágrimas derramadas por Anne Frank, será que seu livro realmente ensinou alguma coisa para alguém?

A pergunta pode parecer ingênua, mas Nathan, na voz de sua

Anne imaginária, chega a uma resposta sobre as lições do livro que se coaduna com a defesa que, anos antes, Roth fizera de seus contos (o que talvez não chegue a surpreender). O *Diário* comoveu tantas pessoas — e aqui Roth diz "em voz alta" a coisa mais arriscada que sentia que precisava dizer — porque não havia nada notavelmente judaico nessa família europeia bastante secular, apreciadora de Dickens, que apenas por acaso era judia. "Uma inofensiva canção de Chanuká" uma vez por ano, algumas palavras em hebraico, umas poucas velas, um ou outro presente; não havia praticamente nada além disso. Eles não eram, de modo algum, forasteiros, estranhos ou embaraçosos — e veja o que aconteceu com eles. Na verdade, eram bastante encantadores, especialmente Anne, é claro. E veja o que aconteceu com ela. O que foi preciso para provocar tudo o que veio em seguida? "Não foi preciso nada — esse é o horror. E essa, a verdade. E esse, o poder de seu livro." Como Roth respondera certa vez aos rabinos, é impossível controlar o antissemitismo por meio do comportamento exemplar, de realizações ou do simples charme. Pois o antissemitismo origina-se não nos judeus, mas nos antissemitas. Repressão, pretensão, "vestir um sorriso": tudo inútil. Na verdade, o diário de Anne nos dá uma dupla lição. Para os gentios, uma lição de humanidade comum, o pesadelo que se torna real pelo fato de Anne e sua família parecerem tão familiares. E, para os judeus, o fato de que essa familiaridade nada fez para salvá-los.

O escritor fantasma possui uma estrutura formalizada, quase musical: quatro seções, nas quais os temas se entrelaçam com a coesão de um quarteto de câmara. A terceira seção, a seção de Anne Frank, poderia ser chamada de scherzo, ou mesmo *quasi una fantasia*, e foi reescrita diversas vezes. A primeira versão, Roth diz hoje, era "dramática demais e lírica no pior sentido", pois ele ainda se sentia intimidado pelo assunto. Ele a escrevera na terceira pessoa (Nathan narrando a história de Anne), mas depois decidiu reescrevê-la na primeira pessoa — Anne contando sua própria história — a fim de limpá-la dos exageros e da atmosfera de santidade, ou do que chama "toda aquela retórica da UJA". (A organização filantrópica judaica United Jewish Appeal não era famosa por sua sutileza literária.) A jovem que escreveu o diário jamais escreveria em tom tão elevado sobre si mesma. Em seguida, Roth transpôs essa versão para a terceira pessoa, já depurada dos problemas de tom. O resultado é uma linguagem natural, vívida e desconcertantemente plausível, com o humor sempre ofuscado pela dor que está na fonte de tudo. Contudo, até Nathan começa a suspeitar de que essa nova peça de ficção não o absolverá das acusações de antissemitismo que seu conto anterior incitara. Pelo contrário, ela parecerá a seus juízes "uma profanação ainda mais abjeta do que aquela que haviam lido".

Para alguns, de fato, pareceu. John Leonard reclamou na *The New York Times Review of Books*: "É uma afronta apropriar-se da Ofélia dos campos de extermínio" — uma depreciação que ofende nossos ouvidos, pois destoa de tudo que existe no livro — "para seus obscuros propósitos libidinais e seu perverso remate cômico". No *The New York Times*, Robert Towers parece não ter se dado conta do grau de fantasia envolvido, embora relate ter se sentido "vagamente trapaceado, vagamente ofendido" quando tudo se dissolveu no café da manhã. Mas, no geral, o livro foi fartamente elogiado. No verão de 1979, foi publicado na íntegra, em duas partes, na *The New Yorker* — como a visão de Roth do diário de uma sobrevivente —, graças a uma editora empreendedora, Veronica Geng. ("Ela estava determinada a me incluir na revista", diz Roth; foi sua primeira aparição naquelas páginas, tidas na época como território de Updike, desde o conto "Novotny's Pain" em 1962.) Roth deixou de receber o prêmio Pulitzer apenas porque o conselho ignorou a preferência do júri e concedeu a distinção a *A canção do carrasco*, de Norman Mailer, um livro extenso que fazia jogos ainda mais astuciosos entre fato e ficção. Mas *O escritor fantasma* obteve para Roth todo o sucesso que pareceu fora de alcance por tanto tempo. Como *O grande Gatsby* ou *The Professor's House*, de Willa Cather, é um daqueles livros raros, inevitavelmente breves, inescrutavelmente musicais e quase perfeitos da nossa literatura.

O que acontecera para tornar isso possível? Teria sido apenas a passagem do tempo, ou talvez os efeitos retardados da psicoterapia, que ajudaram Roth a superar seus velhos agravos e seus velhos demônios e seguir em frente? Tudo o que Roth diz sobre a combustão interior que produziu *O escritor fantasma* é: "Acho que encontrei as pessoas certas", referindo-se primordialmente a Lonoff e Anne Frank: "Eles ampliaram o âmbito da contemplação". Há algo misterioso no modo como esse âmbito ampliado se enxerta em uma história de uma tal intimidade envolta em neve, como um edifício diminuto por fora que acaba se revelando enorme por dentro. É evidente o quanto Anne Frank significou para Roth, que caminha sobre uma linha muito fina entre história e imaginação. Emanuel Isidore Lonoff — que talvez contenha uma pitada de Isaac Bashevis Singer — também vai crescendo em termos históricos. Seus famosos contos, como os de Malamud ou Singer, nascem de "tudo o que havia de humilhante" de que pessoas como o pai de Nathan se esforçavam para escapar, e todavia são "despudoradamente concebidos". A rejeição da vergonha parece essencial a um livro que, em suma, trata de três escritores judeus diferentemente situados na história. Após a guerra, a Anne de Nathan esconde suas experiências no campo de concentração para evitar que sintam pena dela. Quando alguém lhe diz que ela não precisa ter vergonha, ela responde: "Eu não tenho vergonha. Essa é a questão". E Nathan — cujo despudor como escritor não precisa ser enfatizado — lembra-se de que descobrir os contos de Lonoff enchera-o do mesmo tipo de orgulho que seus pais sentiram em 1948 "com o estabelecimento de uma pátria destinada a reunir na Palestina o que restara de judeus europeus não dizimados".

Entretanto, esse orgulho estoico é difícil de conquistar e árduo para manter com perfeição. A serenidade de Lonoff é imperturbável e Nathan não parece compreender os temores que motivam seus pais. Mas ele deve compreender, pois concede a Anne um último e sofrido arroubo, no qual ela revive a experiência de redescobrir seu diário — o célebre *Diário*, o diário que foi publicado — e como isso abriu comportas de sentimentos que ela acreditava ter estancado para sempre. Essa não é mais a doce e otimista Anne Frank, cujas palavras mais célebres — graças à versão do *Diário* na Broadway, graças à versão cinematográfica — são "apesar de tudo ainda acredito que as pessoas, no fundo, são realmente boas". Essa é uma Anne Frank que sente não apenas ódio, mas também a vergonha que negara com fervor e um desejo de vingança tão intenso que lhe proporciona um motivo final para permanecer morta e, assim, permitir que seu diário viva:

> O pacote chegou de Amsterdam, eu o abri, e ali estava: meu passado, eu mesma, meu nome, meu *rosto intacto* — e tudo o que desejei foi vingança. Não pelos mortos — aquilo não tinha nada a ver com a ideia de trazer de volta os mortos ou de castigar os vivos. Não eram os cadáveres que eu estava vingando — era aquela coisa perturbada e sem mãe, sem pai, sem irmã, aquela coisa cheia de rancor, de ódio, de vergonha, esfolada pela metade. Era a mim mesma. Eu queria lágrimas, queria lágrimas cristãs correndo como sangue judeu, por mim.

Uma Anne sobrevivente contém todas as possibilidades — como a Anne viva continha todas as possibilidades — representadas pelas páginas em branco.

* * *

Para um autor que tanto se nutre do lado pessoal da existência, a expressão "as pessoas certas" também pode ser vista num sentido mais próximo. *O escritor fantasma* é dedicado a Milan Kundera, sugerindo que as novas amizades de Roth na "outra Europa" também ampliaram o âmbito de sua contemplação. E há também Claire Bloom, com quem Roth compartilhava a vida em 1977, quando começou o livro: uma pequenina e linda morena judia, que nascera na Europa em 1931, um ano e meio antes de Anne Frank.

Roth vinha examinando havia muito tempo as diferenças entre as experiências europeias e americanas da guerra, e particularmente entre a infância na Europa e na América. Em um de seus primeiros contos, "Eli, o fanático", uma escola de crianças refugiadas que mais parecem espectros revela-se perturbadora demais para os pais judeus de um subúrbio americano, cujos próprios filhos estavam "protegidos em suas camas". Em *O escritor fantasma*, Nathan tem uma conversa com Amy Bellette na qual, intrigado com seu sotaque e tentando sondar sua identidade, pergunta se ela passou pela guerra, visto que ele próprio escapara dela: "'E o que viveu em vez da guerra?', indagou ela. 'A minha infância.'".

Bloom tinha oito anos e estava num café em Cornwall, em férias com a mãe e o irmão, quando uma voz no rádio anunciou que a Inglaterra entrara em guerra. Os três tiveram de se agachar numa vala ao ouvirem o som de uma sirene antiaérea quando voltavam para seu chalé. Alguns meses mais tarde, bombas destruíram metade do telhado de sua casa, em Bristol. Em 1941, ela foi para os Estados Unidos com a mãe e o irmão — ficaram inicialmente com parentes na Flórida, depois em Forest Hills, Queens — mas o pequeno grupo voltou para Londres no final de 1943 para ficar com o pai. Depois de serem detidos em Portugal por alguns meses, chegaram no exato dia em que a segunda blitz sobre Londres começou, mas lá permaneceram até o final da guerra. Roth, durante todo o tempo em que trabalhou em *O escritor fantasma*, manteve na escrivaninha uma fotografia de Anne Frank e outra de Bloom mais ou menos com a mesma idade — a semelhança das duas jovens é espantosa.

Não que tenha sido sempre paradisíaco na casa que Roth compartilhou com Bloom em Londres. Em *Leaving a Doll's House*, Bloom escreveu que sua filha, Anna, já sofrera imensamente com o divórcio dos pais — o primeiro marido de Bloom e pai de Anna era o ator Rod Steiger — e com seu desastroso segundo casamento com um homem que Anna detestava. Além disso, a menina ficou "furiosa e justificavelmente magoada" quando a mãe começou a passar semanas seguidas em Nova York com Roth, reclamando que "mais uma vez eu preferira um homem a ela". No começo, mesmo segundo o relato de Bloom, Roth esforçou-se para conquistar as graças da jovem — ela tinha dezessete anos quando ele se mudou para lá em 1977 — e claramente havia amor e entusiasmo suficientes entre o casal para todos seguirem em frente. Mas a dinâmica do trio familiar não era tranquila. Foi para atenuar e evitar essas tensões que Roth alugou um pequeno apartamento de um dormitório em Notting Hill — indicado por sua boa amiga Alison Lurie —, que ele mobiliou exatamente como o escritório em Connecticut. Lá, com vista para um jardim inglês, escreveu e reescreveu pacientemente a história de Anne Frank, viva e saudável do outro lado do oceano. Quanto a Bloom, suas atividades profissionais naquele ano incluíram uma gravação, para a Caedmon Records, de excertos do *Diário de Anne Frank*.

Bloom também fez uma contribuição bem concreta para o livro. Não é preciso ser íntimo de Roth para perceber, como Bloom em suas memórias, que havia muito do próprio Roth em E. I. Lonoff e no modo como este vivia: a idílica casa de campo cheia de livros e rodeada de bordos, a solidão e os longos dias

174

dedicados a "virar frases pelo avesso". Os meses que Bloom passava com ele em Connecticut todos os anos eram invariavelmente sossegados e podiam se tornar solitários. Bem-humorada, ela conta o dia em que Roth, ocupado com *O escritor fantasma*, saiu do escritório e pediu-lhe que descrevesse, com vistas ao retrato da esposa resignada de Lonoff, como era viver com um escritor no campo. Segundo Bloom, ele não precisou pedir duas vezes: "Nós nunca vamos a lugar nenhum! Nunca fazemos nada! Não encontramos ninguém!". Suas lamúrias alimentaram diretamente as aflições de Hope Lonoff — embora sua comparsa ficcional, desnecessário dizer, não passasse a outra metade de cada ano em Londres ou no palco ou fazendo filmes. (Bloom chegou a interpretar Hope Lonoff numa adaptação para a televisão de *O escritor fantasma* em 1984.) Como uma boa heroína de Tchékhov, ela apenas tem esperança de um dia ir morar em Boston.

Entretanto, Hope Lonoff sabe que os ruídos e distrações da cidade tornam a mudança impossível para o marido, o homem que trocou a vida pela arte. Nathan sabe disso também. Ele observa como a casa e o grande terreno ao redor protegem o escritor do mundo exterior, numa passagem que sugere que talvez tenha sido simplesmente a paisagem de Connecticut — ainda hoje, Roth fala com deslumbramento dos "espaços abertos, o vazio no inverno" — o que trouxe uma nova magia à obra de Roth, mesmo que sua mensagem derradeira não seja nova:

> Ainda havia mais vento que neve, contudo o pomar de Lonoff já se achava praticamente entregue à escuridão, e o som do que estava por vir era ameaçador. Duas dúzias de velhas macieiras silvestres formavam uma primeira barreira entre a erma estrada de terra e a casa. Em seguida vinha um arbusto viçoso e cerrado de rododendros, depois um muro largo de pedras, cujo veio central se desgastara como um molar estragado, depois uns quinze metros de jardim

175

coberto por uma camada de neve e, por fim, perto da casa e avançando protetoramente sobre o telhado, três bordos que, pelo tamanho, pareciam ser tão velhos quanto a Nova Inglaterra. Nos fundos, a casa dava lugar a plantações que se estendiam por campos desarborizados, sem quebra-ventos, todos cobertos de branco desde as primeiras nevascas de dezembro. Para lá das plantações, as montanhas iniciavam sua formidável escalada: vertentes forradas de vegetação que subiam sem parar até o estado vizinho. Minha impressão era que mesmo o mais feroz dos hunos levaria boa parte do inverno para atravessar as quedas-d'água glaciais e os bosques castigados pelo vento daquelas montanhas agrestes, antes de chegar às plantações de feno de E. I. Lonoff, precipitar-se contra a porta anti-intempéries dos fundos, abrir caminho até o escritório e, uma vez lá dentro, girando no ar sua maça cheia de pregos, rugir sobre a Olivettizinha em que o escritor datilografava seu vigésimo sétimo rascunho: "Precisas mudar de vida!".

Um regime exclusivamente à base de palavras

Fama e fortuna não se mostraram tão ricas como assuntos. *Zuckerman libertado*, que continua a história do escritor, é um livro sobre as consequências de um livro — sobre o "sortilégio pelo avesso" que uma obra de ficção lança sobre a realidade de seu autor. Outro volume esbelto, quase uma novela, publicado em 1981, leva Nathan cerca de treze anos para o futuro, ao momento divisor de águas em 1969 em que ele se torna um enorme sucesso, graças a um livro que lembra claramente *Portnoy* intitulado *Carnovsky*. Seis semanas depois de o livro escandaloso ser lançado, Nathan não consegue mais caminhar pelas ruas de Nova York sem ser assediado, está recebendo correspondência endereçada a "O Inimigo dos Judeus" (aos cuidados da editora) e já faturou 1 milhão de dólares. Também já se deu conta de que o sucesso não é tudo aquilo que se alardeia a respeito dele. Mas até Zuckerman admite que "ser um pobre milionário incompreendido não é um assunto que indivíduos inteligentes se disponham a discutir por muito tempo" e ele tem razão. *Zuckerman libertado*, um livro vivaz mas subnutrido, deixa uma sensação de desapontamento depois de *O escritor fantasma*. Em parte, é a decepção que acompanha o progresso do autor — do idealismo da juventude para o mercado. Anne Frank? Henry James? Zuckerman é chamado de "Charles Dickens judeu" por um homem sôfrego para que ele endosse seus escabeches de arenque num comercial de televisão e até se oferece para conseguir uma atriz para o papel da mãe caso a mãe verdadeira não possa se juntar ao filho.

Mas, por trás das piadas, este é um livro cada vez mais solitário, à medida que Nathan vai se libertando das pessoas em sua vida. Aos 36 anos, obteve seu terceiro divórcio. Passa a maior parte do tempo sozinho em seu novo apartamento no Upper East Side, preocupado em saber quem está e não está lhe telefonando. Está obcecado pela obsessão das outras pessoas por seu livro. Porém, o exemplo mais contundente dos efeitos corrosivos da fama, ao estilo americano, não é Zuckerman, com seu sucesso incomum, mas alguém com a experiência muito mais comum de fracasso: um judeu paranoico e altamente instável de Newark chamado Alvin Pepler. Esse tagarela semibrilhante, que foi outrora estrela de *quiz shows* na televisão, é vítima de uma longa história de injustiças, a última das quais, no seu entender, é a ausência totalmente arbitrária de talento que o impede de escrever um best-seller como o de Zuckerman.

Alvin Pepler é um tolo glorioso, que tenta impressionar Zuckerman pelo fato de conhecer um importante produtor que tem direito contratual para produzir um musical sobre a Guerra dos Seis Dias. (A escolha do roteirista, garante a Zuckerman, está reduzida a três: "Você, Herman Wouk e Harold Pinter".) Mas o ressentimento furioso que irrompe por trás da adulação faz de Pepler algo mais que um alvo de piadas. Ele é uma figura perturbadora, ainda que hilariante, uma personalidade tão impetuosa que faz Zuckerman parecer recessivo, preenchendo as páginas com tal plenitude que a inexistência de uma trama passa quase despercebida. (Ele está implicado em algum tipo de intriga para raptar a mãe de Zuckerman. "Pense um pouco nela, Zuck. Já não a fez sofrer bastante com esse seu livro?", argumenta o sequestrador.) Pepler é uma promessa do que está por vir na obra de Roth: um *doppelgänger* maníaco, vagamente perigoso. (Zuckerman o vê como "O Judeu Impróprio para a Sala de Visitas", mas logo se dá conta de que isso "é exatamente o que a América de Johnny Carson pensa de mim agora".) É também um arrebatado arauto da Newark contemporânea, pós-tumultos, uma cidade devastada pelos conflitos raciais e totalmente distinta do lugar sentimentalizado do best-seller de Zuckerman. "O que você sabe sobre Newark, Chuchuzinho da Mamãe?! Eu li essa bosta de livro que você escreveu!", ele grita. "Newark são os *junkies* cagando nos corredores do seu prédio e o quebra-quebra generalizado!" Mas essa realidade ainda está muito além da temática de Roth; é uma tragédia que para ele não tinha, nem de longe, o peso moral de Praga sob o comunismo.

Um herói de Roth sem um problema moral é inconcebível e a ausência em Zuckerman de qualquer dificuldade moral séria nos primeiros três quartos do livro explica certo senso de lassidão, a despeito do atabalhoado ritmo cômico — um senso de energias confinadas na superfície. O fato de Zuckerman ter escrito um livro à la *Portnoy* não significa que ele padeça do mesmo complexo. Às vezes pode sentir saudade da esposa de quem acabou de se divorciar, mas não sente remorsos por seus fracassos conjugais nem sofre de grandes conflitos interiores. Ele tem um caso com uma glamorosa estrela de cinema, que parece não deixar marca alguma — nem nele nem em nós — porque ela é uma personagem sem vida, não mais crível em "seu vestido de véus e contas e plumas" do que outra criatura glamorosa anterior de Roth, Helen Kepesh. Mesmo assim, a estrela de cinema dá a Roth a oportunidade de imiscuir nela algo de Bloom (ainda que seja apenas o fato de estar lendo *A crise na vida de uma atriz*, de Kierkegaard, livro que Bloom lhe apresentara), uma pitada do charme irlandês de sua amiga Edna O'Brien e um pouco da breve experiência de namorar Jackie Kennedy. (Temos a limusine que encosta no meio-fio quando ele se oferece para levá-la para casa, a absoluta autoconfiança das falas que se seguem — "Quer subir? Ah, é óbvio que quer" — e um beijo de boa-noite que é como "beijar um cartaz".) Contudo, apesar de toda a fama sexual que Zuckerman conquistou, ele não está particularmente preocupado com sexo. Ele vive um relacionamento pleno apenas com os pais e são eles os responsáveis pelas graves consequências morais do livro.

Se Roth poupou Zuckerman do fardo da sua história conjugal pessoal, lhe deu um fardo que ele mesmo nunca precisou carregar, um pai que desaprova sua obra. Ficamos sabendo que o velho Zuckerman enfim perdoa o filho pelo conto que causou todos os problemas em *O escritor fantasma* e chega até a sentir certo orgulho de seus livros. Porém, quando *Carnovsky* é publicado — é o quarto romance de Zuckerman, como *Portnoy* foi o quarto romance de Roth —, Nathan fica quase aliviado ao saber que o pai, que sofreu uma série de AVCs, não terá condições de lê-lo. (A mãe de Zuckerman é uma alma meiga demais para reclamar, mesmo quando as pessoas lhe dizem, sem rodeios: "Não sabia que você era tão doida assim, Selma". Ela só precisa que o filho lhe garanta que "a senhora é a senhora e não a sra. Carnovsky" e que sua infância foi "quase um paraíso".) Entretanto, um vizinho, que visita com regularidade a casa de repouso, dispõe-se a ler o livro ofensivo para o velho e, como resultado, ele sofre um súbito e muito sério ataque cardíaco. É levado às pressas para um hospital e lá, em seu leito de morte, rodeado por toda a família, o sr. Zuckerman olha o filho mais velho nos olhos e profere sua última palavra sobre a Terra: "Puto".

No início, Nathan se pergunta se o escritor dentro de si não o fizera ouvir coisas. Talvez o pai tivesse dito apenas "Upa". Ou "Puxa" ou "Justo". Quem saberá o porquê? Ouvir "puto" talvez tenha sido apenas um pensamento desejoso de escritor: "Uma cena melhor, um remédio mais potente, o repúdio definitivo do Pai". Ele nota, satisfeito, que Kafka certa vez escreveu: "Penso que devemos ler apenas os livros que nos mordem e aferroam. Se o livro que estamos lendo não nos desperta com uma pancada na cabeça, por que nos dedicar a sua leitura?". E que pancada na cabeça mais despertadora poderia haver? Para Nathan, o mundo não escrito é um lugar incerto e a realidade tornou-se um fenômeno esquivo, exótico — ele só consegue referir-se a ela em francês, citando a nostalgia de Flaubert por *"le vrai"*. Mas as exigências da arte podem finalmente tê-lo levado longe demais.

Não havia nada errado com sua audição. Henry, seu irmão, faz com que não reste dúvida: "É *claro* que o papai disse 'Puto'". E mais: "Você o matou, Nathan", grita com fúria, em meio a lágrimas. "Ele viu o que você fez com ele e com a mamãe nesse livro!" Para piorar ainda mais sua situação, Nathan admite que, mesmo quando ainda estava escrevendo o livro, ele sabia o que o pai sentiria, mas "o escrevera mesmo assim". E agora não tem mais pai e seu irmão se recusa a falar com ele. Com exceção de sua mãe semialquebrada, ele perdeu seus laços humanos mais próximos. É um final lancinante para uma comédia e tem tantas semelhanças com a experiência do próprio Roth que certo entrevistador, caindo na armadilha, pediu a ele que relacionasse a cena do leito de morte à morte de seu pai. Roth não se fez de rogado e respondeu que "a melhor pessoa para explicar a relevância autobiográfica da morte climática do pai em *Zuckerman libertado*" seria ninguém menos que seu pai, Herman Roth, que estava bem vivo e prosperando em Elizabeth, Nova Jersey. (Poderia ter acrescentado que ele continuava distribuindo exemplares dos livros do filho autografados de seu próprio punho.) Roth, prestativo, con-

181

cluiu com uma tacada final: "Posso lhe dar o número do telefone dele".

Na primavera de 1981, logo depois do lançamento de *Zuckerman libertado* e das primeiras resenhas mornas — no *The New York Times*, Anatole Broyard considerou-o "relativamente engraçado, relativamente triste, relativamente interessante" —, Bess Roth morreu subitamente de um ataque do coração. Roth estava em Londres na época e conversara com a mãe ainda naquela manhã; era domingo e ele ligava para os pais todo domingo de manhã. Ela estava animada e de bom humor, embora com a saúde um pouco abalada, e ele dissera brincando que pretendia levá-la para uma longa caminhada no campo em Connecticut naquele verão, quando ela e Herman Roth chegassem para sua visita habitual. Na verdade, ela morreu na hora do jantar, depois de uma longa e cansativa caminhada com o marido. Ao escrever sobre sua morte alguns anos depois (em *Patrimônio*), Roth especulou de modo comovente que talvez tivesse saído "naquela tarde com a esperança de se preparar para o passeio no verão". As palavras transmitem não culpa, mas o desejo de estar presente em seus últimos atos — de ter proporcionado a ela um pouco de felicidade antecipada. Ele recebeu a notícia na mesma noite e pegou um voo no dia seguinte. Mas perdera a oportunidade de estar ao lado dela no final, o que permaneceu como uma grande perda.

"Doente, todo homem quer a mãe" são as primeiras palavras de *Lição de anatomia*, publicado em 1983. Nathan Zuckerman agora está muito doente. No ano anterior, o próprio Roth recebera o diagnóstico de doença arterial coronariana "significativa". Ele estava com 49 anos e não tinha histórico — ou sintomas — de problemas cardíacos. Os entupimentos foram descobertos num exame de rotina. Roth sofrera diversos problemas físicos ao longo dos anos: a lesão nas costas que ainda irrompia de tempos em tempos; a apendicite que quase o matara quando tinha trinta e poucos anos; e, mais recentemente, um longo acesso de dores no pescoço e nos ombros que nunca fora devidamente diagnosticado. Essas experiências o forçaram a uma aguda consciência do corpo e de como cuidar dele. Ele era magro, fazia exercícios regularmente, não fumava. Mas, como seus médicos insistiram que uma cirurgia seria perigosa demais e os remédios que prescreveram tiveram a impotência como efeito colateral imediato, ele decidiu experimentar um medicamento menos eficaz, se esforçar ainda mais para se manter em forma e correr o risco. Não falou do diagnóstico para quase ninguém, à exceção de Bloom, seu irmão e seus testamenteiros, mas passou a comentar com os amigos que não esperava ter vida longa.

Lição de anatomia é sobre dor. Dor e escrever. Dor e não escrever. Dor física real que toma conta da vida e não tem explicação ou remédio aparente. E também a dor de ter escrito um livro que matou seu pai e transformou a vida de sua mãe inocente em um inferno, até que ela — a sra. Zuckerman, bem entendido — também acaba morrendo, apenas um ano depois, em 1970. Estamos agora em 1973, as audiências do caso Watergate estão na TV e Nixon é o único outro homem no país tão encrencado quanto Zuckerman. Quatro anos se passaram desde a maldição do pai e ele não escreveu uma palavra sequer. Três anos desde a morte da mãe. Já faz um ano e meio que ele sente dores excruciantes no pescoço, ombros e braços, que começam atrás da orelha direita e ramificam-se para baixo a partir da escápula, como uma menorá de cabeça para baixo. A dor é tão lancinante que ele não consegue se sentar à escrivaninha, carregar compras de supermercado ou pensar em algo que não seja a dor em si. Já se consultou com inúmeros médicos. Um ortopedista diz que é resultado de vinte anos martelando numa máquina de escrever manual portátil — sua adorada Olivetti —, mas sua nova IBM Selectric de nada adianta. Um osteopata afirma que ele vem vergando a coluna vertebral desde que aprendeu a escrever, com a mão esquerda e se entortando para não se borrar com a tinta, aos sete anos de idade. Um psiquiatra, que ele deixa falando sozinho, afirma que é consequência clara de sentimentos de culpa — por aquele livro. Permanecer em qualquer posição que lhe permita escrever provoca dores excruciantes (e ditar é impossível; ele tem de ver suas frases). A dor diminui um pouco quando ele para de escrever, mas o simples fato é que, sem escrever, Zuckerman não tem razões para existir.

Lição de anatomia começa como uma comédia e, mesmo quando o livro vai se tornando sombrio, desolador e triste, não conseguimos parar de rir. A segunda frase do livro, que completa a do homem doente que quer sua mãe, é: "Se ela não está por perto, o jeito é se virar com outras mulheres". No curso de sua doença, Zuckerman tem quatro mulheres, que chegam e partem em turnos, trazendo-lhe comida, prestando-lhe serviços sexuais ou poupando-lhe tempo fazendo ambas as coisas juntas. Este é o primeiro livro sobre Zuckerman que o mostra envolvido em atividades sexuais, embora ele nem de longe exerça o papel ativo, deitado de costas no chão sobre um tapetinho de plástico, com um dicionário de sinônimos cuidadosamente posicionado sob a cabeça dando-lhe apoio e alívio. (O dicionário de sinônimos, em particular, é um contraste desalentador com o volume de Henry James que ele colocara sob os pés na casa dos Lonoff, na descuidada juventude do seu próprio primeiro volume.) Ele não é mais capaz de movimento do que outro herói desvirilizado de Roth, o seio de quase dois metros. E foi a tal ponto reduzido que o sexo, no começo do livro, é tudo o que ele tem. E há outro motivo para desespero irônico: a dor apagou a distinção crucial que Zuckerman vinha tentando fazer, desde a publicação do livro, entre si próprio e seu herói obcecado por sexo.

Às vezes, ele pensa que a dor é consequência de ter perdido a mãe, embora ela não tivesse o mesmo impacto sobre ele que seu pai impetuoso, e suas lembranças dela tenham se tornado — numa linda frase — "um seio, depois um colo, depois uma voz soando já distante às suas costas: 'Tome cuidado'". Selma Zuckerman viveu com discrição e assim morreu, de um tumor no cérebro, não diagnosticado até que se manifestou de maneira inequívoca numa única palavra de despedida:

> Da primeira vez que precisou ser levada para o hospital, os médicos diagnosticaram um pequeno derrame, nada que fosse deixá-la seriamente debilitada; quatro meses depois, quando teve de ser hospitalizada de novo, conseguiu reconhecer o neurologista ao vê-lo entrar no quarto, mas quando ele lhe pediu que escrevesse o nome num pedaço de papel, a sra. Zuckerman tomou a caneta da mão dele e, em vez de Selma, grafou a palavra Holocausto — direitinho, sem nenhum erro de ortografia.

Isso se passa em 1970, em Miami Beach, e a palavra "Holocausto" é escrita por uma mulher que quase certamente nunca a pronunciara em voz alta e cujos escritos anteriores consistiam em bilhetes de agradecimento, cartões de receitas e instruções de tricô. "Acontece que ela tinha um tumor do tamanho de um limão na cabeça e, ao que parecia, o troço botara para fora tudo o que havia lá dentro, menos aquela palavra", explica Zuckerman. "É bem provável que estivesse o tempo todo lá, e eles nem desconfiavam."

Esta pequena parábola inventiva não foi inventada. Roth me conta que ouviu a história de Aaron Asher, seu editor e amigo de longa data. O incidente se passara durante a hospitalização de sua mãe, uma judia europeia que emigrara para os Estados Unidos no final dos anos 1930 — ao contrário da sra. Zuckerman ficcional, que crescera em segurança e sem ameaças em New Jersey. Mas a moral da história aplica-se a ambas as mulheres; na verdade, essa *é a moral da história.* Roth, ao ser questionado sobre essa cena numa entrevista para o *Times* de Londres após o lançamento do livro na Inglaterra, explicou que, para os judeus americanos, o Holocausto "está sempre lá, oculto, submerso, emergindo, desaparecendo, nunca esquecido". Sem essa palavra, diz — isto é, sem o acontecimento que ela representa —, "não haveria Nathan Zuckerman, ou pelo menos não a sua situação", nem haveria a cena de "um pai e a maldição que lança no leito de morte". Se alguém pudesse de algum modo obliterar esse fato histórico, "nenhum dos livros sobre Zuckerman existiria". Nathan pega a folha de papel do médico, dobra-a e guarda-a na carteira. Quando o entrevistador perguntou a Roth por que Nathan não a jogou fora, ele respondeu: "Quem poderia? Quem já fez isso?".

No entanto, Zuckerman não acredita ter algo a respeito do qual escrever. Seus pais se foram, Newark se foi. Até suas esposas se foram. Não que qualquer dessas coisas ainda o atraísse como tema; não que alguma delas ainda lhe parecesse importante. Em vez disso, tem tentado escrever sobre a vida de uma de suas namoradas, uma imigrante polonesa azeda, que aparece para beber seu vinho e fazer um pouco de sexo e reclamar do fato de ele considerá-la um "assunto", o que ele de fato faz, embora sem sucesso. Conforme explica a si mesmo esse fracasso literário:

> Não quero representar a Varsóvia dela — é o que a Varsóvia dela representa que eu quero: um sofrimento que não seja semicômico, o mundo das dores históricas monumentais, em vez deste torcicolo pentelho. Guerra, destruição, antissemitismo, totalitarismo, uma literatura em que o próprio destino da cultura está em jogo, escrever no olho do furacão, um martírio que faça mais sentido — algum sentido, *qualquer* sentido — do que aturar o lero-lero de coquetel no talk-show do Dick Cavett. Acorrentado à consciência que tenho

de mim mesmo. Acorrentado à retrospecção. Acorrentado a meu drama nanico até morrer.

Por mais tentador que seja atribuir esses sentimentos ao autor, é preciso notar que Roth, em sua entrevista à *Paris Review* em 1984, afirmou exatamente o oposto, escarnecendo as supostas vantagens literárias desfrutadas pelos escritores no tipo de sistema opressivo que ele tinha visto de perto na Tchecoslováquia: "Aquele sistema não cria obras-primas; cria doenças coronarianas, úlceras e asma, cria alcoólatras, cria depressivos, cria amargura e desespero e loucura". Ele não expressou nenhuma dúvida acerca da sua preferência por "nossa literatura nacional extensiva e animada", mesmo com seus problemas de trivialização. Mas esse ponto de vista racional, conquistado a duras penas, expresso por um escritor de cinquenta anos com vivência real de ambos os sistemas, carece do humor exasperado, do selvagem solipsismo e da pura sátira de si mesmo que são a essência de Zuckerman. A criatura persistentemente provocativa de Roth — uma figura que, afinal de contas, é um protagonista, não só um escritor — nunca esteve em Varsóvia (ou Praga), não faz ideia do que está falando, está entupida de analgésicos e se torna cada vez mais delirante à medida que caminha para um colapso emocional.

Lição de anatomia foi bastante elogiado pela crítica. Para Christopher Lehmann-Haupt, do *The New York Times*, o livro é "uma conclusão rica e satisfatoriamente complexa" da trilogia Zuckerman; John Updike, em uma resenha meticulosa na *The New Yorker*, disse tratar-se de "um livro feroz e fervoroso" no qual "o clamor central se desdobra com selvageria ponderada, que é ao mesmo tempo fascinante e repelente, autocongratulatória mas nem por isso menos genuína, rija e pura no estilo do alto modernismo". No entanto, o livro também foi criticado, até por seus admiradores — Updike, por exemplo, com sua "selvageria autocongratulatória" — devido ao que Lehmann-Haupt chamou de "infindável absorção de Zuckerman em si mesmo e seu gozo em cutucar feridas". Como evidência mais saliente desses traços desagradáveis, mencionava-se a fúria implacável de Zuckerman contra um crítico literário que atacara sua obra. ("Alguém comentou que um conhecido o vira em Cambridge, caminhando com uma bengala. Por causa de pedras nos rins? Viva.") Quando Zuckerman não está ensimesmado em sua dor ou em seu harém, é esse crítico — cuja resenha ofensiva ele sabe praticamente de cor, como na escola sabia de cor o poema "Annabel Lee" — que ocupa seus pensamentos.

Embora Roth tenha dado a esse eminente crítico judeu o nome Milton Appel, sua identidade no mundo real — Irving Howe —, nas palavras de William Gass, estava "oculta como um poste de iluminação na sala de estar". A biografia de Appel é quase idêntica à de Howe: filho de pais pobres, que ainda falavam ídiche, e membro da velha-guarda da *Partisan Review*, Appel tecera elogios pródigos ao primeiro livro de Zuckerman, o seu *Adeus, Columbus*, julgando a descrição dos judeus americanos materialistas quase documental demais. Todavia, voltara-se contra Zuckerman depois de *Carnovsky*, afirmando que essas mesmas figuras haviam sido distorcidas pela hostilidade de Zuckerman contra os judeus e se tornado uma caricatura ofensiva, "irreconhecíveis como tipos humanos". Segundo Zuckerman, o ataque de Appel contra sua carreira "fazia a investida de Macduff sobre Macbeth parecer quase lânguida". Além de decapitá-lo — "uma cabeça não satisfazia a Appel" —, Appel o esquartejara, "pedaço por pedaço".

Talvez haja ainda outros aspectos menos reconhecíveis da relação de Roth com Howe. Appel organizara uma antologia de ficção ídiche — muito similar à memorável antologia de Howe, *A Treasury of Yiddish Stories*, coeditada com Eliezer Greenberg em 1954 — que Zuckerman, aos vinte e poucos anos, achara revigorante, um ato de rebelião e uma tomada de posição "contra o desdém esnobe daqueles renomados departamentos de Literatura Inglesa, de cujas impecáveis fileiras cristãs o judeu literato, com seu sotaque vira-lata e suas inflexões estridentes, tinha sido até outro dia categoricamente excluído". Zuckerman sentiu-se até inspirado a tentar aprender ídiche, ainda que somente por umas seis semanas. Durante seu primeiro ano em Chicago, em 1954, Roth também passou algumas semanas debruçado sobre uma gramática ídiche e um dicionário inglês-ídiche, comprados de segunda mão, igualmente inspirado mas não mais persistente que seu herói. Roth, aprendendo ídiche?

O ataque do crítico foi um golpe terrível justamente por ele ser tão importante para o escritor. Zuckerman relê com frequência um dos antigos ensaios de Appel na *Partisan Review*, sobre o conflito inevitável entre rústicos pais judeus da velha cepa e seus livrescos filhos americanos, a fim de se consolar das brigas com o próprio pai. Se, de fato, houver uma realidade instigadora subjacente à descrição que Roth faz de um pai que repudia o filho por causa do que este escreveu, ela provém não de Herman Roth, mas de Irving Howe.

Seja como for, as diatribes de Zuckerman contra Appel irritaram bastante diversos críticos, ainda mais porque o elo com Howe fazia parecer que a raiva era não apenas de Zuckerman, mas do próprio Roth. (Roth não era conhecido por suportar em silêncio a prevaricação dos críticos. Quase uma década antes, em 1974, ele fustigara Lehmann-Haupt, não por causa de uma resenha negativa — o crítico do *Times* adorara *O complexo de Portnoy* — mas devido ao que Roth descreveu, na *The New York Review of Books*, como uma ausência de "quaisquer padrões, critérios ou posições críticas que seja possível levar a sério", um estilo de prosa "inaceitável até mesmo para resenhas escolares de livros" e um nível geral de consideração que era "um insulto à comunidade dos escritores americanos". Provocar o crítico reinante do *Times* se tornaria algo como uma especialidade de Roth.) Até Updike procurava persuadi-lo de que, aos cinquenta anos — Updike tinha 51 anos, um a mais que Roth —, "um escritor já deveria ter liquidado suas antigas pendências". Outros reclamaram do espírito vingativo de Roth e até de "sangue na página".

Em conversas, Roth se defende ressaltando que "eu estava retratando um escritor — e o que é mais característico do que sentir raiva de um crítico?". O que é mais característico de qualquer artista? O pintor Philip Guston, diz Roth, "sentiu raiva de Hilton Kramer a vida inteira". Updike, na sua série de livros sobre um escritor, Henry Bech, abandonou sem titubear sua indiferença superior a críticos. Na sátira *Bech Noir*, de 1998, seu alter ego de 74 anos assassina quatro dessas criaturas ofensoras, de cujos ataques de décadas antes ele se lembra palavra por palavra. ("A ideia dele morto", escreve Updike sobre um crítico, "tomou conta de Bech com cremosa facilidade.") Um fato notável acerca do herói igualmente satírico de Roth é que, nem de longe, ele tem sucesso similar contra seus inimigos.

A fúria permanente de Zuckerman explode mais uma vez com a sugestão de Appel de que ele escreva um editorial para o *Times* em apoio a Israel, pois 1973 foi o ano não apenas de Watergate mas também da Guerra do Yom Kippur. Appel, muito preocupado com o futuro de Israel, sente que Zuckerman é capaz de atingir pessoas para além da sua esfera mais limitada de influência. "E que tipo de gente é esse?", Zuckerman dispara de volta, tendo telefonado para Appel justamente para dar vazão a sua fúria e, talvez, assim aliviar sua dor. "Gente como eu, que não gosta dos judeus? Ou gente como o Goebbels, que os manda para as câmaras de gás?" A grande surpresa dessa cena é que Appel, a quem fomos preparados para considerar uma criatura difícil, se revela razoável, inteligente e disposto a deixar todas as divergências de lado em nome de uma causa maior. Zuckerman, por sua vez, é irracional, insolente e — embora muito engraçado — minimamente capaz de reconhecer a existência de uma causa maior que ele próprio. O personagem que o autor escarnece não é Appel, mas Zuckerman, que, ao bater o telefone, sente ainda mais dor que antes.

Caso alguém esteja fazendo conjeturas, Roth e Howe nunca tiveram esse tipo de conversa, embora Howe de fato tenha sugerido em 1973, apenas um ano depois de seu ataque crítico, que Roth escrevesse algo sobre Israel. (Roth respondeu com uma carta bem pouco complacente.) No final dos anos 1970, em entrevista à *The New York Times Book Review*, Roth ainda continuava lamentando a primeira mudança de ânimo do crítico — "Ele era um verdadeiro leitor" —, mas não tinha como saber que, nesses mesmos anos, Howe estava pensando em escrever um ensaio "novo e afirmativo" sobre a obra de Roth — palavras de Gerald Sorin, biógrafo de Howe, com base em informações oriundas da esposa deste. (Sorin se pergunta se o conto que Roth escreveu sobre Kafka, com sua amorosa família judaica, teria tido algum papel no desejo de Howe de retirar suas acusações. Seja como for, Howe nunca chegou a escrever o ensaio.) Em 1983, o ano de *Lição de anatomia*, os dois conversaram rapidamente — com perfeita civilidade, enfatiza Roth — como membros de um júri na Academia Americana de Artes e Letras; alguns anos depois, Roth pediu a Howe que escrevesse a introdução de um dos volumes de sua série Escritores da Outra Europa, *The Case Worker*, de George Konrád. Nunca chegaram a discutir as desavenças anteriores. Mas Roth relata, com inconfundível satisfação, que Bernard Avishai, um amigo em comum, lhe contou que quando estava morrendo, no começo dos anos 1990, Howe disse a ele, Avishai: "Eu estava enganado sobre seu amigo Roth".

Updike, por sua vez, observou em sua resenha que era injusto reclamar do "solipsismo frenético" do livro — por mais irritante que fosse — pois o livro era justamente sobre "solipsismo frenético". De fato, no fundo essa é a essência do mal-estar de Nathan, como ele mesmo acaba descobrindo: essa é a origem de sua dor. É a dor de ser um escritor. Farto de tudo que diga respeito a sua vocação — as horas e anos de solidão, o uso de pessoas como material, o longo hábito de "viver com fome de experiência, num regime exclusivamente à base de palavras" —, Nathan está farto de si mesmo. Mas, é claro, não são apenas escritores que acabam presos na armadilha do eu; há algo aí que diz respeito a todos. Como mostra Nathan, quanto mais bem fechada for a tampa do eu — e a tampa de Nathan está muito bem apertada — mais loucamente revigorante é a perspectiva de libertação.

Buscando escapar da dor com ajuda do Percodan, da vodca e de um pouco de maconha, ele decide tentar entrar na faculdade de medicina e tornar-se médico. Foi Nathan Zuckerman, afinal, quem ouviu a voz tonitruante dos hunos avançando sobre as campinas cobertas de neve para dizer a E. I. Lonoff, que datilografava seu 27º rascunho, que ele precisava mudar de vida. Lonoff não deu ouvidos à voz, mas Zuckerman atenderá ao seu chamado. Ele abandonará a literatura e ajudará as pessoas ("Outras pessoas. Deviam ter me falado sobre elas há muito tempo.") Já passou horas sem fim nas salas de espera dos consultórios; ser médico não pode ser tão difícil assim.

Nathan voa até Chicago para consultar um velho amigo de faculdade sobre a escola de medicina, enquanto continua se automedicando e obcecado consigo mesmo. E *Lição de anatomia* corre em desabalada para dentro, junto com ele, a uma velocidade estonteante. No avião, voando em altitudes pessoais ainda maiores, convence o homem na poltrona ao lado que ele é um pornógrafo profissional chamado Milton Appel. (Como carreira alternativa, faz bem mais sentido do que a faculdade de medicina.) A irracionalidade de seu plano é algo que Nathan é forçado a confrontar quando encontra seu amigo, que é agora um anestesista do hospital universitário e o tipo de presença sólida e beneficente que Nathan anseia ser. É um alívio ouvir a sua voz serenamente imbuída de autoridade contestar o desvario brilhante de Nathan; é um alívio sentir que o livro está rompendo a casca para deixar entrar outra voz significativa. Todavia, não há como interromper a trajetória de Nathan rumo à implosão — mesmo quando as vozes externas se multiplicam e começa a nevar.

Não chega a surpreender que a voz mais comovedora acabe sendo a de um judeu idoso, o tipo de homem que costuma levar a melhor nos livros de Roth — embora esse homem em particular, o sr. Freytag, seja uma figura muito mais frágil do que as demais encarnações de Herman Roth. O pai do amigo de Nathan, um viúvo recente, não consegue superar a perda da esposa. A partir do momento em que Nathan põe os olhos nele, entramos em um mundo que é parte Irmãos Marx e parte Beckett:

> Na escada da frente, com um chapéu de pele, um casacão e um par de galochas pretas, um senhor avançado em anos tentava varrer a neve. Nessa altura nevava pesado, e assim que ele chegava ao último degrau, era obrigado a voltar ao primeiro. Eram quatro degraus, e o velho ficava subindo e descendo com sua vassoura.

Para Nathan, que engole o terceiro Percodan do dia e entorna sua garrafinha da Tiffany, neve lembra infância e voltar para casa depois da escola. Neve significa sentir-se protegido e ser amado e obediente — todos os sentimentos perdidos que precederam os primeiros sinais de audácia, dúvida e dor. Neve, que leva o leitor de volta ao mundo lírico de *O escritor fantasma*, é também o motivo de Nathan estar visitando o sr. Freytag: ele foi buscá-lo para visitarem o túmulo da esposa antes que a tempestade a sepulte pela segunda vez.

Na casa vazia do velho e, mais tarde, dentro de uma comprida limusine preta alugada que lembra um carro funerário, o viúvo pesaroso e o filho sem mãe fazem um sereno dueto sobre a mulher que cada um perdeu, o velho fornecendo as lamentações e Nathan, o persistente refrão:

"Uma mulher que para si própria não queria *nada*."
"A minha também."
"Ela era a minha *memória*."
"A minha também."

Atravessam os portões do cemitério judaico, que tem ao fundo um edifício que expele uma fumaça escura — é apenas uma fábrica, mas a tempestade que se aproxima lhe dá a aparência de algo muito pior —, e juntos caminham pela trilha que vai ficando coberta de branco. É nesse momento que o caos passa a reinar. O velho começa um discurso inflamado sobre seu neto delinquente e a mente de Nathan entra em colapso. Enfurecido, ele ataca o "último dos pais a exigir satisfação" e, em seu estupor, luta para agarrar o velho pela garganta — "Freytag! Seu castrador! Vou torcer o seu pescoço!" — escorregando em seu encalço através de um mundo obliterado por turbilhões de neve até que, por fim, leva um tombo e cai de cabeça sobre uma lápide.

A cena é um tour de force fantasmagórico, com a tragédia subjacente vai se desenrolando sem ser enredada pelo pastelão. Logo, ela dá lugar a uma calma súbita e igualmente perturbadora: uma coda ao mesmo tempo serena e severa na qual Zuckerman, despertando no hospital, é incapaz de pronunciar uma só palavra. Ele fraturou a mandíbula. Um médico chega para fechá-la com um fio de arame. Em uma entrevista à *The Nation* em 1985, quando questionado sobre o estado curiosamente metafórico em que seu herói se encontra, Roth começa por dar de ombros: "Ele fraturou a mandíbula ao cair sobre uma lápide em um cemitério judaico, depois de tomar doses excessivas de analgésicos e álcool. O que há de tão metafórico nisso? Acontece o tempo todo". Mas, reconsiderando, ele admite que estivera pensando no rabino que, nos idos da década de 1950, escrevera para a Liga Antidifamação do B'nai B'rith exigindo: "O que está sendo feito para calar esse homem?". A pergunta viera-lhe à mente quando estava terminando o livro. "E é por isso que eu quebrei a mandíbula do Zuckerman", concluiu Roth. "Eu o fiz pelo rabino."

Nathan não consegue mais falar. Mais importante, porém, não sente mais a necessidade de fazê-lo. Vagando pelo hospital de roupão e chinelos, seguindo os médicos em suas rondas como uma espécie de mascote, basta-lhe ouvir e ver — sofrimentos que ele nunca vira ou ouvira antes. As cirurgias. Os cânceres. ("O senhor está verde, doutor", um médico lhe diz, com uma gargalhada. "É melhor ficar com os livros.") As esperanças que ressurgem e são logo seguidas de morte. A dor. "E o inimigo era invariavelmente cruel e real", pensa de si para si. Nathan está humilhado e envergonhado, talvez até enobrecido. Contudo, isso não significa que possa escapar de seu peculiar e solitário destino, a saber, seu "futuro como homem à parte", como ele diz, ou — na brilhante expressão de duplo sentido que encerra o livro com a precisão de um fecho de joalheiro — "o corpus que era o seu".

A *orgia de Praga* exibe Nathan, enfim, na história que Roth quisera contar desde o início: um célebre e rico escritor americano, beneficiário de tudo o que um sistema um tanto espalhafatoso tem a oferecer, fica cara a cara com a pobreza e a perseguição de seus contemporâneos tchecos. Mas Nathan não vai a Praga para ajudar os escritores. Em uma nova virada jamesiana, ele está tentando obter certo manuscrito, os contos inéditos de um judeu tcheco que escreveu em ídiche, foi morto pelos nazistas e teria sido (aqui James se abeira de Borges) o Flaubert ídiche. Como em *Os papéis de Aspern*, o manuscrito está em posse de uma mulher que não deseja abrir mão dele. Mas essa mulher, chamada Olga, não é como nenhuma personagem de Henry James: "Todos esses grandes nomes internacionais vêm a Praga para ver a opressão em que a gente vive, mas nenhum deles quer saber de ir para a cama comigo", reclama ela. "*É de uma boa foda com a Olga que depende a salvação da Tchecoslováquia.*"

Roth conhece a cidade bem mais a fundo do que em *O professor do desejo*. Já não é mais um turista e Praga é muito mais do que Kafka. Os autores tchecos que Nathan encontra em seu quarto de hotel cheio de escutas ou nos alojamentos esquálidos em que moram são sardônicos, desesperados e cheios de histórias para contar. ("Silenciados, são verdadeiros línguas de trapos", reflete Nathan. "Eu sou só ouvidos — e planos.") Roth recorre a suas experiências pessoais: a explicação que Ivan Klíma deu à polícia, de que Roth viera a Praga "atrás das nossas garotas", é a mesma preparada por um colega tcheco no caso de Zuckerman se meter em alguma encrenca. Além disso, Roth foi a festas daquela espécie que dá título ao livro — ainda que não fossem exatamente as orgias que os convivas gostavam de simular, debochando da própria reputação de "virtuosos sofredores políticos", eram mesmo assim bem loucas. Como enfatiza a persistente Olga: "trepar é a única liberdade que sobrou neste país". Vale notar que Zuckerman, para grande frustração dela, mantém as calças o tempo todo.

Roth também conhecia em primeira mão a sensação corriqueira de que metade dos cidadãos de Praga parecia estar ocupada espionando a outra metade. Ele se acostumara a ser seguido, boa parte do tempo, por nada discretos oficiais à paisana, mas demorou um pouco até se dar conta de que também era seguido por alguém da sua própria roda, o conhecido agente duplo Jití Mucha — filho do famoso pintor art noveau Alphonse Mucha e anfitrião das festas mais badaladas da cidade. Roth se lembra de certa ocasião em que os dois se encontraram do outro lado da cidade (para onde Roth tinha ido — dessa vez de verdade — ver uma garota) e ele exclamou automaticamente: "Estranho encontrá-lo por aqui!". Ao que Mucha respondeu: "Não há nada de estranho!". O livro leva a doidice da relação entre espião e espionado um passo adiante: quando um literato picareta que trabalha para o governo é ameaçado de demissão porque seus relatórios sobre um escritor dissidente são tão mal escritos que ninguém consegue entendê-los, o próprio dissidente se oferece para escrevê-los. "Sei melhor do que você tudo o que eu faço ao longo do dia", ele lhe diz. "E eu me livro da sua companhia, seu canalha." A lição, muito bem compreendida por todos, é que um bom escritor e um bom espião precisam ter dons semelhantes.

As descrições da vida em Praga são cáusticas — como Olga, a cidade tem um páthos extremamente cínico —, ainda que não sejam mais do que uma série de esboços. *A orgia de Praga* é a mais breve das histórias de Zuckerman; não foi publicado independentemente e sim como um epílogo quando todos os livros foram lançados em um único volume, *Zuckerman acorrentado*, em 1985. Embora tenha sido o ímpeto inicial de todas essas centenas de páginas, acabou saindo como um mero adendo, merecendo pouca ou nenhuma atenção da crítica. Roth diz que às vezes pensa se não deveria ter colocado a seção de Praga no começo da série sobre Zuckerman, onde talvez tivesse algum impacto e fizesse a história da fama de Zuckerman ser vista sob outra ótica. "Conrad talvez tivesse feito assim, ambientando o livro num cargueiro, onde encontra alguém que lhe conta uma história sobre Praga antes de sua própria história começar." Mas, mesmo descartando o navio cargueiro, diz ele, "isso não é para mim". Talvez seja significativo que *A orgia de Praga* seja ambientado em 1976, o último ano em que Roth pôde entrar na Tchecoslováquia. Quando finalmente se pôs a escrever, já não punha os pés na cidade havia nove anos e seus interesses tinham seguido em outra direção. A parte mais comovente do seu relato de Praga praticamente não demandou experiência, pois explica como a cidade evocava "a Atlântida judaica" da infância de Zuckerman, quando, durante os piores anos da guerra, ele coletou moedinhas para o Jewish National Fund, para ajudar a estabelecer uma pátria judaica na Palestina. Só que não era a Palestina, mas Praga, com seus bondes antigos, pontes enegrecidas, lojas vazias e ruas medievais, que Zuckerman imaginava como o tipo de lugar que os judeus comprariam com todas aquelas moedas: "uma cidade em ruínas, uma cidade tão depauperada e deprimente que ninguém mais pensaria em fazer uma oferta por ela". É uma cidade onde histórias estão sempre sendo contadas, nos bancos das praças e nas filas das mercearias, uma cidade onde todos compartilham "narrativas cheias de ansiedade, com episódios de intimidação e fuga, casos de resistência extraordinária e de reveses deploráveis". Pois histórias — e piadas também — são "a forma que a resistência assumiu", assim como são "a indústria nacional da pátria judaica". Histórias são o que o povo judeu tinha, como as pessoas de Praga hoje, "em vez de vida"; histórias são o que as pessoas se tornaram, "proibidas de serem outras coisas". Não é de admirar que Roth não consiga separar sua arte narrativa e seu judaísmo.

É irônico, mas nem um pouco inesperado, que quando um judeu americano, o suposto salvador das obras do Flaubert ídiche, finalmente põe as mãos nas histórias, ele não seja capaz de ler uma palavra sequer. Mesmo o triunfo de obtê-las se torna imediatamente uma derrota quando a polícia tcheca apreende o manuscrito e obriga Zuckerman, ignominiosamente, a deixar o país.

198

"Mais uma investida contra um mundo de significados que degenera em fiasco pessoal", ele observa. É também o fim de Zuckerman como uma pessoa séria, com realizações e sofrimentos sérios. "Não, a história de uma pessoa não é uma pele de que ela possa se livrar — é inescapável, sua própria carne e osso", reflete. "Você a garimpa até morrer, a história incrustada com os temas de sua vida." Se Roth parece estar admitindo as limitações pelas quais seus críticos sempre o repreenderam, ele também está se recusando a ceder ao argumento.

Afinal, esta não é a primeira vez que Zuckerman é lançado sobre si mesmo nas páginas de *Zuckerman acorrentado*. Acorrentado mesmo. Contido, amarrado, confinado, forçado a recessos cada vez mais profundos do eu. Até que, por fim, ocorre uma explosão libertadora na obra de Roth, na qual lascas, pedaços e retalhos de Zuckerman — vivos e, de modo geral, em relativo bom estado — são espargidos de capítulo em capítulo, vida em vida, destino em destino. Roth pensou em chamar essa explosão de *A metamorfose*, mas o título já havia sido usado. Em seu lugar, escolheu *O avesso da vida*.

Caim para o seu Abel, Esaú para o seu Jacó

"Você na Inglaterra? O garoto de Jersey de boca suja que escreve livros que os judeus amam odiar? Como é que sobrevive lá? Como é que suporta o silêncio?" Nathan Zuckerman está visitando Israel quando um velho amigo, um jornalista israelense chocado ao saber que ele se mudara para Londres, lhe faz essa série de perguntas. Ele garante a Nathan que, em termos de decoro, para começar, Israel não poderia ser mais diferente da Inglaterra. Em Israel, um país novo e ainda vigorosamente contestado, "é suficiente viver", seu amigo israelense explica: "você não precisa fazer mais nada e vai para a cama exausto". Mesmo com relação à questão explícita de decibéis, acrescenta, "você já percebeu que os judeus gritam? Mesmo um ouvido só é mais do que o suficiente". Inglaterra e Israel no final dos anos 1970 são os mundos justapostos de imediato em *O avesso da vida*, que se apresenta como um livro sobre lugares — com títulos de capítulo como "Gloucestershire" e "Judeia" —, embora na verdade seja sobre as maneiras como os lugares afetam as pessoas. Como romancista, Roth é mais psicólogo que poeta e, em meados dos anos 1980, ele já acumulara algumas décadas de experiência como uma espécie de Kafka Domesticus que examina as armadilhas que as pessoas constroem para si mesmas. *O avesso da vida*, publicado no final de 1986, é um revigorante apogeu desse tema: um livro sobre transformação, sobre o que acontece quando as pessoas finalmente se libertam.

Roth conhecia esse sentimento. Quando escreveu *O avesso da vida*, estava mergulhado em sua vida londrina com Bloom — costumava permanecer em Londres nos meses de inverno e retornar a Connecticut no verão, quando Bloom então ia e vinha, dependendo de seus compromissos profissionais e de seu desejo de estar em Londres com a filha. Roth, que me diz que concebeu E. I. Lonoff como o tipo de homem totalmente isolado no qual ele certamente teria se transformado caso permanecesse o ano inteiro em Connecticut, dá a Bloom todo o crédito por livrá-lo desse destino. "Claire apareceu para me resgatar", diz. "Não sei se é certo dizer que ela me salvou, mas com certeza mudou as coisas." E acrescenta com um sorriso: "Precisas mudar de vida!". A mudança mais excitante, afora a sensação de finalmente ter deixado para trás sua identidade como autor de *O complexo de Portnoy*, foi penetrar no mundo teatral de Bloom.

Agora ele não estava mais apenas escrevendo sobre Tchékhov ou dando aulas sobre Tchékhov; estava pondo as mãos na massa, adaptando uma tradução de *O jardim das cerejeiras* para ser encenada no Chichester Festival, com Bloom no papel de madame Ranevskaya. Também escreveu duas peças de televisão para ela, uma baseada nas memórias da escritora judia russa Eugenia Ginzburg, sobre seus anos no Gulag, e outra sobre Jean Rhys, a romancista galesa-crioula nascida na Dominica: duas escolhas étnicas fascinantes para a "English Rose", com as quais Roth estava muito entusiasmado, embora nenhuma das duas tenha sido encenada. Roth, que fala de seu talento em termos de "capacidade de representar, de dramatizar", adorava ser parte do processo pelo qual Bloom preparava um papel. Frequentando os ensaios — como aconteceu em *O jardim das cerejeiras* — ou ajudando-a com as falas, "eu era capaz de ficar tão exaltado com a sua atuação como com meus escritos", explica. Ele se recorda com orgulho de ter dado a ela uma chave preciosa para sua elogiada atuação como lady Marchmain em *Memórias de Brideshead*, o telefilme britânico de 1981: lembrando-se de uma carta em que Tchékhov diz a sua esposa-atriz (a madame Ranevskaya original) que encontrar um "certo sorriso" poderia decifrar um papel difícil, Roth sugeriu que Bloom adotasse o sorriso enigmático de sua amiga Antonia Fraser — a esposa aristocrática de Harold Pinter, que também detinha o título honorífico de "lady". Para ele, esse era um mundo de experiências a ser saboreadas: em suas memórias, Bloom escreve que Roth ia visitá-la durante as filmagens de *Brideshead*, no castelo Howard, e brincava com a ideia do "simpático casal judeu" hospedado num gigantesco palácio barroco: "Tente não acariciar o tecido das cortinas", advertiu, "nem pergunte quanto custa o metro".

Se sua nova vida contribuiu para a intensidade de *O avesso da vida*, o mesmo efeito teve a sensação de estar com os dias contados que acompanhou Roth durante grande parte dos anos 1980, decorrente de seus problemas cardíacos e dos remédios de adequação questionável que tomava. A intensidade ainda era aumentada, ele admite, pelo fato de estar tendo um caso secreto. Tal como a descreve, essa mulher tinha trinta anos quando a conheceu — Roth ainda não completara cinquenta —, se sentia infeliz no casamento e era mãe de uma criança pequena. Era inglesa, formada em Oxford e procurara-o inicialmente a fim de entrevistá-lo para a BBC. Possuía ainda uma eloquência excepcional e Roth parece ter sucumbido tanto às finezas de sua fala como à sua beleza. (Foi graças a ela, diz, que ficou conhecendo "a vida da alta classe média inglesa".) A relação se deu inteiramente nos estreitos limites de seu escritório, exceto por algumas caminhadas em Hampstead Heath e um ou dois encontros "acidentais" em concertos, ocasiões em que, de algum modo, eles se sentiam autorizados a sair para jantar. ("Não era bem racional", diz Roth, encolhendo os ombros.) Seria mais racional perguntar por que o caso havia sequer começado? Alguma vez é?

Na casa de Bloom, as tensões entre Roth e Anna, a filha de Claire — ou entre Roth e Bloom acerca do modo como ela tratava Anna —, haviam se tornado desgastantes para todos. Em 1978, Anna, que estava com dezoito anos e estudava na Guildhall School of Music em Londres, saiu de casa e foi morar na residência universitária, a pedido de Bloom, em resposta a um pedido de Roth. A mudança provocou uma crise emocional que ainda continuava dolorosa para Bloom quase vinte anos depois, quando escreveu a respeito em suas memórias. Seja como for, Anna voltou para casa em definitivo alguns meses depois e os três retomaram a vida a partir do ponto em que a haviam deixado. Bloom, vivendo uma situação que descreve como "impossível de vencer" e "tentando compensar o que eu deixara de fazer no passado", reconhece que sua atitude em relação à filha ao longo dos anos "fez Philip sentir-se como um intruso em nosso círculo íntimo". O fato de ele ter encontrado outro círculo que o incluísse pode ou não merecer tal explicação. Seja como for, Roth hoje diz que se sentiu "exultante" com o caso. Mas nada foi mais exultante do que o livro que essa vida pelo avesso estava ajudando-o a escrever.

No início do livro, Henry Zuckerman, irmão de Nathan, pai de família e dentista de sucesso de Nova Jersey, acaba de descobrir que sofre de uma doença cardíaca possivelmente fatal. Como o único medicamento eficaz para sua condição o deixa impotente e como o ponto alto de sua vida é fazer sexo com sua assistente, ele convence o médico a realizar uma arriscada cirurgia de múltiplas pontes de safena — e morre. Ou então: Henry sobrevive à cirurgia, mas o encontro com a morte expõe às claras as limitações de sua vida e, em busca de um sentido maior, ele deixa a família e se junta a uma comunidade fronteiriça de colonos na Cisjordânia — ou, na terminologia dos colonos, Judeia —, onde Nathan consegue encontrá-lo e tenta lhe incutir um pouco de bom senso secular e talvez fazê-lo voltar para a esposa e os filhos. Ou: na realidade, é Nathan quem sofre do coração e tem um caso passional que o faz decidir correr o risco da cirurgia, e é Nathan quem morre. Seu irmão, Henry, de quem estivera afastado por muito tempo, entra sorrateiramente em seu apartamento em Manhattan depois do funeral e encontra o manuscrito de seu último romance, que contém um relato totalmente ficcional da doença cardíaca de Henry, além de detalhes de um caso nada ficcional (que ele certa vez teve a má ideia de confessar para o irmão) e a aventura completamente insana na Judeia — os mesmos capítulos que acabamos de ler. Traído e enfurecido pelo texto do irmão — novamente! —, Henry destrói os capítulos. Ou ainda — e por que não? —, Nathan, impotente devido aos remédios que vinha tomando, encontra o amor da sua vida em uma jovem inglesa cujos dotes verbais são tão adoráveis que o erotismo da fala quase compensa o do tipo mais convencional. Entretanto, como busca um sentido maior em sua vida, quer se casar com ela e, pela primeira vez, aos 45 anos, se tornar pai. Nathan se submete à operação, sobrevive e se muda com sua nova e grávida esposa para Londres, onde o antissemitismo da sociedade inglesa o torna tão argumentativo que certa noite ela simplesmente sai de sua vida e do livro.

Um resumo como este faz *O avesso da vida* parecer pudicamente pós-moderno, mas não há nada aleatório ou fortuito em suas várias inversões e revisões. O livro é uma obra magistral de técnica e espirituosidade: suas narrativas lampejam e se entrelaçam com a mesma precisão de joalheiro que Roth imprimira aos últimos capítulos de *Lição de anatomia*, mas aqui a ourivesaria se estende por 371 páginas. Seus temas — a necessidade humana de transformação, a necessidade humana de sentido, o judeu na história, o poder do desejo sexual, o poder da linguagem, o poder da paisagem, a volatilidade da identidade — são convincentemente corporificados, tanto quanto o dom insidioso de Roth para diálogos e contradiálogos torna possível. "Se alguém quer de fato mudar sua vida não há como evitar os riscos", diz Nathan, preparando sua futura esposa para o possível resultado da cirurgia. Suas palavras também se aplicam a Roth, que verte suas forças em um romance de ideias complexas apresentadas de forma igualmente complexa, um livro que é como nenhum outro escrito antes.

Roth refere-se a *O avesso da vida* como o ponto de virada em sua carreira, o livro que "mudou tudo". Quase um quarto de século depois de ser publicado, grande parte do que ele diz é em essência uma questão de tamanho. "Foi uma descoberta estética, como ampliar, como amplificar, como se libertar", ele me explica certo dia. "Eu não sabia como fazer isso; eu só sabia condensar." Quando menciono as amplas dimensões de *Letting Go*, ele apenas ri, dando de ombros, e quando lhe pergunto o que aprendeu sobre a arte de escrever nos anos entre um e outro livro, ele responde apenas: "Tudo". Quanto ao pós-modernismo, diz que não tinha absolutamente nenhum desejo de escrever um livro pós-moderno. Em *Lição de anatomia*, Nathan Zuckerman é entrevistado por alguns universitários sobre o debilitante tema "o futuro de seu tipo de ficção na era pós-modernista de John Barth e Thomas Pynchon" — um futuro lúgubre, presumivelmente, refletido em perguntas como: "O senhor se vê como parte de uma reação conservadora, a serviço de uma tradição em decadência?". Roth, porém, continua tão placidamente desinteressado de tendências literárias (embora tenha sido amigo de escritores pós-modernos) como em qualquer tipo de teoria literária. "John Barth era um cara muito simpático", diz, "mas eu fico com John Updike." Mas então como surgiu a estrutura do livro? "Escrevi uma seção e pensei: 'E se o oposto acontecesse?'", diz. "Normalmente, passo bastante tempo na fase do 'e se'." Há precedentes dessas práticas em seu livro de 1974, *Minha vida de homem*, no qual duas autobiografias distintas de abertura acabam se revelando obras de ficção de um narrador que intitula a seção seguinte "A minha verdadeira história". Tal como Roth vê as coisas, ele foi praticamente forçado a questionar as fronteiras da ficção pelo público leitor, que pressupôs que *O complexo de Portnoy* fosse uma confissão pessoal. Seria difícil confundir *O avesso da vida* com uma confissão, visto que não é sempre escrito da perspectiva da primeira pessoa, ou sequer de uma só perspectiva. No entanto, Roth consegue criar a mesma sensação de proximidade que tornara *Portnoy* tão persuasivo — o estilo confidencial, íntimo, artificiosamente sem artifícios — em um livro no qual personagens mortos retornam à vida. (Roth gosta de dizer que ele tinha de matar Zuckerman "só para fazer as pessoas pararem de dizer que eu escrevo apenas sobre minhas experiências".) Que nossas emoções sejam convocadas mesmo quando a ficção é tão provocadoramente exposta é uma comprovação do poder da palavra escrita, da nossa sôfrega suscetibilidade como leitores e da habilidade de Roth não como um pós-modernista, mas como um realista fervoroso.

Apesar de toda a complexidade — *O avesso da vida* é uma verdadeira sala de espelhos —, Roth escreveu *o livro* exatamente como escreve tudo: espontaneamente, um incidente fornecendo inspiração para o incidente seguinte. Não havia um plano inicial, nem um esquema — ele me diz que a última vez que recorreu a um esquema foi em *Letting Go* ("e veja aonde isso me levou"). Ele não produz mais que uma ou duas páginas por dia — às vezes, dolorosamente, menos —, mas a trajetória de um livro passa por inúmeras versões.

"A primeira versão, na verdade, é um chão sob meus pés", explica Roth, se dirigindo, na Universidade Columbia, aos alunos de um curso dado por um amigo seu, Benjamin Taylor, usando, com certa pungência, o tempo presente mesmo depois de ter anunciado sua aposentadoria: "O que eu quero é colocar a história no papel a fim de saber o que acontece". Depois a linguagem vai sendo elaborada e é inevitável que a história se torne mais complexa. "O livro vai adquirindo vida à medida que é reescrito", diz. E há muita reescrita. Quando sente que levou o texto até onde é capaz de levá-lo, ele dá o manuscrito a alguns leitores íntimos, "pessoas que eu sei que estão do meu lado, mas que darão sua opinião sincera". Roth recorre a essa prática desde o começo, com seus amigos de Chicago Ted Solotaroff e Richard Stern; entre os que convocou mais tarde estão os escritores Alison Lurie, Joel Conarroe, Hermione Lee e Judith Thurman. (Ele nunca se vale de mais do que quatro leitores para um livro — "Eu ficaria maluco" — e gosta de variar as pessoas conforme a obra.) Afora as questões específicas que esses leitores levantam, diz Roth, "eles me reapresentam o assunto de ângulos que eu não tinha visto". Ele se agarra a um mantra durante a escrita inicial: "Sobre o que é não é da minha conta" — e com isso quer dizer que não está interessado em "temas". Sua tarefa é simplesmente tornar o livro convincente. "Não quero parecer falsamente ingênuo", ele me diz depois da aula: "Na terceira versão, já tenho uma boa imagem de quais são minhas referências e interesses". Mesmo assim, é útil e, às vezes, surpreendente ouvir esses leitores lhe dizerem "'sobre' o que é o livro".

Ele não tinha dúvida de que *O avesso da vida* seria "sobre" Israel, ao menos em parte. Roth visitara o país pela primeira vez em 1963, quando foi convidado a participar de um simpósio em

Tel-Aviv sobre autores judeus e aproveitou para viajar por conta própria por algumas semanas. "Isso foi antes de Israel tornar-se defensivo e beligerante, e todos perguntavam por que eu não ia morar lá", explica. "Antes das guerras." No final dos anos 1960, ele ambientou o último capítulo de *O complexo de Portnoy* em Israel — o Israel pré-1967 das suas lembranças, onde a única artilharia é metafórica e se refere à inclemência do sol. Hoje ele julga essa seção fraca, "pouco inflamada pela imaginação". Mas sua imaginação foi realmente inflamada quando retornou, no início dos anos 1980, a um país que lhe pareceu muito diferente. "Não era mais um Israel como a Califórnia", diz. "Era um Israel como o Oriente Médio e as pessoas só conseguiam falar de política."

Ele retornou diversas vezes desde então e tentou vivenciar todos os aspectos do país. Percorreu Jerusalém com Aharon Appelfeld. Visitou diversos assentamentos na Cisjordânia ao lado de Elyakim Haetzni, um dos fundadores do Conselho de Assentamentos. ("Meus amigos israelenses liberais não o teriam achado encantador", diz Roth, "mas eu estava apenas interessado em ouvir." De fato, Roth relata que o romancista Amos Elon ficou furioso com ele por visitar os assentamentos, não importava qual fosse o propósito — "E se eu tivesse ido visitar Joe McCarthy nos Estados Unidos?", perguntou Elon —, argumentando que a mera presença de Roth seria vista como uma aprovação. Isso não impediu Roth de retornar, embora mantivesse uma postura muito mais discreta.) Foi para o Negev com um importante estudioso israelense da cultura beduína, Clinton Bailey, onde jantou numa tenda — "ou melhor, num alpendre", diz; "uma tenda soa romântico demais" — com beduínos. Aonde quer que fosse, fazia anotações e se debatia com "os dilemas, as contradições, as escolhas morais" e especialmente com "a angústia moral dos israelenses de esquerda". Como escritor, seus sentimentos não eram muito diferentes daqueles que vivenciou em Praga nos anos 1970 (outro lugar com "conflitos e antagonismos à flor da pele", ele me diz) ou mesmo em Nova York nos anos 1960. "Eu sabia que havia algo lá para mim" — como houvera em Praga.

Israel era o assunto moral e histórico que Roth vinha buscando: não a Varsóvia de outrem ou a Atlântida da sua infância ou a Praga totalitária, mas a terra que os judeus haviam realmente adquirido com suas moedinhas e suas vidas. E bem poderia ser o *seu* assunto, tanto em termos do que chamou, em uma videoentrevista para a Universidade Hebraica de Jerusalém, "uma lealdade natural, certamente não tão densa de significado como minha lealdade à América, mas densa de sentimento", como em termos da conhecida hostilidade a sua vida como judeu americano. Em *O avesso da vida*, israelenses contemporâneos tomam o lugar da geração minguante de judeus europeus no outro extremo da escala histórica como vítimas atuais da violência de que Roth se esquivara nos Estados Unidos, o país que lhe proporcionara, como a Nathan Zuckerman, uma infância em vez de uma guerra aniquiladora.

"Os judeus", observa Nathan numa fala casual surpreendentemente incisiva, "são para a história o que os esquimós são para a neve." E os judeus modernos haviam intencionalmente refeito sua história. Tratando-se de avesso da vida, a nação de Israel era uma inspiração. "Quem melhor que os judeus que foram para a Palestina para demonstrar esse tema?", pergunta Roth numa conversa. "Eles mudaram sua língua e seus nomes, tornaram-se agricultores, mudaram até a forma de seus corpos, desenvolveram músculos — sua meta era uma mudança completa de identidade." Em *O avesso da vida*, Nathan, ao visitar seu irmão em um assentamento na Cisjordânia, contempla a influência que a terra tivera sobre Henry, um refugiado — com uma arma ao alcance da mão — da paz e da segurança de Nova Jersey:

Quanto à paisagem maior, dava para entender, principalmente por causa da luz, que alguém chegasse a pensar que tinha sido criada em apenas sete dias, ao contrário da Inglaterra, por exemplo, cuja zona rural parecia criação de um Deus que tivera umas quatro ou cinco oportunidades de voltar para aperfeiçoá-la, alisá-la, domá-la e tornar a domá-la, até que se mostrasse totalmente habitável até o último homem ou fera. A Judeia não, ela tinha sido deixada do jeito que fora feita; podia passar por um pedaço da lua para onde os judeus tivessem sido sadicamente exilados por seus piores inimigos, e no entanto era o lugar que eles, com toda a paixão, diziam ser seu e de ninguém mais, desde tempos imemoriais. O que ele vê nesta paisagem, pensei, é um correlato para o sentido de si mesmo que agora gostaria de executar, o do rude e severo pioneiro com uma pistola no bolso.

Ainda assim, Nathan não pode deixar de se perguntar se o traço mais verdadeiramente judaico de seu irmão — "filho dileto de nosso pai" — não é o fato de ele ter se mudado para Israel, ou de estar aprendendo hebraico, ou de ter encontrado seu povo ou seu Deus, mas sim de ter se sentido impelido a fazer todas essas coisas moralmente irrepreensíveis só para justificar o fato de ter deixado a esposa.

Como assunto, Israel parece também ter oferecido um ar de perigo curiosamente bem-vindo. ("Você me inveja", um amigo israelense repreende Nathan; "você pensa 'Loucura e perigo, parece divertido!'.") *O avesso da vida* está repleto de personagens que expressam pontos de vista conflitantes e muitas vezes peculiares sobre Israel, e Nathan acaba sendo mero coadjuvante da Diáspora. Um fã americano maluco e importuno à maneira de Alvin Pepler, que se aproxima de Nathan perto do Muro das Lamentações, acaba se revelando nada menos que um sequestrador em um voo da El Al. (Ao contrário de Pepler, ele tem direito a uma trama bem elaborada.) Líder de um movimento de um homem só, descrito em um manifesto intitulado "Esqueça as Lembranças!", ele almeja o desmantelamento do Memorial do Holocausto em Jerusalém e tem como meta final que os judeus esqueçam por completo o Holocausto. Afinal, todas as outras pessoas já estão fartas de ouvir falar a respeito e quem sabe que outras retribuições estão por vir? "Chega de masoquismo a enlouquecer os judeus; chega de sadismo a atiçar o ódio gói!", ele grita. E como esse louco teria chegado a uma ideia tão maníaca? "Todas as ideias que eu já tive", diz ele a Nathan, cheio de admiração, "vieram de ler seus livros!"

No outro extremo, na Judeia, Nathan se encontra com o líder dos colonos, cujas qualidades físicas e mentais são combinadas com verdadeira autoridade dickensiana: "Seu rosto possuía aquela mobilidade sardônica de quando se espia aristocraticamente a humanidade a se iludir lá das alturas da Verdade Dura". Roth, tomando cuidado para não agir com má-fé literária, apresenta-o como alguém totalmente paranoico, mas não um monstro; ao mesmo tempo que recita sua dura linha política, mostra, orgulhoso, "as obras-primas em encadernação de couro colecionadas em Berlim por seu avô, um célebre filólogo morto na câmara de gás em Auschwitz". (A escrita de Roth raramente atrai atenção para si. O baque inesperado de "Auschwitz" no final da frase é intensificado tanto pelo som como pelo sentido: o ritmo acalentador das velhas obras-primas e do avô, o súbito silvo de "gás".) Na verdade, um dos amigos israelenses liberais de Nathan teme que Nathan possa incluir esse "mentiroso, fanático, filho da puta de direita" em um de seus livros, antevendo a influência que um personagem como esse pode ter sobre a opinião pública americana, que determina a ajuda financeira dos Estados Unidos, que por sua vez determina a capacidade de Israel de lutar contra seus inimigos. Embora Nathan retruque que "o Congresso não depende da prosa narrativa para decidir como partir o bolo", fica claro que há muitíssima coisa em jogo. As consequências, mesmo de uma simples história, podem ser vida e morte. E Nathan mais uma vez corre o risco de ser "um perigoso, potencialmente destrutivo escritor judeu a ponto de deturpar e estragar tudo". Podemos quase imaginar Roth sentindo saudades dos rabinos.

Roth, contudo, acreditava que não sabia o suficiente sobre Israel para ambientar um livro inteiro lá. Também acreditava não conhecer os ingleses bem o bastante para ambientar um livro inteiro *lá*, mesmo vivendo em Londres seis meses por ano havia quase oito anos. Em sua entrevista à *Paris Review*, publicada pouco antes de começar a trabalhar em *O avesso da vida*, explicou a Hermione Lee que Isaac Bashevis Singer demorara cerca de vinte anos até conseguir se desligar o suficiente da Polônia, e se ligar o suficiente à América, para começar a escrever sobre suas famosas cafeterias na Broadway. "Se você não conhece o imaginário de um país", diz, "fica difícil escrever uma obra de ficção que seja mais do que mera descrição de cenários, humanos ou não." Ele confessou não saber realmente "o que significa o quê" para os ingleses e que suas percepções eram ainda mais obscurecidas pelo fato de falar a mesma língua, mais ou menos — "Acredito que sei o que está sendo dito, mesmo que não saiba". Mas seu maior problema ao escrever sobre a Inglaterra é que "eu não odeio nada aqui". Essa falta de antagonismo tornava agradável para ele morar lá como pessoa, mas difícil como escritor, pois "um escritor *tem* de ser levado à loucura para que possa *ver*. Um escritor precisa de seus venenos". Ou, pelo menos, este escritor precisava. "O antídoto para seus venenos", Roth reconhece, "costuma ser um livro."

Porém, colocando a Inglaterra em contraste com Israel ele podia escrever sobre ambos, imiscuindo um pouco de Nova York para preencher as lacunas. Seus horizontes estavam se expandindo e o papel de Zuckerman começava a diminuir. Numa obra sobre mudanças de lugar, o duplo enfoque em dois irmãos de Nova Jersey — um a caminho da Inglaterra, outro de Israel — tornou-se fundamental para a narrativa antes mesmo de Roth dar-se conta da importância da relação entre eles: dois homens muito diferentes, que haviam sido o parâmetro um do outro a vida inteira, cada um se definindo pelo que o outro não era: os avessos da vida originais. Henry, o filho dileto, o homem de família, o defensor das normas; Nathan, o renegado, o escritor destruidor de famílias, o mulherengo da coluna social, o astro. "Caim para o seu Abel", como Nathan diz a Henry. "Esaú para o seu Jacó." De Nathan para Henry fluem amor, remorso e condescendência mais ou menos benigna. Da parte de Henry, existe amor, remorso e um ressentimento purulento que acaba irrompendo em fúria.

O assunto em pauta, mais uma vez, mas agora com força culminante, é Arte versus Vida, moralmente falando. O confronto começa no enterro de Nathan, quando Henry suporta em silêncio um discurso fúnebre que celebra a arte e a "comédia temerária" do irmão. (Como se temeridade fosse uma coisa boa, como se a arte fosse a razão de ser e o fim de tudo.) Prossegue com Henry descobrindo o manuscrito do último livro de Nathan — *O avesso da vida*, faltando apenas o capítulo em que Henry faz a descoberta — e se dando conta do quanto Nathan havia sido temerário: ali está o nome de Henry, o nome de sua esposa, os nomes de seus filhos. Estarrecido com o que encontra, Henry fica também estarrecido consigo mesmo por roubar as páginas da mesa do irmão morto. Em seu carro, voltando de Manhattan para Nova Jersey, ele ainda está pensando no irmão quando decide parar num restaurante Howard Johnson's para jogar as páginas no lixo:

> Ele era um zulu, pensou, um verdadeiro canibal, assassinando as pessoas, comendo as pessoas, sem nunca ter que pagar o preço. Aí

algo de pútrido feriu suas narinas e era Henry que se debruçava e começava violentamente a sentir ânsias, Henry a vomitar como se *ele* tivesse rompido o tabu primevo e comido carne humana — Henry, como um canibal que, em respeito a sua vítima, para obter a história e poder que nela houvesse, ingere o cérebro e aprende que, cru, tem o gosto do veneno.

É um domínio de emoções que Henry nunca adentrara antes: "este tremor antes da selvageria do que tinha feito por fim e que quisera fazer a maior parte de sua vida ao cérebro sem lei e zombeteiro do irmão". Um domínio que Roth também nunca adentrou por inteiro. Os novos mundos que abordava estavam fazendo com que visse as coisas de maneira diferente. É um final desgraçado para a família Zuckerman, pai e mãe mortos e os dois irmãos canibalizando o cérebro um do outro. Divórcio, cardiopatia, pistolas, a política mortífera do Oriente Médio: mesmo assim, não há nada mais devastador no mundo de Roth do que a arte.

Nathan e Henry Zuckerman foram concebidos como vidas pelo avesso e não há nenhuma base autobiográfica para o antagonismo mortal entre ambos, nem para o moribundo e praguejador pai de Nathan. ("Uma cena melhor, um remédio mais potente.") Na família Roth, Sandy era o irmão mais velho. Era publicitário, não dentista, e, mais importante, foi sempre uma presença carinhosa na vida de Philip, disponível sempre que necessário, especialmente quando Philip já tinha certa idade. Não obstante, é certo que as lembranças de Roth tiveram algum papel nas dissensões pessoais entre Henry e Nathan: restrição exasperante versus liberdade obstinada, carreira convencional versus arte não convencional. Se havia alguma amargura na relação entre os irmãos Roth, certamente ela tinha a ver com arte: o sucesso de Philip versus as esperanças não realizadas de Sandy — Sandy só voltou a pintar depois que se aposentou. Roth hoje observa que Sandy raramente mencionava seus livros, não por algum tipo de ressentimento à la Henry, mas por sentir que carecia da linguagem necessária para discuti-los. (Henry se recusa a discursar no funeral do irmão por acreditar que "Nathan ficara com o monopólio das palavras".) Houve um momento, quando os dois estavam se tornando adultos, escreve Roth em *The Facts*, em que o "desdém" que nutria pelo "ponto de vista do publicitário" deve ter sido tão evidente para Sandy como era para ele o mal-estar de Sandy na presença de tipos intelectualizados — que ele julgava presunçosos. Philip adora música clássica; Sandy odiava, "porque sentia que estavam tentando ludibriá-lo de algum modo", explica Roth hoje. Não há nada muito importante nessas diferenças fraternas, exceto no modo como o ficcionista fez uso delas.

Uma lembrança é um fato vivo. O escritor se apodera dela apenas para passá-la para a imaginação — "essa açougueira, a imaginação", diz Roth, "impiedosa, brutal e cruel" —, que então põe em curso um processo que, segundo ele, é ainda mais macabro do que Henry comendo o cérebro de Nathan: "Golpeia o fato na cabeça, corta-lhe rapidamente a garganta, e, em seguida, com as próprias mãos, arranca-lhe as entranhas". Só então a imaginação devolve o fato à mente, como uma "massa gotejante de facticidade eviscerada". Roth estava explicando a arte de escrever ficção ao aceitar o National Book Critics Circle Award por *O avesso da vida*, em abril de 1988. Referindo-se à imaginação e soando bastante como Henry, assegurou aos presentes: "Vocês não gostariam de tê-la como amiga".

Diversos fatos sobre as experiências de Roth como judeu em Londres — um judeu que parecia um judeu e, cada vez mais, se sentia judeu — foram processados para *O avesso da vida*. (Ele deixou crescer uma assertiva barba rabínica nesses anos, acintosamente, como se dissesse: "Manda ver!".) Havia o modo como Israel era condenado, quase como rotina, em jantares literários liberais, onde Roth ouvia os israelenses sendo comparados com nazistas. Havia o modo como as pessoas em lugares públicos abaixavam a voz quando pronunciavam a palavra "judeu", como se fosse algum tipo de maldição. (A reação imediata de Roth, diz ele, era gritar "Merda!" a plenos pulmões.) Havia os clichês insultantes na televisão e uma charge de jornal em particular, mostrando Menachen Begin em pé sobre uma pilha de cadáveres fazendo um gesto de que não dava a mínima. No final dos anos 1960, quando levou sua loiríssima namorada, Ann Mudge, para jantar no Connaught, uma senhora aristocrática em uma mesa próxima pôs-se a reclamar em alta voz de um mau cheiro enquanto olhava fixamente para ele. Surpreendentemente, houve outro incidente em um restaurante anos depois, quando estava jantando com Claire Bloom — que também conta o caso em seu livro — e uma mulher na mesa ao lado começou a falar, em altos brados, sobre o anel que comprara de "um judeuzinho", que "naturalmente" a tinha explorado. (Nas duas ocasiões, Roth se levantou e passou uma descompostura na mulher.) Juntas, essas experiências lhe sugeriram o elo entre Israel e Londres que se tornou uma perspectiva central do livro. O extremismo dos colonos israelenses — que parecia meio insano para um judeu secular americano — é resultado do tipo de antissemitismo com que o mesmo judeu americano se depara, para seu choque, em Londres. Roth encontrara algo na Inglaterra para odiar, um veneno dos mais produtivos.

Não que não tivesse conhecido o antissemitismo em sua terra natal. Quando era garoto, ninguém fazia segredo do ódio ostensivo aos judeus de gigantes americanos como Henry Ford, Charles Lindbergh e o padre Coughlin, cujo programa de rádio semanal costumava deixar o pai de Roth apoplético. Havia a visível desvantagem que seu pai enfrentava ao tentar galgar a hierarquia corporativa, os ataques contra meninos judeus por garotos gritando insultos antissemitas que Philip testemunhou e um sistema de fraternidades na universidade que ele mais tarde descreveu como "rigidamente segregado". Mas eram trovões distantes, parte de um passado quase histórico e nem um pouco parecido com o antissemitismo pessoal que vivenciou quando adulto — "na minha cara" e "contra minha carne" — em Londres. Algumas dessas experiências foram parar diretamente no livro: os comentários no jantar sofisticado sobre Israel e o "sionismo estarrecedor", a mulher no restaurante reclamando do mau cheiro. Não era necessário cortar a garganta desses fatos para arrancar-lhes as entranhas. O que Roth não sabia e nunca afirmou saber, contudo, é como essas correntes perniciosas eram disseminadas ou sistêmicas. Seus amigos ingleses insistiam em que ele estava sendo hipersensível, dando importância demais aos comentários de alguns cabeças quentes ou de pessoas claramente malucas, e que o antissemitismo não era um problema na Inglaterra. Roth se sentiu justificado — mas, neste caso, não feliz — quando Martin Amis, em sua resenha de *O avesso da vida* para a *The Atlantic Monthly,* "escrevendo na minha qualidade de inglês", afirmou que Roth tinha acertado na mosca ao expor "um fenômeno que realmente existe" e que permanecia "uma espécie de hábito sujo das classes privilegiadas", embora acreditasse que estava em declínio.

Em *O avesso da vida,* Roth torna o problema muito pior para Nathan (é claro), levando o antissemitismo para o seio de sua nova família. A linda esposa grávida de Nathan é tão ostensivamente inglesa como as loiras de Portnoy eram tenazmente americanas. Maria Freshfield, lânguida, "deliciosamente civilizada" e capaz de citar John Donne de cor, cresceu em meio à névoa, aos prados e à nobilidade decadente de Gloucestershire. (Roth tomou o nome "Freshfield" do poema *Lycidas,* de Milton, e se tomou o verso ligeiramente errado — o verso é "Tomorrow to fresh woods" ["Amanhã, rumo a novas matas"], não "fresh fields" ["novos campos"] — ele está em boa companhia; este foi eleito um dos dez versos mais erroneamente citados da poesia inglesa.) A heroína de Roth é baseada em sua amante inglesa secreta na época, embora, por motivos compreensíveis, ele tenha afirmado que se baseara na mulher que tinha sido sua amante vários anos antes de conhecer Bloom, a escritora Janet Hobhouse, nascida nos Estados Unidos mas formada em Oxford. Ele transferiu o local do caso para seu apartamento em Nova York, o que condizia com seu tempo ao lado de Hobhouse, mas preservou o sedutor encanto do modo de falar da verdadeira mulher — "aqueles altos e baixos ingleses suavemente modulados". Nathan não tem praticamente nada a dizer sobre o rosto, pernas e seios de sua amante, mas está disposto a se submeter a uma cirurgia perigosa e colocar sua vida em risco por "uma oração subordinada construída com elegância". Maria é a donzela inglesa ideal, mas vem acompanhada de uma irmã virulentamente antissemita e de uma mãe não menos preconceituosa, ainda que mais controlada.

A crise ocorre no último capítulo, intitulado "Cristandade", que começa com uma cerimônia religiosa repleta de canções natalinas em uma igreja do West End. Nathan, participando do culto com a família de Maria, no começo se sente um espião, "judiamente" desconfiado da manjedoura que parece ter vindo da Disneylândia e da ideia de ressurreição. E termina totalmente estupefato com um "hino ao ódio" vomitado por sua cunhada na cara dele: "Às vezes deve ser muito preocupante pensar que vai de repente esquecer-se, arreganhar os dentes e se desvencilhar com o guincho étnico". Ela conclui com a advertência de que é melhor ele não "tentar se opor a um batizado" do filho ainda por nascer dele e de Maria.

Em suma, Londres — isto é, "Cristandade" — consegue tornar Nathan Zuckerman muito mais judeu em oito curtas semanas do que ele jamais havia sido antes: "Um judeu sem judeus, sem judaísmos, sem sionismos, sem judaíces, sem um templo nem um exército e nem mesmo uma pistola, um judeu obviamente sem um lar, apenas o objeto em si, como um copo ou uma maçã". E um judeu com um súbito e imperativo plano de circuncidar seu futuro filho, embora houvesse descartado a ideia em Israel apenas alguns dias antes. Agora, porém, o ato parece ser um reconhecimento necessário de sua história, um repúdio das exigências da cristandade e um sinal da diferença que ele sabe que jamais lhe será permitido esquecer.

Mas... e se Nathan inventou tudo isso? A intolerância da mãe, a tirada antissemita da irmã — e se nada desagradável aconteceu naquela cerimônia de cânticos de Natal? E se aquele ofício religioso ocorreu não na Inglaterra, mas em algum momento longínquo do passado, com outra esposa cristã, em Nova York? E se a ficção for realmente ficção? Maria, entrando sorrateiramente no apartamento de Nathan pouco depois da partida de Henry, lê o último capítulo de *O avesso da vida* — que é tudo o que Henry deixou para trás — e fica chocada ao descobrir que sua família é alvo de tanta maledicência. A conclusão é óbvia: Nathan foi criado "cercado por toda aquela paranoia judaica" e "havia algo nele que retorcia tudo". O ódio não era da irmã dela, mas dele próprio. Ou, como acaba por concluir ao escrever-lhe uma carta de despedida, ser judeu simplesmente se tornara fácil demais, e uma vida sem dificuldades terríveis é "adversa ao escritor que você é. Na verdade, você *gosta* de levar as coisas a ferro e fogo. Senão não consegue tecer suas histórias". Nathan precisava que a família dela fosse antissemita para que pudesse escrever o livro cheio de ódio do qual ela agora está escapando, repugnada. Entretanto, o livro termina com uma espécie de hino ao amor, de Nathan para Maria, implorando para que ela volte e reconheça que toda a vida que poderão ter está ali naquelas páginas.

O avesso da vida foi saudado em toda parte como um grande

sucesso. Na *The New York Times Book Review*, William Gass comparou-o à sinfonia *Surpresa*, de Haydn, e escreveu: "Espero que, ao escrevê-lo, Roth o tenha sentido como um triunfo, pois foi certamente assim que eu o li". Martin Amis considerou-o a realização da promessa inicial de Roth, embora acreditasse que o feito tivesse menos a ver com a engenhosidade estrutural da obra do que com a pertinência do assunto imenso e contencioso de Israel. Houve objeções ao conteúdo religioso do livro, mas, pela primeira vez na carreira de Roth, elas não vieram dos judeus. John Updike, na *The New Yorker*, ofereceu uma mistura de celebração e irritação, declarando o livro "uma performance para coroar qualquer performance", a despeito dos temas dos quais ele já havia ficado fatigado vários livros antes. O incômodo de Zuckerman com o ofício natalino parece ter tocado um nervo particularmente sensível. ("Canções natalinas! O cristianismo no que há de mais doce!!") (Sim, são dois pontos de exclamação.) E Updike atingiu níveis quase rotheanos de perplexidade cômica ao comparar o panegírico de Zuckerman à circuncisão com "um apelo ricamente nuançado, em um romance escrito por um quicuio, em prol de cicatrizes tribais e da clitorectomia, ou um antigo poema chinês que entoa um hino à beleza simbólica dos pés atados".

Não chegam realmente a surpreender essas críticas vindas do criador de Harry (Coelho) Angstrom, um personagem para quem uma fé implicitamente mística e um pênis explicitamente incircuncidado são as principais forças motivadoras da vida. A história de Coelho já se estendia por três livros na época; o mais recente, *Coelho cresce*, publicado em 1981, conquistara todos os principais prêmios literários americanos e estabelecera Coelho como um americano emblemático de meados do século XX. Ex-atleta colegial, vendedor de carros, pai, WASP, leitor atento de nada mais profundo que a revista *Consumer Reports*, Coelho é um homem atolado até o pescoço na vida comum — o que Zuckerman certamente não é, ainda que imagine que deseja ser. Ou seja, Updike parece concordar que a raiz da singularidade contrafeita que torna Zuckerman menos representativo — menos apto que Coelho a funcionar como uma lente para enxergar o panorama cultural mais amplo — é o fato de ele ser um escritor.

"Quem se *importa* com as agruras de um escritor?", pergunta Updike em defesa de Henry, o dentista, o homem simples que é seu tipo de herói predileto, insistindo para que Roth se livre de Nathan. Updike, é claro, também escrevera livros com um herói--escritor judeu, Henry Bech. (Por que um escritor *judeu*? Para que fosse o mais diferente possível de Updike, explicou Updike, e porque "um escritor judeu é quase tão inevitável como um gângster italiano".) Bech é muito menos tridimensional que Coelho — ou que Zuckerman, por falar nisso —, mas é impossível sabermos se isso se deve ao fato de ele ser um escritor. Estranhamente, a atitude de Bech perante a cristandade é mais acre do que qualquer coisa que Zuckerman possa ter concebido: "Estar em meio aos góis assustou Bech, para falar a verdade", escreveu Updike em *Bech is Back*, de 1982. "Seus arrepios coletivos eram arrepios de demônios." Bech também passa uma temporada em Londres, mas não tem nenhuma experiência perturbadora por lá. (Será que isso o torna menos paranoico? Ou torna Updike menos paranoico? Ou apenas menos suscetível de ser discriminado e insultado em restaurantes?) Ao contrário de Martin Amis, Updike conclui que o relato que Roth faz do antissemitismo britânico é "por demais cru e primitivo" e, na verdade, em vista das observações de Maria, uma confirmação da violência e agressividade interiores de Nathan. (É difícil saber se estaremos mergulhando cada vez mais fundo ou apenas nadando em círculos se apontarmos que as observações de Maria sobre a violência interior de Nathan foram escritas por Nathan e, derradeiramente, por Roth.)

Mary McCarthy também elogiou as primeiras seções do livro

e, em particular, o capítulo sobre Israel, mas também ela estancou diante dos portões de "Cristandade". Roth tinha grande respeito pela opinião de McCarthy. ("Ela era uma heroína para mim", diz ele hoje. "Tinha uma impressionante acuidade crítica; podia estar totalmente errada, mas nunca era obscura.") O nome dela aparece duas vezes em *Adeus, Columbus* e o seu conto de divã, "Ghostly Father, I Confess", publicado em 1942, é um interessante predecessor psiquiátrico de *Portnoy*. Roth se lembra de tê-la conhecido na casa de Elizabeth Hardwick vários anos antes; também encontrou-a algumas vezes mais recentemente em Paris, onde ela morava, e lhe enviara uma cópia de provas de *O avesso da vida*. Como seria de esperar, McCarthy expôs suas objeções sem rodeios: "Me indigna a imagem que você apresenta do cristianismo", escreve. (Sua carta e a resposta de Roth estão em *Entre nós*.) Embora não acredite em Deus e não se considere cristã exceto por formação, as cenas de Londres a "irritaram e ofenderam". "O Natal — ou seja, a ideia da Encarnação — não é apenas ódio aos judeus", ela o informa, e quanto às canções natalinas, quem é de fora deveria tentar compreender a ideia básica, "tal como eu creio que tentaria captar o sentido do Muro das Lamentações, por mais que ele me pareça repugnante, se me levassem até ele". E termina mencionando que se encontrara pela última vez com um amigo em comum, Leon Botstein, "numa reunião em que se cantavam canções de Natal" em Nova York.

Roth agradece-a com amabilidade e lembra-a de que o comportamento de Zuckerman na cerimônia natalina é exemplar — como seria o dela, com certeza, diante do Muro das Lamentações — e contesta qualquer implicação de que a Encarnação seja apresentada exclusivamente sob a ótica do ódio aos judeus. Zuckerman está bem ciente, escreve Roth, de que suas ideias na igreja "são determinadas pelo fato de ele ser judeu, e mais nada". Além disso, Roth explica que escreveu as cenas de Londres como contraponto às cenas na colônia na Cisjordânia e como reação ao ceticismo que Zuckerman sentira lá; se não desejasse estabelecer esse contraste, não teria escrito a cena na igreja. A explicação de Roth para McCarthy parece indicar uma mudança notável em relação a seu passado literário — amadurecimento? abrandamento? — e ele conclui dizendo-lhe que equilibrou o livro desse modo porque não queria que todo o ceticismo de Zuckerman "se centrasse no ritual judaico e deixasse de lado o cristão. Isso teria implicações errôneas que o fariam parecer ser o que ele não é, ou seja, um judeu que odeia a si próprio".

Você não deve esquecer nada

Em meados dos anos 1980, a vida em Londres estava começando a perder o brilho. A amante inglesa de Roth terminara o caso; ao contrário de Maria Freshfield, a mulher de verdade escolhera ficar com o marido, embora tenha telefonado para Roth, depois da publicação de *O avesso da vida*, para expressar seu descontentamento não com o retrato que ele fizera dela, mas por não poder receber o devido crédito por ele. Em outro âmbito, a amizade entre Roth e Harold Pinter se deteriorara irremediavelmente depois da radicalização política de Pinter em torno das ações dos Estados Unidos na Nicarágua. Roth, que certamente não era um simpatizante de Ronald Reagan, conta a história de Pinter berrando em sua cara, "O *seu* presidente, Ronald Reagan", e lançando uma série de acusações. "Eu disse a ele: 'Não quero discutir por causa de Reagan, eu não o represento'", explica Roth. Mas Pinter foi inexorável e Roth não é alguém que bata em retirada quando sente que foi atacado injustamente. (Pinter também não era, é claro.) Entretanto, por mais que Roth execrasse certas políticas americanas, hoje ele diz: "Eu não concordava com Pinter que os Estados Unidos eram o flagelo do mundo". Para Roth, o antiamericanismo do amigo "não era sequer uma questão de política; tornara-se uma teologia". Havia momentos em que os dois homens saíam gritando um com o outro, em jantares na casa dos Pinter ou mesmo em restaurantes. Roth se lembra de certa noite em que ele e Pinter estavam "discutindo em pé, queixo contra queixo" quando avistou Alfred Brendel, sentado por perto, retorcendo as mãos, como se temesse que "começássemos a nos esmurrar e alguém acabasse caindo em seu colo".

Além disso, estava sentindo saudades de casa. Em *O avesso da vida*, Zuckerman defende os Estados Unidos perante os colonos israelenses, que sustentavam que um judeu não devia fazer seu lar em nenhum outro lugar senão Israel. E também entre os homogêneos ingleses ele começa a ansiar pelo melting pot da América. Chegou a fazer uma pequena preleção patriótica: "Não consigo pensar em nenhuma sociedade histórica que tenha alcançado o nível de tolerância institucionalizada existente na América, nem que tenha posto o pluralismo bem no centro de seu publicamente alardeado sonho de si mesma". E era um sonho no qual Roth estava ansioso para crer outra vez. Com relação a seu trabalho, estava se sentindo capturado entre dois mundos, ou seja, incapaz de escrever sobre o mundo "opaco" dos ingleses reticentes e afastando-se cada vez mais de sua base americana. "Eu me senti perdido", diz. Acima de tudo, porém, sentia falta da língua — "o ritmo sincopado do inglês americano", como diz Zuckerman — com a qual construíra seus romances e diante da qual o inglês britânico lhe parecia tão útil como o letão, explica. Começou a tomar o café da manhã aos domingos com outro amigo que nascera nos Estados Unidos, o pintor R. B. Kitaj, numa lanchonete de estilo americano chamada Tootsies, na Fulham Road, onde tentava mitigar sua crescente nostalgia por comida, conversas e pessoas americanas.

Mas teve de enfrentar problemas muito maiores do que saudades nesse período. Uma gama aflitiva de doenças e tratamentos malfeitos e reações medicamentosas em cadeia poderia cabivelmente justificar anos de silêncio literário. O fato de Roth ter continuado a escrever no final dos anos 1980 é prova não só de uma ética de trabalho inexorável, que ele acredita ter herdado do pai, mas também de que a literatura é a condição essencial de sua vida. No outono de 1986, durante uma temporada sozinho em Connecticut, ele teve uma recidiva da sua velha e intensa dor nas costas, que o deixou quase incapacitado para sentar, ficar em pé ou dirigir, mesmo até o supermercado mais próximo. Sandy precisou vir de Chicago para ajudá-lo a superar a crise. No final do ano, sofreu uma lesão no joelho na piscina em Londres onde nadava quase todas as manhãs em benefício de suas costas e também do coração. A lesão obrigou-o a uma cirurgia do joelho em março de 1987, em Nova York, mas o problema havia sido mal diagnosticado e um tipo de operação que hoje os médicos rejeitam acabou resultando no aumento da dor. Os remédios que lhe foram prescritos para aliviar a dor incluíam o indutor do sono Halcion, uma pílula de aparência inocente mas potencialmente tão perigosa que seria logo retirada do mercado em diversos países. Em Roth, provocou uma panóplia de terríveis efeitos colaterais: alucinações, ataques de pânico e, por fim, uma depressão suicida que se prolongou por quatro meses, até que a origem dos sintomas foi encontrada. Foi obrigado a interromper o tratamento abruptamente, sem paliativos. Apenas dois anos depois, no verão de 1989, seus problemas cardíacos voltaram a se manifestar e ele foi submetido a uma cirurgia para colocar cinco pontes de safena, o mesmo procedimento perigoso infligido aos dois irmãos Zuckerman em *O avesso da vida*. Como revelou a um entrevistador na época, essa experiência foi totalmente inútil, pois já a havia colocado num livro.

The Facts, escrito na esteira da devastação provocada pelo Halcion, é na maior parte uma autobiografia franca, sem rebuscamento. Roth chamou o livro de uma sequência de *O avesso da vida*; chegou até a dizer que era "o avesso da *minha* vida" — isto é, de sua vida não transformada pela ficção. Nas primeiras páginas, ele explica que começou a escrever o livro "como uma reação terapêutica espontânea" à quase obliteração do seu senso de si provocada pela droga, que o deixara num alarmante estado de incerteza sobre "por que faço o que faço, por que vivo onde vivo, por que compartilho minha vida com quem compartilho". *The Facts* é, pois, um ato de reconstrução psíquica, com foco especial em "o que eu faço", à medida que Roth vai refazendo os passos que o levaram àquele momento marcante em que "o lado maníaco da minha imaginação decolou" e "tornei-me meu próprio escritor". Se pudesse descobrir como chegara até lá da primeira vez, poderia chegar até lá novamente. O livro abrange apenas os 35 primeiros anos de sua vida — Roth tinha então 55 — e culmina na decolagem imaginativa de *O complexo de Portnoy*.

A perda de si era ainda mais preocupante para um escritor que prospecta tão profundamente o pessoal. Embora muitas vítimas desse pesadelo possam ter se voltado para sua infância para se orientar, é sintomático que para Roth o eu pessoal e o eu literário houvessem se tornado praticamente indistinguíveis. ("Lembranças do passado", ele nos lembra, "não são lembranças de fatos, mas lembranças de como imaginamos os fatos." Em certa medida, todos nós criamos nossas histórias.) Mas houve outro motivo para ele decidir retomar sua infância: a "erupção de uma nostalgia por meus pais", também provocada pela depressão. Embora em plena meia-idade, Roth se disse carente de "um paliativo para a perda de uma mãe que, para mim, ainda parecia ter morrido inexplicavelmente" e igualmente carente de algo que "me animasse à medida que eu chegava mais perto, mais perto e mais perto de um pai de 86 anos de idade contemplando o fim da vida como algo tão próximo de seu rosto como o espelho em que faz a barba".

Mais perto, mais perto e mais perto. A ternura com que Roth trata os homens judeus da geração de seu pai é um dos aspectos mais constantes de sua obra desde *Letting Go*, não excluindo o trabalhador, bem-intencionado e sempre constipado Jack Portnoy. Essa figura recorrente proporcionou até a livros menores (como *O professor do desejo*) alguns de seus momentos mais altamente carregados e comoventes. Agora Roth está expressando seu amor diretamente, com uma devoção serena que fora incapaz de sentir na adolescência, explica, quando morava na casa paterna e era moldado (e contramoldado) pela vontade férrea do pai. "Depois de quase quarenta anos vivendo longe de casa", escreve, "estou enfim preparado para ser o mais amoroso dos filhos."

No outro extremo emocional, ele continua inflamado acerca de seu casamento com Maggie (a quem chama de Josie; Roth mudou o nome de todas as mulheres de sua vida depois que concluiu o manuscrito). O livro também abrange seus anos em Bucknell e o ataque que sofreu no simpósio da Universidade Yeshiva em 1962. E presta homenagem aos turbulentos anos 1960 e aos amigos judeus de Nova York em cuja companhia realizou a mescla de reportagem e dadaísmo que se transformou em *Portnoy*. Mas, em essência, *The Facts* divide-se nas forças imortais e justapostas do bem e do mal: seus pais e Maggie, que não deixam de estar relacionados nas virtudes e vícios que representam. Pois Maggie havia sido "lacerada no âmago por pais irresponsáveis" e Roth — na mais absoluta inocência — caiu em sua armadilha precisamente porque o mundo que seus próprios pais haviam construído era, no cerne, tão decente que ele foi incapaz sequer de conceber que, no casamento, algum mal poderia acometê-lo.

Nathan Zuckerman ri e escarnece disso tudo. A narrativa em

The Facts é emoldurada por duas cartas. Uma, de Roth para Zuckerman, no começo, pede uma avaliação imparcial do texto; afinal, Roth não está acostumado a escrever sem algum intermediário zuckermaniano. A réplica de Zuckerman está numa carta muito mais longa no final, e notável logo à primeira vista pelo tom e pela energia amplificada de uma voz que parece ser mais rotheana do que a do próprio Roth, por assim dizer: a voz do romancista, enfim. E é bem isso que Zuckerman quer dizer. "Eu sou sua permissão", diz ele a Roth, "sua indiscrição, a chave da revelação." Sem Zuckerman — ou alguma outra máscara — Roth é gentil, discreto e não muito entusiasmante. E, também, não muito verdadeiro. "Onde está a raiva?", invectiva Zuckerman contra ele. Onde estão as conhecidas e vivificantes queixas, as críticas, a sátira, a revolta? "Você começou a fazer o lugar de onde veio parecer um refúgio sereno, desejável, pastoral", acusa, "mas desconfio que era mais como uma casa de detenção." Simplesmente não é crível que uma infância tão bucólica possa ter levado Roth a escrever *O complexo de Portnoy*.

Ou a se casar com Maggie — "uma mulher que portava um cartaz dizendo MANTENHA-SE LONGE FIQUE FORA" e que não foi algo que simplesmente aconteceu a Roth, mas algo que ele "*fez acontecer*". Zuckerman insiste em que ela deveria ser homenageada no livro com seu nome verdadeiro, a única antagonista legítima de Roth e a grande responsável por transformá-lo no escritor que é. Quando Roth a chama de "o maior de todos os professores de escrita criativa" um pouco antes no livro, está apenas tentando ser interessante; mas é a pura verdade. Ele ainda não lhe deu o devido crédito. Maggie é a heroína de sua vida, a heroína que ele buscava: "a psicopata por intermédio de quem você pode se libertar de ser um garoto bonzinho, simpático, analítico e adoravelmente manipulador que jamais seria grande coisa como escritor". Sem ela, não teria havido nenhuma raiva a consumi-lo; sem raiva, nada de psiquiatra e nada de *O complexo de Portnoy* e nenhum dos resultados reais e literários do livro. Em suma, ele devia tudo a ela.

A carta também revela que a esposa de Nathan voltou para ele depois da briga que tiveram em *O avesso da vida* e — passado já muito tempo, ao que parece — ainda está grávida. Maria também leu o manuscrito e está bastante preocupada com o futuro da família Zuckerman, dada a confirmação irrefutável de que Roth "continua cheio dessa coisarada judaica". Nathan também se preocupa, mas sua grande aflição é evitar ser extinto e fazer Roth compreender o quanto os livros precisam da sua presença. Ele não tem de se esforçar muito para convencer o leitor. O fato mais evidente de *The Facts* é que Roth sem Zuckerman é "o que se tem em praticamente *qualquer* artista sem sua imaginação". A lição implícita de *The Facts* é que a única maneira de chegar à verdade é através da ficção. Daí o cândido conselho de Zuckerman acerca do texto de Roth: "Não o publique".

Roth, porém, publicou-o, em 1988, quando novamente mudou de vida. Depois de onze anos, metade dos quais passados em Londres, retornou aos Estados Unidos em tempo integral, alternando entre a casa de campo em Connecticut e Nova York, onde, ao lado de Bloom, fixou residência em um apartamento no Upper West Side, na rua 77 Oeste, com vista para os arranha-céus do centro de Manhattan. Também comprou um estúdio a dois quarteirões de distância, na rua 79 Oeste — ao qual, dada a concentração de profissionais da palavra na região, ele deu o trocadilhista nome de Writer's Block [quarteirão do escritor ou bloqueio de escritor]. "Eu costumava passear por lá e pensava: 'Estou em casa'", diz. "Às vezes, ficava parado numa esquina, sorrindo."

Uma das alegrias de voltar para casa foi poder dar aulas novamente. Roth foi nomeado professor emérito de literatura no Hunter College, uma ramificação bem reputada da City University of New York. Havia ainda mais adultos entre os alunos do

Hunter do que em outras faculdades de artes liberais, e a vasta gama de experiências desses estudantes tornava as aulas bastante gratificantes para o emérito professor. "Eles eram intensos, exigentes, comunicativos", diz sobre os alunos. "Eu realmente conseguia estabelecer contato com eles e eles com os livros." Roth deu um curso por ano durante três anos, os conteúdos variando conforme seus interesses: autores da Europa Oriental, autores americanos. Em um dos anos, no que chamou extraoficialmente de curso do Holocausto, incluiu leituras de *This Way for the Gas, Ladies and Gentlemen*, de Tadeusz Borowski (publicado na série Escritores da Outra Europa) e *Into That Darkness*, de Gitta Sereny, sobre Treblinka. Fez com que os alunos desenhassem a planta daquele campo de concentração, de acordo com as descrições precisas de Sereny, "para que realmente soubessem como era impossível escapar".

E deu aulas sobre diversos livros de Primo Levi, que havia se tornado pessoalmente importante para ele naqueles anos. Grande admirador do autor italiano, Roth conheceu-o na primavera de 1986, quando Levi estava em visita a Londres. Na hora e pouco que passaram juntos — Levi falava um inglês difícil — estabeleceram um vínculo forte, sentido por ambos. Naquele verão, Roth sugeriu ao *The New York Times* uma longa entrevista sua com Levi, para o lançamento americano de seu último livro, *A chave estrela*. Roth voou para Turim com Bloom e passou vários dias em companhia de Levi, formando uma espécie de amizade por imersão, uma amizade que foi extraordinariamente fundo.

Levi, que era treze anos mais velho que Roth, não foi o primeiro sobrevivente dos campos de concentração que ele conheceu (Ivan Klíma e Aharon Appelfeld também estiveram em campos quando crianças), nem foi o primeiro escritor que ele sinceramente considerou um gênio (este foi Bellow). Mas Levi era um sobrevivente *e* um gênio, além de um homem modesto e cheio de vida.

Depois de longas horas de trocas de ideias, Roth "destilou" uma conversa que abrangia desde os atributos que haviam permitido a Levi sobreviver em Auschwitz (Roth propôs que o intelecto sistemático de Levi teve algo a ver; Levi refutou-o, afirmando que foi pura sorte) até sua capacidade de combinar uma carreira de quase trinta anos como químico e gerente de uma fábrica de tintas com o ofício de escritor. A apreciação da carreira fabril de Levi parece tingida por um romantismo que Roth às vezes associa a qualquer tipo de trabalho fora do ato solitário de escrever, uma espécie de nostalgia tchekhoviana, semicômica mas genuinamente amargurada. "Seu trabalho atendia à necessidade de ter outras pessoas por perto", Roth diz hoje sobre Levi. "Eu daria meu braço direito por esse tipo de vínculo enquanto estou escrevendo." Podemos pensar no desejo de Zuckerman de se tornar médico (ou pornógrafo) e no prazer de Roth na sala de aula.

A pedido de Roth, Levi acompanhou-o e a Bloom em uma visita pela fábrica, embora tivesse se aposentado mais de dez anos antes — Levi estava na época com 67 anos —, e também em um tour por sua Turim natal. (O minucioso biógrafo de Levi, Ian Thomson, descreve como Levi levou Roth à catedral para verem o Santo Sudário, mas neste episódio Thomson parece ter cometido um deslize. Roth afirma que isso nunca aconteceu, nem poderia ter acontecido: "Ele sabia que eu simplesmente daria meia-volta e iria embora".) Na despedida, Roth e Levi choraram, abraçados — "o que, para falar a verdade, não era típico de nenhum de nós", observa Roth —, e Levi disse: "Não sei qual é o irmão mais velho e qual é o irmão mais novo".

Ao deixar Turim, Roth sentiu que havia feito um amigo para o resto da vida. Muitas cartas foram e vieram, nas quais Roth encorajava Levi e sua esposa, Lucia, a visitar os Estados Unidos, prometendo-lhe uma série de palestras, convívio com pessoas que poderiam interessá-lo e, de modo geral, uma estadia memorável.

Roth vinha propondo essa viagem antes mesmo de deixar Turim. Embora Levi tivesse ido para os Estados Unidos para promover seu livro apenas um ano antes, sua resposta era sempre a mesma: "É tarde demais". Roth acredita que, em parte, Levi queria dizer que a fama literária viera tarde demais, mas também que ele não podia deixar de cuidar de sua mãe de 91 anos, paralisada por um derrame, que vivia com os Levi no mesmo apartamento em que Levi nascera. "No mínimo, ele achava que não podia se ausentar por mais do que alguns dias", diz Roth. "Não sei qual era realmente a situação. Ele era o filho judeu mais dedicado que já houve."

Levi era um judeu secular, ligado aos judeus de Turim por um senso de história, não por religião. Os judeus turineses eram sefarditas, com uma linhagem que se estendia por centenas de anos e podia ser retraçada a Avignon e à Espanha. "Ele achava isso muito interessante, é claro", Roth me diz. E fala do contraste com os judeus da Europa Oriental, dos quais ele próprio descende: "Não sabemos desde quando existimos. Se nós também soubéssemos de onde viemos e desde quando existimos e quem eram essas pessoas, também estaríamos interessados, como judeus. Mas paramos, nós paramos, e todas as testemunhas do nosso passado foram destruídas".

Roth estava em Londres quando soube da morte de Levi, em abril de 1987, apenas sete meses desde que haviam se encontrado. "Fiquei sem palavras", diz. "O efeito foi atordoante — atingiu-me como os assassinatos nos anos 1960." Roth passou aquela tarde na casa da jornalista italiana Gaia Servadio, a amiga comum que o apresentara a Levi, consolando um ao outro. Levi morreu ao cair do terceiro andar, no vão da escada de seu edifício, e sua morte é muitas vezes considerada suicídio. Roth, sem pretender conhecimento especial, acredita que tal veredito é provavelmente correto. Ele assinala que Levi se sentia muito deprimido com sua situação doméstica e que, além disso, fora submetido pouco antes a uma cirurgia da próstata, que com certeza o deixara ao menos temporariamente incontinente, como costuma acontecer com esse tipo de intervenção. "Ele era um homem meticuloso", diz Roth. "E não pôde suportar." Roth também culpa o fato de Levi ter deixado seu emprego na fábrica para se dedicar exclusivamente a escrever, confinado no apartamento da família. Muitos consideram as lembranças de Auschwitz como a "verdadeira" causa de sua morte — a manchete do *Corriere della Sera* dizia: ESMAGADO PELO FANTASMA DO CAMPO —, mas Roth acredita que, se essas lembranças tiveram algum papel, foi porque Levi retornara ao tema em *Os afogados e os sobreviventes*, obra meditativa que concluiu pouco antes de morrer. Roth incluiu o livro entre as leituras dos alunos de seu curso. "É uma obra-prima de dor", diz hoje, "e de reflexões sobre a dor — e pensar nele pensando nisso todos os dias..."

Da sua parte, Roth não voltara ainda a escrever ficção. A amplitude literária que descobrira em *O avesso da vida* exigia mais força do que era capaz de arregimentar naqueles dias pós-Halcion do final dos anos 1980, um período que ele hoje caracteriza como "um tempo intermediário". Somente em retrospecto se tornou claro que ele estava "abrindo caminho à força para um grande livro". No início de 1988, ainda se esforçando para recuperar o equilíbrio, ele embarcou para Israel a fim de entrevistar seu amigo Aharon Appelfeld, uma lição viva de como superar danos terríveis. Appelfeld escapara de um campo de concentração aos oito anos de idade e passara três anos escondendo-se dos nazistas nas florestas da Ucrânia, conseguindo mais tarde tornar-se um admirado romancista israelense, marido e pai, com uma vida estável e produtiva. Em Jerusalém, Roth leu uma notícia no jornal sobre o julgamento do ucraniano John Demjanjuk, o operário da indústria automobilística de Cleveland acusado de ter sido um guarda abominavelmente violento, conhecido como Ivã o Terrível, do campo de Treblinka. Roth acompanhou as sessões do julgamento, tomando muitas notas, embora não fizesse ideia de como poderia usá-las. De volta aos Estados Unidos, continuou seus apontamentos, agora sobre a deterioração da saúde de seu pai: um tumor cerebral havia sido diagnosticado justamente quando Roth e Bloom estavam se mudando para Nova York. Permanecer ao lado do pai, dedicar-lhe plena atenção — como não pudera fazer com a mãe —, foi a sua maneira de lidar com a perda iminente. Apesar disso, enquanto essas questões graves e difíceis pesavam sobre sua mente, à espera de que o processo imaginativo começasse, ele concluiu um pequeno livro notável pelo alto astral e pelo alto risco.

Deception [Engano], publicado em 1990, é um rebento de *O avesso da vida*. É até mesmo apresentado como um caderno de notas daquele livro, no qual estão registradas conversas entre o autor e diversas mulheres com as quais teve casos — uma emigrante tcheca, uma ex-aluna, uma amiga íntima agora acometida de câncer —, mas o foco é a amante inglesa infeliz no casamento que se tornou a Maria Freshfield do romance. Em *Deception*, o caso dos dois está acontecendo no presente e a maior parte da fluida conversa entre ambos parece ocorrer pós-coito (ou, se particularmente inspiradora, pré-re-coito), embora o livro, escrito em forma de diálogo, não contenha quase nenhuma menção a partes do corpo ou a atos físicos. A atmosfera, os personagens e o quebra-cabeça, metafísico que é a trama vão emergindo dos mais econômicos materiais que um romancista pode usar. Nenhuma exposição, pouquíssima descrição, nem um único "ele disse, ela disse" para esclarecer quem está falando: apenas as vozes. ("Sou um écouteur", diz o protagonista, "um fetichista da fala.") *Deception* talvez possa ser visto como uma peça, não um romance — um crítico mencionou *Traição*, de Harold Pinter, que trata de assunto semelhante; outro, notando a escassez até mesmo de marcações cênicas, chamou-o de drama radiofônico. Roth já afirmou que estava tateando seu caminho de volta à ficção nas conversas entre

Zuckerman e Maria nas páginas finais de *The Facts*, e o leitor pode sentir a forte ligação com aquelas páginas, não apenas na ludicidade dos amantes, mas no evidente deleite do autor em reavivar sua imaginação. A imaginação — solapando a realidade, ampliando a realidade — é o assunto do livro, tanto como o adultério. O caso amoroso principal acontece no pequeno escritório em Notting Hill de um escritor chamado Philip, que escreveu romances sobre um autor ficcional chamado Zuckerman. As conversas são as mais variadas, das insatisfações conjugais da mulher às aventuras de Philip em Praga ao antiamericanismo dos britânicos. (Em um jantar nos "círculos literários mais elevados de Londres", um inglês não nomeado repreende Philip pelos horrores perpetrados por "'*seu* presidente'".) Esse Philip, porém, é casado, detalhe que cria problemas quando o "caderno de anotações" é descoberto por sua esposa. Aos prantos, ela o acusa de ir para o escritório todos os dias não apenas para escrever, mas para se encontrar com mulheres. Ele tenta acalmá-la explicando que essas "mulheres" são personagens fictícias, que as conversas são exercícios para um romance e que a amante inglesa que "parece ter nascido numa porra de berço de ouro" (palavras da esposa) se baseia numa mulher com quem tivera um caso em Nova York bem antes do casamento. Quanto ao protagonista se chamar "Philip", explica, nada mais é que uma estratégia literária, um método de autoimplicação para estimular a criatividade. Inicialmente, ao menos, ela não se deixa convencer: "'Você ama essa mulher mais do que jamais me amou!.' '*Porque ela não existe.* Se você não existisse, eu te amaria assim também'".

A lógica é irresistível. E a mulher é colocada na posição de ficar parecendo não apenas uma esposa ciumenta mas uma filisteia literária se continuar insistindo que tudo o que leu é "real". A esposa não sabe no que acreditar — e nós também não, embora desconfiemos de que estamos sendo manipulados com maestria.

Roth e Claire Bloom não eram efetivamente casados quando o livro foi escrito e muitos leitores que rejeitaram a justificativa literária para que Philip chamasse a si mesmo "Philip", e que supuseram tratar-se de um livro autobiográfico, também supuseram que a linda atriz inglesa (que parecia ter nascido numa porra de berço de ouro) teria sido o modelo da amante, não da esposa. Bloom, porém, não viu as coisas dessa maneira quando Roth lhe mostrou o manuscrito — pois mostrava a ela todos os manuscritos — algumas semanas antes de concluí-lo. O motivo era óbvio. No manuscrito, não só o marido se chamava Philip, como a esposa se chamava Claire. Roth foi dar um passeio imediatamente depois de dá-lo a Bloom e aproveitou para telefonar para sua boa amiga Judith Thurman, que já tinha lido o manuscrito e aconselhara-o enfaticamente a cortar o nome "Claire". Agora ele lhe perguntava: "O que devo fazer?". Thurman me conta que se lembra muito bem da resposta que deu: "Encontre-me na rua 57 e tenha um cartão de crédito em mãos". Não encontraram nada na Tiffany's, mas na Bulgari Roth comprou um espetacular anel serpentino de ouro e esmeralda, só para a eventualidade de Bloom reagir da maneira como qualquer mulher na mesma situação reagiria.

Em suas memórias, Bloom fala da sua fúria e da briga que tiveram por causa do que lhe pareceu um insulto ultrajante. Mas depois da fugaz e totalmente malsucedida tentativa de Roth de se justificar em termos literários (algo a ver com "a riqueza da textura"), os dois fizeram as pazes. Ele concordou em retirar o nome dela; Bloom aceitou a joia. Em alguns aspectos, no entanto, Roth venceu esse bizarro jogo literário de traição a céu aberto: Bloom escreve que Maria Freshfield, em *O avesso da vida* — e, por conseguinte, a mulher em *Deception* —, baseava-se na "linda e talentosa romancista Janet Hobhouse, com quem Philip, um ano antes de nos conhecermos, tivera um breve e intenso relacionamento". Ela não diz qual foi sua conclusão acerca das outras mulheres — fato ou ficção? — e como ela seria a única pessoa com motivos para se importar com tal distinção, por que deveríamos nós fazer caso? As palavras das quais as mulheres são feitas permanecem as mesmas. Todavia, a questão da intenção — quer acreditemos nas desculpas autorais, quer as mulheres sejam consideradas reais — faz com que o livro se pareça com uma das construções impossíveis de Escher. Em quantos níveis *Deception* nos engana?

Para nos ajudar a decidir, perto do final do livro Philip recebe um telefonema de sua amante, alguns anos depois de tudo haver terminado entre eles. Ele está de volta aos Estados Unidos. Ela leu o romance que ele publicara recentemente, *O avesso da vida*, no qual figura como uma personagem principal — "Não acho que Freshfield tenha sido uma boa escolha de nome para mim" — e está dividida entre se sentir chateada por ele ter roubado suas palavras e se sentir ofendida por não receber o crédito por tê-las dito. E também ela se recusa a engolir as "besteiras intelectualoides" que ele oferece sobre as realidades mais profundas da ficção: "'Como fui eu que te inventei, você *nunca* existiu.' 'Então quem era que estava no seu estúdio com minhas pernas sobre seus ombros?'".

Ela ameaça vingar-se escrevendo seu próprio livro, sobre ele — é estranho que Roth não tenha atribuído esse plano à esposa; aqui a realidade deixou para trás até mesmo a *sua* imaginação. Ele responde que talvez escreva outro livro, a respeito dela, incorporando justamente a cena que estamos lendo. É engenhoso, mas também um pouco enlouquecedor, dependendo de nosso apetite por engenhosidade e pela música vivaz das vozes cruzadas de Roth. Essa infatigabilidade vocal fez Updike, por exemplo, lembrar-se de Bach. "Vemos Roth como músico nesse livro", disse a respeito de *Deception*, em um comentário na *Maclean's*: "É tentador ver sua obra como variações sobre o que alguns julgam ser uma insuficiência de temas. Mas temos de admirar o modo como ele se atém a seus temas e, à maneira de Bach, acrescenta mais um floreio a suas obsessões".

Algumas dessas obsessões — o antissemitismo britânico, por exemplo — já estavam desgastadas demais para serem trazidas de volta a qualquer coisa parecida com vida. Isso é compensado, de certa maneira, pelo frescor da alegria de estar de volta entre os judeus de Nova York — "o verdadeiro, estrepitoso e desregrado Sião" — com sua impenitente contundência, seus cotovelos na mesa, sua impudência. *Deception* também é notável pelo surgimento do que, se não chega a ser outra obsessão, é por certo um reconhecimento da parte de Roth de uma nova e significativa oposição. Aqui, em meio a tantas vozes femininas — a voz da amante é particularmente sagaz e inteligente, mais que a de Maria em *O avesso da vida* —, surge do nada uma pequena cena num tribunal na qual o autor-protagonista está no banco dos réus. Porém, em vez de um rabino ou um juiz exigindo saber se ele poderia ter escrito seus livros na Alemanha nazista, temos uma promotora que o acusa de "sexismo, misoginia, abuso de mulheres, calúnia de mulheres, perfídia contra mulheres, difamação de mulheres e inescrupulosa sedução". As perguntas que precisam ser respondidas agora são: "Por que você retratou a sra. Portnoy como uma histérica? Por que retratou Lucy Nelson como uma psicopata? Por que retratou Maureen Tarnopol como uma mentirosa e uma fraude?". E, por fim: "Por que você descreve as mulheres como megeras, se não para maldizê-las?". Esses crimes, advertem-no, acarretam castigos severos.

A essa altura já deve estar claro que Roth, quando atacado, prefere provocar a recuar: criar confusão, fazer a adrenalina fluir. Mas ele é um grande explicador e "Philip" cerra os punhos para se defender por meio de outra pergunta: "Por que você, se me permite perguntar, toma o retrato de uma mulher como um retrato de todas as mulheres?". Ele faz um vago esforço para distinguir política de literatura, uma tentativa que é logo repudiada. Consegue incluir algumas boas piadas, como quando lembra que Shakespeare também retratou uma megera e é repreendido pela promotora por se comparar ao bardo: "Daqui a pouco você vai estar se comparando a Margaret Atwood e Alice Walker!". Mas a sátira, que inevitavelmente termina com o réu provocando sexualmente a promotora desnorteada ("Socorro, socorro, ele está me explorando, ele está me degradando"), parece uma regressão às bobajadas de suas velhas piadas sobre Nixon, ou mesmo à sátira que escreveu em Bucknell e que acabou arrastando-o ao diretor de alunos. Coisas de menino, que se regozija com ser provocador a mais não poder: ele até se dirige à promotora como "garota".

Agora a adrenalina estava fluindo. Fay Weldon, escritora conhecida por suas convicções feministas, concedeu a *Deception* uma resenha quase entusiástica na *The New York Times Book Review*, dizendo tratar-se de um "romance ágil, elegante e perturbador" e colocando Roth ao lado de Thomas Pynchon na linha de frente da literatura contemporânea. "Para mim está o.k.", disse, que Roth fosse "meio antiquado no que diz respeito a mulheres", ainda mais num romance sobre sedução que usa a linguagem de modo tão sedutor. ("E lá estamos nós, autor e leitor, ambos realizados no langor pós-coito", escreveu ela.) No entanto, ela conclui espinafrando o final da cena no tribunal e citando-a — ou partes dela que lhe pareceram ter ultrapassado os limites do literário — "como minha vingança, em nome de todas as mulheres que Roth, em seus romances, de fato explorou, degradou e difamou". No *The New York Times*, Christopher Lehmann-Haupt se perguntou se Roth, buscando imitar a rebeldia heroica dos autores da Europa Oriental que tanto admirava, "não transformara uma mulher no seu tão sonhado estado totalitário". E na *London Review of*

Books Julian Symons começou logo caracterizando Roth como um escritor cujas "mulheres são pouco mais que receptáculos de sêmen, sacos de pancada emocionais ou anjos obsequiosos". Caso encerrado.

A capa do livro provavelmente não ajudou. A Simon and Schuster, a nova editora de Roth, esteve no noticiário quando o arrancou da Farrar, Straus and Giroux com um contrato de 1,8 milhão de dólares — negociado pelo novo agente de Roth, Andrew Wylie — para três livros, começando com *Deception*. Roth é abertamente grato aos editores com os quais trabalhou ao longo dos anos — Joe Fox, Aaron Asher e Veronica Geng são nomes que ele menciona com frequência — e um dos motivos da transferência foi que seu editor na época, David Rieff, estava deixando suas funções para começar uma carreira jornalística. (Roth me conta que, numa longa noite, ele leu *O avesso da vida* inteiro em voz alta para Rieff, pois tinha a sensação de que havia algo de errado no livro, "e sempre que uma frase nos parecesse fraca, ele ou eu batíamos o gongo, por assim dizer".) Mas também era verdade que, beirando os sessenta anos, ele se sentiu pressionado a ganhar mais dinheiro. Seus livros sempre tiveram vendagem respeitável, mas mesmo os romances mais aclamados pela crítica que ele publicara na última década — *O escritor fantasma, O avesso da vida* — nem de longe chegaram a ser best-sellers. Roth lembra-se de praticamente implorar a Roger Straus que aumentasse seus adiantamentos para que não precisasse mudar de editora, bem como da resposta de Straus: "Você não chega a recuperar o que ganha". A Simon and Schuster, por sua vez, tinha um plano para tornar Roth um autor mais comercial: a capa original do livro era uma fotografia habilmente desfocada de um casal na cama, a mão do homem segurando a mulher logo acima da curva odalisca do quadril, o que identificava o livro como alguma coisa entre romance açucarado e soft porn.

A editora estava claramente tentando resgatar o ímpeto escandaloso dos primeiros anos de Roth, "a fim de transmitir toda a sexualidade do livro", revelou ao *Times* um representante da Simon and Schuster, "e associá-lo a *O complexo de Portnoy*". Roth — que vinha tentando fugir da imagem de *Portnoy* havia anos — odiou a capa, mas sentiu que "tinha de ceder à editora", algo que diz nunca ter feito novamente. (Roth mudou para outra editora, a Houghton Mifflin, depois do fim do contrato, e permaneceu lá.) De qualquer modo, a capa e a campanha publicitária que a acompanhou não tiveram o efeito desejado. *Deception* não foi um sucesso comercial. Entretanto, antes mesmo que fosse lançado, Roth já estava trabalhando em outro livro.

Herman Roth faleceu em outubro de 1989, aos 88 anos, menos de três meses depois de Roth ter sido submetido a uma cirurgia emergencial de ponte de safena. Roth escondera do pai o fato de que iria ser operado, dizendo-lhe que estaria fora de contato por alguns dias, participando de uma conferência em Yale. No novo livro, ele descreve o seu velho, que descobrira a verdade alguns dias depois, como furioso e à beira das lágrimas por não ter sido informado e não ter podido ajudar, lastimando-se: "Eu tinha que ter estado lá!". Roth explica que sentiu quase a mesma coisa durante as semanas de convalescença, rezando — a seu pai: "Não morra até eu recuperar minhas forças. Não morra até que eu possa fazer tudo direito". Pouco depois de ter recebido autorização para voltar a dirigir, Roth foi despertado por um telefonema certa noite no final de outubro. Foi correndo para o hospital de Nova Jersey onde seu pai havia dado entrada no pronto-socorro. Roth vinha escrevendo sobre o pai desde que o tumor no cérebro fora diagnosticado e completou *Patrimônio* nos meses imediatamente posteriores à morte dele.

É difícil imaginar duas obras de um mesmo autor que sejam mais diferentes — ainda mais duas obras escritas uma após a outra — do que o sagaz, evasivo e evanescente *Deception* e *Patrimô-nio*, um livro de não ficção (leva o subtítulo "Uma história verídi-ca") que não poderia ser mais franco, direto e prodigamente emotivo. Nenhuma extravagância literária, nenhum jogo formal. Aqui a voz segura e sem adornos que já aparecera nas primeiras seções de *The Facts* — Roth sem máscaras — adquire peso e urgência graças à vida que o autor se sente obrigado a registrar e preservar. Os leitores vinham obtendo vislumbres ficcionais de Herman Roth havia anos. ("É praticamente impossível para mim mantê-lo fora de qualquer livro que escrevo", Roth disse a um entrevistador da televisão francesa; "preciso trancar todas as portas e empilhar a mobília por trás para mantê-lo fora.") Agora, por fim, tínhamos um retrato de corpo inteiro, a partir de modelo vivo, intensamente amoroso mas nunca sentimental.

O vendedor de seguros aposentado que estudou só até o oitavo ano, sustentou sua família por puro senso de dever e pelo que Roth chama de "decência determinada", era também teimoso, obsessivo, rude e involuntariamente cruel devido a sua compulsão de corrigir os outros — um homem cujas admoestações foram se tornando tão impiedosas com o passar dos anos que a mãe de Roth pensou em se divorciar dele. (Essa revelação é um choque quase tão grande para o leitor como deve ter sido para Roth.) Para Roth, que conta em detalhes o seu anseio juvenil de substituir um pai vergonhosamente subeducado por alguém mais respeitável, o pai se tornou agora fonte não só de seu vigor pessoal mas de sua força como escritor. "Ele me ensinou o vernáculo. Ele *era* o vernáculo, sem poesia, expressivo e direto, com todas as evidentes limitações do vernáculo e com toda a sua enorme capacidade de resistência."

Como autobiografia, *Patrimônio* lança luz sobre algumas das obras anteriores de Roth. Aqui está Herman Roth relatando como seu pai batera em um de seus irmãos para impedi-lo de se casar com "uma mundana", incidente adaptado em *Portnoy*. Aqui está um amigo de infância chamado Lenny Lonoff. Mais importante, porém, esse livro destemido inaugura os temas da doença e da morte, que sopram com toda a fúria em livros posteriores. Entretanto, nada supera a pungência de uma cena em que Herman Roth barganha com o cirurgião: "Se eu pudesse ter mais alguns aninhos...". Em questão de minutos, ele amplia o pedido: "Estou falando só de mais uns três ou quatro anos". Roth, sentado ao lado do pai, reconhece o desejo avassalador — mitigado apenas pelo temor de parecer ganancioso e atrair para si um destino ainda pior — de exigir, logo de uma vez, "só o que mereço — outros 86 anos!". Aí está, também, a excruciante franqueza com que Roth observa seu pai em um dia claro de verão, rodeado pela família: "ele permanecia totalmente isolado dentro de um corpo que se tornara um terrível cercado do qual não podia escapar, o derradeiro cercado de um matadouro".

Em tom mais alegre, *Patrimônio* antecipa os futuros livros de Roth, pois a história de Herman Roth é também uma história sobre a América: "Durante todo o tempo fico pensando que a verdadeira tarefa, o trabalho imenso e invisível que ele fez a vida inteira, que toda aquela geração de judeus fez, foi se tornarem americanos. Os *melhores* cidadãos".

Embora o sofisticado autor dificilmente se assemelhe a um vendedor de seguros, há vários momentos em que Roth parece também estar escrevendo sobre si mesmo: as histórias do entusiasmo de Herman Roth, sua disciplina, sua obstinação, "o poder hipnótico que o destino banal de uma família comum de imigrantes ainda parecia exercer sobre ele" e também sobre o autor do livro. "Você não deve esquecer nada — esse é o lema no brasão dele", escreve Roth sobre o pai que ressuscitou com tão meticuloso zelo, pensamento por pensamento, ano por ano. "Estar vivo, para ele, é ser feito de lembranças."

Embora tenha tido pesadelos com o pai por um bom tempo, a cirurgia cardíaca de Roth renovou seu controle sobre a própria vida. "Eu estava muito feliz", diz. "Tinha me livrado daquela bomba-relógio que tiquetaqueava no meu peito." Sentiu-se subitamente mais forte e tudo lhe parecia possível, até o casamento. Em abril de 1990, após mais de catorze anos juntos, Roth e Bloom se casaram no Upper West Side, no apartamento da amiga Barbara Epstein, coeditora da *The New York Review of Books* — o mesmo apartamento onde anos antes Roth havia perseguido Jules Feiffer numa louca improvisação pré-*Portnoy*. Nem todos os augúrios eram encorajadores, porém. Fora Bloom quem propusera casamento e ele demorou três semanas para responder; sua experiência anterior com divórcio levou-o a insistir num acordo pré-nupcial, que Bloom concordou em assinar apenas dois dias antes da cerimônia; sem que Bloom soubesse, Roth vinha tendo havia anos um caso com uma vizinha casada de Connecticut; e ele havia escrito *Deception*. Por outro lado, parecia que ele a amava, que os dois tinham um imaginário compatível e que ele queria que o casamento desse certo. Ou então foi o princípio do fim.

Profissionalmente, era certo que ele estava recuperando o vigor. *Patrimônio*, publicado em 1991, recebeu resenhas superlativas, mesmo de críticos a quem sua outra obra recente havia desagradado. No *The New York Times*, Michiko Kakutani escreveu aprobativamente que o livro "evita os jogos de espelho defensivos que o autor gosta de fazer com fato e ficção" e oferece, em vez disso, "uma renovada franqueza e ternas emoções". Disse tratar-se de "um dos livros mais poderosos de Roth até hoje". Contrariamente a seu costume, Roth partiu num tour nacional de leitura e ficou particularmente feliz de se apresentar em Bucknell, numa leitura realizada em homenagem a (e na presença de) sua adorada professora, Mildred Martin, a quem visitava quase todas as primaveras havia anos. ("Ela era a pessoa mais justa que conheci", diz Roth sobre Martin hoje. "Era sagaz, espirituosa e totalmente dedicada a nos ensinar.") E começou a trabalhar em um livro que tinha a certeza de ser a melhor coisa que já escrevera: uma espécie de culminação do período que começara com *Portnoy*, seu último livro sobre judeus.

Uma festa da neve

Operação Shylock é fruto do renovado vigor de Roth depois do colapso provocado pelo Halcion e da cirurgia para colocar cinco pontes de safena. Com as questões que permearam suas obras durante anos elevadas à escala mundial e a um ápice febricitante, é como se o autor do livro, tendo ludibriado a morte por pouco — duas vezes —, houvesse decidido incluir tudo, absolutamente tudo — inclusive todos os judeus que fosse possível encaixar: Shylock, Freud, o espião israelense Jonathan Pollard, o turista americano assassinado Leon Klinghoffer, Irving Berlin. Não há apenas um, mas dois Philip Roth no livro. (Roth falava sério quando escreveu que o fato de estar "implicado" deixava tudo mais intenso para ele.) Um dos Roth escreveu todos os livros de Roth, é casado com uma mulher chamada Claire e está lentamente se recuperando dos efeitos deletérios do Halcion sobre a mente. Mas não se trata de um livro sobre Philip Roth. Não há pai, nem mãe e escassas menções a Newark. Até mesmo "Claire" existe apenas para advertir o marido, com sensatez e desvelo protetor, sobre os riscos de se expor a um perigo ao qual ele não pode resistir: encontrar e confrontar o outro Philip Roth, um impostor que está usando seu nome e sua fama para propagar uma teoria que chama de diasporismo — identificado como "a única solução para o problema judeu" — em palestras e entrevistas em Jerusalém. Em janeiro de 1988, um Roth ficcional chega a Jerusalém para derrubar o outro, bem a tempo de acompanhar o julgamento de John Demjanjuk e o tumulto da primeira intifada. Estes não são eventos de fundo para um drama pessoal; são os motivos pelos quais o drama pessoal acontece.

Roth, autor de tantas máscaras convincentes, é claramente atraído pelos mistérios da identidade. ("Imagino que tenha escrito tantas metamorfoses de você mesmo", Nathan Zuckerman lhe diz em *The Facts*, "que não faz mais ideia de quem *você* é.") Um título provisório de *Operação Shylock* foi *Dualidade*. O livro traz uma epígrafe do livro de Gênesis sobre Jacó lutando com o anjo e outra de Kierkegaard: "Todo o conteúdo de meu ser berra em contradição consigo mesmo". Embora Israel domine a história novamente, dessa vez Roth foi capaz de retraçar a turbulência *dessa* identidade ao longo de todo um livro absolutamente turbulento. O julgamento de Demjanjuk foi o germe, nos âmbitos nacional e pessoal. Já se desenrolava havia mais de um ano quando o verdadeiro Philip Roth entrou na sala do tribunal, em janeiro de 1988, tal como acontece no romance. Os detalhes do processo descritos no livro têm uma precisão jornalística que deriva do fato de Roth ter assistido ao julgamento, compulsivamente, dia após dia. "Seis metros à minha frente estava sentado um homem acusado de ser um dos piores seres humanos que já andou sobre a Terra", ele me explica, "e ao meu redor os sobreviventes, sequiosos de seu sangue. Aquilo era a história acontecendo."

Mas a história de quem, exatamente? Os advogados de Demjanjuk argumentaram que se tratava de um caso explícito de identidade equivocada e ofereceram como comprovação os antecedentes impecáveis de seu cliente como imigrante trabalhador e cidadão americano exemplar, um homem que ia à igreja e era admirado pelos vizinhos. Segundo eles, os querelantes — seres traumatizados, idosos, com a memória corroída pelo passar das décadas — haviam-no confundido com alguém a quem ele apenas vagamente se assemelhava; alguém que, ademais, outros sobreviventes teriam visto ser morto durante uma rebelião naquele campo ao final da guerra. O protagonista chamado Philip Roth fica fascinado — como o verdadeiro Philip Roth ficou fascinado — pela simples proximidade de tal figura. ("Lá estava ele. *Lá estava ele.*") Em *Operação Shylock*, num extraordinário repente nietzschiano, Roth imagina como deve ter se sentido esse jovem camponês assassino que tanto se divertiu em Treblinka: "Que serviço! Um regabofe sensacional todo dia! Uma festa contínua! Sangue! Vodca! Mulheres! Poder! E os gritos! Os gritos intermináveis! E tudo aquilo *trabalho*, bom e duro trabalho". Aquele homem de 68 anos no banco dos réus não arrebentava nenhum crânio havia quase cinquenta anos; não é de admirar que parecesse tão inofensivo. Mas seria o contraste tão estranho?

> Na verdade, você apenas viveu sequencialmente as duas vidas aparentemente antípodas, mutuamente excludentes, que os nazistas, sem nenhum esforço notável, conseguiram desfrutar simultaneamente — então, no fim, qual é o problema? Os alemães provaram em definitivo para todo mundo que manter duas personalidades radicalmente divergentes, uma muito bacana e outra nem tanto, não é prerrogativa apenas dos psicopatas.

A menos, é claro, que houvessem capturado o homem errado. Não um demônio, mas alguém perfeitamente inocente. Pois, depois de tantos meses e tantas testemunhas, ninguém parecia capaz de saber ao certo.

Operação Shylock leva o subtítulo *Uma confissão* e um prefácio apresenta o livro inteiro como um relato factual de eventos que culminaram, no final dos anos 1980, em Roth concordando em trabalhar como espião para o serviço de espionagem de Israel no exterior, o Mossad. Ao longo do livro, diversos nomes são marcados com um pequeno círculo, indicando que foram modificados. Outros nomes, bem conhecidos, servem para ancorar o relato na realidade. Aharon Appelfeld, por exemplo, que Roth tinha entrevistado numa viagem a Jerusalém feita com essa exclusiva finalidade, é descrito com exatidão, com extensas citações da entrevista, tal como foi publicada. Esse zelo meticuloso com dados confirmáveis harmoniza-se perfeitamente com o tom bruscamente factual do começo do livro, que funciona como uma pista debaixo das rodas de um 747 acelerando para decolar.

Descobrimos que o duplo de Roth em Jerusalém é um experiente detetive particular de Chicago que está morrendo de câncer e é acompanhado por uma loira voluptuosa chamada Wanda Jane Possesski, conhecida como "Jinx" [pessoa que traz má sorte]. Ex-enfermeira, Jinx é também uma antissemita oficialmente em recuperação, graças a um programa em dez etapas que o Roth fajuto desenvolveu, o Antissemitas Anônimos. Enquanto persegue os dois pela cidade, o Roth "verdadeiro" do livro é recrutado por um amigo palestino, que pode ou não ser um agente duplo, para se encontrar com Yasser Arafat em Tunis. Ao mesmo tempo, porém, ele é recrutado por um antigo chefe de espionagem do Mossad, chamado Smilesburger (nenhum círculo marca seu nome; claramente, trata-se já de um codinome), para uma missão que visa expor a identidade de judeus que enviam às escondidas dinheiro para a OLP. Não é à toa que ele teme ainda estar sentindo os efeitos alucinatórios do Halcion.

Em todas essas voltas e reviravoltas, Roth — o autor — nunca se mostrou mais um *écouteur*, um fetichista da fala: é como se toda permutação de posições possível no espectro israelense recebesse uma voz. O livro é um compêndio de discursos, proposições e diatribes, todos oferecendo "soluções" igualmente passionais e conflitantes aos problemas de um Estado judaico rodeado por inimigos. A história toda é altamente implausível, exceto no nível mais profundo, onde tende a ser comovente e profunda. (O que é mais implausível do que a história judaica no século xx?) Roth conduz essa carga imensa e tagarela rumo ao que ele parece conceber como uma espécie de *Finnegans Wake* judaico: alucinatório, folclórico, denso (mas nunca incompreensível), dirigido ao cerne do sonho dos judeus.

Roth, como um especialista em soluções malucas e impraticáveis para os problemas de Israel, demonstra desse modo como esses problemas são insolúveis. Em *O avesso da vida*, temos um sequestrador judeu que exige que os judeus esqueçam o Holocausto para que os gentios possam esquecer sua culpa, que é a única explicação para continuarem vilipendiando Israel. ("Senão", adverte, "eles vão aniquilar o Estado de Israel *para aniquilar a consciência judaica!*") *Operação Shylock* é centrado no plano ainda mais tresloucado do falso Philip Roth, o diasporismo, que defende que os judeus israelenses de ascendência europeia retornem, em massa, a seus países de origem — Polônia, Ucrânia, Romênia, Lituânia, Alemanha — onde serão saudados com grande alegria pelos cidadãos cristãos, que sentiram falta deles. (O programa secundário que ele elaborou, Antissemitas Anônimos, visa resolver qualquer empecilho na reação cristã.) Após concluído esse segundo êxodo, Israel poderá se recolher às fronteiras originais de 1948 e a minúscula população judaica não europeia remanescente poderá viver em paz com a grande circunvizinhança árabe. Desse modo — e aqui está o mote, o mesmo importuno e enervante mote —, um segundo Holocausto será evitado no Oriente Médio.

Diasporismo é sionismo às avessas. (Roth evidentemente tomou o termo "diasporismo" de um livreto chamado *First Diasporist Manifesto*, de seu amigo, o pintor R. B. Kitaj, embora não haja vestígio do sentido que ele inventou entre as teorias vagas de Kitaj.) Como tal, insiste Philip o diasporista, não é mais inacreditável do que o plano de Theodore Herzl para estabelecer um Estado judaico no deserto, que parecera igualmente louco na época. O ex-detetive particular que tanto se parece com Philip Roth (e com o qual vai ficando cada vez mais parecido à medida que o livro avança, até no modo como desgasta o salto do sapato) dedicou a vida a pregar essa causa. E, por um tempo, tudo indica que seu convertido mais importante (afora Lech Wałęsa, que conhecera em Gdansk) será o famoso autor. Porém, facilmente confundido com seu sósia, o protagonista Roth começa a imitar a imitação que seu duplo faz dele e chega até a proferir alguns discursos diasporistas. Acrescentando livremente pequenas guinadas na trama (ele está se divertindo à beça ou ainda está sob efeito do Halcion?), explica como se inspirou no maior diasporista de todos, Irving Berlin:

> O rádio estava tocando "Easter Parade" e aí eu pensei: mas isso é genialidade judia digna dos Dez Mandamentos. Deus deu a Moisés os Dez Mandamentos e depois deu a Irving Berlin "Easter Parade" e "White Christmas". Os dois feriados que comemoram a divindade de Cristo — a divindade que está na própria essência da rejeição do cristianismo pelos judeus —, e o que faz Irving Berlin, brilhantemente? Descristianiza os dois! Transforma a Páscoa num espetáculo de moda e o Natal numa festa da neve. Desapareceram a sangreira e o assassinato de Cristo — abaixo o crucifixo e arriba a touca! *Ele transforma a religião deles em* schlock [coisa vulgar]. Mas sutilmente! Sutilmente! Tão sutilmente que os *goyim* nem sequer perceberam. Adoram. *Todo mundo* adora.

A ideia, embora possa ser difícil de discernir de início, é que houve maneiras mais eficazes de "desarmar a inimizade de séculos" do que o derramamento de sangue que Israel hoje sofre e emprega. Ele diz que "senti[u] mais orgulho por 'Easter Parade' do que pela vitória na Guerra do Seis Dias, vi[u] mais segurança em 'White Christmas' do que no reator nuclear israelense". O que nos traz de volta aos perigos imediatos. Se os israelenses algum dia chegarem ao ponto de se sentir impelidos a lançar uma bomba nuclear, "terão salvo seu Estado destruindo seu povo" porque "jamais sobreviverão moralmente depois disso, e, então, por que sobreviver como judeus?".

O romancista é confundido com o diasporista não só pela aparência semelhante, mas também por causa da reputação de seus livros. Para qualquer palestino que fosse leitor da literatura americana moderna, não havia disparidade entre a renomada hostilidade de Philip Roth contra os judeus e o seu suposto plano para retirá-los de Israel. Ambas eram posições louváveis, talvez até úteis. Assim, em um mercado apinhado de gente de Jerusalém, nosso protagonista é procurado por um recrutador palestino da OLP (a menos que, na realidade, ele esteja trabalhando para Israel), que, por acaso, é também um velho amigo da Universidade de Chicago. Esse palestino culto, elegante, educado nos Estados Unidos e totalmente enfurecido chama-se George Ziad (o nome, podemos constatar, foi modificado). Roth — estou falando do homem que efetivamente escreveu o livro — me diz que adaptou o nome de um palestino que o levara para visitar áreas palestinas na Cisjordânia e um tribunal militar israelense em Rammalah (aonde Ziad leva o Roth ficcional), a fim de mostrar-lhe uma faceta mais suja da justiça israelense do que aquela que era divulgada no julgamento de Demjanjuk. Roth insiste que Edward Said, o eminente palestino e professor da Columbia, nunca lhe passou pela cabeça, embora muitos resenhistas o tenham mencionado, e a *The*

New Yorker, apesar de seu meticuloso departamento de checagem, tenha consistentemente grafado errado — George Zaid — o nome do personagem.

Quaisquer que sejam suas origens e para quem quer que ele esteja trabalhando, esse intelectual palestino é o responsável por alguns dos momentos mais vigorosos da retórica moral e política do livro. Depois de anos vivendo em Boston, abjurando qualquer conexão com seu passado, ele abriu mão de tudo, inclusive de seu adorado trabalho como professor de literatura, e trouxera a esposa e o filho para morar em um poeirento posto avançado na Cisjordânia, onde, ao tentar reaver as terras do pai, conseguiu apenas reaver a raiva do pai. Sua vida cotidiana é uma série infinda de barreiras nas estradas e humilhações. Vinte anos de ocupação, quarenta anos do Estado judaico, "tinham corroído tudo que nele havia de moderado", deixando-o totalmente sujeito à "grande e incapacitante fantasia de vingança". Ao longo de quase catorze páginas, ele despeja suas opiniões, seus agravos, suas lembranças e sua raiva de Israel:

> *Este Estado não tem identidade moral.* Ele *perdeu* sua identidade moral, se é que algum dia teve alguma, pra começar. Institucionalizando implacavelmente o Holocausto, perdeu até seu direito ao Holocausto! O Estado de Israel sacou os últimos trocados de seu crédito moral do banco dos 6 milhões de mortos — foi isso que eles fizeram quebrando as mãos de crianças árabes, por ordens de seu ilustre ministro da Defesa.

Isso vindo do autor que ficava indignado com conversas anti-Israel em jantares londrinos. Roth não mudou sua posição (se é que, como romancista, se pode dizer que tem posições); ele criou um personagem.

O único freio à ira de Ziad vem de sua esposa. Um inesquecível esboço a lápis de pragmatismo feminino e maternidade angustiada, Anna Ziad lamenta a vida que sua família deixou para trás em Boston e está melindrada com o que considera as lealdades destrutivas do marido. "Por que você não é leal", ela grita, "a seu *intelecto*? Por que você não é leal à *literatura*?" Valorizando o futuro de seu filho muito mais que as "mitologias étnicas infantis, estúpidas", que vê em toda parte, ela argumenta: "Não é mais 'vida' quando você lê livros, ouve música e escolhe seus amigos pelas qualidades deles, e não porque partilham de suas raízes? Raízes! Um conceito pra vida de *homens das cavernas*!".

Uma mulher palestina ardente, moralmente complexa, afligida por enxaquecas: é difícil imaginar uma pele mais estranha para Roth habitar, mesmo que por apenas algumas páginas. Teria havido um modelo? Ela tem alguma base na realidade? (Será que isso importa?) Roth responde a minhas perguntas no negativo, dizendo que simplesmente tentou "reverter o estereótipo, um processo que costuma conduzir à realidade". Na verdade, o mais elogiado romance árabe moderno sobre a luta palestina, *Porta do sol*, de Elias Khoury, que toma por base centenas de histórias orais e foi publicado poucos anos depois de *Operação Shylock*, traz uma heroína — esposa de guerreiro e mãe — com qualidades pragmáticas e protetoras similares.

E a contravoz israelense? Há várias, com laços profundos com o Estado, que se pronunciam com um senso duramente conquistado de realpolitik que poderia ser visto como sabedoria tingida pela tristeza. A questão da identidade moral nacional é representada em todas as nuances por um pai e um filho. O filho é um tenente do Exército de 22 anos, tão farto de toda a violência que testemunhou e do reflexo monstruoso de si mesmo que vê nos olhos das mulheres e crianças palestinas, que está pronto para ir estudar na New York University. ("[Os palestinos] devem nove décimos de sua desgraça à idiotice de seus próprios líderes.

Eu sei disso. Mas mesmo assim olho o meu próprio governo e me dá vontade de vomitar.") O pai, um sobrevivente de campo de concentração que é hoje um bem-sucedido industrial em Haifa, argumenta que os ingleses, franceses e canadenses — tão estimados por sua moralidade — agiriam exatamente como os israelenses se enfrentassem as mesmas ameaças. "Um Estado não age por ideologia moral, um Estado age por interesse próprio", ele repreende o filho; "um Estado age pra preservar sua existência." Quando o jovem idealista protesta e diz que talvez então fosse melhor viver sem um Estado, o pai responde, exaurido: "A gente já tentou". E nem precisaria acrescentar: "Não deu certo".

Embora este seja o único argumento em defesa do Estado israelense contemporâneo, o sentimento moral pelo povo que definiu o Estado ao longo da história é intenso. Olhando em torno de si durante o julgamento de Demjanjuk, Roth — o protagonista — nota que o maior mistério não é que um monstro tenha conseguido viver uma vida comum, mas sim, como ele se imagina dizendo ao monstro, que "os que retiravam os cadáveres para você, seus acusadores aqui, pudessem um dia fazer alguma coisa comum depois do que vocês lhes fizeram — que *eles* consigam viver vidas comuns, *isso* é que é incrível!".

Nem todos conseguiram, é claro. Aharon Appelfeld, que já se tornou uma espécie familiar de alter ego rothiano — "escondendo-se, em criança, dos assassinos nas florestas da Ucrânia, quando eu ainda brincava de bandido e mocinho num playground de Newark" —, tem o seu próprio *doppelgänger*: uma figura triste e saudosa chamada primo Apter, um pequenino "feto adulto" que emergiu bem menos intacto de horrores na infância ainda piores que os de Appelfeld. Roth me explica que o eternamente infantil Apter é "o que poderia ter acontecido com Aharon se ele não tivesse fugido para a floresta".

Será que isso tudo sugere que o Holocausto é o motivo fundamental — e suficiente — para alguém ser leal a Israel? Para Smilesburger, o espião israelense, qualquer tentativa de "esconder-se atrás de Appelfeld" não passa de uma maneira moralmente confortável de apoiar Israel. Ele pergunta: "Pois que justificação é o sr. Appelfeld, de Csernowitz, Bucovina, para roubar Haifa e Jaffa deles?". Projetando uma futura vitória palestina e um julgamento de crimes de guerra muito diferente em Jerusalém, o espião ressalta que todos os que hoje apoiam Israel serão acusados de facilitar "o roubo imperialista, colonialista, que *era* o Estado de Israel". Quaisquer que sejam as distinções sutis em sua maneira de pensar, Smilesburger e Philip Roth serão enforcados lado a lado. Direito milenar à terra? Uma história igualmente milenar de sanguinário antissemitismo? Aliança eterna com uma tribo? O Holocausto? Ser condenado por ser um judeu que nasceu no lugar e no momento em que nasceu, independentemente da direção que tomou? Não, a única explicação que Smilesburger pretende dar para justificar sua posição perante esse hipotético tribunal futuro é: "Faço o que faço porque faço, e pronto".

Estes são os aspectos mais sérios de *Operação Shylock*. Entretanto, o livro é repleto não só de argumentos sobre moralidade política mas também de piadas, galhofas, absurdos, impossibilidades, estrepolias de pessoas com nomes americanos caricaturais (Jinx, Smilesburger) ou nomes ídiche caricaturais (Moishe Pipik, Meema Gitcha) e bons motivos para gargalhar. É um livro descontrolada e exasperantemente bufo, ainda que trate de temas sérios e perigosos. Descontrole, exasperação e bufonaria são para Roth maneiras de evitar pomposidade, sentimentalismo e didatismo. Ainda mais que em 1959, e especialmente agora que estava lidando abertamente com o Holocausto e os fundamentos morais de Israel, Roth era o anti-Leon Uris. Ele sabia os riscos que estava correndo com seu livro descarado, tagarela, que funciona estruturalmente como um cata-vento: em dado momento, Roth — o protagonista — teme que a história toda seja "uma trama inteiramente aberrativa" e que, devido à desembestada sequência de eventos, "não h[aja] ponto algum para a inteligência estabelecer uma base e desenvolver uma perspectiva". Estaria uma voz certa e outra errada? Em nome de quem o autor fala? Com Roth, esta é simplesmente a pergunta errada. Sua meta é falar em nome de todas as vozes.

Isso não impede que o personagem Philip Roth chegue a algumas conclusões. Ao descer do enlevo da "Easter Parade", ele descarta o diasporismo por ser não mais que uma "merda antissionista ligeiramente disfarçada". E decide aceitar a proposta de atuar como espião israelense — chegando a ir para Atenas e para outra cidade europeia não nomeada em uma perigosa missão, embora o faça mais para acrescentar emoção ao livro. Essa informação faz com que completemos o círculo, de volta às afirmações em tom neutro do prefácio e ao subtítulo do livro, *Uma confissão*.

Ainda por cima, ficamos sabendo que o relato dessa aventura, que constituiria o último capítulo original do livro — intitulado "Operação Shylock", o codinome da missão —, precisou ser eliminado pois representava uma ameaça à segurança israelense e a outros agentes de campo. Em vez da conclusão dinâmica à qual a história se encaminhava em crescendo, ganhamos um epílogo, ambientado quase cinco anos depois, descrevendo um encontro entre o protagonista e seu supervisor do Mossad. Enquanto comem arenque picado num restaurante do Upper West Side, Roth é ameaçado e adulado — "Então chame de ficção. Acrescente uma nota: 'Inventei isso'." — e por fim gratificado com uma grande quantia em dinheiro por omitir o final de seu livro. *Este* é agora o final do livro — exceto pelo acréscimo de uma "Nota ao Leitor" que começa: "Este livro é uma obra de ficção". Excetuando os excertos da entrevista com Appelfeld e algumas "minutas literais" do julgamento de Demjanjuk, qualquer semelhança com pessoas vivas ou eventos reais "é mera coincidência". A nota conclui com a declaração de que "Esta confissão é falsa".

O Roth de carne e osso ficou tão encantado com os prazeres vertiginosos desse jogo de fato e ficção que continuou a promover na maior cara de pau a história de espionagem numa entrevista matreira para o *The New York Times* por ocasião do lançamento do livro em 1993. ("Acrescentei a nota ao leitor como haviam me pedido. Sou apenas um bom *mossadnik*.") Este era seu retorno categórico à ficção e ele estava esperando uma grande reação. Ficara muito feliz com o livro. ("Sentia-me dançando enquanto o escrevia", ele me diz sobre a experiência de escrevê-lo.) Roth parecia feliz, ponto final. Bloom acabara de completar 62 anos e ele lhe deu uma grande festa em Connecticut. Ele mesmo estava chegando aos sessenta e também houve uma festa para comemorar a data, organizada por seu antigo médico e amigo mais íntimo em Connecticut, C. H. Huvelle. Uma das primeiras resenhas do livro, por Paul Gray na *Time*, foi extática ("Roth não ginga com tanta desenvoltura cômica desde *O complexo de Portnoy*") e a revista começou a preparar uma matéria de capa — que acabou sendo cancelada, quando resenhas menos entusiásticas começaram a ser publicadas.

Os críticos mais influentes atacaram o livro, em grande parte, por não se tratar de um romance mais tradicional. No *The New York Times*, Michiko Kakutani observou que a vasta quantidade de conversas ("falas e mais falas e mais falas"), por mais brilhantes que fossem, desequilibravam a obra e prejudicavam a trama; "de algum modo, espera-se que um romance seja algo mais bem talhado e seletivo". Para ela, Roth fora impedido de se envolver com questões externas devido a seus já familiares "solipsismo, repetitividade e interesse obsessivo por si mesmo". Não chega a surpreender, pois — dados os elogios que fizera à ausência de "jogos de espelhos defensivos" em *Patrimônio* —, que não tenha tido paciência para os "enfadonhos jogos com espelhos do autor". Na *Times Book Review*, D. M. Thomas foi de modo geral positivo, mas seu aplauso acabou soterrado por detalhes sobre o enredo e qualificado pela reclamação de que os personagens secundários careciam de vida independente. O mais rigoroso de todos foi John Updike, na *The New Yorker*, com elogios para o conjunto ("tão meticulosamente escrito quanto elaboradamente desenvolvido"), mas mirando ataques pesados às mesmas frustrações expressas por outros: "Os personagens não passam de *talking heads*, meros rostos associados a longas diatribes", o livro é "uma orgia de argumentação" e Roth parecia não se importar se os argumentos eram bons ou ruins, sinceros ou perversos ou frívolos. A estrutura era igualmente dúbia: como *Deception*, parecia ter sido montado a partir de monólogos e entrevistas. Alguns leitores já sentiam que os últimos livros de Roth continham um excesso de Roth, recriminou Updike — claramente incluindo-se entre eles —, mas *Operação Shylock* continha um excesso de tudo. Roth, como escritor, tornara-se exaustivo.

Não havia como isso não magoar. Independentemente do que Roth achasse da capacidade dos críticos profissionais, ele tinha um respeito inquebrantável pela opinião de Updike. Os dois haviam estabelecido uma relação amigável ao longo dos anos, desde quando ambos eram jovens, cheios de planos e discutiam a Guerra do Vietnã. (Roth me diz que uma de suas discussões, um tanto transmudada, foi incluída em *Coelho cai*, com Updike — defensor da guerra — no papel de Coelho, um conservador político, e as opiniões de Roth proferidas por um revolucionário negro chamado Skeeter.) Roth e Bloom haviam jantado na casa dos Updike, perto de Boston, quando Bloom estava atuando naquela cidade. (Roth ficou bastante impressionado com o layout da casa, que tinha cômodos separados para os diversos projetos de Updike — romances, poesias, resenhas — e uma máquina de escrever

260

em cada um.) Roth não escrevia resenhas, mas telefonava para Updike sempre que admirava algo, e Updike — que, segundo Roth, mantinha-se geralmente arredio — às vezes lhe escrevia um bilhete. Ao avaliar os escritores de sua geração, Roth costuma dizer que, dentre todos, Updike era o que tinha o maior dom natural.

Houve certo consolo, alguns meses depois, em uma resenha bastante positiva (embora não muito influente) de Janis Freedman Bellow na *Bostonia*, revista dos ex-alunos da Universidade de Boston, defendendo Roth das acusações de solipsismo e enfatizando seu engajamento com seus temas. A autora era a quinta e última esposa de Saul Bellow; conhecera seu futuro marido quando ainda era aluna de pós-graduação e concluíra recentemente o doutorado em literatura francesa na Universidade de Chicago. Ficara indignada com as críticas negativas a *Operação Shylock* e Bellow a incentivara a escrever sua própria resenha. Bellow também acreditava que o livro havia sido "maltratado injustamente na imprensa", como disse ao *Chicago Tribune* na primavera seguinte, mencionando que incluíra o livro no curso que estava dando na Universidade de Boston sobre "escritores vivos que considero especialmente interessantes". Houve outro consolo naquela primavera: *Operação Shylock* conquistou o prêmio PEN/Faulkner como o melhor romance do ano.

Ao responder às acusações de solipsismo, Roth tenta explicar qual o significado que o uso do seu próprio nome em seus livros tinha para ele na época. Ele era fascinado havia anos por romancistas europeus (Genet, Céline, Gombrowicz) que, colocando-se como personagens de suas obras, deleitavam-se em apontar o dedo não para os pecados de outros ficcionais, mas para si mesmos — um método que Roth descreve como "Eu estou na grelha, vejam-me grelhar". (Desde *O professor do desejo*, nos anos 1970 sob o signo de Praga, um jovem e raivoso escritor invectiva contra "esse seu Tchékhov, o santinho": "Por que ele nunca está metido na merda? [...] Por que o mau elemento nunca é o Anton, e sim um idiota qualquer?") Quando começou a escrever *Deception*, um romance sobre adultério, pensou que seria estimulante para todos — para ele, para os leitores — que o personagem principal não fosse um protagonista de nome aleatório, mas ele próprio. E explica: "Se digo que sou *eu* colocando a mão na garota, que sou *eu* que estou traindo... há algo em jogo".

Parece claro também que, nos anos pós-Halcion de questionamento da identidade, recorrer a nomes reais lhe conferiu uma força extra. Os nomes das mulheres em *The Facts* foram alterados antes da publicação para proteger-lhes a privacidade — e "porque eu não queria ter de lê-los nas resenhas", acrescenta Roth —, mas enquanto escrevia o livro foi importante que os nomes verdadeiros estivessem lá. No caso de *Operação Shylock*, um verdadeiro pião de Chanuká de identidades, Roth revela que todos os livros de "duplos" que leu antes de começar a escrever — *O médico e o monstro*, *O cúmplice secreto* [de Joseph Conrad] — fizeram-no sentir que o leitor moderno poderia ser ainda mais enredado pela trama se, novamente, a figura do duplo fosse ele próprio. Ele vê a atual onda de biografias e memórias como "a versão vulgarizada de uma verdadeira necessidade modernista". A qual ele resume como: "Você deve ser Raskolnikov. Eu sou Pipik".

Em dezembro de 1992, poucos meses antes da publicação de *Operação Shylock*, Roth voltou a sofrer de dores nas costas. Ele estava fazendo uma turnê promocional para *Patrimônio*, visitando universidades e centros culturais de todo o país, e passou a usar um colete ortopédico durante suas leituras de noventa minutos e a tomar uma ou duas doses de vodca depois para mitigar a dor. Lembra que às vezes o mal-estar era tanto que, entre uma cidade e outra, ele tinha de se deitar no chão do aeroporto. A despeito do clima de felicidade na sua festa de sessenta anos em março de

1993, várias fotografias mostram-no pressionando a coluna com as mãos. Começava a ficar claro para ele que *Operação Shylock* não seria o grande sucesso crítico e comercial que esperara, mas até essa decepção foi eclipsada pela dor — embora a dor talvez tenha tornado o desapontamento mais difícil de suportar. Em maio, depois de receber um título honorário do Amherst College, quase não conseguiu voltar dirigindo para casa. Naquele verão, teve de parar de trabalhar no novo livro que começara, pois não havia posição sentado ou em pé em que sentisse algum conforto. Depois de meses sem nenhum alívio substancial, e incapacitado para o trabalho, começou a perder o prumo emocional. Ele se lembra de que foi somente o medo de tartarugas-mordedoras e de serpentes aquáticas que o impediu de se atirar na lagoa perto de sua casa em Connecticut.

Não se trata de uma pilhéria, nem de uma metáfora. No verão de 1993, uma depressão suicida começou a se apossar dele, tão profunda e assustadora como o colapso provocado pelo Halcion cinco anos antes. Chegou a temer que a dor física nunca mais cessasse. Em suas próprias palavras, segundo o relato privado que escreveu mais tarde, ele estava sofrendo "a forma mais inimaginável de pavor que conheci, esperando por mim quando abria os olhos de manhã, presente quando tentava sem sucesso dormir à noite". A sensação era como um "alçapão que se abre dentro de você", prossegue o relato, "e o lança, totalmente indefeso, em um outro mundo — o subterrâneo dos seus piores medos noturnos". Na época, ele estava morando em Connecticut, como sempre acontecia no verão. Bloom, em suas memórias, escreve que Roth parecia "ter medo de ficar sozinho comigo" e que logo nem queria mais que ela estivesse lá. Sandy ficou com ele por um tempo e os dois voltaram juntos para a casa do irmão em Chicago por cerca de dez dias. Como os pensamentos suicidas não arrefeciam, Roth decidiu ligar para seu médico, que resolveu interná-lo em um hospital psiquiátrico, Silver Hill, em New Canaan, Connecticut. Roth pegou o primeiro voo de volta para o leste. Ele foi admitido no hospital no começo de agosto e permaneceu lá por dezessete dias, voltando depois para sua casa. Bloom estava fora, a seu pedido, mas alguns amigos íntimos vieram lhe fazer companhia. Quando se sentiu naufragando outra vez, no começo de setembro, voltou a se internar no hospital por um período quase igual. Ele estava tomando um anti-inflamatório para as dores nas costas e medicamentos contra depressão. Quando recebeu alta definitiva no final de setembro, estava se sentindo não apenas melhor, mas também revitalizado, livre das dores pela primeira vez em nove meses. Hoje ele vê a depressão como um processo excruciante de clarificação mental que lhe permitiu discernir o que queria e do que precisava para o resto da vida. "Foi terrível passar por aquilo, mas acabou sendo um sofrimento benfazejo." Roth voltou para Nova York diretamente do hospital e, em poucas horas, recomeçou a trabalhar no novo romance. No mês seguinte, entrou com um pedido de divórcio.

Ele fala de uma tremenda sensação de alívio. Conseguira não se matar. A doença havia sido avassaladora; e assim era a saúde. O anti-inflamatório mantinha-o livre da dor e os demais medicamentos logo deixaram de ser necessários. E ele estava livre. Livre de uma mulher que, segundo diz hoje, parecera-lhe vezes demais ter pouca disposição para apoiá-lo durante seus meses de dor e medo — Bloom escreve, com pesar, que seu "pânico" a fez parecer "carente de compaixão" — e cuja vulnerabilidade tornara-se um fardo (como Bloom confirma). Livre de uma companheira que se tornara uma distração do trabalho que nunca fora tão premente. Em *O avesso da vida*, Nathan Zuckerman observa que o traço mais judaico de seu irmão, Henry, foi que precisou mudar-se para Israel, aprender hebraico e redescobrir seu Deus — todas essas coisas moralmente irrepreensíveis — só para justificar ter deixado a esposa. A depressão de Roth não foi menos excruciante e real por ter proporcionado a ele uma justificativa semelhante.

Bloom não contestou judicialmente o acordo pré-nupcial, em troca de um ajuste relativamente modesto de 100 mil dólares. A julgar por suas memórias, parece que ambos, ao menos intermitentemente, imaginaram que permaneceriam amigos. No entanto, esse período não pode ter sido sempre tão fácil para Roth como ele afirma: por um tempo, pensou em vender sua adorada casa no campo e construir outra nas proximidades, só para se livrar de recordações perturbadoras; chegou até a contratar um arquiteto e encomendar uma maquete, embora tenha depois abandonado a ideia. Ele estava morando sozinho no apartamento em Nova York, trabalhando em seu escritório todos os dias. À noite, encontrava-se com amigos para jantar ou — o tipo de detalhe a que ele não consegue resistir — ficava colado no julgamento de O. J. Simpson. O novo livro estava sendo escrito com extraordinária facilidade. Sentiu que o retorno à vida energizara sua literatura, ainda que o livro fosse sobre dor, perda e a arte de morrer.

Ninguém que seja amado escapa vivo

"Tudo começou porque eu estava procurando um lugar para ser enterrado", diz Roth sobre escrever *O teatro de Sabbath* em sua entrevista ao site Web of Stories. Ele estava com quase sessenta anos e pensou: "É melhor eu cuidar disso". A busca foi desencadeada pela morte de sua amiga e antiga amante Janet Hobhouse, em 1991, aos 42 anos. Câncer de ovário. Os dois tinham sido amantes por um breve período em 1974, quando ela vivia no andar de cima do prédio na rua 81 Leste, em Nova York. (Em *O avesso da vida*, Maria mora um andar acima de Nathan; ele chama o elevador de "*deus ex machina*".) Hobhouse era linda e talentosa, Bloom escreveu em suas memórias; era também uma mulher casada. Embora tivesse nascido em Nova York, morara vários anos na Inglaterra e Roth gostava de seu sotaque. Afora alguns toques deliberados e enganosos, ela não era Maria Freshfield, é claro — ela foi o álibi para a mulher que era Maria Freshfield —, mas é sem dúvida a mulher que fala sobre sua quimioterapia em *Deception*. ("Posso estar careca, mas não tenho nem quarenta anos. Realmente não acho que eu deveria morrer.")

Hobhouse também escreveu sobre Roth, num romance à maneira memorialista intitulado *The Furies* — era inicialmente um livro de memórias —, no qual Roth, renomeado Jack, figura como um romântico artista-herói de olhos negros transparentes, exalando energia vital. Fica claro que Hobhouse estava apaixonada, mas não cegamente: ela avalia com franqueza o contraste entre o "extremismo" da ficção de seu amante e o "pudendo reacionarismo prufrockiano" de seu modo de ser cauteloso e autoprotetor. (Esta é uma discrepância que todos os amigos de Roth notam: o pirata literário que leva consigo um frasco de álcool gel.) Quando Hobhouse revelou que um psiquiatra havia lhe receitado lítio, Roth se afastou e, mesmo sabendo quase nada sobre sua vida pregressa, ela pressentiu seu medo de se envolver com outra mulher desequilibrada. Todavia, não considerou o contraste entre a obra e a vida de Roth como algo que o diminuísse; pelo contrário, escreve que isso a fez amá-lo ainda mais. Era assim que ele fazia seu trabalho. "Eu admirava seu jejum."

Hobhouse morreu antes de *The Furies* ser publicado. Grande parte do livro gira em torno de sua mãe, uma mulher problemática que cometera suicídio alguns anos antes. Hobhouse a tinha sepultado num cemitério da época da Revolução Americana em Cornwall, Connecticut, perto da casa de Roth, ficando subentendido que ela também seria enterrada lá. Essa triste incumbência recaiu sobre Roth, que também adquiriu a lápide para seu túmulo. Daí veio a ideia de arranjar o seu próprio jazigo, uma aventura que Roth já narrou, *con brio*, para amigos e para entrevistadores. Primeiro, imaginou-se no mesmo bucólico cemitério campestre, "mas acabei achando que não me sentiria muito à vontade lá. Afora minha amiga, pensei, com quem eu haveria de conversar?". Descartou diversos outros locais nas proximidades por motivos semelhantes e resolveu dar uma olhada no cemitério de Nova Jersey em que seus pais estão enterrados, mas nenhum dos jazigos adjacentes estava disponível. O diretor do cemitério acompanhou-o na busca de um lugar adequado, mas quando Roth apontou para um jazigo não muito distante do de seus pais, esse senhor — "um verdadeiro comediante", diz Roth — chacoalhou a cabeça: "Não acho muito bom esse lugar, sr. Roth. O senhor não vai conseguir esticar as pernas". E o impulso autoral já ia se manifestando. "Comecei a me dar conta", diz ele, "que um personagem que busca um túmulo para ser enterrado poderia ser interessante — especialmente se pretendesse cometer suicídio."

Seria tentador dizer que Roth extraiu Mickey Sabbath da sua própria depressão, num momento em que apenas o medo de tartarugas-mordedoras e de serpentes aquáticas o impediu de se atirar na lagoa perto de sua casa, e do intenso senso de vida que o arrebatou quando se viu capaz de não dar o mergulho fatal — ou melhor, do intenso senso de vida que, ao longo de toda sua existência, sempre impedira esse mergulho, por mais terríveis que fossem seus temores e seu desespero. *O teatro de Sabbath* é o livro mais vigoroso e emocionante de Roth, um livro que nos dá a impressão de estar sempre febril. É também uma obra-prima da literatura americana do século xx: fluente de vida, denso de caráter e sabedoria, confere às experiências mais profundas que enfrentamos — morrer, recordar, nos amparar mutuamente — o impacto surpreendente do primeiro contato, da primeira tomada incrédula de consciência. Roth realiza essa proeza, em grande parte, evitando expectativas. *O teatro de Sabbath* é intencionalmente abrasivo e loucamente engraçado — mais ainda que em *Operação Shylock*, Roth provoca em nós, pelo choque, sentimentos que nenhum ato sincero ou convencional de devoção seria capaz de induzir. Pois a despeito de todo o riso que provoca, o livro é em essência uma tragédia, uma tragédia repleta de lágrimas. Coloca-nos frente a frente com nossas perdas mais terríveis e nossa indignação absolutamente inútil contra o fato da nossa extinção —

o fato, como diz Mickey Sabbath, de que "não há nada no mundo que cumpra o que prometeu".

Mickey Sabbath não é Zuckerman, nem Kepesh, e não é Philip Roth. Biograficamente, é alguns anos mais velho que esses camaradas e não tem nada que se pareça com a formação acadêmica deles. Sabbath foi marujo na juventude: aos dezessete anos, zarpou como marinheiro mercante, assim que concluiu o colégio, em 1946, e do que ele mais se lembra dos portos e cidades e experiências são as prostitutas. ("Uma grande admiração pelas piranhas. O fedor de ensopado daquelas partes aceboladas. Quando foi que alguma coisa teve para mim um sentido maior do que isso?") Boa parte da história pungente de Sabbath — "Bahia, onde havia uma igreja e um puteiro para cada dia do ano" — alude ao passado de marinheiro e ao anedotário sexual do amigo londrino de Roth, o pintor expatriado R. B. Kitaj. Roth não se comovia com os quadros de Kitaj e o predomínio da temática judaica em sua pintura não refletia o tipo de judaicidade que era significativo para ele. ("Ele queria ligar-se aos judeus de maneira histórica, nunca cotidiana", diz Roth pensativamente; "sofrimentos e combates históricos, não passar calças.") Mesmo assim, Roth ouvia com afeição as histórias de Kitaj sobre suas viagens exóticas e suas visitas, na adolescência, aos melhores e piores bordéis de Buenos Aires a Havana. (Mickey Sabbath: "Estar de volta lá, ter dezessete anos em Havana, e com a vara em riste!".)

Sabbath cresceu numa cidade em Jersey Shore, onde a família Roth costumava passar algumas semanas todo verão. Sabbath, porém, passou a infância inteira lá, um garoto judeu em meio a italianos e irlandeses — foram os irlandeses que transformaram um nome judaico comum, Morris, em Mickey. Depois de anos no mar, ele se tornou um titereiro, primeiro como artista de rua, conseguindo por fim um lugarzinho próprio de 99 lugares, na Avenida C: o Teatro Indecente de Manhattan. Roth lembra que a irmã mais nova de sua mãe, a solteira tia Honey — renomeada tia Rhoda, professora de hebraico em Newark, quando Roth a emparelhou com seu Kafka ficcional —, trabalhou em um teatro de marionetes de um programa do New Deal, a Works Progress Administration, e levou dois grandes fantoches para guardar no apartamento dos Roth. Ficavam no fundo do armário dos filhos e Roth adorava vê--los escarrapachados lá dentro sempre que abria a porta. Também lembra que, durante a escrita do livro, passou um bom tempo com titereiros de vanguarda e jura que assistiu a uma versão só com marionetes, e em tcheco, de *O processo*, de Kafka, apresentada por um grupo de teatro de fantoches de Praga.

Com 64 anos, Sabbath não é mais um mestre dos fantoches, pois suas mãos estão desfiguradas pela artrite. Também foi forçado a se aposentar como professor, devido a um infeliz incidente envolvendo uma aluna, sexo por telefone e um gravador. (O livro inclui uma transcrição completa da conversa obscena na margem inferior das páginas relevantes, como se fossem notas de rodapé.) Contudo, apesar de ser um homem baixinho, atarracado como um barril, com barba branca desgrenhada e hábitos higiênicos incertos, ele continua totalmente dedicado a sua vocação alternativa de cliente de puteiro e velhote devasso.

Mickey Sabbath não padece de inibições, em parte porque rejeitou a barganha que a maioria das pessoas faz com a civilização e seus mal-estares. Não possui nenhum dos impulsos éticos que constrangem Alexander Portnoy. Entretanto, embora seja livre de qualquer restrição — "A libertação do desejo de agradar os outros" —, só o é porque já perdeu quase tudo: o irmão mais velho, morto a tiros durante a guerra; a mãe, que nunca se recuperou da morte do filho; a esposa de sua juventude, que desapareceu ao longo do caminho da vida. E uma amante que ele adorava, que acaba de morrer de câncer e que era mais importante para ele do que qualquer outra mulher que havia conhecido. Sabbath pode fazer o que quiser, não importa o risco, porque nada mais lhe pode ser tirado.

E assim ele se torna obcecado por cemitérios. Inapto para lidar com os vivos, Sabbath é seguro de si e íntimo com os mortos. Ele conversa com frequência com o fantasma da mãe. ("Você sabe apenas o que sabia quando estava viva ou agora sabe tudo, ou será que já não se trata mais de 'saber'? Qual é a história?") Ele próprio preferiria estar morto, mas não consegue cometer suicídio, por mais cuidadosos que sejam seus planos ou por mais vezes que tente. De um jeito ou de outro, ele acaba estragando todos os seus projetos mortíferos. Há o cemitério onde seus pais e seu irmão estão enterrados, por exemplo. Ele chega lá na mais perfeita boa-fé, pronto a se recolher ao jazigo adjacente, só para descobrir que a irmã mais velha de sua mãe, que morrera apenas dois anos antes, tinha tomado seu lugar. Será que todos se esqueceram completamente dele? Será que supuseram que ele já estava morto, por causa do modo como vivia? É um golpe duro:

> Rei do reino dos desiludidos, imperador sem expectativas, desalentado deus-homem das traições, Sabbath ainda *tinha* de aprender mais uma vez que nada, mas absolutamente *nada*, jamais ia dar certo — e essa obtusidade constituía, em si mesma, um choque muito profundo. Por que a vida me recusa até mesmo o *túmulo* que eu queria? Se ao menos eu houvesse guiado essa aberração que sou no sentido de uma boa causa e tivesse me matado dois anos atrás, esse lugar ao lado da minha mãe agora seria meu.

Porém, ainda que conseguisse dar conta da logística da coisa e acertasse em cheio a hora e o lugar, sempre haverá mais uma experiência se anunciando que ele não suportará perder. Sabbath é extremamente afeiçoado até aos piores aspectos da vida, e talvez especialmente a eles, porque são tudo o que tem e porque lhe mostram como é forte sua afeição:

> Sim, sim, sim, ele sentia uma ternura incontrolável pela sua própria vida cheia de merda. E um ridículo apetite de mais e mais. Mais derrotas! Mais decepções! Mais enganos! Mais solidão! Mais artrite! Mais missionários! Se Deus quiser, mais bocetas! Mais envolvimentos desastrosos em tudo o que é encrenca.

A experiência mais difícil de deixar para trás é, com certeza, o sexo.

O teatro de Sabbath é um livro de mente jovialmente suja, um livro que eleva a velha questão do sexo como liberdade para sexo como um protesto contra o próprio túmulo. E Mickey Sabbath não se cansa de protestar. Afora uma série bastante infindável de atos ostensivamente afrontosos — chuvas douradas, masturbação ao pé da cova —, o livro contém odes rapsódicas à ereção matinal ("Nenhum engodo. Nenhuma simulação. Nenhuma falta de sinceridade. Boas-vindas àquela força propulsora!") e ao clitóris ("A mãe do microchip, o triunfo da evolução, juntamente com a retina e a membrana timpânica. Eu bem que gostaria de ter um desses eu mesmo, bem no meio da minha testa, como o olho do Ciclope".) Bizarrias sexuais "chocantes" já haviam se tornado uma espécie de padrão da ficção americana e Roth, desde o advento de Zuckerman, confinara seus heróis a uma lascívia fugaz e semicaricatural. Para Sabbath, porém, sexo é coisa séria e ele encontrou um páreo duro: uma refugiada croata morena, de meia-idade, baixinha e um pouco rechonchuda, que dirige com o marido uma pousada na Nova Inglaterra e cujo apetite sexual e desprezo por normas superam até os de Sabbath. O nome dessa criatura pródiga é Drenka Balich e o aspecto verdadeiramente surpreendente de seu caso com Sabbath não é tanto o indiscriminado sexo rompe-

-tabus, mas — tão mais difícil de conseguir — a profundidade e a inocência do amor entre ambos.

Quantos grandes casos de amor podemos contar na ficção contemporânea? Este dura treze anos. Até que, aos 52 anos, Drenka adoece e morre, lançando Sabbath num vórtice descendente e o romance no seu curso. Como *Lolita*, o livro de Roth é uma narrativa em retrospecto de uma paixão transgressiva — tanto Sabbath como Drenka são casados e ambos são dedicadamente promíscuos —, embora aqui a mulher possa ser tudo menos uma ninfeta:

> Era de imaginar que fosse de outro modo, com a musculatura perdendo sua firmeza por todo o corpo, mas mesmo onde a pele de Drenka se tornara ressecada, na base do seu pescoço, mesmo aquele diamante, do tamanho da palma da mão, desenhado pela carne minuciosamente hachurada intensificava não apenas o seu contínuo fascínio como também o sentimento de ternura que Sabbath experimentava em relação a ela. Sabbath estava agora a seis breves anos dos setenta: o que o fazia agarrar as nádegas, que se alargavam, como se o Tempo tatuador não tivesse ornamentado suas duas faces com festões cômicos, era o fato de ele saber, de forma inevitável, que o jogo estava prestes a chegar ao fim.

E não é apenas o sexo, ou a ousadia no sexo, ou o desafio às convenções no sexo. Drenka é pragmática, engraçada e — atributo tão importante como os demais — uma mãe carinhosa à moda antiga. Quando aceita quinhentos dólares de Sabbath para se fazer de puta, ela compra um presente para seu filho adulto. (O filho é membro da polícia estadual e Drenka possui um rastreador que monitora os sinais de rádio da polícia para que possa saber o paradeiro dele quando está em patrulha a noite inteira; sua devoção é quase digna da sra. Portnoy.) Parte da volúpia está na contradição: "Uma mulher respeitável que tinha suficiente ânimo de combate para desafiar a audácia de Sabbath com sua própria audácia" e Sabbath quer dizer com isso que Drenka sentiu orgulho e prazer de ter feito sexo com quatro homens em um único dia. Mas Drenka também é descrita (por Sabbath) como alguém "em pleno êxtase apenas por estar viva" e (pelo marido dedicado, mas sem noção) como um "pedaço humano de luz do sol". Seria exagero chamar Mickey Sabbath de herói, mas Drenka Balich é sem dúvida uma heroína, uma digna descendente das grandes adúlteras da literatura europeia.

Roth se inspirou inicialmente em uma vizinha casada de Connecticut com quem iniciara um caso no final dos anos 1970; o caso se prolongou durante todo o seu casamento e sobreviveu a ele — mas não por muito tempo. O arranjo nunca foi exclusivo. Afinal, Roth ficava em Londres seis meses por ano e não era o único homem com quem essa "mulher desinibidamente poliamorosa" (sua descrição dela para mim) mantinha relações adúlteras — na verdade, para ele essa era a essência de seu charme. Ele a via como uma sensualista, uma não conformista, um espírito de fato livre e se perguntava se essa liberdade teria a ver com o fato de ela não ser americana. (Ela não era croata, porém, mas escandinava. Amigos de Roth que a conheceram na época confirmam essas palavras: Judith Thurman menciona uma mulher "totalmente desinibida" — quase ecoando o livro de Roth — e, não obstante, maternal, "a pessoa mais carinhosa que já conheci", embora Thurman também ache que ela provavelmente exagerava suas façanhas sexuais para impressionar Roth.) O caso durou até o momento em que ele subitamente se divorciou, ela subitamente se divorciou e os dois começaram a se ver com mais regularidade, "por mais do que algumas poucas horas roubadas de sexo", explica Roth. A relação entrou em colapso, sob o peso da trivialidade, ao que parece, em 1995, ano em que *O teatro de Sabbath* foi publicado.

No entanto, a personagem de Drenka, em toda sua luminosidade solar, é pintada de imaginação tanto quanto de memória. O grande dom que Roth lhe confere não é a beleza, mas uma absoluta e afável liberdade, que se baseia na força e irradia alegria. Uma inebriante mãe-terra, Drenka é absolvida de sentimentalismo por uma sexualidade safada e pelas gordurinhas em torno dos quadris. É fácil apreciá-la e impossível não chorar junto com Sabbath em seu leito de morte. Embora não viva como a maioria das mulheres vive ou talvez quisesse viver, ela amplia o senso de possibilidade feminina — e é para isso que servem as heroínas.

E há ainda o modo como Drenka fala. A despeito de toda a animação sexual dos heróis de Roth e de sua célebre excitação com seios, eles são também e cada vez mais atraídos pela voz feminina, tarados pelas palavras de uma mulher. (Até Alexander Portnoy rejeita uma beldade loira porque não conseguia suportar "aquele seu linguajar afetado de colégio interno"; e Nathan Zuckerman, é claro, arriscou a vida por "uma oração subordinada construída com elegância".) "Sedução fonética" é o nome que Roth dá aqui. Sabbath adora o sotaque "provocante" de Drenka e, ainda mais, seu dom para transformar clichês em pequenas obras de arte verbais: "santo descalço não faz milagre", "cavalo dado não escova o dente", "de grão em grão a galinha enche o saco". Para Sabbath, esses malapropismos têm um frescor linguístico estimulante — ela chama a ereção de outro amante de "arco-íris", pois é comprido e recurvado — que reflete a ausência de clichês no modo como ela pensa e vive. (Tortura linguística, por outro lado, é infligida pela universitária que diz a ele se sentir "empoderada" por conhecê-lo — "naquela linguagem que todas usavam e que o deixava com vontade de arrancar a cabeça delas todas" — e por sua esposa, que volta das reuniões dos AA falando interminavelmente sobre "compartilhar": "Assim como as pessoas direitas abominavam a palavra *foda*, Sabbath abominava *compartilhar*".) A moralidade da linguagem, liberdade dos grilhões do jargão: ou, como diz Sabbath, o prazer de palavras "finalmente libertas, elas mesmas, do dever diário de justificar e esconder". Não há nada que Mickey Sabbath não se disponha a fazer com seu corpo, mas seu senso de linguagem continua imaculado.

Por sua vez, a linguagem de Roth adquire nova riqueza e beleza em *O teatro de Sabbath*, um desenvolvimento que ele atribui à liberdade inédita que sentiu ao escrevê-lo — "a experiência mais livre da minha vida". Ele acredita que deve essa liberdade literária à irrestrita liberdade pessoal de Mickey Sabbath: um protagonista muito mais irrefreado até mesmo que Portnoy. O texto, numa terceira pessoa profunda e subjetiva, entra e sai quase imperceptivelmente dos pensamentos de Sabbath, vai se intensificando até atingir a força de um vendaval, sem perder o coloquialismo confidencioso que Roth já aperfeiçoara havia tempos. Apesar de toques de magnificência quase bíblica aqui e ali, apesar dos temas mortais e dos anseios imortais e dos inchaços musicais, *O teatro de Sabbath* chega até nós com a mesma naturalidade que *Adeus, Columbus*.

Roth, um severo moralista linguístico, obriga a beleza a fazer sua parte. Seu estilo sempre foi difícil de caracterizar — excluindo-se a energia e a concentração, a insólita habilidade de capturar falas, a vaga tendência de usar pontos de exclamação e maiúsculas nos rompantes cômicos, quando nos pega pelo colarinho e não nos solta. É improvável que se atenha longamente a uma paisagem. Ele desconfia das descrições extensas — as observações tremeluzentes do mundo circundante que conferem à obra de Updike sua textura — e parece estar sempre atento aos riscos da presunção ou de atenuar a pressão da voz narrativa. Mesmo aqui, uma passagem de esplendor lírico pode muito bem terminar em um olho roxo, como quando Sabbath chega ao túmulo de Drenka, em um remoto cemitério campestre, na escuridão da noite, evitando assim encontrar-se com o filho, ou com o marido, ou com qualquer outra pessoa com credenciais mais legítimas de luto:

Cinco meses após a morte de Drenka, numa noite morna e úmida de abril, com a lua cheia canonizando a si mesma acima da linha das árvores, flutuando sem nenhum esforço — luminosamente abençoada — rumo ao trono de Deus, Sabbath se estendeu na terra que cobria o caixão dela e disse: "Drenka, sua imunda e maravilhosa boceta! Case comigo! Case comigo!".

Alguém achava que teria pela frente uma frase inteira sobre a tênue luminosidade da lua? Essa passagem é quase uma fórmula para o livro inteiro: uma mistura do hormônio masculino que Sabbath chama de "loucosterona", de amargura ensandecida e de amor.

Talvez seja assustador e é certamente estranho visitar um cemitério altas horas da noite, sozinho. Para captar com precisão o clima, Roth começou a visitar o túmulo de Janet Hobhouse no meio da noite — sozinho. O cemitério Cornwall fica na periferia da cidade; no livro, Roth situa-o num local ainda mais remoto e na encosta de um morro, em parte para criar uma cenografia dramática, mas principalmente para permitir que Sabbath execute seus ritos peculiares de luto, que incluem uma (amorosa) ejaculação sobre o túmulo de Drenka. (Sabbath fica enfurecido quando outro homem aparece — justamente o arco-íris! — e rende a mesma homenagem.) Roth visitou o túmulo de Hobhouse inúmeras vezes nos meses após sua morte e a morte terrível de Drenka pelo câncer claramente deve bastante a esse exemplo trágico. Roth, contudo, me revela que suas visitas na calada da noite não foram todas trágicas. Certa gélida madrugada de inverno, perambulando pelos jazigos, ele diz ter ouvido distintamente a voz de Hobhouse perguntar-lhe: "Você está trabalhando num livro, não está?".

O teatro de Sabbath dispensa as artimanhas de tempo e o tumulto narrativo que são essenciais em *O avesso da vida* e *Operação Shylock*, pois a tese central aqui é a de que o tempo avança em uma única direção e conduz a um único fim. As ideias de Sabbath sobre a morte, sua saudade de pessoas que já se foram, fluem sem parar pelas páginas do livro; a beleza resulta não de requintes adjetivais, mas da observação atenta e da precisão imaginativa. Sabbath, depois de esgotar todas as outras possibilidades, tem uma inspiração simples como uma heureca para abolir a morte: "Voltar a vida para trás, como um relógio no outono. Basta retirar o relógio da parede, voltar os ponteiros para trás e para trás até que todos os nossos mortos ressurjam, como no tempo normal".

E aqui ele lê as inscrições das lápides num cemitério que visitou: "Amada esposa Tillie. Amado marido Bernard. Amado marido e pai Fred. Amado marido e pai Frank. Minha querida esposa e nossa amada mãe Lena. Nosso querido pai Marcus. E assim por diante. Ninguém que seja amado escapa vivo".

Mickey Sabbath é um poeta nato, ainda que seja inegavelmente repelente para muitas pessoas — dentro e fora do livro — com seu erotismo grisalho e seu regozijo na profanação. Com certeza, parte da intenção de Roth é forçar nossa passagem através dessas qualidades repelentes até uma aceitação mais ampla do animal humano. "Repelente" é uma palavra que vem à tona diversas vezes quando ele fala sobre este livro: "Eu queria deixar o repelente se imiscuir", diz. Por quê? "Porque fazemos tanto esforço para não vê-lo", responde. "Jogamos um nome feio qualquer sobre ele e desviamos o olhar." Roth diz que descobriu a importância de admitir o repelente, em literatura, graças a Henry Miller, e, de fato, é difícil imaginar Mickey Sabbath sem o precedente de

278

Trópico de câncer. Roth o tinha lido em algum momento dos anos 1950, na famigerada edição da Obelisk Press que viajantes contrabandeavam de Paris antes de o livro tornar-se legal nos Estados Unidos em 1961. Em alguns apontamentos inéditos sobre suas influências literárias — os mesmos apontamentos em que reflete sobre Thomas Wolfe —, Roth afirma que leu Miller como havia outrora lido Wolfe, "enlevado" e cheio de entusiasmo pela maneira de ele explorar "vastas áreas de pensamentos indizíveis e condutas inomináveis" e por seu testemunho intrépido "das minúcias impertinentes do desejo masculino".

Claro, pode-se dizer que a mesma descrição se aplica a Roth. E a liberdade de *O complexo de Portnoy*, sob essa ótica, talvez deva tanto a Miller como à psicanálise. ("Todo o vigor em Henry Miller", prosseguem as notas de Roth, "todo o individualismo anárquico parecem ser gerados e mantidos por seu falo.") Roth é um romancista muito superior e compreende áreas muito mais amplas do pensamento e da conduta. Mas a lição de Miller permanece. Deixe a sexualidade entrar. Deixe o corpo entrar. A lição pode ser encontrada em *O escritor fantasma*, quando o jovem Zuckerman anuncia que pretende, por conta própria, ampliar a definição de escritor judeu dada por Isaac Bábel — "um homem com outono no coração e óculos no nariz" — de modo a incluir também "sangue no pinto". Pode ser encontrada em *Patrimônio*, quando Roth tem de limpar as fezes do pai depois que o velho sofreu um acidente, raspando com uma escova de dentes o que tinha se depositado nas frestas do piso de tábuas do banheiro. Deixe o repelente entrar. É parte da vida. Mas só em *O teatro de Sabbath* Roth assumiu plenamente o desafio, aplicando um intelecto rigoroso e uma dolorosa honestidade ao tema do corpo humano — compulsivo, malcheiroso, lindo e feio, crivado de câncer e amor, corruptível somente na morte.

Mas a ideia de repelência, para Roth, também está associada

a uma linha de pensamento político. O repelente atrapalha os "planos ideais", conforme escreveu em apontamentos para as aulas que deu sobre seus próprios livros no Bard College, no final dos anos 1990. "Se ao menos conseguirmos nos livrar dos judeus repelentes, ou dos ricos repelentes", prosseguem os apontamentos — e estamos agora de volta às catástrofes históricas do século xx: "Se ao menos conseguirmos dizimar os repelentes, seremos puros". É provável que não haja outra categoria que Roth examine com mais afinco e desconfiança que a dos "puros". Em contrapartida, se, em alguns aspectos, Mickey Sabbath conquista nossa admiração justamente porque, em suas palavras, "Não sou muito de cumprir minhas obrigações", os amigos cuja vida ele transtorna veem as coisas de modo bem diferente. E Roth — o eterno pugilista moral — coloca bastante peso na contra-argumentação, defendendo o normal, o sereno e os prazeres de cumprir obrigações.

O principal defensor da retidão é o fiel amigo de Sabbath, Norman Cowan, um homem verdadeiramente decente — um Henry Zuckerman mais gentil, menos raivoso — que oferece refúgio a Sabbath em seu apartamento em Manhattan, embora estivesse lutando para manter a paz doméstica antes mesmo da chegada dessa equipe de demolição formada e encabeçada por um só homem, Sabbath. Norman não é uma pessoa cega ou limitada, nem é um simplório. Ele vê todos os perigos do mundo que Sabbath vê. É precisamente *por causa* desses perigos que escolheu viver uma vida diferente e preservar, com unhas e dentes, "a porção de coisas comuns que tive a sorte de capturar e tomar para mim". (Sabbath não deixa de apreciar os benefícios das escolhas de Norman: "O repouso quando tudo está bem. Ter alguém ao lado enquanto a gente espera que o laboratório mande o resultado da biópsia".) Mas até o munificente Norman é levado ao limite quando Sabbath tenta seduzir sua esposa e faz uma incursão na

280

gaveta de lingerie de sua filha de dezenove anos. Norman fala em nome de muitas pessoas quando, cheio de raiva, dispensa Sabbath como um "patético e ultrapassado vovô excêntrico" e "o último suspiro da desmoralizada polêmica do macho". Até Roth diz que não seria capaz de suportar Mickey Sabbath ao seu lado. Para começar, Sabbath é simplesmente sujo demais. "Se ele estivesse sentado aqui", diz, apontando para seu belo sofá bege, "eu certamente o botaria para fora".

A seduzível esposa de Norman, contudo, é mais aberta aos modos de Sabbath e é apresentada como uma figura psicologicamente mais matizada. Michelle Cowan é uma personagem secundária de grande impacto, o retrato da mulher moderna bem--sucedida — carreira, marido amoroso, filha estudando na Universidade Brown — que é secretamente uma Bovary desgostosa e uma fora da lei sexual. Ela é o motivo de seu marido se esforçar tanto para preservar a paz. ("Há algo nela que, o tempo todo, ameaça fazer tudo em pedaços", percebe Sabbath, "a simpatia, o conforto, o maravilhoso edredom que vem a ser aquela posição privilegiada.") Michelle é a única pessoa que compartilha com Sabbath o mesmo doloroso e emaranhado senso de sexo e perda. Acostumada a ser uma mulher vibrante e atraente que levou uma vida sem reservas desde os trinta anos, ela subitamente desperta para o fato de que aos 55 "ardia com calores que subiam ao rosto" e para a sensação de que "*tudo* está se afastando a uma velocidade tremenda". Sabbath vê seus calores da menopausa por uma ótica bastante solidária, ou mesmo exaltada: "Ela baixou em plena linha de fogo do tempo, que voa adiante em desembestada carreira" (ou, com menos poesia, "não é nada engraçado arder numa pira em pleno jantar"). Não chega a surpreender, pois, que ele veja nobreza na recusa de Michelle entrar na noite assexuada com doçura. Totalmente diferente de Drenka em termos de classe, educação e temperamento, Michelle é outra adúltera moral e dedicada, uma Molly Bloom que se recusa a abrir mão do que quer que seja: "Será que tudo deve ficar para trás dela? Não! Não! O lirismo implacável do solilóquio de Michelle: e não eu disse não eu Não Vou". Contudo, por mais repelente que Mickey Sabbath possa ser — visto aqui como um homem da carne, não das palavras, um maculador de sofás beges —, ele é vestido com a linguagem mais esplendorosa e expansiva de que Roth é capaz, a qual lhe confere estatura, humor, cor e charme que vão muito além do seu eu nu e o transforma num Whitman da negatividade, uma figura de avassaladora, ainda que imprópria, vitalidade. As pessoas podem, com razão, objetar à ideia de um sátiro velhusco remexendo na gaveta de lingerie de uma adolescente, mas a catalogação que ele faz de seus achados é hilariante e festiva:

Nuanças fulgentes de seda e cetim. Calcinhas de algodão de aspecto infantil com listras vermelhas. Biquínis de tiras com forro de cetim. Dava para usar aquelas tiras como fio dental. Cintas-ligas púrpura, pretas e brancas. A paleta de cores de Renoir! Rosa. Cor-de-rosa pálido. [...] Malhas rendadas de corpo inteiro, três, e todas pretas. Um *body* sem alças, de seda preta, com enchimento nos seios, ornado de renda, pregas e alças. Alças. Alças dos sutiãs, alças das ligas, alças dos corpetes vitorianos. Quem, em sã consciência, não adora alças, todo aquele emaranhado para segurar e suspender? E quando era *sem* alça? Um sutiã sem alça. Meu Deus, tudo dá certo. Aquele troço que chamavam de *teddy* (Roosevelt? Kennedy? Herzl?), uma roupa de baixo de uma peça só, com uma blusa na parte de cima e, embaixo, uma calcinha bem folgada, com espaço livre nas pernas para a gente enfiar as mãos sem ser preciso tirar nada. Calcinhas de seda, floridas, como biquínis. Anáguas. Adorava as anáguas fora de moda. Uma mulher de anágua e sutiã, de pé, passando a ferro uma blusa, enquanto fuma um cigarro com ar sério. O velho e sentimental Sabbath.

Alguma surpresa que Roth tenha obtido esses elementos de um catálogo de lingerie? Por outro lado, quem, em sã consciência, não adora o abracadabra desse tipo de prosa? Entretanto, Sabbath não é sentimental sobre quase nada mais, ao menos no que diz respeito aos vivos. Ele se regozija com antagonismos: o verdadeiro motivo de não poder deixar esta Terra, ele enfim admite — e este é o fecho do livro —, é que "Tudo o que ele odiava estava *aqui*". É muita coisa para odiar e Sabbath não se faz de rogado para tornar seus ódios difíceis de engolir. ("Você faria qualquer coisa", Michelle lhe diz, "para não vencer.") Entre seus principais alvos estão as feministas universitárias, cujo propósito na vida, ele acredita, é enganar e deformar alunas impressionáveis. Sabbath, quase encarnando Henry Miller, descreve essas inimigas puritanas para uma dessas alunas impressionáveis, cuja cabeça por acaso encontra-se enterrada em seu colo: "Aquelas bocetas pérfidas, degeneradas, pundonorosas que vivem contando a vocês, meninas, essas horríveis mentiras sobre os homens, sobre a infâmia daquilo que é simplesmente meter a cara na realidade, como fazem todas as pessoas comuns, como eu e o seu pai". Igualmente desprezível, é claro, é a "gíria raquítica" que essas alunas — entre outras — usam para se comunicar. (Um grupo que, curiosamente, não chega a ser atacado são os judeus. Roth parece ter enfim esgotado o assunto em *Operação Shylock*.) Mas a lista de bichos-papões de Sabbath não tem fim. Meio século depois de seu idolatrado irmão mais velho ter sido abatido sobre as Filipinas — ele morrera alguns dias depois, com queimaduras em mais de oitenta por cento do corpo —, Sabbath reserva seu ódio mais veemente para aqueles que chama de "os japas". Ele tem acessos de fúria ao ler artigos de jornais sobre os eventos políticos mais comezinhos envolvendo "aqueles sacanas imperialistazinhos de cara achatada" e é só um pouco menos raivoso com os nova-iorquinos que comem sushi. Não é uma postura inteiramente inverossímil para um homem de sua geração e experiência. ("Vocês perderam o direito de comer o seu peixinho, seus sacanas, no dia 7 de dezembro de 1941.") Mas Sabbath se fixa no tema ofensivo com inexorável fervor e tenacidade. E Roth, olhando de soslaio por detrás da máscara, acrescenta por sua conta e risco outro pequeno antagonismo.

Michiko Kakutani, em uma resenha sanguinária no *The New York Times*, comenta a vituperação antinipônica do livro e cita os "sacanas imperialistazinhos de cara achatada" de Roth. Ela preferiu não mencionar a personagem Kimiko Kakizaki, diretora de uma faculdade para mulheres, que, segundo Sabbath, "deveria rastejar de volta para o ninho das serpentes japonesas de onde viera", depois que ela o despede do seu cargo de professor por abusar sexualmente de uma aluna. (Do ponto de vista ultrajado de Sabbath, sua única culpa é "ter ensinado uma mulher de vinte e um anos a falar obscenidades, vinte e cinco anos depois de Pauline Réage, cinquenta e cinco anos depois de Henry Miller, sessenta anos depois de D. H. Lawrence, oitenta anos depois de James Joyce" — e assim por diante até Aristófanes.) Roth havia deliberadamente lançado alguns petardos provocadores em direção a Kakutani, dando o troco da resenha que ela escrevera sobre *Operação Shylock*. O subtema japonês enquadrava-se bem na patologia rufiona de Sabbath acerca de Pearl Harbor: "Imaculada Kamizoko" vocifera Sabbath contra sua víbora: "Kakizomi. Kazikomi. Quem consegue lembrar a porra desses nomes? E quem é que vai querer lembrar? Tojo e Hiroíto eram o bastante para Sabbath". Kakutani, lançando de volta petardos da sua própria artilharia, encerra a resenha sugerindo que poucos leitores conseguirão chegar ao fim desse "livro desagradável e velhaco".

Outros críticos discordaram. Na *The New York Times Book Review*, William Pritchard considerou o livro "o romance mais rico e mais gratificante" de Roth e julgou a cena dos últimos momentos de Drenka "tão intensa quanto a literatura é capaz". Frank Kermode, escrevendo com excepcional mas não atípica erudição na *The New York Review of Books*, admirou "a largueza e a fluência rabelaisianas" de Roth e evocou variadas comparações com Thomas Mann, Robert Musil e Milton na sua análise "desse livro esplendidamente perverso". *O teatro de Sabbath* ganhou o National Book Award e até a revista *People* entrou na jogada, descrevendo Mickey Sabbath como "a mais esmerada e mais ardente criação de Roth". É verdade, entretanto, que muitas dessas resenhas vieram acompanhadas de uma advertência: Sabbath não é boa companhia para todo mundo. Pritchard escreveu que, embora discordasse deles, certos leitores achariam o livro "repelente e nem um pouco engraçado". (Ainda que, como Kermode bem percebeu, a genialidade do livro — e de Roth — esteja justamente em assumir esse tipo de risco.)

Apesar das inúmeras maldições que Sabbath lança e recebe ao longo do livro, nem todos os seus sentimentos são de profanação. Longe disso. Ele pode ser terno e ardente, especialmente ao recordar-se de pessoas de seu passado. Roth já incluíra diversas figuras secundárias fortes de homens idosos em seus romances, mas *O teatro de Sabbath* é sua primeira obra de ficção centrada em um velho desde "Epstein", o conto que escreveu aos vinte e poucos anos, quando a combinação de decrepitude e apetite parecia provocar boas risadas (mas risadas compassivas, mesmo naquela época). Desde então, Roth, é claro, amadurecera e mudara; e escrevera *Patrimônio*. Ele estava beirando os sessenta quando Mickey Sabbath lhe veio à mente. Seus pais, como os de Sabbath, estavam mortos. Em *Patrimônio*, ele escrevera sobre uma visita ao túmulo da mãe, quando até tenta conversar com ela. Isso não é o mesmo que dizer que a biografia seja a única fonte de temas insistentes como passagem do tempo, dor e morte. A cena maluca no cemitério coberto de neve em *A lição de anatomia* fora escrita mais de uma década antes. Mas agora os sentimentos no cemitério são outros. O alvo da energia colérica se deslocara — de uma encarnação do pai para as forças que tinham levado esse pai embora.

Ter uma vida longa é, inevitavelmente, escapar do mundo da família de que, na juventude, tanto se desejou escapar. Mas todos da família também acabam escapando um dia: todos se vão. O amor de Roth por seus pais e por sua infância sempre esteve presente em seus livros, mesmo quando, como no caso de Alexander Portnoy, era quase suplantado pela raiva. Doze anos depois de *Portnoy*, Nathan Zuckerman assegura a mãe (em *Zuckerman libertado*) que sua infância foi um paraíso. Quando chegamos a *The Facts*, em 1988, vemos Zuckerman repreendendo Roth por ter se tornado "tão amolecido" diante da morte iminente do pai, a ponto de nem se lembrar do lado árduo de ter crescido como filho de seu pai. Essa é a transformação trazida pela idade: não há mais nada no passado contra o que lutar ou resistir. Mickey Sabbath está com 64 anos. As passagens mais belas de *O teatro de Sabbath* são suas recordações da infância. O paraíso que Zuckerman apenas insinuou Sabbath descortina para nós. Suas lembranças da vida em Jersey Shore são traçadas com substantivos duros, límpidos — outra magnífica catalogação — tão essenciais como as coisas em si:

> Lá, havia areia e oceano, horizonte e céu, dia e noite — a luz, a escuridão, a maré, as estrelas, os barcos, o sol, as neblinas, as gaivotas. Os molhes, os píeres, a calçada de tábuas ao longo da praia, o estrondo das ondas, silêncio, mar sem fim. Onde ele cresceu, havia o Atlântico. Dava para tocar com os dedos o ponto onde a América

começava. [...] No verão, a brisa salgada do mar e a luz deslumbrante; em setembro, os furacões; em janeiro, as tormentas. Eles tinham janeiro, fevereiro, março, abril, maio, junho, julho, agosto, setembro, outubro, novembro, dezembro. E depois janeiro. E depois de novo janeiro, nunca terminava a reserva de janeiros, maios, marços. Agosto, dezembro, abril — cite um mês qualquer, e eles tinham esse mês aos montes. Tinham até não acabar mais. Ele crescera cercado pelo infinito e pela sua mãe — no começo, eles eram uma coisa só.

O canto das oxítonas: a luz, a escuridão, a maré. O súbito abrir-se para o mar em estrondo e silêncio. Os meses, nomeados e coloridos como num calendário infantil. O recomeço, a plenitude corriqueira. É possível que desde Proust nenhum outro autor tenha chegado tão perto de capturar o Tempo: "Dava para tocar com os dedos o ponto onde a América começava". Um garotinho em pé na beira d'água, numa feiosa praia qualquer de Nova Jersey, com um continente se erguendo atrás dele. *O teatro de Sabbath* é o livro em que Roth redescobriu os Estados Unidos: o mítico e grandioso país de promessas e princípios, a América de sua infância indissoluvelmente ligada à vitória moral da Segunda Guerra. O livro é o primeiro resultado real de seu retorno ao lar. "Eu estava de volta, embebido na vida americana, e foi maravilhoso", disse Roth à televisão francesa, enquanto um pouco de Gershwin compulsório tocava ao fundo. "Todas as minhas lembranças foram úteis", prosseguiu. "A língua americana me foi útil, forte, poderosa." Embora *O teatro de Sabbath* não seja um romance histórico, é o primeiro livro de Roth em que a história agarra os personagens com as próprias mãos, sacode-os de um lado para o outro e dilacera-os.

E é o primeiro livro em que Roth reivindica a América para si. O jovem Alexander Portnoy inveja garotos chamados John ou

Billy, Smith ou Jones, todos os cristãos louros que lhe parecem ser "os moradores legítimos, os verdadeiros proprietários deste lugar". ("Não venha me dizer", insiste, "que somos americanos tal como eles.") Cerca de um quarto de século depois, Morris Sabbath não tem dúvida alguma de que é americano. E não apenas porque pagou o preço que a América cobra: perto do final do livro, ele literalmente se enrola na bandeira que fora enviada para sua casa, envolvendo o corpo do irmão — uma bandeira grande, com 48 estrelas —, e senta na praia e chora. Desde então — desde a infância de Portnoy, desde a infância de Roth —, imigrantes mais recentes substituíram o senso de estranheza, forasteirismo e nostalgia dos judeus pelo seu próprio. Sabbath, com seu conhecimento enciclopédico de todas as gravações de Benny Goodman e seu domínio do vernáculo, está para sua namorada croata como as *shiksas* estavam para Portnoy. Ela o chama de "namorado americano". E, antes de morrer, lembra-se dos bons momentos que tiveram juntos, quando ele cantarolava ao ritmo da música. "Eu estava dançando com a América", ela lhe diz. "Meu coração", responde ele, "você estava dançando com um adúltero desempregado." Mas ela sabe que está certa. Nós também sabemos. "Você é a América", ela lhe diz. "É, sim, você é, meu garoto malvado."

A loucura assassina americana!

"O epíteto 'escritor judeu americano' não tem nenhum sentido para mim", Roth disse em uma entrevista logo após a publicação de *Pastoral americana* em 1997: "Se eu não for um americano, sou nada". Essa posição não era, de modo algum, nova ou singular. Poucos artistas recebem de bom grado as limitações implícitas de uma categoria, seja como judeus ou negros ou mulheres ou qualquer subgrupo da espécie. E o absolutismo americano remonta às palavras que abrem *Augie March*, de Saul Bellow ("Sou americano, nascido em Chicago"), que haviam sido tão reveladoras para Roth quarenta anos antes. Ele também insistiu, na mesma entrevista à televisão francesa, que "ser um judeu é apenas outra maneira de ser um americano". Ele nunca duvidara desse preceito na juventude, quaisquer que tenham sido as dúvidas e inseguranças expressas por seus personagens (ou quaisquer que tenham sido as dúvidas e inseguranças expressas por pessoas muito preocupadas com seus personagens). Ele se mantivera afastado de seu país tempo suficiente — e, aos sessenta e poucos anos, já vivera tempo suficiente — para merecer uma visão mais ampla.

Para Roth, o retorno à América foi tão fundamentalmente uma mudança literária quanto prática e emocional. Se não fosse um escritor, ele era nada.

Pastoral americana nasceu de algumas páginas que escrevera no início dos anos 1970 e guardara na gaveta desde então. Ele as tirava de lá cada vez que começava a escrever um novo livro, tentando achar algum jeito de aproveitá-las, mas sempre dera em nada — até agora, mais de vinte anos depois. As páginas falavam de uma jovem de visões políticas radicais que explode um prédio em protesto contra a Guerra do Vietnã. Por que uma mulher? Porque, ao contrário dos jovens revoltados do movimento antiguerra, Roth explica hoje, as mulheres agiam sem medo de ser convocadas e de se tornar bucha de canhão. Havia certa "pureza em sua fúria", diz, que as tornava menos facilmente explicáveis e mais fascinantes como tema. Em *The Facts*, ele lembra que a filha de Maggie, Holly — que ele renomeia Helen —, fora tão veemente contra a guerra quando era estudante secundarista em Nova York que chegou a ser apelidada de Hanói Holly. (Embora não tenha chegado a explodir nenhum prédio.) Igualmente vital para um livro sobre os anos 1960, essas mulheres foram um fenômeno exclusivo daquela época: "As mulheres foram ativas no movimento antiguerra como nunca haviam sido no movimento sufragista", diz. "Eram abertamente violentas. Mulheres jovens, de formação universitária, sem medo da violência — isso foi algo extraordinário na história da política americana e das mulheres americanas."

Roth sentiu-se inspirado, em especial, pelo caso de Kathy Boudin, a jovem que havia se tornado membro preeminente do violento grupo antiguerra Weather Underground. Quando o livro começou enfim a tomar forma, Boudin já estava presa havia mais de uma década, por sua participação num assalto que resultara na morte de três pessoas. Roth conhecia os pais de Boudin — ele diz que Kathy "não poderia ter tido uma infância melhor" — e fizera amizade com uma família de Greenwich Village que morava do outro lado da rua onde ficava a casa de três andares que os chamados Weathermen explodiram acidentalmente, em março de 1970, quando três membros do grupo tentavam montar uma bomba no porão. Os três morreram; Boudin, que estava em outra parte da casa, conseguiu escapar, passando anos na clandestinidade. A heroína da história original de Roth era uma aluna secundarista de Nova Jersey que explode a biblioteca da Universidade de Princeton. Não chegava a ser uma figura detestável. Roth me conta que, em 1970, ele estava tão frustrado com a guerra que, embora metaforicamente, "eu mesmo estava bem próximo de começar a detonar bombas". Ele havia escrito cinquenta ou sessenta páginas e chegara até o momento da explosão, mas não sabia como continuar.

A solução lhe veio por meio da figura do pai — o que não chega a surpreender. Embora Roth tivesse escrito *O teatro de Sabbath* com grande entusiasmo, ele tinha ficado profundamente farto de Mickey Sabbath: seu cinismo, sua raiva, sua implacável tenebrosidade. E se percebeu desejando escrever sobre "um homem bom", diz. Começou com um nome, ou melhor, um apelido: "o Sueco", inspirado em um herói de verdade dos tempos de colégio em Weequahic, um atleta renomado cujos triunfos em meados dos anos 1930 continuavam legendários na época de Roth, uma década depois. ("Não tínhamos muitos heróis do futebol em Weequahic", diz ele. "A escola ainda era nova — e era uma escola judaica. Tínhamos uma ótima banda.") Começou a elaborar tudo o que esse nome evocava: cabelos loiros, olhos azuis, maxilar forte, adulação de todos, a aparência, a estatura e a força dos vikings. Para quem é mais fácil ser bom, afinal, senão para aquele a quem muito foi dado e que confunde sua sorte com o jeito de ser do mundo?

Os atributos físicos do Sueco são ainda mais significativos

visto que seu nome completo é "Sueco Levov" — Seymour Irving Levov de nascimento —, um verdadeiro oximoro de loirice ariana e sobrenome judeu. Sua própria existência é vista como uma façanha assimilativa, pois, na comunidade judaica de *Pastoral americana*, ser judeu nem sempre é visto como apenas uma das maneiras de ser americano. Esse belo jogador de futebol americano — "um rapaz tão próximo de um gói quanto nós mesmos iríamos nos tornar" — é abertamente cultuado por seus colegas de escola como "o rapaz que todos havíamos de seguir para o interior da América, nosso chefe de pelotão na incursão seguinte". Por causa de sua aparência, todos compreendem que ele se sente em casa na América de um modo desconhecido pela maioria dos judeus: "um americano não por um simples esforço, não por ser um judeu que inventa uma vacina importante ou um judeu na Suprema Corte, não por ser o mais brilhante, o mais eminente ou o melhor" — mas simplesmente pelo fato de viver e respirar. Um americano de direito, assumindo seu lugar "da maneira usual, da maneira natural, a maneira do homem americano comum". Por isso apenas, e nada mais, ele é um herói.

Mas é também o momento histórico que torna o Sueco um herói. O ar de viking e a inverossimilhança étnica faziam parte da história do homem real, Seymour (Sueco) Masin — cujo filho escreveu um livro a seu respeito (*Swede: Weequahic's Gentle Giant*) cerca de uma década depois de *Pastoral americana* ser recebido com euforia pela crítica e conquistar o prêmio Pulitzer, o que conferiu ao obscuro atleta colegial uma espécie de fama secundária. Da vida do verdadeiro Sueco, Roth usou apenas o nome e o estrelato de atleta; ele não sabia nada além disso. Mas foi tudo que precisou para estimular sua invenção. Ele começou por localizar seu herói alguns anos adiante no tempo, de modo que o Sueco leva a Weequahic High a vitória após vitória não em meados dos anos 1930, mas no início dos anos 1940, durante a guerra. É um ajuste pequeno, mas que confere um novo sentido a seus feitos atléticos:

O fato de os judeus de Weequahic terem elevado Sueco Levov à condição de Apolo local pode ser melhor explicado, creio eu, pela guerra contra os alemães e os japoneses e pelos temores que ela suscitava. Com o indomável Sueco no campo de jogo, a superfície insignificante da vida adquiria uma espécie de sustentação bizarra, ilusória, o feliz abandono à inocência do Sueco, levando em conta que se tratava de pessoas que viviam o tempo todo mortas de medo de nunca mais voltarem a ver os filhos, os irmãos e os maridos.

Para compensar as perdas insuportáveis — ou, pelo menos, para distrair a atenção delas —, nos mesmos dias que os jornais noticiavam vitórias da Luftwaffe, o inadvertido rapaz se acha "aprisionado pela história, [...] um *instrumento* da história". Em última análise, esse vínculo histórico talvez seja a única coisa que ele tem em comum com a filha, a construtora de bombas.

A história do Sueco não chega até nós diretamente. O primeiro quarto de *Pastoral americana* é narrado por Nathan Zuckerman, que é restaurado ao corpus de Roth num estado tristemente reduzido: agora com sessenta e poucos anos, impotente e incontinente após uma cirurgia da próstata, ele vive sozinho em uma casa nos montes Berkshires. (Um registro biográfico: Roth não teve câncer da próstata, mas nos anos 1990 a doença acometeu seu irmão e, segundo ele, "quase metade de meus amigos".) Zuckerman é inteiramente dedicado a seu trabalho, inspirado pelo exemplo do agora esquecido escritor E. I. Lonoff, que morara ali perto e a quem visitara muitos anos antes, como faz questão de nos relembrar. Às vezes, é como se Roth tivesse escrito um único, imensamente longo e caudaloso roman-fleuve. As desditas físicas de Zuckerman não chegam a ser enfatizadas. Elas nos são

293

apresentadas não como problemas que ele anseia superar, mas como meras subtrações que o deixaram sem nenhum aspecto funcional de personalidade — sem vida própria — exceto por seu intelecto, sua memória e sua capacidade de contar uma história. Seja como for, Zuckerman preserva sua curiosidade acerca do Sueco, a quem cultuara quando garoto em Weequahic — Zuckerman é seis anos mais jovem —, onde fora o melhor amigo do estrepitoso irmão caçula do atleta. Entretanto, depois de jantar com o Sueco, o primeiro encontro entre ambos em quase cinquenta anos, Zuckerman logo desdenha seu antigo herói como um "grande garrafão de vinho cheio de autocontentamento": um homem que (ao contrário dele próprio) nunca soube o que é "se ver enredado em alguma obsessão, torturado por alguma incapacidade, envenenado por algum ressentimento, arrastado pela fúria" e para quem a vida "ia se desenrolando como uma macia bola de fio de lã". A decisão de Zuckerman de escrever o livro que temos em mãos está baseada no fato de que tudo que ele julgara compreender sobre aquele homem estava errado.

Por que Roth convoca Zuckerman para contar a história? O prazer da sua companhia é quase suficiente para nos distrair dessa pergunta, especialmente durante a deliciosa festa de reencontro no colégio Weequahic, uma sinuosa assembleia de comédias e remorsos — "Não", admite um antigo colega, "uma reunião de quarenta e cinco anos de formatura não é o melhor lugar para se procurar uma bunda para comer" — durante a qual Zuckerman descobre que Sueco Levov morreu e que o jovem Apolo havia se transformado em Jó em seus últimos dias. Na verdade, o primeiro quarto do livro nos fornece todos os fatos biográficos básicos do Sueco que teremos: depois do colégio e de uma breve temporada como fuzileiro naval, ele superou as objeções do pai e se casou com uma linda jovem católica irlandesa — Mary Dawn Dwyer, Miss Nova Jersey de 1949 e concorrente a Miss América —, mas continuou tão fundamentalmente ciente de suas obrigações que acabou assumindo a fábrica de luvas do pai em Newark em vez de aceitar um contrato de jogador profissional de beisebol. Quando sua filha nasceu, o Sueco se mudou com a família para uma velha casa de pedras num terreno de quarenta hectares a sessenta quilômetros de Newark, bem longe tanto do pardieiro judaico onde seu pai crescera como dos novos enclaves suburbanos judaicos onde seu pai insistira para que ele morasse. Seu sonho era grande demais para esse tipo de confinamento, era um verdadeiro sonho pastoral americano.

Até o dia em 1968 em que sua filha, Merry, de dezesseis anos, plantou uma bomba na agência local dos correios — ou melhor, no solitário guichê dos correios dentro de um mercadinho familiar do vilarejo. Um homem morreu. ("A menina que parou a Guerra do Vietnã mandando um sujeito pelos ares quando punha no correio uma carta às cinco horas da manhã", o ainda estrepitoso irmão do Sueco, Jerry, diz a Zuckerman na reunião da escola. "A merdinha nunca valeu nada desde o dia em que nasceu.") Merry Levov passou 25 anos foragida, e, embora seu pai conseguisse vê-la de tempos em tempos, ele nunca superou o acontecido. Como resultado de tudo isso, os Levov se divorciaram. O Sueco acabou constituindo uma segunda família — três filhos saudáveis, que descreveu com resplandecência insuportavelmente banal na noite em que ele e Zuckerman se encontraram para jantar, apenas alguns meses antes de morrer de câncer (como Zuckerman também acaba de descobrir). Estes são os fatos. Não há mistérios a serem resolvidos. Exceto pelo maior mistério de todos: quem era o Sueco, como ele pensava ("ou", pergunta-se Zuckerman, "sequer se ele possuía algum 'pensamento'") e como sobreviveu.

O Sueco é justamente o tipo de herói pelo qual os críticos de Roth — e, em especial Updike — vinham clamando havia anos. ("Quem se *importa* com as agruras de um escritor?") Em vários aspectos, Sueco Levov lembra Coelho Angstrom, o herói de Updike de apelido igualmente memorável: não um escritor (como Zuckerman), não um professor de literatura (como Kepesh), não um artista frustrado (como Sabbath, o titereiro artrítico), mas um atleta, um pequeno industrial, um não intelectual, parte do *mainstream* da vida americana. De acordo com Jerry, seu irmão era exatamente o que parecia ser: "um sujeito muito simples, bom, estoico"; "Criado para ser um tolo, formado para seguir as convenções e assim por diante"; "Benévolo, e pronto". Nem de longe alguém em busca de si mesmo — pelo menos não até a bomba. E depois da bomba? Será que uma pessoa assim muda? Ou, por outro ângulo, será que uma pessoa pode realmente ser simples e não pensante? Para um escritor, introduzir esse tipo de personagem é um desafio singular. Como sondar as profundezas de uma pessoa que não tem profundidade ou carece dos meios para sondá-la? Como expressar, em palavras, os sentimentos de alguém que não canaliza sentimentos em palavras?

É uma questão de consciência. Roth acredita que "o problema para a maioria dos escritores seriamente ambiciosos" seja justamente "como abrir um caminho para a consciência penetrar a experiência". Em uma videoentrevista com David Remnick gravada (mas não transmitida na íntegra) pela BBC, ele prosseguiu: "Se você desprezar a consciência, escreverá ficção popular; se tiver apenas consciência sem a gravidade da experiência, será o experimento fracassado de Virginia Woolf, em que a consciência domina de tal modo o livro que este deixa de mover-se no tempo, como todo romance tem de fazer". (Isso posto, Roth é grande admirador de *Mrs. Dalloway*.) Ele expande o tema, tão essencial em *Pastoral americana*: "A ficção inventa a consciência" — não que todos não tenhamos uma consciência, mas que "em livros ela existe numa linguagem elaborada". E o "monte Rushmore" dessa linguagem é, como não poderia deixar de ser, *Ulisses*, de Joyce, com o qual Bellow, mestre da consciência ficcional, tanto aprendeu. O outro mestre americano que Roth admira por esse tipo de dotação interior dos personagens é Updike. "A consciência de Coelho Angstrom é inteiramente uma invenção", conclui Roth. "O gênio de John é fazê-la parecer autêntica." Contudo, este não é o método que Roth escolheu em *Pastoral americana*. Em vez de simplesmente (ou não tão simplesmente) dotar o Sueco com a sua consciência autoral — à maneira de Joyce, ou Bellow ou Updike —, Roth decidiu interpor a mente geradora de ficção de seu velho romancista ficcional. Alguém poderia chamar esse método de pós-moderno ou apontar, como Roth, que Joseph Conrad, que era pós-nada, empregou método semelhante com Charles Marlow, seu marinheiro contador de histórias. "Narrar a história dessa maneira era uma segunda natureza para mim", diz Roth hoje; "ela engrossa o ensopado." Nos termos mais formais que utiliza para se dirigir a um grupo de alunos do Bard College, ele fala da "aventura da narração".

Zuckerman não é nem um olhar onisciente nem um participante da história; na verdade, é um inventor plenamente consciente (ainda que inteiramente inventado) da consciência. "Qualquer outra coisa que eu quisesse saber", Zuckerman diz a si mesmo perto do final da reunião da escola, "teria de descobrir sozinho" — ou seja, teria de inventar. E nós podemos vê-lo começando sua invenção, pouco a pouco. (Ou, como diz Roth: "Vemos como o livro é composto, pouco a pouco".) Uma conjectura aqui, uma conjectura alternativa ali, e então, depois de nos ter feito aceitar a noção de que ele está refletindo não só sobre, mas também *por* seu herói, e depois de nos advertir de que todas essas conjecturas podem estar erradas — embora não mais erradas do que as pessoas normalmente estão sobre outras pessoas —, Zuckerman desaparece no Sueco sem deixar vestígios.

"Sonhei uma crônica realista", diz Zuckerman e nos transporta, como o Coro em *Henrique V*, sem desvios para o seu âmago: uma manhã de verão muito tempo antes quando a jovem Merry está sempre no colo do pai e quando o paraíso parece uma recompensa razoável para quem trabalha duro, segue as regras e é corajoso o bastante para rejeitar os subúrbios. Não há nenhuma ironia zuckermaniana a atazanar o Sueco enquanto ele exulta por possuir "um pedacinho da América" ou, caminhando pelas plantações, se imagina como Johnny Semente de Maçã. "Não era judeu, não era um católico irlandês, não era um cristão protestante — nada disso, Johnny Semente de Maçã era só um americano feliz." Sueco Levov também, um americano corpulento e feliz numa paisagem americana, onde pode "ir para toda parte, andar por toda parte". O aceno de Roth à famosa seção final de *Augie March* — "Olhem para mim, indo a toda parte!" — é ainda mais tocante por não ter sido deliberado. (Certa tarde, quando estava citando, entusiasmado, esse final de Bellow, comentei que ele havia usado uma daquelas frases, colocando-a na boca do Sueco. Roth ficou momentaneamente surpreso e depois disse apenas: "Então acho que roubei isso do Saul".) Mas o prazer com a terra vem do próprio Roth, não da literatura — de seu pedacinho da América em Connecticut, visto aqui em bucólico esplendor, não soterrado sob a neve no inverno.

Todo sábado de manhã, o Sueco caminha oito montanhosos quilômetros até um mercadinho no vilarejo de Old Rimrock — o mercado intacto, antes da bomba, com a bandeira dos Estados Unidos tremulando na frente — para comprar um jornal e, às vezes, leite e ovos frescos. Depois sai e caminha de volta para casa:

> passando pelas cercas brancas dos pastos que adorava, os campos de feno ondulante que adorava, os milharais, os campos de nabo, os celeiros, os cavalos, as vacas, os poços, os riachos, as fontes, as cachoeiras, os agriões, os juncos lustrosos, os prados, acres e acres de

mata que adorava com todo o amor infantil pela natureza, típico de alguém que foi morar no campo há pouco tempo, até que chegava aos pés do bordo com um século de idade, que ele adorava, e à velha casa de pedra que amava — fingindo, enquanto seguia seu caminho, que espalhava sementes de macieira por toda parte.

Roth é um mestre das listas voluptuosas. Como Mickey Sabbath conjurando o litoral do Atlântico da sua infância, ou seu pródigo catálogo de lingerie feminina, o relato que o Sueco faz de seu paraíso americano é como uma nomeação divina de coisas que carece de atavios: há beleza suficiente nos nomes em si e um senso de sublime abundância no modo como a frase vai rolando sem parar. Sueco Levov vive na América "do mesmo jeito que vivia dentro da própria pele". Ele é intensamente grato pelo progresso que começou com seu avô, um imigrante que não falava inglês, e continuou com seu pai, que construiu pouco a pouco uma fábrica, e culmina com sua filha, que é criada na velha casa de pedra em meio a toda essa beleza e abundância, na estrada de Arcady Hill. Como ele poderia viver em algum outro lugar que não fosse a América? "Tudo o que ele amava estava aqui."

Esse amor marca o Sueco como o oposto absoluto de Mickey Sabbath, que é incapaz de levar a cabo seu suicídio longamente planejado porque "tudo o que ele odiava estava aqui". (Vale perguntar se Roth não estava também evocando o comentário afetuoso de Moses Herzog sobre a própria infância: "Tudo o que ele sempre quis estava lá".) Roth constrói sequencialmente, livro a livro, oferecendo inversões e alternativas — contralivros, contraprotagonistas — e forjando vínculos num encadeamento incessante de ideias. Para o Sueco, o destino, a história e sua filha conspirarão para expulsá-lo do paraíso. Embora continue firme e controlado, a antítese de Mickey Sabbath, nem por isso deixa de ser um exemplo de "homem passível de ser atacado". Roth diz que essa vulnerabilidade, mesmo naqueles que aparentam ser fortes, é o tema essencial desses dois livros muito diferentes, embora só tenha percebido isso tempos depois. "Ali estava alguém despreparado para o caso de a vida ser infeliz, muito menos para o impossível", observa Zuckerman acerca do Sueco. Mas quem está preparado? "Ninguém. A tragédia do homem despreparado para a tragédia — esta é a tragédia do homem comum."

A tragédia do Sueco provém do fato de sua filha detestar a América. Ela deixou isso claro, com sua retórica furiosa, mesmo antes de plantar a bomba. Seus pais também eram contra a guerra — o Sueco chega a viajar para Washington com os Empresários de Nova Jersey Contra a Guerra, embora o gesto fosse mais para apaziguar a filha e desviar um pouco a raiva dela. Pois chegou o dia em que a adorada garotinha cresceu e passou a odiar os pais — por serem capitalistas burgueses, por continuarem a viver suas vidas superficiais enquanto os vietnamitas padeciam. Aos dezesseis anos, ela mal é capaz de distinguir seus pais de seu país, e entre as cenas mais comoventes do livro estão os confrontos entre pai e filha: ela argumentando com todo o moralismo ultrajado da juventude, ele tentando desesperadamente protegê-la das possíveis consequências de seu idealismo. Nenhum dos dois parece completamente certo ou errado; a compreensão do autor abarca ambos.

Para impedir que Merry se meta em encrencas, o Sueco proíbe-a de ir para Nova York encontrar-se com outros manifestantes, todos mais velhos que ela. E incentiva-a a fazer campanha contra a guerra lá mesmo em Old Rimrock, cidadela resolutamente republicana, onde ela poderia ter um verdadeiro impacto. ("Traga a guerra para a sua terra", diz ele. "Não é esse o slogan?") É o que ela faz. O resultado: a morte de um adorado médico da região que estava enviando uma carta pelo correio antes de ir para o trabalho no hospital local. Merry desaparece. Não que seu pai não consiga imaginá-la tentando voltar para casa, "caminhando para o noroeste, rumo a um horizonte ainda debilmente vivo de luz, caminhando por entre os chamados do crepúsculo emitidos pelos tordos":

passando pelas cercas brancas dos pastos, que Merry detestava, passando pelos campos de feno, pelos milharais, pelas plantações de nabo que ela detestava, passando pelos estábulos, os cavalos, as vacas, os tanques, os córregos, as nascentes, as cachoeiras, os agriões, os juncos ásperos [...] os prados, acres e mais acres de mata que ela detestava, vindo da vila, seguindo o trajeto alegre e animado do seu pai, ao estilo de Johnny Semente de Maçã, até que, no momento em que as primeiras estrelas estavam surgindo, Merry chegava aos bordos de cem anos, que ela detestava, e à sólida e antiga casa de pedra na qual vivia a sólida família, também marcada pela existência de Merry, e que ela também detestava.

Roth nunca teve medo de correr riscos. Ele não teve medo de nada, na verdade, desde *O avesso da vida*, depois do qual sua liberdade como escritor só pareceu crescer. Nesse livro, há grinaldas de frases que chegam a quase uma página; há parágrafos que se estendem por três páginas. Ao contrário de *O teatro de Sabbath* ou *Operação Shylock*, *Pastoral americana* está cheio de diferentes tipos de escrita, desde as rapsódias poéticas de Johnny Semente de Maçã, ilustrativas tanto de amor como de ódio, até o realismo rigoroso que nos informa mais sobre a fabricação de luvas do que gostaríamos — mas que nos dá o *material* da vida dessas pessoas. O teor deliberadamente trivial da mente do Sueco exclui a vivacidade e o humor bufão que caracterizaram obras anteriores e, em especial na seção intermediária, mais expositiva, pende para um tom sem ênfase que está mais próximo daquele de *The Facts*. Nem todos os riscos de Roth valeram igualmente a pena. Mas essa é uma história diferente de qualquer outra que tenha contado antes e ele tinha de contá-la a sua maneira. Esse livro, diz ele, não menos que *O teatro de Sabbath*, surgiu como uma espécie de "golfada" — "não que não exigisse muito trabalho", acrescenta, "mas eu adorava sentar-me à escrivaninha todos os dias" — que o fizera sentir, aos sessenta e poucos anos, que estava recomeçando.

Por exemplo, ele se debate com o tema de Newark com uma plenitude que nunca ousara antes. Não a fervilhante cidade de imigrantes de sua juventude idílica — que se tornava mais e mais idílica em sua memória a cada ano —, mas a cidade apocalipticamente destruída por seus próprios longamente espoliados e sofridos cidadãos negros, ao longo dos muitos dias de protestos violentos no verão de 1967, quando Roth faz o Sueco se embarricar em sua própria fábrica, atrás das janelas onde haviam sido colados grandes cartazes de cartolina que diziam: "A maioria dos empregados desta fábrica é NEGRA". Roth havia mencionado a sordidez da Newark pós-1967 em *Zuckerman libertado*, nos desvarios de Alvin Pepler e no passeio final do próprio Zuckerman pelo velho bairro, dentro de uma limusine alugada, com um motorista armado, dizendo a si mesmo: "Terminado. Terminado. Terminado. Terminado. Terminado".

Cerca de oito anos antes dos tumultos, porém, em *Adeus, Columbus*, Roth nos deu uma visão bem diferente — e, em retrospecto, muito comovente — da cidade em transição. Neil Klugman, a trabalho, vai visitar a Pias de Cozinha e Banheiro Patimkin no centro de Newark, na velha Third Ward, um bairro outrora judaico mas que desde então "ficava no coração do bairro negro de Newark". Klugman fica pasmo não só com as mudanças, mas também com a continuidade. As "delicatéssens kasher e banhos turcos" ainda estavam por lá; o cheiro de *corned beef* e tomate azedo permanecia, agora misturado com os odores das oficinas de desmanche, uma fábrica de couro e uma cervejaria. Em vez de ouvir ídiche nas ruas, ele ouve "os gritos de crianças negras imitando Willie Mays". Os judeus mais idosos tinham morrido e seus filhos mais prósperos tinham se mudado para as encostas dos montes no oeste da cidade. E agora, observa Neil, "os negros estavam fazendo a mesma migração". Os que tinham ficado para trás viviam em irremediável pobreza, mas a única incerteza de Neil é se alguém viria preencher essas ruas depois que tanto os judeus como os negros houvessem se mudado.

O progresso, é claro, não era tão confiável quanto ele imaginara. Em *Pastoral americana*, a multidão furiosa não ateia fogo na fábrica do Sueco por causa dos cartazes — pregados na janela pela contramestra negra da fábrica —, mas grupos de vigilantes voluntários brancos (ou, como suspeita a contramestra, policiais de Newark) atiram em todas as janelas com cartazes do andar térreo. A fábrica permanece quase intacta, mas em meio a uma paisagem devastada, queimada, saqueada e prestes a ser esvaziada, à medida que empresas abandonam Newark em massa e praticamente todos que podem cair fora caem fora. (Os pais de Roth haviam se mudado anos antes, depois que os dois filhos saíram de casa. Em 1967, estavam aposentados e morando em Elizabeth.) Quando Roth escreveu esse livro, em meados dos anos 1990, Newark perdera um terço de sua população e ninguém de fora viera para preencher suas ruas vazias; o FBI classificou-a como a cidade mais violenta dos Estados Unidos. Hoje ela não detém mais esse título terrível — foi a vigésima mais violenta em 2012 — e tem até seus fãs e torcedores. Mas, em conversas, Roth compara sua adorada Newark a Atlanta sob o general Sherman, ou, pior, diz ele, a Cartago, por causa do caráter definitivo da destruição.

Em *Pastoral americana*, as fábricas cercadas por muros de tijolos são monumentais e culturalmente significativas como as pirâmides: "tão enormes, escuras e aterradoramente impermeáveis quanto tinham o direito histórico de ser as construções fúne-

303

bres de qualquer grande dinastia". Os distúrbios que selaram o destino da cidade — "as sirenes cantando, armas disparando, franco-atiradores no alto dos telhados estourando as lâmpadas dos postes, multidões de saqueadores enlouquecidos vagando pelas ruas" — são evocados com a terrível exuberância da liberdade que é arrancada como mercadorias através de vidros quebrados:

Está na mão! Apanha! Nas ruas em chamas do grande carnaval de Newark foi liberada uma força que se supõe redentora, algo purificador está acontecendo, algo espiritual e revolucionário, perceptível para todos. A visão surreal de utensílios domésticos no meio da rua, sob a luz das estrelas e radiantes sob o clarão das labaredas que incineravam o centro da cidade, prometia a libertação de toda a humanidade. Sim, está na mão, apanha, sim, a oportunidade gloriosa, um dos raros momentos metamorfoseadores da história humana: as maneiras antigas de sofrer estão felizmente ardendo em chamas, para nunca mais renascer, para, em vez disso, serem substituídas, em um intervalo de poucas horas, por um sofrimento que há de ser tão monstruoso, tão inexorável e abundante, que sua dissolução levará os próximos quinhentos anos. Agora, o incêndio... e depois? Depois do incêndio? Nada. Nada em Newark, nunca mais.

Em 1963, James Baldwin advertira que "da próxima vez seria fogo" em *The Fire Next Time*. Roth descreve o incêndio já ardendo quatro anos depois. O Sueco se recusa a fechar a fábrica e juntar-se ao êxodo, não por ser um herói, mas porque tem medo de dar à filha um motivo a mais para condená-lo. (*"Prejudicar os negros e a classe trabalhadora e os pobres só por causa dos lucros, por causa da ganância sórdida!"*) Mas permanecer em Newark não faz diferença; nada faz diferença alguma. Merry troca a velha flâmula de futebol da Weequahic que afixara acima de sua mesa por um pôster feito à mão com o "lema dos Weathermen": "Somos contra tudo o que é bom e decente na América dos brancos nojentos. Vamos saquear, queimar e destruir. Somos a incubação dos piores pesadelos da mãe de vocês". E então, em fevereiro de 1968, sete meses depois dos tumultos, Merry planta a sua bomba. (Roth foi um tanto prematuro ao sugerir o envolvimento de Merry com os Weathermen; o grupo só foi formado em 1969.) Primeiro o país, depois a cidade, depois a família. Não há como escapar. Tudo é apocalipse, o tempo todo, e não há fim para as perguntas torturantes.

A grande e primordial pergunta para o Sueco e, portanto, para o leitor, é: Por que Merry acabou tão cheia de ódio? O que seus pais fizeram de errado? Ele pensa em muitas respostas possíveis, e é informado ou acusado de muitas outras, cada uma dolorosa a sua maneira. Ainda pequena, Merry começara a gaguejar — uma gagueira grave, humilhante, impossível de dominar — e a bomba teria sido o modo de ela descarregar toda a sua raiva. Ela era a filha desgraciosa de dois pais lindos: mais raiva a ser lançada sobre um mundo indiferente. Ou, talvez, não houve nenhuma raiva pessoal e a bomba foi resultado de um trauma perfeitamente compreensível, depois que ela viu, quando era bem pequena, na televisão, um monge budista se imolar em protesto contra a guerra. ("Será que a gente tem de d-d-d-d-d-derreter o corpo da gente no fogo", ela se pergunta, "para fazer as p-p-p--p-p-pessoas ent-t-t-tenderem?") Talvez seus pais tenham sido liberais demais (esta é a acusação maldosa do irmão do Sueco, Jerry) ou então fatalmente insistentes num decoro WASP que ela não pôde resistir a mandar pelos ares, rumo ao oblívio (Jerry, de novo). Ou, ainda mais atormentador: o Sueco beijara impulsivamente seus lábios certa vez, quando ela tinha onze anos. Poderia ter sido isso? Ele se afastara dela um pouquinho, fisicamente, em seguida, só para deixar claro que nunca mais haveria outra transgressão. Teria talvez se afastado demais? Teria ela sequer percebido? Ele a amara, sua mãe a amara. Mas a responsabilidade tinha de recair sobre algo ou alguém. Não tinha?

As respostas que os leitores deram a essas perguntas — suas opiniões sobre os argumentos e os personagens que os apresentam — provocaram um novo exame da posição de Roth com relação às convulsões dos anos 1960. Desde sempre, ele foi considerado um porta-voz da contracultura, por mais que rejeitasse a posição, graças ao inesquecível *Portnoy* e ao não inteiramente esquecido *Our Gang*, em que Trick E. Dixon acaba fazendo campanha para Diabo, no inferno, visto já ter transformado o sudoeste da Ásia em um inferno na Terra. Não foi difícil para alguns leitores verem *Pastoral americana*, com sua heroína antiguerra tão fora de controle, como uma abjuração política e social. Na *Commentary*, que na época era o bastião da abjuração liberal, Norman Podhoretz escreveu que "detectara neste livro um Philip Roth renascido", que parecia ter "mudado de lado", e afirmou que havia uma pergunta pairando no ar: "Teria Philip Roth se tornado um neoconservador?". Fora das suposições de Podhoretz, apoiar os vários movimentos dos anos 1960 dificilmente significava apoiar os Weathermen. Contudo, mesmo pessoas ideologicamente menos entrincheiradas se perguntaram se o livro não continha uma condenação da "cultura da permissividade liberal" e supuseram que os ideais de paternidade do Sueco haviam criado um monstro.

À parte Nixon, Roth sempre almejou evitar que seus livros representassem uma única posição. "Não escrevo sobre minhas convicções", insiste. "Escrevo sobre as consequências cômicas e trágicas de ter convicções." Não há nada que ele considere mais crucial ao seu trabalho. De fato, uma das grandes qualidades (e fontes de confusão) dos romances de Roth — não de sua sátira política — é que ele raramente toma um partido definido. Contravozes bagunçam cada argumento apresentado, às vezes a ponto de emudecê-los. Jerry, por exemplo, que sempre mantivera seu rancor em fogo brando, verte enfim a fúria competitiva de irmão caçula acumulada ao longo da vida e informa o Sueco, sem meias palavras, de que foi ele mesmo quem provocou a calamidade toda, pela húbris de suas aspirações e pelo seu equívoco sentimental a respeito do país:

Você queria a Miss América? Bem, você a conseguiu, e da forma mais chocante: ela é sua filha! Você queria ser um ídolo do esporte americano, um autêntico fuzileiro naval americano, um autêntico americano bem-sucedido com uma deslumbrante gatinha gói nos braços? Você almejava pertencer, como todo o mundo, aos Estados Unidos da América? Bem, agora você conseguiu, garotão, graças à sua filha. A realidade desta terra está agora nua e crua bem diante da sua fuça. Com a ajuda da sua filha, você se afundou na merda o máximo que um homem é capaz, a verdadeira merda maluca americana. A loucura assassina americana!

Jerry não tem dúvidas sobre nada. A sua é a voz mais forte do livro e ele a empunha como uma arma. Ainda vociferando contra o Sueco, fornece aos leitores todas as evidências a que poderíamos aspirar para culpar a ineficácia liberal pela catástrofe de Merry:

É você que sai por aí mostrando para todo o mundo como está ótimo. E olhe só aonde isso levou você. Recusar-se a ofender os outros. Culpar a si mesmo. Respeito tolerante pela posição de todos. Claro, é "liberal", eu sei, um pai liberal. Mas o que é que isso quer dizer? O que está no *centro* disso? Manter sempre as coisas todas unidas. E olhe só aonde essa porra levou você! [...] Você fez a pirralha mais furiosa da América.

O problema com a acusação de Jerry é que nós, leitores, já vimos o Sueco adotar uma linha firme com a filha. Quando a proíbe de ir a Nova York ou insiste para que realize suas atividades antiguerra ali mesmo em sua cidadezinha, ele não está sendo particularmente permissivo. É verdade que ele não é o avô dos velhos tempos, convencendo o filho a ser obediente por meio de pancadas no porão. Ele persuade Merry por meio do diálogo contínuo, paciente, mas mesmo assim consegue que ela faça o que ele quer, a saber, restringir suas atividades a um lugar seguro e inofensivo. Mas então as ações dela literalmente explodem na cara do pai.

Ou, como Roth me explica acerca de Jerry: "É claro que ele está errado". Colocar o personagem no papel foi muito divertido — "acabar com alguém é uma delícia!", grita, imitando Jerry, que ele descreve sem hesitar como "uma espécie de brutamontes" — mas isso não significa que tenha algum entendimento da vida do irmão. "É isso que você quer fazer quando alguém está errado", acrescenta Roth. "Você quer torná-lo persuasivo." (Em *Operação Shylock*, o jornalista liberal israelense teme que o desbocado líder dos colonos tenha justamente esse tipo de poder persuasivo caso "Roth" o inclua em um livro.) Mas o que o Sueco fez de errado? O realismo detalhista do livro obscurece um problema que vem desde Jó, para não falar em Joseph K., de Kafka, que é preso certa manhã sem ter feito nada errado. A busca por uma resposta só multiplica a angústia do Sueco. Porque não há resposta, ou apenas uma resposta que nada resolve. "Ele aprendera a pior lição que a vida pode ensinar", conclui Zuckerman acerca de seu herói: "que ela não faz sentido".

Roth não teve dificuldade para sugerir as origens da dor e da raiva em personagens perturbados de livros anteriores: Lucy Nelson em *As melhores intenções…*, com seu pai fraco e bêbado, ou mesmo Alvin Pepler em *Zuckerman libertado*, com sua vida inteira de decepções corrosivas. Merry Levov, no entanto, é uma filha dos anos 1960 e fatos históricos talvez sejam tudo o que precisamos para explicar sua tragédia. *Pastoral americana* é um livro *sobre* um momento na história nacional. A guerra não foi apenas o pano de fundo dos anos 1960; a belicosidade da época é uma força que "vem até nós e nos esbofeteia", disse Roth em entrevista à televisão holandesa: "A história é uma coisa viva, brutal, avassaladora". Certo dia, conversando comigo sobre Kathy Boudin, Roth diz acreditar que "ela não teria matado ninguém" se tivesse crescido em outra época. O mesmo vale, acrescenta, para Merry: ela teria gaguejado, teria se rebelado, mas é bem improvável que sua rebelião resultasse na morte de alguém. "De algum modo, aquele momento catapultou a sua rebeldia temperamental", diz acerca dos jovens americanos bem-educados que acabaram explodindo prédios.

Em termos dramatúrgicos, o mistério de Merry é preservado por meio do recurso narrativo de nunca apresentá-la sozinha. Acompanhamos seu desenvolvimento através dos olhos do Sueco, ouvimos sua voz quando ela discute com ele, mas nunca ficamos a par de seus pensamentos íntimos e, depois que o problema todo começa, nunca a acompanhamos para onde quer que tenha ido ao ir embora de casa. Isso é intencional: nós não dispomos de mais informações que seu desnorteado pai e somos acometidos pelas mesmas incertezas. A identificação com o pai, não com a filha, pode ser vista como uma mudança na perspectiva de Roth, o que não chega a surpreender em um escritor com mais de sessenta anos. Por outro lado, mesmo no começo dos anos 1970, apenas alguns anos depois de *O complexo de Portnoy*, Roth não foi capaz de levar adiante um livro construído em torno de um lançador de bombas. Ele diz que "estava perto demais da guerra" na época, mas há também uma questão de temperamento autoral. A raiva de Portnoy é baseada num tipo irrompível de amor; *Our Gang* é ardentemente protetor de um país que está sendo atacado por seus líderes. Roth é perfeitamente capaz de caracterizar o tipo de fúria destrutiva que Merry e seu bando representam, ou de satirizá-la, mas não parece provável que se sentisse confortável vivenciando--a. Em um livro sério, ele só pôde apreender um lançador de bombas por intermédio de um olhar alheio ao seu.

No entanto, a tensão de ficar confinado aos limites da mente do Sueco torna-se quase insuportável quando surge outra jovem terrorista, que se apresenta como uma emissária de Merry, que está foragida, e que diz chamar-se Rita Cohen. Roth descreveu Rita para seus alunos do Bard College como "a verdadeira nêmesis" de seu herói e é fácil ver por quê: ela o atormenta sexualmente (Roth me diz que, ao escrever sobre Rita, tinha em mente "o símbolo sexual dos Weathermen", Bernardine Dohrn), surrupia-lhe um monte de dinheiro e não faz o menor sentido em termos do que ele sempre achou que sabia sobre jovens mulheres, sistemas de valores ou o coração humano. Tal como Roth a vê, ela é o pior tipo de ideólogo: uma figura incapaz de mudar — estática, imóvel, monomaníaca. O fato de o Sueco nada saber a respeito dela e, em especial, de sua ligação com Merry, é coerente com o ponto de vista do personagem, mas é frustrante para o leitor e às vezes o confunde. (Rita está protegendo Merry? Está explorando-a? Será que ela sequer *conhece* Merry?) Em última análise, ela é misteriosa demais — uma força, não uma personagem.

Merry, por sua vez, faz ainda menos sentido para o pai quando ele finalmente a localiza, graças a uma dica dada por Rita, vivendo num cortiço horroroso no centro de Newark, a menos de uma hora de carro da estrada de Arcady Hill. Esquálida, macilenta, fedendo à própria imundície, ela lhe diz num tom absolutamente neutro que matou mais três pessoas, no estado de Oregon, com outra bomba. Mas agora ela se tornou uma jainista, uma adepta da seita religiosa indiana que evita causar mal a todo e qualquer tipo de ser: Merry não se lava porque venera até os piolhos e os parasitas, ela cobre a metade inferior do rosto com uma velha meia para não inalar os micróbios que habitam o ar. Ela fala com sensatez, sem gaguejar, e está completamente louca. O Sueco, ele próprio quase enlouquecido, quer levá-la de volta para casa. Mas não consegue sequer contar para sua resignada esposa o que encontrou.

Dawn Levov é uma figura incomum na obra de Roth: uma esposa verdadeiramente amada e (durante a maior parte do livro) amorosa. Dawn é altiva e trabalhadora, uma pessoa que inventou a si mesma — ela rejeita seu nome de batismo, Mary — e relegou seu passado de concursos de beleza por considerá-lo embaraçoso e superficial. (Roth, por sua vez, trata esse passado com bastante interesse: o burburinho de Atlantic City, a passarela comprida a perder de vista, as damas de companhia sempre presentes e, é claro, as luvas. Um amigo seu, o ator Ron Silver, tivera um caso com uma ex-Miss América e, por meio dela, Roth conheceu a mais clássica Miss América de 1950, que lhe explicou os ingredientes básicos dos concursos de beleza do pós-guerra.) Dawn não é particularmente engraçada ou sedutora ou incomum — não é nenhuma Drenka —, mas é forte o suficiente para ter se casado fora do seu restrito meio social católico e é iluminada pelo amor do marido.

O livro inclui algumas páginas do casal fazendo sexo com amor e paixão, que Roth admite que não faziam parte das versões iniciais. Uma de suas leitoras diletas a quem havia dado o manuscrito, Judith Thurman, dissera-lhe que achava necessário conhecer um pouco da vida sexual do casal. Ele julgou que isso não tinha muita importância — e me diz: "Eu queria que as pessoas não me enchessem mais o saco sobre sexo" — mas acabou achando que ela tinha razão. E já que "o clichê reza que sendo o Sueco um tipo de homem bem quadrado e Dawn uma boa moça católica, o sexo entre os dois seria cheio de inibições", ele decidiu ir na direção oposta e tornar os Levov "um casal excepcionalmente passional". E feliz na monogamia, pelo menos até a bomba. O Sueco tem um caso amoroso breve e trivial após o cataclismo, quando Dawn já se afastara dele e da vida. Ele vinha tentando trazê-la de volta a ambos e a leva a uma luxuosa clínica europeia para fazer um lifting facial — e apagar os sinais da mágoa e da tristeza. Após a cirurgia, passa a noite numa cama ao lado dela, ajudando-a a suportar a dor. (Roth me diz que baseou a cena em uma experiência que teve com sua famosa esposa-atriz e, por um instante, fica tão entusiasmado como o Sueco com a restauração cirúrgica da beleza de uma beldade.) O Sueco está construindo uma casa nova, moderna, para ele e Dawn morarem, pois ela não consegue tolerar as lembranças de Merry na casa antiga. O arquiteto entrega uma maquete de papelão, bem semelhante à maquete que Roth mandara fazer quando planejava deixar a *sua* casa cheia de lembranças. A maquete acaba se revelando um terrível presságio. No mesmo dia em que o Sueco encontra Merry, ele percebe que Dawn está tendo um caso amoroso nada breve e nada trivial.

Eles estão dando uma festa. Um churrasco, na realidade, na velha casa de pedra, pois os pais de Sueco vieram da Flórida para a tradicional visita de final do verão. É o feriado de Labor Day, no começo de setembro de 1973, cinco anos depois da bomba, e o Sueco convidara alguns outros casais que seus pais gostariam de encontrar. Ele avista Dawn com o arquiteto, na cozinha, ocupados em muito mais do que debulhar milho. E então ele percebe que a nova casa está sendo construída não para ele e para Dawn, mas para o novo casal. Ele será descartado junto com todo o resto da antiga vida dela. Inesperadamente, porém, bem no meio dessas traições, com todos os motivos para sentir raiva e rancor, ele se senta e toma a mão da esposa:

312

Existem cem maneiras diferentes de segurar a mão de uma pessoa. Existe o modo como se segura a mão de uma criança, o modo como se segura a mão de um amigo, o modo de segurar a mão do pai ou da mãe já idosos, o modo de segurar a mão de quem se despede, de quem está morrendo e de quem está morto. O Sueco segurou a mão de Dawn do modo que um homem segura a mão de uma mulher que adora, com todo o arrebatamento transmitido através do jeito de segurar, como se a pressão na palma da mão dela produzisse uma transferência de almas, como se o entrelaçar dos dedos simbolizasse toda a intimidade deles. Ele segurou a mão de Dawn como se não tivesse nenhuma informação a respeito das condições da própria vida.

Aconteça o que acontecer, ele continuará a segurar a mão dela até o fim.

A cena da festa é um tour de force narrativo. Começa logo após o universo pessoal do livro ser reduzido às condições mais claustrofóbicas possíveis — pai e filha se defrontando em um quarto minúsculo e abafado — e vai se expandindo diante de nossos olhos em todas as direções. Ambientada numa varanda atrás da velha casa de pedra, com vista para as campinas, e uma dúzia de velas ardendo no crepúsculo, a cena é uma versão muito mais grandiosa do jantar tchekhoviano no final do verão que encerra *O professor do desejo* e também oferece uma mescla mais profunda de emoções. São agora dez convivas à mesa — incluindo diversas pessoas que não conhecemos, todas elas distintamente delineadas —, além da forte presença espectral da criança que se foi para sempre e, para o Sueco, da mulher aterrorizadora que ela se tornara. Pessoas vão e vêm, traem e conspiram, discutem e marcam encontros, numa espécie de ensemble mozarteano que se estende por 97 páginas, ao longo das quais duetos cedem lugar a trios e septetos, a tragédia acaba pontuada pela comédia (ou será o contrário?) e o Sueco entra e sai de seus devaneios na mais absoluta solidão.

Muitos já perguntaram por que Zuckerman não retorna no final do livro para arrematar a história e, talvez, contar para nós o que aprendeu ao escrevê-la. Roth admite que tinha inicialmente essa conclusão em mente, "como o final de um programa de televisão", explica a seus alunos do Bard College. "Não me ocorreu com a devida presteza que isso era um clichê idiota — uma 'armação'", acrescenta, em tom de pouco-caso. "De modo que decidi que Zuckerman simplesmente cairia fora." (Para defender sua decisão, ele aponta que o narrador do começo de *Madame Bovary*, um garoto que havia sido colega de escola de Charles Bovary, desaparece depois de algumas páginas e nunca mais dá as caras.) Roth claramente não está interessado em fórmulas narrativas. No entanto, a festa no final cria um equilíbrio formal quase imponente com o reencontro da escola no começo do livro: são duas peças executadas com maestria, com elenco completo, circundando a história central com calor, humor e uma opulência que, em vez de amortecer os golpes — do isolamento de Zuckerman, da solidão do Sueco —, contribuem para dispará-los.

A cena final está vinculada à história já a partir das palavras iniciais: "Era o verão dos interrogatórios do caso Watergate". Os Levov ficavam grudados à televisão, acompanhando as audiências o dia inteiro e assistindo às reprises à noite. Lou Levov, pai do Sueco, é praticamente um sósia do velho sr. Zuckerman, ou do sr. Kepesh, ou do sr. Roth: obstinado, cheio de opiniões, dominador, exasperador, profundamente compassivo. (Herman Roth, durante as audiências do caso Watergate, enviou cartas diárias aos participantes e, em certa ocasião, incluiu um sabonete em uma carta para Kissinger, informando-o de que, depois do Camboja, por mais que se lavasse, nunca mais teria as mãos limpas.) Não importa se Lou está vociferando contra o "sr. Von Nixon e sua tropa

314

de assalto nazista" ou empurrando um copo de leite e pedaços de torta goela abaixo da esposa alcoólatra do arquiteto (pondo de lado o copo de uísque que ela segurava e alimentando-a, ele mesmo, garfada por garfada), ele é uma fonte inesgotável de energia e (é claro) acaba quase roubando a cena. No entanto, Lou Levov é também um homem acossado. Esses velhos paladinos contra a desordem do mundo sempre foram seres acossados, tudo sempre conspirou contra eles, desde que Herman Roth teve de abandonar a escola para ganhar a vida. Mas acabam sobrevivendo: sustentam sua família e cumprem a tarefa de "se tornarem americanos. Os *melhores* cidadãos", como Roth escreveu em *Patrimônio*. Esse homem nunca duvidou de que sua maneira de viver era a certa ou de que, se trabalhasse com afinco, o que é certo acabaria prevalecendo. Até agora.

Um homem forte, mas passível de ser atacado. A comiseração de Roth por ele certamente vem desde Herman Roth, mas também desde Philip Roth, lançando-se na vida aos vinte e poucos anos, alvo da ira dos rabinos e marido da indivorciável Maggie. A discussão que ocorre à mesa de jantar dos Levov naquela noite trata de política, pornografia e decência — com toda a urgência de argumentos e de opiniões que caracterizaram aqueles anos, quando o mundo parecia estar saindo de órbita. "Nós estamos falando é sobre a moralidade de um país", diz Lou. E, de fato, parece não haver nada menos que isso em jogo até que, tarde da noite, ele solta um grito bem diferente — "Ah, meu Deus! *Não!*" — em resposta não ao súbito aparecimento de Merry em seus andrajos, como o Sueco imagina, mas à esposa bêbada do arquiteto, que tinha tomado o garfo da sua mão agressivamente bem-intencionada e espetado em cheio seu olho. Ou quase o olho, pois erra o alvo por dois felizmente embriagados centímetros. A cena tem aquele soco no estômago amalucado da *slapstick comedy* e o último som que ouvimos são risos. No entanto, o outrora invulnerável Lou Levov se vê inesperadamente face a face com a verdade que seu filho ainda tenta apreender, de que ele é "incapaz de evitar o que quer que fosse". A ruína desses bons homens, não menos que os incêndios de Newark, marca o fim de uma civilização.

Não obstante, *Pastoral americana* foi visto como tão simpático a Merry que, alguns anos após sua publicação, Roth foi convidado a escrever uma carta em prol do livramento condicional de Kathy Boudin. Embora haja mais diferenças do que semelhanças entre as figuras — Boudin tinha mais de trinta anos quando participou de um crime ostensivamente político que envolveu mortes, Merry era ainda uma adolescente —, os paralelos são claros. Roth, todavia, declinou o convite. Em parte, me diz, por sentir-se inapto para julgar a realidade: "Sou um romancista, mas não sou Émile Zola". Sentimentos mais intensos vêm à tona quando conversamos sobre o fato de Boudin ter sido libertada, após seu terceiro pedido de condicional, em 2003, e Roth diz que acredita que "ela deveria ter ficado presa para o resto da vida". Merry Levov, por sua vez, como um leitor atento da primeira seção do livro haverá de notar, nunca é capturada. Quando o pai descobre seu paradeiro, ele continua a vê-la, às escondidas, e a amá-la sem cessar até a morte dela. Livros, como Roth é o primeiro a ressaltar, são maiores que as pessoas que os escrevem. Livros contêm possibilidades — ideias, emoções, tipos de sabedoria, tipos de insensatez — que emergem, sem plano ou previsão, do próprio ato de escrever.

Traição

O teatro de Sabbath conquistou o National Book Award em 1995. *Pastoral Americana* obteve o prêmio Pulitzer em 1998. Entre um e outro, em 1996, Claire Bloom publicou *Leaving a Doll's House*, contendo vários capítulos sobre seu casamento com Roth que renderam a ele mais atenção do público do que qualquer um de seus livros. Embora oficialmente as memórias cobrissem toda a vida de Bloom, incluindo descrições de seus dois primeiros casamentos e de diversos casos glamorosos — Richard Burton, Laurence Olivier, Yul Brynner —, ninguém (nem mesmo Bloom) parecia estar muito interessado em algo que não fosse o "relato lancinante" (palavras da primeira frase da resenha publicada na edição de domingo do *The New York Times*) da sua vida com Roth. E o veredito foi dado antes mesmo de o livro chegar às livrarias. Um mês antes do lançamento, o *Times* publicou um artigo intitulado "Claire Bloom Looks Back in Anger at Philip Roth" [Claire Bloom relembra Philip Roth com raiva], anunciando que exemplares da primeira prova do livro estavam circulando e que o diz-que-diz-que já era "considerável". O *Los Angeles Times* in-

317

formou que os nova-iorquinos não estavam sequer distribuindo o manuscrito inteiro, mas apenas a "melhor parte". A *Vanity Fair* publicou um capítulo; a revista *New York* preparou matéria de capa com uma manchete de duplo sentido, "A Hell of a Marriage". Segundo o artigo do *Times*, o ponto principal do livro era que, na descrição de Bloom, Roth sentia "raiva profunda e irreprimível" das mulheres e, na súmula que o próprio artigo fazia das acusações, era um "misógino autocentrado". Claramente, isso era algo que as pessoas mal podiam esperar para ler.

Bloom tem quatro grandes reclamações a fazer, que se tornaram os quatro grandes assuntos do burburinho. (1) Depois de menos de dois anos de relacionamento, Roth a pressionara para que sua filha de dezoito anos, Anna, deixasse sua casa em Londres. Embora Bloom fosse uma mulher extremamente bem-sucedida de quarenta e poucos anos, ela escreve que "a verdade é que eu era incapaz de contrariá-lo" e, portanto, "dispus-me a alijar minha própria filha". Foi um grave erro, embora "com o tempo" Anna tenha acabado por voltar para casa. (2) Roth deu o nome "Claire" à personagem da esposa traída no manuscrito de *Deception*. Dessa vez, Bloom conseguiu contrariá-lo e prevalecer. Disse também que ainda usava o presente que ele havia lhe dado para expiar sua culpa, "um finíssimo anel de cobra em ouro, com cabeça de esmeralda, da Bulgari na Quinta Avenida". (3) O colapso nervoso de Roth em 1993, no terceiro ano de casamento, foi, para ela, uma torturante montanha-russa emocional, em que o comportamento dele era imprevisível e não raro cruel. Ele acusou-a de não ajudá-lo em nada enquanto esteve doente. Em certa ocasião, ao visitá-lo no hospital psiquiátrico, ela ficou tão perturbada que precisou ficar internada por uma noite. (4) Depois de Roth decidir pôr fim ao casamento, ele não se dispôs, financeiramente, a ir além das cláusulas "pouco razoáveis" (expressão do advogado dela) do acordo pré-nupcial. Os 100 mil dólares que ele por fim ofereceu não chegavam nem para um apartamento de um dormitório em Nova York. Necessitando de dinheiro, ela foi forçada a aceitar um papel numa telenovela vespertina.

Há muito mais. Alguns poucos trechos afetuosos, a maior parte bem suja, tudo escrito por uma mulher que parece em luta consigo mesma — esforçando-se para ser menos passiva, mais independente, uma mãe melhor — e com os homens frustrantes de sua vida. ("Eu sabia que deveria ter mantido isso como um simples caso, mas minhas necessidades prevaleceram sobre meu conhecimento", escreve ela, não sobre Roth, mas sobre seu segundo marido, que recebe o apelido de "o Inominável".) Nenhum dos homens se sai bem, com a possível exceção de Yul Brynner, com sua cativante bravata, e talvez por guardar certa distância. Mesmo em tão má companhia, Roth — "espetacularmente manipulador"; "um estrategista maquiavélico dado a jogos de poder" — é de longe o pior, de modo que é um tanto desalentador constatar que, perto do final do livro, ao se encontrar com Roth para um café cerca de dezoito meses depois do fim do casamento, ela se diz abatida por ele "não querer retomar nossa antiga vida".

As acusações de Bloom tiveram efeito avassalador sobre a reputação pessoal de Roth — mais do que qualquer outra coisa desde *O complexo de Portnoy*. É claro, nem todos os críticos aceitaram a perspectiva dela. Na *London Review of Books*, Zoë Heller coletou indícios de que as agruras do casamento talvez fossem mais equitativamente infligidas do que Bloom admitia — tomando por base frases como "Eu me senti injustamente incompreendida e comecei a gritar" — e chamou o livro de uma história de advertência para leitoras sobre "os perigos da dependência econômica". Mas poucos críticos questionaram os fatos descritos por Bloom ou sequer admitiram que pudessem ser questionados. Na resenha do *Times*, Patricia Bosworth notou que Bloom "coletou os fatos — ela recorre a seus diários, a conversas com advogados, psiquiatras e amigos". (Acerca da questão tão polêmica da filha de Bloom ter saído de casa, Roth oferece alguns fatos adicionais: por exemplo, que Anna foi morar no dormitório da escola, a vinte minutos de distância, e por um único semestre; e que depois de voltar a morar em casa, Roth continuou vivendo com ela e a mãe durante seis meses cada ano por mais uma década. Maquiavel ele não era.) Entretanto, para muitos leitores, e para as leitoras em particular, o relato de Bloom foi uma confirmação de todas as velhas acusações. Havia inegável prazer na ideia de que — nas palavras provocadoras de Marion Winik, no *Los Angeles Times* — "Portnoy está enfim recebendo o troco".

Seja como for, houve apenas um parecer que realmente perturbou Roth. Em 1999, John Updike publicou na *The New York Review of Books* uma única frase sobre o livro de Bloom, em um ensaio sobre biografia literária. Ao discutir a ascensão de um gênero que designou "biografias à la Judas", aquelas escritas por um antigo cônjuge ou amigo rancoroso, Updike escreveu: "Claire Bloom, a ex-esposa ultrajada de Philip Roth, revela que ele, à medida que o casamento rapidamente se desfazia, se tornara neurastênico a ponto de ser hospitalizado, adúltero, duramente egoísta e financeiramente vingativo". Roth escreveu uma carta para a *Review*, sugerindo uma pequena alteração do verbo mais importante da frase: "Claire Bloom, a ex-esposa ultrajada de Philip Roth, alega que ele...". Updike respondeu na imprensa com um afável encolher dos ombros, dizendo que não se opunha à mudança, mas que achava que suas palavras já transmitiam "o mesmo senso de alegações unilaterais". Roth não concordou. As feridas ainda não tinham cicatrizado por completo e ele se sentiu traído por um amigo que, a seu ver, não deveria ter caído nesse engodo — ainda mais um amigo que efetivamente *vira* os dois juntos e chegara a comentar na revista *New York* "como Philip parecia orgulhoso de Claire e como a protegia". Roth nunca mais falou com Updike.

Roth ficou aturdido com o livro de Bloom. Afinal, a última vez que a vira tinha sido aquele encontro aparentemente amistoso para um café, pós-divórcio, em março de 1995, depois do qual ela lhe escrevera para dizer o quanto havia se divertido. Os dois chegaram a trocar diversos bilhetes calorosos e mutuamente elogiosos e fizeram vagos planos de se encontrarem outra vez. De certa maneira, ele ainda não a responsabiliza totalmente pelo livro: Roth trabalhara com Bloom em outro livro de memórias, um relato de sua carreira de atriz intitulado *Limelight and After*, e afirma que ela é uma escritora boa demais para ter feito sozinha algo tão lastimável como essa segunda autobiografia. Ele me diz que pensou em processá-la, mas sabia que a questão ficaria então pairando por vários anos e não era a isso que queria dedicar suas energias.

Decidiu deixar Nova York, mais ou menos como fizera depois de *Portnoy*, em busca da paz e da tranquilidade de Connecticut — "minha Yaddo particular". Nos fins de semanas e nas férias, era acompanhado por uma nova namorada, uma médica que estava concluindo sua residência e que ele conhecera numa fila de cinema. (*A lista de Schindler*; opinião ambivalente.) Para alegrá-lo, ela preparou uma linha do tempo com os eventos de sua vida, mostrando o livro de Bloom como um minúsculo pontinho. Isso ajudou-o a colocar as coisas na devida perspectiva, explica. Porém, como acontece com todos os romancistas, e talvez com transparência ainda maior, os livros de Roth têm uma origem pessoal, além da intelectual. Em *Minha vida de homem*, ele escreveu — e demonstrou — que era "tão incapaz de não escrever sobre o que estava me matando como de alterá-lo ou compreendê-lo". Caminhando pelas matas de Connecticut, tentou imaginar uma analogia para o modo como se sentia agora.

"Para mim, parece provável que mais atos de traição pessoal tenham sido zelosamente cometidos na América na década após a guerra, digamos, entre 46 e 56, do que em qualquer outro período de nossa história": Murray Ringold, o antigo professor de inglês de Nathan Zuckerman na escola secundária, está aqui discorrendo sobre um período informalmente chamado de Era McCarthy, sentado na varanda dos fundos da casa do antigo aluno nos montes Berkshires no verão de 1997. Murray tem noventa anos. Nathan está com 64 e os dois estão relembrando um homem que ambos amaram de maneiras diferentes — o irmão de Murray, ídolo de Nathan na juventude — que fora denunciado como comunista em 1952 e morrera na miséria e na desonra. A analogia talvez funcionasse. Afinal, naqueles tempos, tudo o que se precisava para arrasar a vida de alguém era uma acusação não corroborada de qualquer fonte supostamente respeitável. O historiador Arthur Schlesinger disse a Roth que é provável que quantidade similar de atos de traição tenha sido cometida durante a Guerra de Independência dos Estados Unidos, mas este não seria um período adequado para um livro ambientado em Newark. Os anos 1950 e o final dos anos 1940 eram a época de Roth: ele entrara na faculdade em 1950, quando o senador McCarthy apresentou sua primeira lista pública de "comunistas" no governo, a primeira grande questão política da sua vida adulta. Durante as audiências de McCarthy contra o Exército, na primavera de 1954, Roth vivia correndo entre as aulas na faculdade e a casa de um professor que tinha televisão, Bob Maurer, para assistir à derrocada final de McCarthy. Essas questões tinham sido importantes para ele e voltavam a ser importantes agora. Seu novo tema era a traição, tanto a pública como a privada.

Porém, poucos romances — e, por certo, não os de Roth — seguem uma única linha de raciocínio: o processo de composição é longo demais e os atalhos da memória e da imaginação complexos demais. *Casei com um comunista*, publicado em 1998, também trata do anseio de um garoto de tornar-se homem. Para Roth, esses assuntos não são desconexos. Ele confere ao jovem Zuckerman as suas próprias paixões adolescentes: os mesmos livros que Roth empilhava na cestinha de sua bicicleta — obras sobre beisebol de John Tunis, *Citizen Tom Paine*, de Howard Fast — são empilhados na de Zuckerman. As transmissões radiofônicas vibrantemente patrióticas que moldaram seu senso do propósito e da beleza da linguagem também moldam o desejo de Zuckerman de se tornar escritor. Há diversas páginas dedicadas exclusivamente a *On a Note of Triumph*, a peça de sessenta minutos de Norman Corwin sobre a vitória dos Aliados na Europa, ao seu vernáculo poético e seu espírito mitificante. Nathan relembra que, em 1945, bastava ter doze anos de idade e sentar-se ao lado de um rádio para sentir que "a gente se derrama na América e a América se derrama na gente".

É na era do rádio que as pessoas nascem, crescem e traem, um fato tão importante como os diferentes tipos de traição que o romance explora. Norman Corwin é o longínquo herói da infância de Zuckerman, mas os heróis mais próximos que vieram depois tomaram o lugar não só de Corwin mas também do pai dedicado, mas decepcionantemente não heroico, de Zuckerman. ("Perdemos Nathan quando ele tinha dezesseis anos", o sr. Zuckerman diz às pessoas, com pesar. "Com isso", explica Nathan, "queria dizer que eu havia deixado *a ele*.") Muito antes dos acontecimentos em *O escritor fantasma*, Zuckerman já estava buscando (e deixando para trás) toda uma série de pais espirituais — homens com grandes vidas ou grandes ideias, homens com coisas para ensinar-lhe — e traindo o pai que ama. Mas é isso que ele tem de fazer para alcançar "a orfandade que é completa, e que é da condição masculina, quando você fica lá na rua, no meio dessa confusão toda, absolutamente sozinho".

A mística da masculinidade nunca foi mais ostensiva na obra de Roth e aqui os bravos e os fortes são vistos através dos olhos cheios de veneração do jovem Nathan. Já nas primeiras páginas, termos como "homem", "masculino", "másculo" vão se acumulando rapidamente à medida que Nathan tenta descrever como era ter um rude e impetuoso Murray Ringold — Herói nº 1 — como professor de inglês na escola secundária. Uma aberração numa profissão repleta de mulheres, Murray, que voltara havia pouco do Exército e da batalha de Bulge, demonstra que tanto o ensino como a literatura são ocupações masculinas lícitas. Essa revelação foi inesquecível para Roth também. Na escola primária, todas as suas professoras haviam sido mulheres (exceto em educação física, o que quase não fazia diferença) e o impacto do primeiro professor homem no secundário, Bob Lowenstein, foi considerável. Lowenstein também havia retornado da guerra, mas não lecionava inglês; ele era o orientador da turma de Roth no primeiro ano, o elo com a diretoria e o responsável por assuntos escolares. Porém, mesmo sem a tutoria literária que Roth acrescenta aos poderes de Murray, seu exemplo deu frutos — quando Lowenstein procurou-o para retomar contato no início dos anos 1990, depois de mais de quarenta anos, Roth lembrava-se bem dele e escreveu-lhe de volta sem demora. A presença dele havia sido uma espécie de legitimação: o primeiro indício real, diz Roth, de que "era possível associar cérebro e masculinidade".

Não é apenas a ênfase que Murray dá ao pensamento crítico — por mais crucial que isso seja — ou sua "autoridade masculina" inata, mas também sua disposição de atirar um apagador de giz na cabeça de um aluno vadio que libera os "ímpetos masculinos" de garotos como Nathan. O grande talento de Murray é ensinar os rapazes dóceis e bem-educados de Weequahic a transgredir, a subverter, a dizer "não estou ligando a mínima" — em suma, a serem livres. Se chegou a ensinar algo para as meninas não é uma pergunta que Nathan se lembra de fazer. O ideal da masculinidade como liberdade do mundo "apertado e civilizado" das mulheres vem desde pelo menos Huckleberry Finn, sem falar em Alexander Portnoy. É um rito da adolescência literária americana — só para garotos. Para Nathan, que na verdade até aprecia os aspectos civilizados da casa de sua mãe, tornar-se homem exige muito estudo, muito esforço consciente, com regras de comportamento que determinam até a maneira "máscula" de comer um pedaço de torta num bar e restaurante.

O grande mentor de Nathan é o irmão de Murray, Ira Ringold: Herói nº 2 e a figura central do livro, uma espécie de contrapartida de Mickey Sabbath e de Sueco Levov. Ira está ligado ao mundo não por amor (como o Sueco) ou por ódio (como Sabbath), mas por um desejo ardente de justiça e pelo prazer de exercer sua vontade para consegui-la: "Tudo o que ele queria mudar estava aqui". Vinte anos mais velho que Nathan, Ira é um comunista por convicção e um astro do rádio por circunstância. Um gigante de 1,95 metro de altura e produto de uma família tumultuosa — a única família judia no Primeiro Distrito de Newark, onde só havia italianos —, ele deixou o colégio para cavar trincheiras e trabalhar nas minas de zinco no norte de Nova Jersey, ingressando no Exército logo após Pearl Harbor. Roth usou como modelo um dos heróis da sua própria juventude, um ex-soldado de índole esquerdista chamado Irving Cohen ("o ex-soldado da minha vida", diz ele), que se casara com sua prima mais velha, Florence. Irving era um homem grandalhão e tosco que contava histórias das surras que levara no Exército por expressar sem reservas suas ideias — assim como Ira apanha e é xingado de "judeu sacana amante de pretos" por protestar contra a segregação racial no Exército. Roth admirava a "masculinidade" de todos os soldados que retornavam do front e, referindo-se a Irving Cohen na entrevista do Web of Stories, diz explicitamente: "Eu lancei sobre ele o meu apetite de ser um homem", soando exatamente como Nathan, referindo-se a Ira, "que me trouxera para o mundo dos homens adultos". Há aqui um senso de quase iniciação militar a um mundo idealizado, de tempos de guerra, de heróis-soldados que Nathan — como Roth — era jovem demais para vivenciar.

Ira, porém, acaba se revelando desastrosamente cheio de defeitos e todo o ardor de Nathan se extingue antes mesmo de ele concluir a escola secundária. Da empolgação de ouvir o pitoresco linguajar operário usado por Ira — expressões como "acordo galinha-morta" são tão instigantes para o escritor incipiente como a linguagem de Drenka é para Sabbath — e de admirar sua camaradagem com trabalhadores de verdade, Nathan passa a ver Ira menos como um herói do que como um psicopata — descontrolado em sua raiva, propenso à violência e fastidiosamente previsível em suas arengas políticas. E tudo isso muito antes de saber que Ira tinha assassinado alguém, aos dezesseis anos, e que era membro de carteirinha do Partido Comunista — um apologista "de todas as infâmias de Stalin". A analogia com as circunstâncias pessoais de Roth não se sustenta, é claro, pois Ira é de fato culpado da acusação de ser um comunista, embora não proceda a denúncia forjada de ser um espião soviético. (Ninguém jamais o pega pelo assassinato.) Seria uma história muito banal ou vulgar, Roth me explica — e familiar demais —, se Ira fosse totalmente inocente. Era o sentimento da época que ele estava buscando, o fim de uma era dourada de heroísmo e um recuo para as onipresentes trevas americanas de irracionalidade, demagogia e mentiras.

Nathan tem de aprender que, mesmo numa era dourada, nem todos os soldados são heróis — isso também faz parte de seu amadurecimento como homem. No fim, o próprio Ira mostra-se não mais vilão do que herói. Ele é, acima de tudo, um protagonista rotheano do final dos anos 1990, ou seja, um homem capturado na máquina trituradora da história. Do ponto de vista de Murray, seu irmão era "uma máquina de agir", absolutamente crédulo em termos políticos e morais e pouco capaz de autorreflexão: "mais um inocente cooptado por um sistema que ele não compreendia".

Também aqui, Roth se propõe um problema narrativo que claramente o fascina: como expressar a consciência de um homem que não está totalmente ciente de ter uma. A solução, dessa vez, é ainda mais complexa do que a de *Pastoral americana* e envolve não um narrador, mas dois. A discussão entre Murray e Nathan é a estrutura dominante do livro, até o final. O ex-aluno e o professor se encontram depois de cerca de quarenta anos, quando Murray, ainda ávido por aprender, matricula-se num curso de verão de uma pequena universidade nos Berkshires, o Athena College, onde E. I. Lonoff certa vez lecionara (embora Roth ou os administradores escolares tenham modificado o nome da instituição — que costumava ser Athene). O lugar fica a uma curta distância da casa isolada de Nathan na encosta da montanha.

Nathan continua basicamente na mesma situação em que o tínhamos encontrado da última vez: ele mora sozinho numa modesta cabana de dois cômodos, quase sem contato humano, e dedica-se a escrever e nada mais. (O chalé espartano é inspirado no estúdio de Roth, que fica a uns sessenta metros de sua bela e espaçosa casa; esta é apenas uma das muitas diferenças entre personagem e autor.) Nathan tem receio até mesmo de convidar o velho amigo para passar a noite, pois teme vacilar em sua determinada indiferença à presença íntima de outro ser humano. Mas ele convida Murray para conversar — sobre Ira, principalmente — em seis longas noites de verão. O próprio Nathan assume a narrativa de tempos em tempos, preenchendo-a com suas experiências e, às vezes, inventando coisas que seriam impossíveis de ele saber. Roth me diz que vê Murray e Nathan "como dois jogadores de basquete levando uma bola pela quadra, cada um driblando por uns quinze segundos antes de passar a bola para o outro", cada um acrescentando pedaços à história para formar um todo.

Duas vozes ressoando no escuro. Trata-se de uma solução engenhosa para uma história que repousa sobre lembranças do rádio. O livro também contém tributos comoventes aos poderes encantatórios da fala — tributos que, a julgar pelo conjunto da obra de Roth, são pessoais e sinceros. ("O livro da minha vida é um livro de vozes", Zuckerman nos diz. "Quando me pergunto como cheguei aonde cheguei, a resposta me surpreende: 'ouvindo'.") Na prática, porém, o estratagema não chega a funcionar. Creio não haver outro livro de Roth em que as vozes sejam mais tênues ou menos cativantes e no qual, ao mesmo tempo, elas obscureçam mais os personagens e as ações que descrevem. Até mesmo a voz de Ira: o assassinato, as convicções inabaláveis, os acessos de raiva são todos detalhados em minúcias, mas nunca chegam a ser realmente dramatizados. Saul Bellow se queixou, em uma admoestadora carta a Roth a respeito do livro, de que Ira é "o menos atraente de todos os seus personagens". O problema maior, entretanto, é que ele nunca adquire vida.

O livro contém uma cena maravilhosamente vibrante de uma festa em Nova York; uma ou outra aparição forte do pai de Nathan, figura sempre revigorante; e algumas ocasiões em que Nathan e Ira visitam trabalhadores locais — um taxidermista, um homem que vende pedras na saída de uma mina, um ex-soldado com uma fábrica de colchões — cujas vozes distintivas causam impacto e contribuem para dar vida ao livro. Mas são pouquíssimas essas cenas de confraternização humana, ou de ação direta, e a retomada da narrativa nos dá a sensação de que estamos voltando a uma jaula.

Isso porque o lado de Murray da história consiste, de modo geral, em fragmentos expositivos enclausurados entre aspas. Ele não devolve a bola depois de quinze segundos; seus monólogos, pois é isso que são, estendem-se por dez ou mais páginas de cada vez. E embora no começo Nathan tente nos seduzir com a promessa de que Murray, como professor, possuía um talento especial "para dramatizar o interrogatório, lançar um poderoso feitiço narrativo" — isso está na primeira página —, ele mais tarde admite que Murray se tornara "completamente desapaixonado", "mais ou menos invariável, brando" e marcado por "certa mansidão". Sua voz é rígida e estranhamente literária, até mesmo para um ex-professor de inglês. (Para mim foi tão difícil imaginar um homem de noventa anos dizendo "O recurso de Ira à violência representava o correlato masculino da disposição de Eve para a histeria: distintas manifestações de gênero para a mesma queda-d'água" que decidi comprar o audiobook só para ouvir Ron Silver dizer a frase. Silver entende do que faz e dá a Murray um discreto viés de malandro urbano ídiche que atenua sua falta de sal. Na verdade, boa parte do livro só tem a ganhar com a leitura de Silver, que acrescenta tiques e cores que não encontramos na página escrita, embora essa frase em particular continue intolerável.) As histórias de Nathan sobre sua adolescência dão um pulso mais firme à obra, mais confiante e energizado. Mas quando começa a falar sobre Ira, ele não soa muito diferente de Murray: comedido, monótono, insosso. Há muita sabedoria nessas páginas, sobre assuntos que vão da família ao utopismo, e algumas passagens de profunda beleza, mas que acabam abafadas pela insistente lenga-lenga narrativa.

Roth afirma que *Casei com um comunista* é um dos favoritos dentre seus livros e dá como motivo o fato de Ira Ringold ser um personagem desinibido e explosivo: "um cabeça-quente", como gosta de dizer. Ele explica que há muita liberdade em escrever sobre uma figura dessas, muito espaço emocional aberto. Por outro lado, é possível que ele também assuma uma espécie de atitude protetora diante de uma obra que não foi recebida com a mesma seriedade que dedicou a ela, uma obra que incitara justamente o tipo de fofoca que ele buscara evitar fugindo da cidade e que o próprio livro escarnece num aparte sobre "o credo unificador da mais antiga república democrática do mundo. Na Fofoca Nós Acreditamos. Fofoca como o evangelho, a religião nacional". A indignação de Roth com o livro de Bloom não acabou com a sua evocação de uma época acusatória. Ele foi muito além e deve ter sabido que nenhum resenhista resistiria a morder a isca.

Ira Ringold se desmantela por causa de seu casamento com uma linda atriz com dicção perfeita e uma filha insuportável — "uma filha já grande, adulta, e que ainda mora em casa com a mãe", que exige sem cessar que a mãe pague por crimes maternais cometidos num passado longínquo. Elas formam uma família a duas completamente fechada, sem espaço emocional para ninguém mais. A filha é uma topetuda, verbal e fisicamente, e a mãe se limita a abaixar a cabeça. Ira é advertido de que a raiva inextinguível dessa criança monstruosa "vai arruinar sua convivência desde o início". E é o que acontece. Mas é a esposa, chamada Eve Frame, que arruína todo o resto: cheia de presunção cultural, ela é secretamente uma judia antissemita que, em sua inconstância, se submete a qualquer demonstração de força. Quando o casamento fracassa, ela é convencida por esnobes de direita empenhados em uma cruzada moral a escrever uma denúncia sensacionalista intitulada *Casei com um comunista* — na qual o termo "maquiavélico" aparece com grande destaque.

O livro é publicado em 1952 e Ira é incluído na lista negra do governo como um comunista. Alguns anos depois, Murray é convocado a depor perante a comissão de Newark do Comitê de Atividades Antiamericanas do Congresso e perde seu cargo de professor. (Esta foi a experiência real de Bob Lowenstein, vários anos depois de ter sido o orientador de Roth no secundário; como Murray, ele se recusou a "falar" e só foi readmitido anos mais tarde, graças a um processo judicial.) Numa das cenas mais animadas do livro, Murray é defendido por sua filha de catorze anos, Lorraine, que tem um repente no tribunal e é a contrapartida bravamente virtuosa da filha terrivelmente mimada de Eve, Sylphid — assim como a esposa de Murray, Doris, nascida no Bronx, é a contrapartida benéfica de Eve. Roth diz que foi em nome de um panorama realista do mundo que ele criou esse outro par de mãe e filha: "Nem tudo é traição".

Existe uma longa, ainda que pouco nobre tradição de vingança literária, desde o maledicente retrato de Ottoline Morrell em *Mulheres apaixonadas*, de D. H. Lawrence, até a acerba descrição que Doris Lessing faz de seu antigo amante, Nelson Algren, em *O carnê dourado* (Lessing até preserva o característico primeiro nome) e um bom número de páginas das obras reunidas de Mary McCarthy. Roth, por certo, pretendia uma retaliação, mas ele deixa de lado o programa vingativo por um instante quando trata de Sylphid — Roth, devemos lembrar, gosta de dar as melhores falas a seus oponentes — e, por um breve momento, ela se torna a presença mais envolvente do livro. ("Aprendemos em Shakespeare que ao contar uma história não podemos dar vazão a nossos sentimentos imaginativos por nenhum personagem", explica Murray para Nathan, acrescentando: "Mas não sou Shakespeare".) Sylphid é o principal motivo da cena de festa em Nova York ser tão vivaz e cativante. Vista em ação, por fim, e em meio a uma turba, ela é astuta, honesta e muito engraçada ao guiar Nathan por uma sala lotada de songamongas, justamente os preciosos convidados de sua mãe. Ela é também muito bondosa com o pobre "Nathan de Newark", perplexo diante da proliferação de talheres e da dúbia comestibilidade de sua primeira alcachofra. Ficamos aguardando mais escapadelas, mas em vão, pois logo a narração a confina novamente na relação monocromática com a mãe. Não há dúvida de que um autor tem o direito de escolher seus assuntos, mas aqui o desejo de vingança parece ter contraído a liberdade romanesca de Roth.

As resenhas do livro traziam títulos como "A ira de Roth" e "Roth dá o troco". Poucas deixaram de mencionar Bloom; a *Publishers Weekly* enjeitou a empreitada de mais de trezentas páginas como "uma mal disfarçada vendeta". Mais de um crítico sugeriu que Roth causara mais danos a si mesmo do que Bloom e que parecia ter feito de tudo para comprovar as acusações dela. A palavra "misógino" voltou a ter uso corrente, na medida em que até as admiradoras mais pertinazes de Roth externaram suas críticas. (Não chega a surpreender, talvez, que Roth tenha se saído melhor com os homens — Robert Kelly na *The New York Times Book Review*, Todd Gitlin no *Chicago Tribune* —, que viram o livro como um "romance envolvente" sobre política.) No *The Boston Globe*, Gail Caldwell encontrou muita coisa para elogiar — inclusive, devo dizer, a narração a dois —, mas julgou que os "demônios caricatos" de Bloom e sua filha soterravam todo o resto. No *The Guardian*, na Grã-Bretanha, Linda Grant chegou a dizer que "preferiria ler uma dúzia de livros de misoginia rotheana" a "uma única página de Alison Lurie ou Carol Shields ou Margaret Atwood ou Annie Proulx" — mas que ninguém se iluda: "Se houve algum dia um misógino, este é Roth". (Não é possível deixar de recordar Harold Bloom resmungando contra Doris Lessing e sua "cruzada contra seres humanos do sexo masculino".) E, numa resenha bastante cética no *Times*, Michiko Kakutani — que não poupara elogios ardentes para *Pastoral americana* — achou o novo livro "restrito a uma tacanha agenda pessoal" e um recuo para os velhos "jogos de espelho e guerras sexuais" de Roth. Sua resenha era intitulada "Manly Giant vs. Zealots and Scheming women" [Gigante másculo versus zelotes e mulheres intriguistas].

Apesar de todas as provocações contidas no livro, Roth ficou desconcertado com as renovadas acusações de misoginia. Ele se considera um homem que ama as mulheres e tem muitas mulheres entre seus amigos mais íntimos que o acompanharam por toda a vida. E mesmo que Bob Lowenstein tenha significado muito para ele como professor, em termos de pensamento crítico sua grande mentora foi Mildred Martin, de Bucknell — aliás, uma de suas amizades da vida inteira. Não há dúvida de que já sentiu bastante raiva de algumas mulheres em sua vida, mas também de alguns homens. *Casei com um comunista* trata de muitas outras coisas além de Eve e Sylphid. Seus livros contêm uma variedade imensa de figuras femininas, de todos os matizes morais e emocionais, que não são nem "melhores" nem "piores" que os personagens masculinos; como romancista, ele não pode se dar ao luxo de apresentar as coisas de outra forma, mesmo que pense assim, o que não ocorre. Sua obra estava sendo mal interpretada por algumas feministas contemporâneas, como havia sido mal interpretada por judeus — e por motivos não muito diferentes, a saber, a representação de personagens cheios de defeitos ou concebidos de maneira cômica. Com Henry Miller morto e Norman Mailer desaparecendo de vista, Roth se tornara seu maior impugnador — um útil e talvez necessário impugnador.

Roth bateu de volta nas críticas feministas, é verdade — mas sempre defendera a liberdade social e sexual das mulheres não menos do que a dos homens. De fato, no seu esquema das coisas, a liberdade dos homens depende de as mulheres também serem livres. Isso é patente para alguém que leia seus livros com a mente aberta, sem os entraves da choramingação contemporânea. Por isso, ele acreditou que poderia se explicar — como acreditara que poderia se explicar para uma plateia na Universidade Yeshiva em 1962 — para um grupo de universitárias desconfiadas e ferrenhamente feministas em 1999. Afinal, *Casei com um comunista* tem muito a ver com o poder do ensino.

No outono daquele ano, Roth concordou em se juntar a seu

amigo Norman Manea para conduzir, no Bard College, um seminário, já mencionado aqui, sobre meia dúzia de seus romances. A cada semana, Manea organizava uma sessão sobre uma determinada obra e, no dia seguinte, Roth vinha falar a respeito e responder a perguntas. Manea costumava informá-lo dos assuntos que haviam sido discutidos na sessão anterior, de modo que Roth estava ciente, no dia em que deveria falar sobre *Casei com um comunista*, que o livro havia provocado certo furor entre aquelas jovens. Havia cerca de quinze alunos no total e as mulheres estavam em ligeira maioria, ou talvez apenas pareça assim nos vídeos a que assisti das aulas, pois são elas que mais falam. Não era a primeira vez que insatisfação com várias personagens femininas de Roth havia sido expressa; na realidade, esse tipo de insatisfação havia sido um tema constante das discussões.

Roth começa a aula discorrendo sobre vários assuntos — o período do pós-guerra, técnicas narrativas, Joe McCarthy — e lê uma passagem sobre a filha de Murray, Lorraine, ressaltando que a defesa que ela faz do pai é "o gesto de lealdade mais comovente do livro". Roth parece apreensivo e está claramente reagindo às objeções que Manea lhe havia comunicado. Explica para a classe que não escreveu nenhum dos personagens do livro para que fosse "simpático"; queria apenas que fossem reais. "Eu a inventei", diz acerca de Eve Frame, que trai o marido, "mas não inventei Linda Tripp." Como também não inventou filhas que odeiam suas mães: "Mas vamos dar uma olhada nisso. Não tenham medo de olhar". A classe está tranquila, basicamente em silêncio — uma risada ou outra quando Monica Lewinsky é mencionada —, e agora ele está pronto para responder a perguntas.

A princípio, a classe parece intimidada. Mas então uma jovem se manifesta, dizendo acreditar que os personagens masculinos de Roth são "esféricos" e as personagens femininas são "planas" — ou, pelo menos, não tão "fundadas em complexidade ou

334

empatia". Roth pergunta-lhe se ela sente o mesmo acerca de Amy Belette/Anne Frank em *O escritor fantasma*, e ela recua, mas o tema foi lançado ao ar e outra jovem, de rosto angelical e a orelha cravejada de pequenos anéis, reformula a questão: "Nunca entramos na mente das personagens femininas — é como se tivéssemos um olhar de segunda mão". Manea lembra-a de que, na sessão sobre *O teatro de Sabbath*, a classe havia concluído que podia, de fato, entrar na cabeça de Drenka. ("Tenho mais sentimentos em relação a Drenka", ela admite. Roth, aliviado, observa: "Eu não estava presente na batalha d'*O teatro de Sabbath*".) Ele então pede para ouvir o que fora dito na sessão anterior e um aluno se atrapalha todo tentando explicar algo sobre "a natureza e estrutura das relações de gênero... que eu levo muito a sério". Insistindo num argumento sobre dogmas, Roth lê um trecho de um livro sobre o julgamento de dois escritores soviéticos acusados de difamar o Povo por não apresentarem seus personagens como "bons" cidadãos. "Não estamos colocando o senhor em julgamento!", exclamam as jovens, apaziguadoramente.

Às vezes, porém, a cena na sala de aula parece estranhamente reminiscente do julgamento satírico em *Deception*, ainda mais quando Roth resume e discute as reclamações que haviam se acumulado ao longo do curso. Mas ele não parece estar conseguindo se comunicar. Um aluno achou que Hope Lonoff é uma "personagem mal desenvolvida", aparentemente por não ter saído de um casamento insatisfatório; outra disse que não julgava Maria Freshfield tão "admirável" como se pretendia que ela fosse. A irritação dos estudantes com essas personagens, supõe Roth, nasce do fato de "não incorporarem valores que vocês respeitam"; como Eve Frame, elas são "insuficientemente fortes e assertivas". Mas mulheres como essas existem. Mulheres de muitos tipos existem. E pergunta: por que Lorraine foi expurgada da leitura de todos? Será porque ela não se enquadra nessa teoria? Escritores escrevem sobre indivíduos, não sobre tipos. E se esta é realmente uma questão literária de "plano" versus "esférico", por que as mesmas perguntas não foram feitas acerca de algum personagem masculino? Por que ninguém reclamou que Ira é um assassino? Por fim, não conseguindo fazer nenhum progresso aparente, ele quase se exaspera: E daí se as mulheres *forem* planas? Ou esféricas? Por que não conseguem falar de outra coisa? "O que eu realmente não entendo", diz, "é por que essa mesma discussão acaba tiranizando todas as aulas."

Uma jovem compenetrada que ainda não disse uma palavra agora se manifesta: "Por causa do nosso ridículo momento histórico. Porque todas as nossas aulas são sobre gênero. Tenho de assistir a aulas de literatura em que conversamos sobre como Joyce retrata as mulheres, ou Tolstói". Ela está claramente descontente com esse aspecto da sua educação e, por um instante, parece que a posição de Roth acerca de dogmas prevaleceu. Mas então, outra jovem igualmente compenetrada, a que começou toda a discussão, sugere que sua geração é liberada demais para se identificar com personagens femininas da *maior parte* da literatura que lê na escola. Na adolescência, diz, ela se identificava com os heróis dos livros, com os homens, "e isso cria certa confusão". Ninguém pensa em associar o anseio dela por uma heroína com a emoção do jovem Nathan ao ter um professor homem, depois de anos sendo ensinado por mulheres, nem se menciona o quanto esse senso de identificação e legitimação significou para ele.

Em vez disso, Roth pensa em fazer uma associação com outro tipo de lição — mais ampla, talvez. Transformando sua resposta numa espécie de parábola, diz aos alunos que, tendo crescido em "um ambiente extremamente judaico", ele descobriu que havia pouquíssimos judeus na literatura, afora algumas figuras "próprias para o escárnio" em T.S. Eliot ou Hemingway. Como alguém poderia esperar que ele se "identificasse" com personagens de um autor cristão como Dostoiévski? Como? Por meio da própria literatura, explica — a literatura, que permite que nos identifiquemos com qualquer um e nos tornemos maiores que nós mesmos. Mas a aula já está chegando ao fim e os dois lados parecem ter jogado para um empate. Não se trata de uma trégua. Independentemente de qualquer coisa, apela Roth, será que esse tipo de discussão não acaba ficando *chata*?

O ponto de vista é um dos aspectos mais cruciais da literatura de Roth. "Encontrei as pessoas certas" é um motivo que costuma dar para o vigor específico de um livro, mas encontrar a perspectiva certa para essas "pessoas certas" é ainda mais importante. Com pouquíssimas e talvez não muito honrosas exceções — alguns de seus primeiros contos, partes de *Letting Go, As melhores intenções...* — não há narradores oniscientes em seus livros. Sempre, *alguém* conta (ou, como no caso de Sabbath, canaliza) a história, mesmo quando o narrador obsequiosamente desaparece, como em *Pastoral americana*. Este talvez seja um motivo de Roth permanecer fiel a narradores que deram certo: sua enorme bibliografia se aglomera em torno de um grupo nada enorme de nomes de narradores. É verdade que todos esses contadores de histórias têm uma biografia muito semelhante à do autor: Zuckerman, Kepesh e, desnecessário dizer, "Philip Roth" são todos homens, todos judeus que cresceram nos anos 1930 e 1940. Até a fantasia de Amy Bellette como Anne Frank — um relato extenso, dramático e comovedor sobre uma jovem, grande parte do qual ocorre "dentro da sua cabeça" — acaba se revelando uma fantasia de Nathan Zuckerman, embora sua presença na página não seja mais perceptível do que quando está contando a história de Sueco Levov. A mente absolutamente livre de Mickey Sabbath dá o tom do mais livre dos romances de Roth; a mente do Sueco trás à tona outro tipo de ordem, outro tipo de pensamento, outro tipo de frase. Roth adentra uma história por meio de uma voz específica, um par específico de olhos, mas é o que essas faculdades transmitem que importa. Especialmente em seus livros tardios (e mesmo em livros com falhas graves, como *Casei com um comunista*), temos um infindável festival humano para observar — um festival que é também feito de homens e de mulheres. E se os holofotes estão ancorados em Nova Jersey durante a guerra (eles têm de estar ancorados em algum lugar, não têm?), seus fachos de luz varrem todo o céu. Literatura, que nos torna maiores que nós mesmos. Em *Casei com um comunista*, Nathan recebe uma lição sobre a diferença entre política e literatura de seu último mentor, um jovem professor universitário que menospreza sua tentativa orgulhosa de criar uma peça radiofônica à maneira de Norman Corwin e argumenta, de modo um tanto esquemático, contra o uso de argumentos em livros. "A política é o grande generalizador", começa, "e a literatura é o grande particularizador, e as duas não estão simplesmente numa relação inversa. Estão numa relação *antagônica*." As palavras que seguem, dentre todas as que Roth escreveu, são as que mais se aproximam de um credo:

> Como artista, a nuance é a sua *missão*. Sua missão é *não* simplificar. Mesmo que você resolva escrever da maneira mais simples, à la Hemingway, a missão continua sendo a de garantir a nuance, elucidar a complicação, sugerir a contradição. E não apagar a contradição, não negar a contradição, mas sim ver onde, no interior da contradição, se encontra o ser humano atormentado. Levar em conta o caos, garantir que ele se manifeste. Você *precisa* garantir que ele se manifeste. De outro modo você faz só propaganda, se não de um partido político, de um movimento político, então propaganda cretina da vida em si mesma, da vida como ela gostaria de ser divulgada.

Os pés de Nathan estão agora trilhando o caminho para a santa arte e Henry James e para a porta da frente de E. I. Lonoff. E dali rumo a contos e livros que antagonizarão todos que quiserem ler uma mensagem endossável.

No entanto, se, para o escritor, esse é um livro sobre o começo de uma jornada, é também sobre o seu fim. Nathan está abatido, adoentado, incapacitado sexualmente — ficamos sabendo da sua cirurgia de próstata em *Pastoral americana* — e insiste em que não tem mais nenhuma história a contar. "Ele agora está numa idade em que as pessoas o procuram para contar-lhe as histórias delas", diz Roth para sua classe no Bard College, "não mais numa idade em que vai contar-lhes as *suas* — uma mudança espantosa." É provável que seus alunos sôfregos e ardentes entendam essa parte de sua mensagem ainda menos que as outras coisas que ele disse (com certeza, identificam-se menos com ela). Nathan explica seu retiro do mundo como parte de uma longa tradição — a cabana no bosque, o lugar para onde se vai, no fim, para "se absolver das lides da vida":

> O lugar onde a gente se despe, muda de pele, tira todos os uniformes que vestiu e os trajes em que se enfiou, onde a gente se desvencilha de todas as feridas e ressentimentos, do nosso apaziguamento do mundo e do nosso desafio do mundo, da nossa manipulação do mundo e das manobras do mundo sobre nós. O homem que envelhece se afasta e parte para o mato — no pensamento filosófico oriental, abunda esse tema, no pensamento taoísta, hindu, chinês. O "habitante da floresta", o último estágio do caminho da vida. Pense só naquelas pinturas chinesas, com um velho ao pé da montanha, o velho chinês completamente só ao pé da montanha, retirado da agitação da autobiografia. Ele travou uma vigorosa disputa com a vida; agora, serenado, trava uma disputa com a morte, recolhido à austeridade, a última questão a ser resolvida.

Essa passagem, linda em sua discreta sabedoria, deve, imagino, receber a etiqueta "Roth tardio". Mas Nathan ainda está longe de chegar ao fim.

A fantasia da pureza é um horror

A condenação da propensão americana à "fofoca como evangelho, o credo nacional" afigurou-se inquietantemente presciente quando *Casei com um comunista* foi lançado, no outono de 1998, apenas oito meses depois de o caso entre Bill Clinton e Monica Lewinsky ter arrebatado a atenção do país. Porém, como Murray Ringold nos lembra, julgamentos como espetáculo não foram invenção do senador McCarthy; pelo contrário, "Ele nos levou de volta a nossas origens, de volta ao século XVII e a nossos antepassados. Foi assim que o país começou: a desgraça moral como entretenimento público". Nada havia mudado.

Embora o fiasco público fosse um bom motivo para Roth estar pensando em Clinton, ele também tinha alguns motivos particulares. Alguns meses antes, Clinton havia assegurado um visto de emergência para um amigo seu, Emmanuel Dongala, escritor congolês que frequentara a universidade nos Estados Unidos nos anos 1960 e fora adotado extraoficialmente por C. H. Huvelle e sua esposa, Mary, vizinhos e bons amigos de Roth em Connecticut. Dongala — como Primo Levi, um químico além de ficcionis-

341

ta — retornara à República do Congo, onde era chefe de departamento e professor de química na universidade em Brazzaville e onde ficou preso por meses com a esposa e os filhos depois da irrupção da guerra civil. Como primeiro passo para trazê-lo de volta aos Estados Unidos, Roth alertara Leon Botstein, reitor do Bard College, que imediatamente ofereceu emprego a Dongala. Depois que algumas tentativas de obter-lhe um visto falharam, Roth escreveu uma carta para Clinton — a quem não conhecia —, mas não obteve resposta. Passado não muito tempo, William Styron convidou Roth para almoçar num restaurante em Connecticut e mencionou que estaria presente em uma cerimônia na Casa Branca no dia seguinte. Roth voltou para sua casa, pegou uma cópia da carta e pediu a Styron que a colocasse diretamente nas mãos de Clinton: "Não deixe que ele ponha a carta no bolso; faça com que a leia ali mesmo, na hora". O visto para Dongala foi concedido no dia seguinte e, para sua família, logo em seguida. Naquele verão, Roth se encontrou com Clinton numa festa em Martha's Vineyard e ainda se lembra de que a primeira coisa que o presidente disse foi: "Seu amigo está bem?". Clinton acabara de passar horas testemunhando sobre Lewinsky e, Roth acrescenta, "ele parecia alquebrado, como se tivesse lutado quinze rounds com Muhammad Ali".

Em novembro de 1998, Roth foi agraciado com a National Medal of Arts e esteve, ele próprio, numa cerimônia na Casa Branca. O evento foi logo depois das eleições de meio de mandato e a vitória dos democratas parecia indicar que o pior ficara para trás, embora a questão do impeachment ainda pairasse no ar. O presidente e a sra. Clinton, fazendo as honras da casa, pareciam exuberantes. O encômio que Clinton leu era respeitoso e pertinente: "O que Dublin foi para Joyce e o condado de Yoknapatawpha foi para Faulkner, Newark é para Philip Roth". Mas quando ele o apresentou como um "venerável decano [*grand old*

342

man] das letras americanas", Roth, ao adiantar-se para receber a medalha, manteve um breve colóquio sussurrado com o presidente, que Clinton em seguida transmitiu pelo microfone: "Ele acaba de me dizer que não é tão velho assim. Hillary informou-lhe que se trata de uma expressão literária".

Roth já estava trabalhando no que, para todos os efeitos, era um romance histórico ambientado justamente naquele ano. Depois de concluir *Casei com um comunista*, explicou a um entrevistador da televisão holandesa, ele começara a se perguntar: Seria possível "tratar 1998 como tratamos 1970 ou 1948?". Em termos culturais, o momento parecia fascinante e seria um desafio apreender a história enquanto ela ia sendo feita. Seu foco não seria o escândalo Clinton, nem estaria escrevendo sobre alguém diretamente afetado por ele — como Sueco Levov fora afetado pelos eventos do seu tempo. Na verdade, Roth queria explorar o "estado de ânimo moral" do país. Ou, como escreve no começo de *A marca humana*, publicado apenas dois anos depois: "Se você não viveu 1998, você não sabe o que é santimônia". Boa parte do livro se passa no verão daquele ano, no momento de "uma imensa febre de religiosidade, de puritanismo, quando o terrorismo — que se seguiu ao comunismo como a principal ameaça à segurança do país — foi sucedido pela felação", em que "a vida, com toda a sua impureza desavergonhada, mais uma vez confundiu todo o país". Nathan Zuckerman sonha com uma faixa gigantesca, à maneira das instalações de Christo, envolvendo a Casa Branca e estampada com a legenda: AQUI MORA UM SER HUMANO.

Se *Pastoral americana* e *Casei com um comunista* falam de pessoas esmagadas pela história, o terceiro livro da trilogia americana de Roth é sobre pessoas determinadas a escapar dela, fugindo do passado e recriando-se de maneira estratégica. Esse tipo de meta não chega a ser novidade para um protagonista de Roth. Ainda em *Casei com um comunista*, Nathan Zuckermann recorda-se que, como um garoto judeu, "não me interessava em compartilhar o caráter judeu. [...] Queria compartilhar o caráter nacional". Mas é fácil demais localizar o hábito nacional de escapar: a reinvenção pessoal — o que Roth chama de "alta dramaturgia de levantar-se e partir" — é um dos grandes motes americanos. É ele que une alguns dos mais improváveis representantes de nossas aspirações comunais, como Jay Gatsby, Alexander Portnoy e o herói de *A marca humana*, Coleman Silk, um negro de pele clara que se deixa passar por branco durante toda a sua vida adulta.

A questão para Silk não é ódio de si mesmo ou ódio de sua raça: a questão é liberdade. Ser livre de tudo o que seu pai teve de suportar. ("As imposições. As humilhações. Os obstáculos. A mágoa, a dor, o fingimento, a vergonha.") Ser livre dos "limites mais restritivos da sociedade". Ser livre de um execrado "eles" e de um igualmente tirânico "nós" — "o *nós* sempre louco para tragá-lo, aquele *nós* moral coercitivo, abrangente, histórico, inevitável". Silk escapara de sua raça não porque desejasse ser branco, mas porque anseia ser irrestritamente humano. (É difícil não se lembrar de Alexander Portnoy, aos catorze anos, protestando: "Judeu judeu judeu judeu judeu judeu! [...] *por acaso eu também sou um ser humano!*".) Para Zuckerman, que descobre a verdade sobre Silk somente após sua morte, há algo quase heroico no modo como ele havia rompido com sua família amada, amorosa, mas inextirpavelmente negra, "para viver numa esfera que correspondesse à sua visão de grandeza". Aqui há um ligeiro eco do final do *Gatsby*, no qual Fitzgerald escreve do ser humano que vislumbra "alguma coisa correspondente a sua capacidade de se maravilhar" na própria América redescoberta. A decisão de Coleman Silk de cruzar a linha da cor, tomada quando ingressou na Marinha em 1944, um mês antes de completar dezoito anos, faz dele, a seus próprios olhos — e aos de Zuckerman —, "o maior dos grandes *pioneiros do eu*".

344

Está claro por que Silk se torna importante para Zuckerman. O fato de Silk fingir ser judeu é uma ironia a mais, pois o judaísmo fornece um disfarce convincente não só para sua aparência física — "o tipo de judeu de nariz pequeno", avalia Zuckerman ao conhecê-lo, "um desses judeus de cabelo encarapinhado e tez amarelada" —, mas também para a ostensiva ausência de parentes vivos e para a origem incerta dos mortos. Que outro grupo poderia oferecer tanta credibilidade a uma família sem passado? ("Teve toda uma geração de judeus assim. Nunca sabiam direito.") Corroborando o disfarce, os abundantes cabelos crespos de sua esposa judia prometiam uma explicação pronta para quaisquer sintomas raciais reveladores que seus filhos viessem a apresentar. (Silk havia sido circuncidado, por razões de higiene; sua mãe era enfermeira.) Mas não há sintomas. Os quatro filhos de Silk crescem sem nenhuma dúvida de que são inteiramente brancos; o mais jovem, buscando suas raízes, torna-se ortodoxo. E quando Silk é morto, seu assassino tem certeza de que eliminou "um professorzinho de merda, um judeu", um "judeu filho da puta".

Coleman Silk é professor de letras clássicas e *A marca humana* é, em certa medida, uma sátira acadêmica, à maneira de *The Groves of Academe*, de Mary McCarthy, e *Pictures from an Institution*, de Randall Jarrell. Como essas suas predecessoras, a obra de Roth tem algumas contas a acertar. A traição continua em sua mente, embora aqui o tema esteja associado não à política, mas às políticas culturais que, poder-se-ia dizer, "sequestraram" o debate nas salas de aula dos Estados Unidos. (Roth já deixara de lecionar; a experiência no Bard College, confessa-me, acabara com ele.) Na pequena Faculdade Athena, em duas ocasiões, o professor Silk entrou em conflito com o Departamento de Línguas e Literatura, que chegara a chefiar por muitos anos — cargo do qual, aos quase setenta anos, ele se demite para voltar a lecionar. Na primeira ocasião, uma aluna reclamou que as peças de Eurípides que ele selecionara para o curso "depreciavam as mulheres"; a chefe do departamento na época — uma mulher francesa de 29 anos, formada em Yale, com um vocabulário maculado por termos como "narratologia" e "diegético" — repreende-o por sua "pedagogia fossilizada" e, em especial, por insistir "em ensinar tragédia grega com essa tal abordagem humanista que você adota desde os anos 50". (Ah, os bons e saudosos anos 1970, quando as únicas reclamações do Professor do Desejo eram estrutura, forma e símbolos.)

Na segunda ocasião, bem mais séria, quando dois alunos não apareceram nas seis primeiras semanas de aula, Silk, num descuido, lançou a pergunta: "Alguém conhece essas pessoas? Elas existem mesmo ou será que são *spooks*?". Embora se referisse "à possível natureza ectoplasmática deles" [*spook* = fantasma, espectro], o termo "spook", ao longo da história, foi usado como referência depreciativa aos afro-americanos. Como calhou de os alunos em questão *serem* afro-americanos, Silk logo se viu acusado de racismo. A acusação era ridícula, mas ainda assim tão debilitante pelas humilhações que impunha — reuniões, audiências, investigações —, que ele tratou-a como uma piada de péssimo gosto, até sua saudável esposa de 64 anos morrer de repente, de derrame. Foi nesse instante, depois de organizar o funeral da esposa e antes de se demitir da faculdade num acesso de fúria, que ele bateu na porta de Zuckerman, exigindo a ajuda do famoso escritor. Pois um livro é a única maneira que um homem tão ponderado, cauteloso, obediente a leis — o oposto do último herói de Roth, Ira Ringold — consegue conceber para obter vingança.

Zuckerman recusa. Ele mal conhece aquele homem enfurecido. Além do que, é claro, Zuckerman é, ele próprio, um homem lesado. Devido não somente aos efeitos da cirurgia para retirar a próstata cancerosa, mas certamente também por causa deles, ele permanece confinado a "uma reclusão rigorosa, como a dos religiosos que se isolam em cavernas ou celas ou cabanas no meio do mato". Ele está com 65 anos. Já faz cinco anos que ele vive essa não vida de isolamento. Nos dois primeiros livros da trilogia, Zuckerman permanece fiel a seus votos, mantendo-se distante do mundo e atuando essencialmente como um repositório de lembranças ou como um imaginador de aluguel. Esse arranjo agradava a Roth na época, e agradava a Zuckerman. Mas cinco anos é um longo tempo para passar sozinho e Coleman Silk desperta algo em Zuckerman que o abre novamente à amizade, ao envolvimento e aos temores e perigos dos quais havia fugido.

É uma dança, nada mais nada menos, que sela o vínculo entre ambos, uma cena das mais improváveis em um livro de Roth: dois homens dançando um foxtrote improvisado numa varanda, no meio do verão, enquanto Sinatra canta "Bewitched, Bothered and Bewildered" no rádio. O impulso de dançar parte de Silk, entusiasmado com uma nova paixão que apagou enfim toda a amargura ligada ao caso dos "spooks" — dois anos haviam passado — e o transformou num novo homem. Ele está com 71 anos e a mulher tem 34: o verão de 1998 foi notável não apenas devido a Clinton-Lewinsky, mas também pelo advento do Viagra, que, segundo o professor de letras clássicas, deveria se chamar "Zeus". Dotado de extasiante virilidade outra vez, de posse de toda a força e vigor do boxeador que foi na adolescência — "uma espécie de Pã de nariz achatado e pés de bode" —, Silk é tão atraente ao pobre, abatido e desmoralizado Zuckerman como os heróis másculos que ele cultuou quando garoto. O chamamento do Eros da vida toma conta dele, enquanto Silk, que tirou a camisa naquele dia quente de verão, vai conduzindo-o como num sonho pela varanda. "Espero que não passe nenhum carro do corpo de bombeiros", diz Zuckerman. Embora nos garanta que a dança não é, de modo algum, um ato carnal, ela é mais do que uma sátira. No que lhe concerne, esse pode ser seu último caso de amor.

O livro que Zuckerman acaba produzindo, depois da morte de Silk — ele nos diz, antes de concluí-lo, que o título é *A marca humana* —, é muito diferente do livro que Silk queria que ele escrevesse sobre como a faculdade matara sua esposa. É um livro sobre raça. Sobre segredos. Sobre volúpia e raiva — dois velhos assuntos sempre à mão, aos quais Silk confere dignidade em seus cursos fazendo-os remontar à ira de Aquiles e à queda de Troia: a literatura ocidental nasceu de uma briga entre dois homens enfurecidos por causa de uma garota. (É o bastante para ampliar nossa perspectiva das pílulas de dez dólares que garantem a potência de Silk — e a ideia é justamente essa.) No entanto, apesar de todas as diferenças em relação ao livro que Silk pensou que queria, *A marca humana* incorpora exatamente a "abordagem humanista" à qual o herói de Zuckerman — o herói de Roth — dedicara a vida. Resolutamente racional e bem informado em termos históricos, o 23º livro de Roth trata de uma gama mais ampla de condutas humanas e de deficiências humanas do que o autor jamais empreendera antes — e com uma discreta compaixão sem paralelo em suas obras anteriores.

Repetidas vezes, Roth introduz um personagem que, em linhas gerais, parece ser um coadjuvante cômico ou um estereótipo sociológico — a jovem chique, com seu jargão acadêmico, que é chefe de departamento; uma mulher que sofreu todo tipo de abuso e trabalha como zeladora na faculdade; um veterano perturbado da Guerra do Vietnã que é o ex-marido da zeladora. Mas ele vai então acrescentando camadas de complexidade que lhes dá corpo e a jovem francesa que antagoniza Silk, a professora Delphine Roux, acaba se revelando uma criatura autocriada tão valente como o próprio Silk, além de mais atenciosa com seus alunos e mais compassiva (o que é igualmente surpreendente). Se ela é uma ideóloga, então é uma ideóloga que nos desconcerta com sua inépcia e incerteza. Dolorosa e relutantemente aberta a mudanças, ela não é nenhuma Rita Cohen. Murray Ringold, em *Casei com um comunista*, admite que não foi capaz de seguir o conselho de Shakespeare de "não dar vazão a nossos sentimentos imaginativos por nenhum personagem". Em *A marca humana*, Roth leva a lição a sério. Embora o livro seja um avanço em termos de amplitude social, é também, de certo modo, um romance à moda antiga. Não há aventuras narrativas, nem duplicação de personagens, nem batalhas com a realidade. O mundo é o que é, tão firme e tão claro como a linguagem que Roth usa para descrevê-lo: direta, franca, sem paciência para vagares líricos (não há nada da poética paisagística de *Pastoral americana*), mas ao mesmo tempo persuasivamente inteligente e moldada com leveza. Somos brindados com o frescor de novas expressões idiomáticas, como o velho que percebe "ter chegado ao último balde de seus dias" ou a jovem que tem um "brilho juvenil e americano de lâmpada acesa". O uso despretensioso de termos informais como "embarcar" atenua até a grandiloquência de Nathan no topo da montanha: "Para viver na confusão do mundo com um mínimo de sofrimento, o segredo é conseguir fazer com que o maior número de pessoas possível embarque nas suas ilusões". Roth acumulou muita sabedoria ao longo dos anos e, se seu tom se tornou mais sóbrio que efervescente, mesmo isso nos proporciona satisfações peculiares. Com uma trama meticulosamente planejada e um clímax tenso como o de um thriller, *A marca humana* é uma obra típica de Roth somente na medida em que sua sabedoria conquistada a duras penas é moldada, sem pudor, como um vira-página.

Como bordão, a "mancha humana" [tradução mais literal de *human stain* e nome da edição portuguesa da Dom Quixote] pode inicialmente ser vista como referência à nódoa no notório vestido azul de Monica Lewinsky, tantos são os comentários sobre o assunto feitos por diversos personagens do livro. ("Porque aí ela tinha uma prova. Uma amostra. A porra fatal.") E, de fato, a mancha diz respeito a Clinton, ou, pelo menos, à faixa com que Nathan quer envolver a Casa Branca. Quem se sai com essa expressão é a heroína do livro, Faunia Farley, zeladora da faculdade, a mulher com quem Coleman Silk está tendo um caso. Alta, loira, de família rica e privilegiada, Faunia não é bonita; é crispada, tem os lábios finos e uma dureza desconcertante no olhar. Mas foi uma criança linda. Ela se tornou quem é — "exilada da posição social a que tinha direito" — depois de ser abusada sexualmente pelo padrasto desde os cinco anos e fugir de casa aos catorze. Aos vinte anos, casou-se com o dono de uma fazenda de gado leiteiro, ex-combatente da Guerra do Vietnã, que começou a bater nela quando o negócio faliu. (Com dolorosa ironia, Silk usa a expressão "o lado bom de ter sido molestada" [*a gift of the molestation*] para descrever não só as habilidades sexuais de Faunia, mas também seu dano emocional. É sinal do quanto a atitude de Roth em face das mulheres vem sendo distorcida ultimamente que, em 2008, a quase sempre admirável professora Amy Hungerford, em um curso em Yale sobre "O romance americano desde 1945" — disponível no YouTube —, ignore tanto o caráter como o contexto da frase e apresente essas palavras de Silk como se fossem literais. Persuadindo seus alunos — em Yale! — de que "a molestação nunca tem um lado bom", ela oferece a expressão como prova de que "Roth, caso vocês ainda não tenham percebido, é um autor muito misógino".)

É até possível que Roth se esforce demais para tornar Faunia uma mulher interessante; embora ela nos envolva de diversas maneiras — com suas zombarias, suas mágoas, sua inteligência —, os vários aspectos da sua personalidade nunca chegam a formar um todo coerente. Todavia, isso pode ser resultado da natureza extrema da sua experiência de vida, radicalmente fora da norma cotidiana e da norma da ficção de Roth. A personagem é baseada em uma mulher que ele conheceu em Connecticut, que, como Faunia, fora violada quando criança e fugira de casa para o nada.

Roth me diz que, no campo, conheceu diversas mulheres com histórias similares, mulheres cuja vida foi atrofiada pelo abuso de seus próprios familiares ou por companheiros violentos e que trabalham em todo tipo de emprego para poderem pagar o aluguel. O modelo usado para Faunia trabalhava numa loja de materiais elétricos e vivia, perto do fim de sua vida abreviada, em Torrington, sombria cidade industrial de Connecticut. Roth diz que "motel em Torrington" são palavras que não é capaz de juntar "sem que me doa".

Roth tornou a situação de sua heroína ainda pior — "É isso que os romancistas fazem", diz, encolhendo os ombros —, dando-lhe dois filhos que morreram em um incêndio provocado por um aquecedor que tombou enquanto ela estava na frente da casa dentro de uma picape com um homem. Dois anos e algumas tentativas de suicídio depois, ela ainda guarda as cinzas dos filhos numa lata debaixo da cama. Contudo, embora Faunia esteja alquebrada, ela continua bastante viva — Roth confere-lhe uma calma estoica que não chega a ser o mesmo que força, mas dá para o gasto. Faunia ama pássaros, especialmente corvos, e ela entoa uma longa e admirável ária interior sobre o que essas aves tão pouco amadas significam para ela: "Nenhum corvo passa fome nesse mundo. Nunca perde uma refeição. Se a carne apodrece, você não vê o corvo fugir dela. Onde tem morte tem corvo. Morreu alguma coisa, eles vêm pegar a carniça. Eu acho isso legal. Acho muito legal. Comer racum morto e foda-se o mundo. Esperam o caminhão passar por cima e quebrar a espinha, aí voltam e chupam toda aquela substância que alimenta, pra poder levantar voo com aquele corpão preto lindo". Faunia bem preferiria ser um corvo.

Quando precisa preservar um pouco a serenidade, ela vai de carro até uma sociedade de proteção à natureza, onde comunga com um corvo desajustado, obrigado a viver a maior parte do tempo engaiolado. Essa ave foi criada com todo o carinho por seres humanos e, quando é libertada, é atacada por outros corvos, pois não sabe mais como um corvo deve soar — ela aprendeu a grasnar imitando as crianças de uma escola que ficavam diante da gaiola imitando corvos. "Isso é que dá passar a vida andando com gente como a gente. A marca humana", diz ela, sem nenhum indício de condenação. "*É assim que é.*" Como Roth, para quem esse tipo de aceitação lúcida é uma das grandes virtudes da vida, Zuckerman admira Faunia por ela reconhecer o que outras pessoas fingem não ver, e ele elabora os pensamentos dela numa quase teologia da impureza:

> Nós deixamos uma marca, uma trilha, um vestígio. Impureza, crueldade, maus-tratos, erros, excrementos, esperma — não tem jeito de não deixar. Não é uma questão de desobediência. Não tem nada a ver com graça nem salvação nem redenção. Está em todo mundo. Por dentro. Inerente. Definidora. A marca que está lá antes do seu sinal. Mesmo sem nenhum sinal ela está lá. A marca é tão intrínseca que não precisa de sinal. A marca que *precede* a desobediência, que *abrange* a desobediência e confunde qualquer explicação e qualquer entendimento. Por isso toda essa purificação é uma piada. E uma piada grotesca ainda por cima. A fantasia da pureza é um horror.

A fantasia da pureza: trata-se de uma versão ainda mais explícita da ideia de "deixar entrar o repelente" que Roth exemplificou em Mickey Sabbath. Vista em um contexto histórico, trata-se do sofrimento causado por essa fantasia "insana": pureza sexual, pureza racial, pureza religiosa. (Primo Levi, em *A tabela periódica*, também louva a impureza, por gerar "mudanças, em outras palavras, vida", por gerar a dissensão e a diversidade que o fascismo proíbe.) A essa altura, não deve surpreender ninguém que o mais famoso escritor judeu de nosso tempo seja um devotado pagão. Com não menos afinidade com os gregos que Coleman Silk — ou Faunia Farley —, Zuckerman continua refletindo sobre a marca humana e a imagem com a qual todos nós fomos feitos:

Não é o Deus dos hebreus, infinitamente solitário, infinitamente obscuro, com sua monomania de ser o único deus que existe, que já existiu e que há de existir, e só se preocupar com os judeus e mais nada. E também não o homem-deus totalmente assexuado dos cristãos, com sua mãe imaculada e toda aquela culpa e vergonha que essa perfeição celestial inspira. Não, o Zeus dos gregos, sempre metido em aventuras, de uma expressividade tão viva, volúvel, sensual, apaixonadamente envolvido em sua existência tão rica, nem um pouco solitário, nem um pouco oculto. Nada disso: a marca *divina*.

E o que é essa busca de purificação, ele pergunta, senão *mais* impureza?

Faunia ama o ser de voz imitada e vida fabricada, como ama Coleman Silk. Ela é também uma criatura autocriada, uma personificadora, que finge ser analfabeta para poder viver intocada por expectativas, em meio à escória. E Silk a ama. Não apenas seu corpo, embora isso não seja pouco — há uma cena marota, mas cintilante, em que ela dança nua para ele, ao som de Gershwin. Silk também ama a dignidade e a disposição dela para tudo: "Porque é nessa hora que você ama uma pessoa", diz, "quando você a imagina decidida a suportar o pior". Apesar da diferença de posição social, ela é sua companheira espiritual e sua aliada incondicional, tão pouco interessada em julgar que ele se sente livre para contar-lhe seu segredo — e, por fim, ser realmente livre. Livre de uma vida inteira respeitando convenções e lutando por legitimidade e preservando a respeitabilidade: todas as restrições que teve de aceitar quando decidiu fingir em tempo integral. Faunia é o verdadeiro "impacto da liberdade aos setenta e um anos de idade" — em cima da hora.

E então Silk recebe uma carta anônima: "Todo mundo sabe que você está explorando sexualmente uma mulher maltratada e analfabeta com a metade da sua idade". A carta foi obviamente escrita pela tremendamente abilolada Delphine Roux, para quem uma humilde zeladora pode representar para um professor universitário tão somente "o desejo mais íntimo de todo misógino": "a mulher perfeita para ser esmagada". Para todos os outros na cidade, nada mais fácil do que dar o salto entre lembrar que Silk foi chamado de racista e acreditar que ele é um misógino: "Basta fazer a acusação que ela está provada. Basta ouvir a alegação para que se dê crédito a ela". Estamos de volta à atmosfera de *Casei com um comunista*. Mas estamos também no âmago do verão de 1998, quando "os moralistas espalhafatosos de plantão, loucos para acusar, deplorar e punir, eram onipresentes, cada um querendo ser mais indignado que o outro".

"Todo mundo sabe." Estas palavras, na obra de Roth, praticamente asseguram que o que vem em seguida está muito errado. Porque a maior parte do que sabemos sobre alguém está errado. Se há um grande tema recorrente na trilogia americana, é este aqui. Mas é um tema que está incorporado à obra de Roth há muito tempo, nas vidas pelo avesso e nos contra-argumentos, nas multiplicidades que acabamos descobrindo existir em nós. "Precisas mudar de vida." Mas se mal sabemos quem somos, "o que é que vamos fazer a respeito dessa questão profundamente significativa que são as *outras pessoas*"? Zuckerman faz essa pergunta em *Pastoral americana*, depois de perceber o quanto se enganara em relação a Sueco Levov — "É assim que sabemos que continuamos vivos: estando errados" — e decide retomar a história dele.

Inventar a história dele. É uma técnica narrativa e também uma filosofia: Zuckermann elabora uma hipótese perfeitamente convincente sobre um personagem, constata seu erro e então reelabora tudo de novo em uma outra direção. *"Ninguém* sabe nada", ele insiste em *A marca humana*. *"Não* se pode saber nada. As coisas que você *sabe*, você não sabe. Intenção? Motivo? Consequência? Significado? É surpreendente, quantas coisas desconhecemos." Assim, mais uma vez ele compõe uma história, preenchendo as lacunas mais evidentes. (Será que Faunia realmente conhecia o segredo de Silk?) "Tudo o que posso fazer, para o bem ou para o mal, é o que todos fazem achando que sabem. Eu imagino. Sou obrigado a imaginar. Só que, no meu caso, isso é meu trabalho." Zuckerman faz o que todos nós fazemos, só que melhor. E nós não somos pagos para fazê-lo.

Quando *A marca humana* foi lançado, em 2000, todos pareciam saber que o herói de Roth havia sido baseado em Anatole Broyard, crítico literário do *The New York Times* renomado pela argúcia crítica antes de tornar-se ainda mais conhecido como o negro que se fez passar por branco, graças a um ensaio de Henry Louis Gates, Jr. publicado na *The New Yorker* em 1996, alguns anos após a morte de Broyard. Como Silk, Broyard sofrera um rompimento doloroso com a família e, no seu caso, chegou a guardar o segredo até mesmo dos filhos, embora, como Roth aponta, isso não seja raro na longa história de americanos que são aceitos como membros de uma raça que não a sua sem que sua origem seja questionada. O termo sociológico para esse fenômeno é *passing*, e Roth leu muitas histórias a respeito antes de escrever seu livro. (Roth não emprega o termo *passing* em *A marca humana* a fim de guardar máxima distância dos casos mais comentados.) Roth havia se encontrado com Broyard algumas vezes — estranhamente, ele tem quase certeza de que Broyard foi professor de redação de Maggie, depois da separação, em um curso na The

New School — e é fácil ver por que sua descrição de Silk como um "homem extrovertido, arguto, urbano, terrivelmente sedutor" fez lembrar o crítico. Todavia, o dilema de Coleman Silk foi inspirado por outra pessoa.

Melvin Tumin, sociólogo de Princeton, não era uma figura tão glamorosa como Broyard, mas era amigo íntimo de Roth. Um judeu nascido em Newark, Tumin trabalhara em Detroit como diretor da Comissão de Relações Raciais da prefeitura antes de ir para Princeton, onde, nos anos 1950 e 1960, escreveu livros bem conceituados sobre segregação racial e desigualdade social. Foi também um bom amigo de Saul Bellow — os dois eram da mesma geração e haviam estudado antropologia na Northwestern. Tumin conquistara o apreço de Roth lutando para acabar com a discriminação contra judeus nos clubes privados de Princeton, onde Roth lecionara no início dos anos 1960. Ao longo dos anos, atuou também como consultor de pesquisas da Liga Antidifamação de B'nai B'rith e dirigiu uma força-tarefa nacional sobre violência. Até que, um dia de 1985, em Princeton, ele usou a palavra *spooks* ao indagar sobre dois alunos que não tinham comparecido à aula — dois alunos que ele nunca vira. Como esses dois alunos eram, por casualidade, negros, ele foi acusado de racismo pela universidade.

A ironia da situação dificilmente poderia ser maior se o próprio Tumin fosse negro — ou assim pareceu a Roth. Ele também me explica que a ideia foi alentada pela aparência de Tumin, "que tinha lábios grossos e cabelo crespo". (Exatamente o tipo de aparência judaica que foi útil como camuflagem para Coleman Silk. Em sua compleição física, Tumin era grande e pesado, nada parecido com Silk, que era ágil como Pã. Mas, como Roth gosta de dizer, inventar coisas é o que escritores fazem.) Depois de vários meses disruptivos e desalentadores do que Roth chama de "caça às bruxas", Tumin foi inocentado das acusações. Ele se aposentou como professor em 1989. Ao morrer, em 1994, a manchete do obituário do *Times* foi: "Melvin M. Tumin, 75, especialista em relações raciais". Roth discursou no funeral, prestando homenagem ao amigo que dedicara a vida inteira a lutar pela tolerância. No ano seguinte, *O teatro de Sabbath* foi publicado com uma dedicatória conjunta: "Para dois amigos: Janet Hobhouse (1948-1991) e Melvin Tumin (1919-1994)".

Roth não reluta em falar sobre a pesquisa que dedica a seus livros, seja aprendendo a fabricar uma luva em *Pastoral americana* ("Ela caberia no meu pé"), visitando minas de zinco em *Casei com um comunista* — "Essa é a melhor parte do trabalho, é como tirar férias" — ou indo a um hospital de ex-combatentes para conversar com veteranos da Guerra do Vietnã em *A marca humana*. Havia uma vasta literatura sobre soldados que lutaram no Vietnã, é claro, ainda maior que a literatura sobre *passing*, e isso tornou mais difícil evitar cenas e histórias já conhecidas. (Roth considera *Despachos de guerra*, de Michael Herr, publicado em 1977, "uma obra-prima" e já deu vários cursos sobre o livro.) Por mais que as lembranças de combate no livro de Roth possam ser fiéis às lembranças que ouviu em primeira mão, elas são também desagradavelmente similares a outros relatos que já lemos em algum lugar. Além disso, cenas de batalha com certeza não são o seu forte. Mas várias outras cenas, dramáticas e inesperadas, vão além do âmbito do conhecimento comum — por exemplo, uma em que ex-combatentes e famílias de soldados mortos visitam o "Muro Itinerante", a réplica em meia escala do Memorial dos Ex-Combatentes do Vietnã em Washington que percorre os Estados Unidos. Roth foi a Yonkers diversas vezes para ver os painéis de alumínio dessa réplica — explica que, se ambientasse a cena no grande muro em Washington, correria o risco do clichê — e conversou com diversos antigos soldados da região que iam procurar seus nomes em letras que eram também da metade do tamanho.

Ele fazia perguntas, às vezes para grupos de dois ou três, e ia anotando as respostas. Não precisava nem refiná-las nem acrescentar detalhes fictícios; não precisava sequer "escrevê-las", explica: "A fala deles era como música".

Ainda mais chocante é uma cena em que um grupo de ex-combatentes aleijados, cheios de tiques e tremores pelo corpo, faz uma excursão até um restaurante chinês. Roth lembra-se de como ficou perturbado ao saber dessas visitas a restaurantes por intermédio de um amigo que trabalhava num programa psiquiátrico para ex-soldados com transtorno de estresse pós-traumático. Como terapia, as visitas a restaurantes chineses pareciam ridiculamente prosaicas — mas como eram difíceis!... O objetivo principal não era comer, mas permanecer calmo. No livro, os homens se reúnem para treinar o membro mais novo, mais cru, mais incorrigível e mais violento do grupo — o ex-marido de Faunia, Les Farley — a ficar na cadeira, a despeito de todas as pessoas de origem asiática ao redor e da insuportável comida asiática. ("A agonia do vapor. A agonia dos cheiros.") Vitória significa aguentar a refeição inteira sem sair correndo para fora ou vomitar no banheiro ou tentar matar o garçom quando ele se aproxima discretamente para completar os copos com água.

O espectro da morte está bastante presente em *A marca humana*. O leitor é logo informado de que Coleman Silk e Faunia Farley já morreram; o livro é concebido no jazigo de Silk. Além disso, como Zuckerman foi devastado pela doença, os prazeres indômitos e o bálsamo do sexo não estão mais disponíveis para ele. Em seu lugar — se é que algo pode substituir o sexo — ele tem música. Música de todos os tipos: a canção de Sinatra que dança com Silk, a peça de Gerswhin que embala a dança de Faunia — com trompete de Roy Eldridge; uma verdadeira mistura de preto e branco — e a música que Zuckerman ouve todas as noites, sozinho, que para ele é "a própria realização do silêncio".

Acima de tudo, há música na última ocasião em que ele vê Silk vivo. Zuckerman foi para Tanglewood num sábado de manhã assistir a um ensaio aberto. O simples fato de estar lá confirma o anseio por contato humano que seu amigo despertou nele. Silk se afastou dele; um homem na sua posição não pode correr o risco de muita proximidade, ainda mais com um romancista inquisitivo que cresceu perigosamente perto da casa em New Jersey que ele abandonou. Mas Silk também está no concerto, com Faunia, sentado algumas fileiras à frente. Zuckerman pode pressentir que ele tem algum grande segredo, embora não saiba ainda qual é. Enquanto seus olhos vagam pela plateia cheia de aposentados e de turistas idosos, sua mente vai sendo tomada por pensamentos sobre a morte. Não apenas a sua morte, ou a de Silk: a morte de todos. Ele visualiza "os vasos sanguíneos se entupindo debaixo dos bonés, os tumores malignos crescendo sob os cabelos brancos fixados em permanente, os órgãos a pifar, atrofiar, entrar em pane". Não consegue parar de pensar nisso. "A mortandade incessante. Que ideia! Qual o louco que teve essa ideia?"

Nesse momento, o pianista, Yefim Bronfman, entra no palco e começa a tocar o Concerto nº 2 para piano, de Prokofiev. E toda a morbidez se esvai:

Bronfman, o brontossauro! O homem do fortíssimo! [...] Yefim Bronfman parece menos o músico que vai tocar o piano do que o sujeito que vai carregá-lo. Eu nunca tinha visto ninguém enfrentar um piano como aquele judeu russo com a barba por fazer, com um corpo que lembrava um barril pequeno mas resistente. Quando ele terminar, pensei, vão ter que jogar fora aquele troço. Ele esmaga o piano. Não deixa o piano esconder coisa alguma. Tudo o que estiver lá dentro vai ter de sair, e sair com as mãos para o alto. E quando isso acontece, depois que tudo saiu, quando terminou a última das últimas pulsações, ele se levanta e vai embora, deixando nossa redenção. [...] Agora nossas vidas parecem inextinguíveis. Ninguém está morrendo, *ninguém* — pelo menos no que depender de Bronfman!

Porém, nada depende de Bronfman, é claro. O funeral de Silk, alguns meses depois, termina com o último movimento da Sinfonia nº 3 de Mahler, reduzindo todos a lágrimas. ("Eles resolveram apelar. Tocaram Mahler.") Todavia, nem mesmo esse magnífico adágio, que revela "toda a relutância de chegar ao fim que caracteriza a vida", é capaz de impedir que o cemitério seja a próxima parada.

O final de *A marca humana* é uma das cenas mais poderosas da obra de Roth — tensa ao limite, de uma beleza absoluta, uma conclusão límpida e plenamente merecida. Ao contrário do final de *Pastoral americana*, a cena é frugal: os protagonistas são dois homens, Nathan Zuckerman e o assassino de Coleman Silk e Faunia Farley, que provavelmente sabe que Zuckerman sabe quem ele é. O cenário é um lago congelado no topo de uma montanha, um local remoto e solitário a algumas centenas de metros da estrada secundária onde Zuckerman estacionou o carro a fim de chegar mais perto do assassino, que está agachado no meio do lago, pescando no gelo. Zuckerman se aproxima em parte porque simplesmente quer terminar o seu livro. Mas é também compelido a encarar de frente o extremo humano, a realidade do mal. "Eis o homem", ele pensa de si para si, reagindo como "Philip Roth", em *Operação Shylock*, ao ver John Demjanjuk num tribunal israelense. "Eis o assassino", Zuckerman pensa. "É ele. Como posso ir embora?"

O confronto nesse palco vazio, embranquecido pelo gelo, é extremamente perigoso. Os homens conversam sem propósito, sobre peixes, sobre o lago, sobre técnicas de pescaria. O assassino expressa algumas opiniões políticas. ("Esse filho da puta escroto, que fica lá no Salão Oval com uma mulher pagando boquete pra ele à custa do dinheiro do contribuinte.") E então levanta seu trado, a broca com lâminas de aço que usa para perfurar aquele meio metro de gelo, até a altura dos olhos, a fim de mostrá-lo para Zuckerman — "O mais importante é as lâminas estarem bem afiadas". Zuckerman vai se afastando a passos lentos em direção à margem, não inteiramente certo de que chegará lá. Quando se sente seguro, olha para trás e vê, nas últimas palavras do livro:

O branco gelado da lagoa circundando uma manchinha minúscula que era um homem, o único sinal humano em toda a natureza, como o X de um analfabeto numa folha de papel. Ali estava, se não a história completa, a imagem completa. É muito raro, neste nosso final de século, a vida nos oferecer uma visão pura e tranquila como esta: um homem solitário sentado num balde, pescando através de um buraco aberto numa camada de gelo com meio metro de espessura, numa lagoa cuja água está constantemente se renovando, no alto de uma montanha bucólica na América.

A marca humana foi muito bem recebido — ganhou diversos prêmios nacionais e internacionais — por si e como o volume final da grande trilogia americana de Roth. Quaisquer que sejam as críticas avulsas, a trilogia é a realização de um épico sonho literário iniciado antes de Roth por Thomas Wolfe e acalentado por não poucos autores, de Dos Passos a Saul Bellow. Talvez por esses livros serem, de maneira geral, mais "sérios" — por tratarem da História —, costumam ser vistos como o acme da carreira do autor, mas é igualmente possível ter predileção por alguns de seus livros anteriores, mais fogosos e extasiantes, como é o meu caso. No entanto, comparar a cena na neve do clímax de *A lição de anatomia* — a tempestade impetuosa, a tragédia *slapstick*, a tumultuosa energia, a potência juvenil e o júbilo criativo que transborda para o texto — com a branquidão inerte e gelada dessa cena de pleno inverno, com sua contenção ominosa, sua tragédia subterrânea, sua energia dúctil, sua potência madura e seu júbilo criativo que transborda para o texto, é maravilhar-se diante do aperfeiçoamento de um autor, da persistência de um autor, e é sentir gratidão por ele ter repartido tais dádivas conosco.

A marca humana proporciona ao leitor conhecimentos razoáveis de boxe, fazendas de gado leiteiro e pescaria no gelo. Nesses livros tardios, Roth tornou-se um defensor rigoroso da substância material dos romances à moda antiga — as tarefas e atividades do mundo real em que, anos atrás, Zuckerman quisera se deixar absorver: "Tudo o que as palavras significam mas não são". Conversando com David Remnick da bbc depois da conclusão da trilogia, Roth expressou entusiasmo incomum pelos menosprezados romances eduardianos de John Galsworthy e Arnold Bennett, precisamente por incluírem o tipo de solidez material que ele agora considerava útil para ligar suas criaturas à Terra. Solidez material, mas também uma energia inexorável, pois mencionou também ter sido inspirado pelas pinturas de Jackson Pollock, por sua "substância pictórica" e pelo modo como são "dramatizadas em cada centímetro quadrado". É um estranho par de exemplos, reunindo o mais tradicional e o mais abstrato, matéria e mente. Roth parece disposto a valer-se do que quer que funcione para dar máxima vida à página.

O que, afinal, a trilogia americana tem a dizer sobre a América? É uma pergunta difícil de fazer acerca de um escritor que constrói sua arte a partir de tantas particularidades e que gosta de discutir ambos os lados de cada questão. Os sonhos do Sueco sobre Johnny Semente de Maçã, o furor antiguerra de Merry, as ilusões stalinistas de Ira, a traição e a vergonha étnica de Eve, a juvenil coragem de Lorraine, o segredo de Coleman Silk, a dignidade desvalida de Faunia, o desregramento de Les Farley: e tudo isso unido por Nathan Zuckerman — um garoto patriota, um

ampliador resoluto da categoria do humano, um angustiado reclu-
so privado do convívio com seres humanos de carne e osso. Renovada interminavelmente, "a fantasia da pureza" — da extrema
esquerda antibelicista, da extrema direita anticomunista, da puri-
tana hipocrisia de todos (para tomarmos os três livros em ordem
cronológica) — é um horror. "Mas essa é a grande bênção americana", Roth me diz quando lhe pergunto como essa frase se aplica
ao país. "É uma sociedade radicalmente impura." A história genea-
lógica de Coleman Silk, elaborada em duas longas páginas de li-
nhagens que parecem saídas do Velho Testamento, inclui escravos
foragidos, índios lenape que se casaram com colonas suecas e irmãos mulatos das Índias Ocidentais que trouxeram irmãs holan-
desas da Holanda para serem suas esposas. Ainda assim, como a
maioria, ele inventou a si mesmo. Ainda assim, foi perseguido e
assassinado pelo que era e pelo que não era. É uma visão estranhamente serena que conclui a trilogia: uma paisagem bucólica e a
palavra "América". E medo e perigo e nenhum sinal de justiça.

Os seios

Não chega a surpreender que Roth tivesse a morte cada vez mais em mente, mesmo que aos 67 anos ele parecesse ser o Yefim Bronfman da literatura americana. Desde *O escritor fantasma*, quase duas décadas antes, ele publicara, em ritmo extraordinário, um livro importante após outro. Ao contrário do exemplo de seus grandes predecessores americanos — Fitzgerald, Hemingway, Faulkner —, ele foi expandindo seu alcance e sua potência com a idade, de modo que, ao se aproximar dos sessenta, estava produzindo algumas de suas melhores obras. Boa parte dessa produtividade pode ser atribuída a uma disciplina absoluta; ele até começou a se referir a si mesmo, na imprensa, como "um monge da literatura". É verdade que o alcoolismo, que comprometera a carreira desses gigantes que o precederam, havia praticamente desaparecido da cultura literária americana (à exceção de John Cheever). De qualquer maneira, é difícil imaginar o filho de Herman Roth se embebedando, embora Roth afirme entender perfeitamente a necessidade de mitigar a dor quando o trabalho vai mal, ou seja, a maior parte do tempo. (Quando lhe pergunto o que ele tem em vez do álcool, responde sem pestanejar: "a aflição".) Contribui para sua disciplina um senso claro do quanto ele tem a dizer e da urgência com que tem de dizê-lo; isso sempre foi verdade e não se tornou menos verdadeiro depois que completou a trilogia americana. Agora, porém, parecia ser hora de dizer as coisas de maneira diferente, de dar uma pausa nos livros grandes e complicados e de realizar algo enxuto e direto, à maneira das novelas que Bellow vinha escrevendo nos últimos anos. Roth diz que procurou Bellow — o mestre admirado, mesmo então — para perguntar-lhe como ele conseguia, mas Bellow apenas riu. Ali estava, pois, um novo desafio, do mesmo modo como escrever um livro de grande porte havia sido um desafio com *O avesso da vida*. A economia de uma forma mais breve, outrora tão familiar, lhe dava agora a sensação de "lutar com uma mão amarrada atrás das costas", conforme explicou a Benjamin Taylor numa entrevista em vídeo on-line. A pergunta era: "Como dar um soco que levasse ao nocaute?".

Não há dúvida de que, com *O animal agonizante*, ele deu um soco forte. Para alguns leitores, forte demais: talvez não haja outra obra na carreira de Roth que tenha provocado mais raiva, especialmente entre leitoras — superando até *Minha vida de homem*, ainda que tenhamos de fazer algum ajuste em vista da quantidade de atenção que agora se dava a tudo que ele publicava. Como sugere o título yeatsiano, é um livro sobre a morte. E, dada a visão de Roth da mais poderosa das forças vitais contrárias, é também um livro sobre sexo: ele vinha enfatizando essa conjunção desde *O teatro de Sabbath*, no qual o lúbrico Mickey Sabbath emerge de uma prosa tão sulfurosamente rica e de um contexto tão imensamente trágico que se torna uma espécie de herói dionisíaco, exasperante porém nobre em suas recusas e em sua fúria. O mesmo não acontece com David Kepesh, um protagonista bem mais trivial, que Roth ressuscitou para a ocasião de dois livros anteriores.

365

É Kepesh — o kafkaesco David K — que, em *O seio*, desperta certo dia e descobre que foi transformado em um objeto (ou melhor, um sujeito) mamário de setenta quilos. *O professor do desejo* preenche sua história de vida antes da transformação, concluindo com a terrível constatação de que o amor duradouro e o desejo sexual são mutuamente exclusivos e colocando-o no limiar de uma escolha tormentosa. Nos anos desde que o vimos pela última vez, ele se tornou professor — com o trauma de sua aventura mamária aparentemente esquecido — e conquistou certa celebridade como "crítico de cultura" na televisão educativa. Mas também sofreu outra metamorfose, quase tão alarmante como a primeira: Kepesh está agora com setenta anos, transformado por cabelos brancos, uma pequena barriga e uma papada. Mesmo assim, é um homem que fez suas escolhas muito tempo atrás e se ateve a elas — até a irrupção da crise que incita o livro.

Sexo e apenas sexo e mais sexo, sexo com uma nova mulher a cada ano, sexo com suas alunas de vinte anos do presente e com suas alunas de quarenta anos do passado, sexo sem ligação emocional e sem a ameaça, jamais, dos tormentos do anseio romântico ou da prisão do casamento. Após uma série de livros em que Nathan Zuckerman foi reduzido ao que chamou de "eunuco inofensivo", não admira que Roth tenha decidido retornar a Kepesh, o mais infatigavelmente sexual de seus heróis seriais, em um livro que vê como o terceiro de uma série de "sonhos, ou pesadelos, sobre sexo": o trio Kepesh.

O tema geral, diz ele, é "o lado sexual dos anos 1960" — não os anos 1960 de Kathy Boudin, mas os de Janis Joplin — e Kepesh é seu produto vivo, a despeito de ele, como Roth, ter chegado à adolescência bem antes do chamamento liberador da época. A angústia de ter chegado atrasado à festa é, na verdade, fundamental para explicar a desesperada importância que as novas liberdades adquiriram para um homem — para uma geração de homens — que viveu seus anos formativos como "um ladrão de sexo", nas palavras de Kepesh:

> A gente "tirava um sarro". Sexo furtivo. A gente adulava, implorava, elogiava, insistia — o sexo implicava uma luta, contra os valores ou até mesmo contra a vontade da garota. Segundo as regras, o homem tinha que impor sua vontade a ela. Era assim que ensinavam as garotas a preservar o espetáculo de sua virtude. A ideia de uma garota normal se oferecendo, sem exigir um sem-número de chateações, a quebrar o código e cometer o ato sexual me teria deixado confuso. Porque ninguém, nem homem nem mulher, fazia ideia de que existissem direitos sexuais inatos. Isso era uma ideia inconcebível.

Assim, Kepesh casa-se em 1956, tem um filho e passa a viver a única vida que lhe parecia disponível — enjaulada, desgraçada e sub-repticiamente adúltera. Até que acontece a revolução. Seu filho tinha oito anos na época do divórcio. "Eu sabia que cair fora seria difícil", recorda-se, "e que não daria para pular o muro se não estivesse sozinho."

O animal agonizante é uma coda da trilogia americana, como *A orgia de Praga* é uma coda dos primeiros livros com Zuckerman, mas é uma obra mais ambiciosa, acre e dura — um digestivo pós-prandial preparado com ervas amargas. Como seus predecessores, Kepesh acabou sendo deixado à margem da história; ele estava tão despreparado para os anos 1960 como Sueco Levov. Mas, como Coleman Silk, ele se recusa a aceitar suas limitações de nascimento: limitações sexuais, no seu caso, não raciais. Sua decisão de mudar de vida não é, nem de longe, tão pungente quanto a de Silk. Ele sabe que é visto como uma espécie de palhaço (ainda mais na sua idade), mas vê sua luta como parte da imperecível busca histórica de liberdade pessoal — e fez a sua lição de casa, retraçando as origens desses tipos de liberdade até um entreposto comercial de Massachusetts no século xviii chamado Merry Mount, onde os homens bebiam e dançavam e copulavam com as índias e de tal modo indignaram os ilibados puritanos de Plymouth das imediações que o líder da colônia acabou preso. Nathaniel Hawthorne escreveu sobre esse conflito americano essencial, afirmando que "a alegria e a melancolia disputavam um império". E ainda disputam. Os anos 1960 não foram uma aberração, mas parte de uma tradição que fora expurgada da história e acabou retornando — como inevitavelmente tem de acontecer. O problema atual, tal como Kepesh o vê, é que não há nenhum porta-voz que represente "a condição do homem emancipado". O pobre, barrigudo Kepesh terá de fazer o melhor que puder.

E o faz, em inúmeras cenas sexuais bastante explícitas. Roth não perdeu nada do seu desejo de chocar, ou melhor, de impedir que o leitor se torne complacente: daí uma cena em que Kepesh enfia seu pênis à força na boca não muito receptiva de uma amante e outra em que bebe sangue menstrual. (A velha lição que Zuckerman aprendeu com Kafka poderia servir de legenda: "Se o livro que estamos lendo não nos desperta com uma pancada na cabeça, por que nos dedicar a sua leitura?".) Todavia, *O animal agonizante* não é, na verdade, sobre sexo, mas sobre as maneiras que encontramos para lidar com seu poder de ruptura — e, em última análise, sobre liberdade pessoal. Quase alegórico em sua brevidade e despojamento, fica à beira de se tornar um tratado sobre as carreiras sexuais alternativas dos homens heterossexuais modernos.

A alternativa imediata ao exemplo de Kepesh é dada por seu filho, Kenny, que está com 42 anos, odeia o pai e está determinado a ser tudo o que ele não foi: um marido fiel, um pai dedicado, um homem que "precisa ser admirável", tal como Kepesh o vê, "custe o que custar". Mas o custo está acabando com ele. O sexo, na sua variante conjugal, se tornara "um dever horrendo" muito antes de cessar por inteiro. Fora da cama, "multiplicam-se as discussões, os problemas intestinais, os panos quentes, as ameaças, as contra-ameaças", mas o filho virtuoso não pode aceitar o conselho do pai e deixar tudo isso para trás. Nem pode se regalar com o tipo de adultério trivial que o pai praticava, de tal modo que a amante que ele enfim arranja se torna uma espécie de segunda esposa — ele acabou de viajar para a Flórida a fim de conhecer os pais dela. Kenny é um moralista que vive em constante agonia, e tudo por causa do pai que o decepcionou. "As consequências de eu ser quem sou têm efeitos prolongados", observa Kepesh, como se tivesse nascido numa condição inalterável, como um corcunda, um psicopata ou um rei. "Essas catástrofes familiares são dinásticas."

Há também o exemplo do melhor amigo de Kepesh, o claramente insuportável George O'Hearn, poeta e professor da The New School, casado com a mesma mulher a vida inteira e pai de quatro filhos afeiçoados a ele. George mantém sua bela família resguardada em Pelham, um subúrbio de Nova York, para que, à solta em Manhattan, possa se divertir com toda mulher que encontra. "O melhor que se pode dizer do casamento", observa Kepesh, "é que ele é um estimulante infalível para as emoções dos subterfúgios sensuais." Nenhuma novidade literária aqui, por certo, mas é uma mensagem que ninguém parece querer ouvir. Tem sido proposta, e contestada, pelo menos desde o ataque de Tolstói contra o amor romântico em *A sonata a Kreutzer* ("Todo homem sente o que os senhores chamam amor por qualquer mulher bonita") e *O imoralista*, de Gide, duas histórias que mais parecem tratados sobre o sexo e o casamento, publicadas há mais de um século. Enquanto escrevia *O animal agonizante*, Roth leu e releu *A queda*, de Camus, publicado em 1956, sobre um homem cujos vários embaraços morais incluem "incapacidade congênita de ver no amor qualquer coisa mais que o ato". Como tantos livros de Roth, estes são todos em alguma medida narrativas do mal-estar da civilização, do desejo físico e da hipocrisia social. Contudo, se Roth parece estar defendendo uma causa, ele não apresenta uma solução. Ele apresenta um problema, ou uma série de questões, e aos críticos que reclamam que ele tem sexo (ou desejo masculino anárquico) demais na cabeça nunca é demais apontar que essas questões continuam bastante pertinentes ainda hoje, quando escândalos sexuais constituem a única atividade política bipartidária e uma porcentagem gigantesca de casamentos americanos termina em divórcio. Qual é a maneira de equilibrar sexo e amor, família e liberdade? Como devemos viver? Mais uma vez, se necessário, os leitores projetarão nas páginas uma resposta — e mais uma vez Roth não age conforme o esperado. "O objetivo", diz, "é posicionar o livro de tal modo que você *não possa* responder a essas perguntas." Quem, afinal (afora Tolstói), tem as respostas? A solução, para um escritor, é a articulação do livro. Por outro lado, Roth nunca fica satisfeito em deixar um problema em paz sem cutucá-lo: por melhor que Kepesh consiga justificar sua filosofia, *O animal agonizante* é baseado no fato de que essa filosofia desmoronou.

Pois Kepesh se apaixonou. (Ele recorda o poema de Yeats, "Velejando para Bizâncio", quando está no fundo do poço: "Consome meu coração; febril de desejo/ E acorrentado a um animal agonizante/ Já não sabe o que é".) Tudo começou oito anos antes, quando estava com 62 anos e a garota, Consuela Castillo, tinha 24, uma das alunas que ele sempre escolhe nos seminários que leciona. E no começo não foi diferente com ela, que possuía inúmeras qualidades atraentes: uma testa polida como as esculturas de Brancusi, uma atitude reverente perante a cultura, a postura perfeita — "Ela não é uma dessas garotas desmazeladas, tronchas, que dizem 'tipo assim' cada vez que abrem a boca" — e maneiras estranhamente formais que são o resultado da sua educação de imigrante cubana. Mas o traço mais notável de Consuela são seus seios: "peitos sensacionais", "seios tamanho 44", "redondos, cheios, perfeitos", "o tipo de seio com um mamilo que parece um pires [...] aquele mamilo grande, de um tom claro de rosa pardacento, que é tão excitante". (Chegamos a pensar que Kepesh talvez tenha vagas lembranças de sua transformação anterior.) O caso durou um ano e meio e, mesmo no auge, ele era atormentado pela possessividade e pelos ciúmes de homens mais jovens. Depois que ela partiu, Kepesh demorou três anos para se recuperar e nenhuma outra mulher foi capaz de compensar essa perda.

A história é narrada por Kepesh para um jovem amigo não identificado, num monólogo que logo se desmembra em outras vozes — estruturalmente, é muito parecido com *A queda* ou com Portnoy dirigindo-se a seu psiquiatra —, depois que Consuela ressurge em sua vida. Ela está doente e em busca de conforto. A garota com os seios mais lindos do mundo está com câncer de mama. Já passou por quimioterapia e está aguardando cirurgia. Como seu pai já morreu e a mãe está perturbada demais para poder ajudar, ela vem procurar seu antigo amante, apenas por algumas horas. Quer que ele admire seus seios novamente, que os fotografe. É véspera de Ano-Novo quando ela aparece, na virada do milênio. (Kepesh imagina-a "infeliz demais, assustada demais, para ir à festa para a qual a tinham convidado, e também infeliz e assustada demais para ficar sozinha".) Porém, depois dessa visita, três semanas passam e ela não volta. Ele não sabe como encontrá-la. Ao longo desse monólogo de 156 páginas — um tratado de liberdade sexual! — ele aguarda, ansioso, que sua amada ligue.

Críticos, mulheres em particular, mas também não poucos homens, se enfureceram com Kepesh, com sua atitude perante as mulheres e, em especial, com sua ênfase nos seios de Consuela. É assim que os homens amam as mulheres? (Que tipo de homens?)

Roth sequer sabe o que é amor? Por que ele insiste em desperdiçar sua bela prosa em coisas tão pueris? Zoë Heller, na *The New Republic*, escreveu que "dada a sua história, Kepesh teria de consumir vários canecos de sangue menstrual antes de ter o direito de ficar se lamuriando" e reclamou que as descrições de sexo ao longo da obra de Roth nada mais eram que "estudos de caso do complexo de *vagina dentata*". Michiko Kakutani, no *The New York Times*, escreveu que Consuela foi "retratada em termos altamente condescendentes" e Adam Mars-Jones, no *The Observer*, observou que ela é "descrita alternadamente como um espécime de zoológico e um objeto de arte". O defensor mais veemente do livro, Keith Gessen, na *The Nation*, declarou logo de saída que, "na velhice, Roth tornou-se Tolstói" — devido ao alcance de seus últimos romances e por causa de sua urgente necessidade de transmitir suas verdades peculiares, mesmo às custas de renunciar a seus instintos literários no processo. Para Gessen, *O animal agonizante* é mais um ensaio que uma obra de ficção, valioso pela profundidade de significados que acrescenta à obra anterior de Roth.

Não é difícil compreender a raiva que Kepesh provoca. Roth parece às vezes ensejá-la, como ensejara a fúria dos rabinos, dos críticos do *Times* e das feministas. *O animal agonizante* é uma obra áspera e desagradável. Se Kepesh tem alguma virtude, é sua honestidade clínica, destituída de toda poesia, e ele é honesto sobretudo no que tange a sua natureza sexual e a tudo o que fez para não criar laços emocionais. Ele não quer ser bom; ele quer ser livre. Ele não contesta a avaliação que sua ex-esposa faz de seu caráter. Com exceção de George O'Hearn, não tem amigos homens — seus amigos são suas ex-namoradas —, pois a maioria dos homens escolhe viver vidas muito diferentes. "Sou 'um homem limitado', dizem eles — eles, que não são limitados." (Com respeito a homens casados, Kepesh devolve na mesma moeda: "O heroísmo deles não se limita a suportar estoicamente suas renúncias cotidianas, porém exige também que exibam uma imagem falsa de suas vidas".) Ele não pede comiseração, nem compreensão solidária, e sabe muito bem "que não sou universalmente admirado". Mas uma coisa é dizer que Kepesh é limitado ou antipático ou odioso; outra bem diferente é afirmar que ele é irreal ou não representa algo real. Kepesh tornou-se especialista em dizer coisas que não se deve dizer. Mas, ainda que seja apenas por esse motivo, vale a pena dar ouvidos a ele.

A idade tornou Kepesh obcecado por tudo o que ele irá perder, inclusive Consuela. Enxergá-la através dos olhos dele não é nada como ver Faunia Farley pelos olhos de Coleman Silk: Consuela é uma presença cativante — sua voz tem a cadência melódica que vem de uma educação à moda antiga —, mas Kepesh acaba essencialmente ofuscado por sua beleza. E sabe disso. Quebrando sua torturada cabeça para tentar entender como ela conseguiu afetá-lo dessa maneira, ele conclui: "Como um grande atleta, ou uma escultura idealizada, ou um animal que a gente vê de repente na floresta, como Michael Jordan, como um Maillol, como uma coruja, um lince, ela conseguira tudo isso através da simplicidade de seu esplendor físico". Isso é aviltante? Para ela? É uma época estranha essa em que vivemos, rodeados de imagens comerciais de juventude e beleza — revistas, cartazes, televisão —, mas na qual descrições literárias do poder da beleza são consideradas ofensivas. É verdade que Kepesh não é Baruch Spinoza. Ele é um homem profundamente preso à carne. Mas não é inumano: quando descobre que Consuela está doente, sofre com a ideia de que ela está assustada e sozinha. Teme que talvez não consiga uma ereção caso ela volte para ele mutilada. E não é capaz de tirar da cabeça um nu duplo de Stanley Spencer, um retrato do artista e sua esposa, já na faixa dos quarenta anos, a pele de ambos começando a ficar frouxa e flácida, pintados com "realismo cruel" ao lado de dois pedaços de carne crua, como se todos estivessem na vitrine do mesmo açougue. Só a descrição é suficiente para querermos desviar os olhos. Mas, ainda que seja apenas por esse motivo, vale a pena olhar.

Um contraste interessante com a experiência de Kepesh é o célebre conto de Alice Munro, "O urso atravessou a montanha". Munro retrata um dos mais indiscutivelmente amorosos maridos da ficção moderna, um homem devotado a sua esposa na velhice e no longo mergulho dela no mal de Alzheimer, mas um homem que, quando jovem, foi também um libertino compulsivo. Na verdade, ele é um professor que se afastou da trajetória convencional atraído pela sexualidade livre e pelo vale-tudo dos anos 1960, e só foi impedido de destruir seu casamento perfeito pela crescente vigilância dos cães de guarda do campus e de feministas cada vez mais furiosas. (Como diz o imoralista de Gide: "Quem há de dizer quantas paixões e quantas ideias antagônicas podem coabitar dentro de um homem?".) Kepesh toma a trilha dos anos 1960 na direção inversa — uma trilha que poucos seguiram até o destino final, e mesmo poucos se perguntaram como seria exatamente esse lugar. Determinado a "seguir a lógica da revolução até sua conclusão" e a "transformar a liberdade num sistema", ele fez da própria vida um experimento radical — que, como outros sistemas radicalmente "puros" que Roth examinou em sua obra, está fadado a fracassar:

Eu, o grande propagandista da foda, eu não consigo me sair melhor do que Kenny. É claro que não existe a espécie de pureza com que Kenny sonha, mas também não existe a pureza com que eu sonho. [...] Essa necessidade. Essa confusão. Será que não para nunca? Depois de algum tempo, eu já nem sei mais qual é o objeto desse anseio desesperado. Os peitos dela? A alma? A juventude? A simplicidade mental dela? Talvez seja algo pior do que isso — talvez agora, que estou chegando perto da morte, eu esteja secretamente ansiando por não ser livre.

A liberdade pessoal também tem seu preço, até para um homem que sorrateiramente coloca a "alma" dela entre "peitos" e "juventude", como se *esta* fosse a parte embaraçosa de sua confissão. Estas são as grandes questões do que não deixa de ser um livro menor — e cheio de falhas. Não chega a importar que a história pessoal de Kepesh, narrada em *O seio* e *O professor do desejo,* não corresponda à dada aqui; a ele é dado o que precisa para contar sua história. Ou que, como o crítico Mark Shechner ressaltou, nenhum pai cubano conservador com um mínimo de brio daria a sua filha o nome de Consuela; o nome apropriado em espanhol para uma mulher é Consuelo. Mesmo em seus próprios termos o livro tem passagens vacilantes. Há certa afobação, que provoca certa esquisitice, na cena crucial do retorno de Consuela, quando Kepesh, com atabalhoada rapidez (até mesmo para Kepesh), pede para tocar-lhe os seios; não parece que esse momento mereça uma tentativa de comicidade. E há algumas digressões que soam fora de lugar ou monótonas demais: a análise comparativa que Kepesh faz entre o erotismo de uma mulher que tira o sutiã, mas não a saia, e outra de seios nus e calças nada tem de franca; é apenas dissonante e desequilibrada, visto que a mulher se despindo acaba de confessar que está com câncer. Seriam deficiências do personagem ou da execução? Roth, na verdade, tinha pressa em dizer o que tinha a dizer; *O animal agonizante* foi publicado na primavera de 2001, apenas um ano depois de *A marca humana.* Sua voz é propulsiva e íntima e se, em alguns trechos, o estilo do discurso parece transposto de alguma atmosfera europeia é porque frases como "Pediu para eu falar sobre a beleza de seu corpo" não parecem mais ser possíveis em um livro americano.

A história sexual do país é também tecida por meio da vida de personagens secundários. Temos Janie Wyatt, heroína universitária dos anos 1960 que se vestia em andrajos, como uma cigana — líder da "primeira onda de moças americanas totalmente comprometidas com seu próprio desejo", parte da geração responsável por direitos sexuais que mulheres como Consuela já tomam como certos. No entanto, Janie é menos uma personagem que um símbolo, como a Liberdade de Delacroix avançando com os seios expostos; Roth, por mais que defenda a revolução, sabe lidar melhor com pessoas que sofreram com os fracassos que dela decorreram. (De modo geral, o sucesso não é mais instigante para Roth, como assunto, do que a virtude.) Uma antiga namorada, Elena Hrabovsky, é uma oftalmologista respeitada, uma mulher de bom coração que está chegando à meia-idade e quer ter uma família, mas não suporta o tédio e a humilhação dos encontros. "Eu fico o tempo todo pensando: Ah, meu Deus, por favor, me leve logo pra casa", ela explica a Kepesh; "A barra está pesada, David". Ele fica surpreso ao saber que várias de suas amigas recorreram a casamenteiros profissionais, pois os homens que acabam conhecendo são "narcisistas, desprovidos de senso de humor, malucos, obsessivos, prepotentes, grosseiros, ou então são lindos, viris e implacavelmente infiéis, ou então são indefesos, ou são impotentes, ou são apenas burríssimos". Nenhum argumento contraditório é apresentado, nenhuma comprovação é oferecida. A conclusão parece ser que o casamento é um tipo de inferno e que a situação sexual pós-revolucionária pode ser outro. Escolha seu veneno.

A esposa de um desses homens "implacavelmente infiéis" deixa uma impressão marcante, embora apareça em apenas uma cena e tenha pouco mais do que uma fala (ainda que bastante reveladora). Kate, esposa de George O'Hearn, está ao lado do marido no seu leito de morte, junto com os filhos já crescidos. Roth a descreve como uma mulher imponente de cabelos brancos, "rechonchuda, mas atraente, irônica, rija, e irradiava uma espécie de cordialidade teimosa", mas profundamente abatida — não sabemos se devido à vida ou à morte do marido. George, por sua vez, deitado e semiparalisado depois de um derrame, chama a esposa para a cabeceira e começa a beijá-la com paixão — ela retribui os beijos — e tenta abrir os botões da sua blusa com a mão boa que lhe restou. Apesar da presença da família, sua filha diz para Kate ajudá-lo e ela cede: primeiro os botões das mangas e depois os da frente da blusa. George consegue enfim tocar no tecido do sutiã da esposa, mas de repente ele cai de volta sobre os travesseiros, ofegante, seu último ato sobre a Terra abruptamente interrompido. É uma bela cena, comovente, quase vitoriana, da redenção de um libertino moribundo. Mas, logo em seguida, Kate, ao acompanhar Kepesh até o carro, faz murchar todo o drama, dizendo, impassível, com um sorriso cansado: "Sei lá quem ele pensou que eu fosse".

Kepesh, é claro, não é mais o homem que pensava ser. A lição derradeira desse connoisseur da carne feminina obcecado por seios é que ele quer, desesperadamente, estar ao lado de Consuela, mesmo que a cirurgia implique que ela perca os dois seios. Será que essa mistura de eros e ternura equivale a amor? Uma pergunta melhor (a pergunta tolstoiana) seria, sem dúvida: "Quanto tempo pode durar?". O universo de Kepesh não inclui nenhum modelo de amor duradouro sexualizado, uma condição também conhecida como casamento feliz. Será que o próprio Roth acredita que essa possibilidade existe? "Acredito", responde à minha pergunta, "assim como existem pessoas que tocam violino como Isaac Stern. É bem raro."

No entanto, Roth chegou a pedir em casamento a mulher que serviu de modelo para Consuela. Ela não era cubana e não estava com câncer, mas tinha vinte e poucos anos e quase um metro e oitenta de altura — e o arrebatou. Roth estava beirando os setenta ("ou talvez já passasse dos noventa", brinca). Nunca fora realmente um "monge da literatura" ou de qualquer outra coisa, mas, pela primeira vez na vida, diz, sentiu ciúmes. Ele sabia que estava fadado a perdê-la. Como, de fato, a perdeu. É o sofrimento de Roth que vemos nas páginas de *O animal agonizante* e, é justo dizer, são também os seios dela. Roth se dispôs a arriscar o casamento só para mantê-la afastada de homens mais jovens do tipo que ele foi um dia, só para ter uma chance de ficar com ela. Ele se lembra de que chegou a descrever um bom casamento certa vez, o dos Levov, em *Pastoral americana*, pois sentiu prazer em dar uma vida sexual excitante a duas pessoas tão claramente decentes e porque queria aprofundar a tragédia quando eles se afastam um do outro. Fora da literatura, ele conhece alguns homens, seus contemporâneos, que continuam apaixonados por suas esposas de várias décadas — seu amigo Al Alvarez, diz, é um deles. "Eu lhes digo", confessa Roth num tom surpreendente de serena solenidade, "vocês são abençoados."

Todo anjo é terrível

Quão hábil foi Kafka ao fazer sua metamorfose acontecer dentro de uma família. A família representa o reconhecível; sabemos exatamente o que esperar de uma família. E então vem o inesperado! Vou ver se consigo pôr isso em prática eu mesmo algum dia.

Philip Roth a Jack Miles, 2 de dezembro de 1977

A frase mais chocante de *O animal agonizante* nada tem a ver com sexo. É parte de uma descrição das comemorações internacionais do Ano-Novo, vistas na televisão, quando Consuela vai visitar seu antigo professor na véspera do ano 2000: "Um espetáculo de luzes em cada fuso horário, e nenhum deles provocado por Bin Laden". Como o livro foi publicado na primavera de 2001, parece apenas natural perguntar a Roth se ele não teria se exposto como o agente do Mossad que apenas fingira ser em *Operação Shylock*. De que outra maneira poderia ter escrito sobre Bin Laden vários meses antes de 11 de setembro? Sua resposta, bem mais lógica, mas menos sensacionalista, é que ele ficou impressionado com algumas imagens televisionadas em 1998, depois dos bombardeios de embaixadas americanas na África, que mostravam Bin Laden caminhando em um acampamento militar enquanto mísseis e balas traçantes flamejavam como fogos de artifício no céu. Contudo, a referência em *O animal agonizante* não é nenhum tipo de advertência — ou, pelo menos, não é uma advertência contra o que nossos inimigos poderiam nos infligir. Roth viu as comemorações da passagem do milênio no mundo ocidental como uma espécie de livramento do grande temor de que o século xx trouxesse uma destruição ainda maior — a destruição nuclear. Isso não acontecera. Havíamos sobrevivido. No entanto, para Roth, esse triunfo não fizera mais que inaugurar uma era pouco nobre de incessantes trivialidades televisionadas. "Nenhuma bomba explode, nenhum sangue se derrama — a próxima explosão que você ouvir vai ser o boom da prosperidade, os mercados em alta", reflete Kepesh. O país estava entrando em uma nova e próspera idade das trevas.

E então houve o ataque ao World Trade Center. Na manhã de 11 de setembro de 2001, Roth estava em uma piscina no City Athletic Club no centro de Manhattan, onde se exercitava com regularidade para aliviar a dor nas costas. (Esse clube, que não deve ser confundido com o famoso New York Athletic Club, foi fundado em 1909 para atender judeus excluídos das outras organizações atléticas da cidade.) Ele saiu da água para ouvir as notícias, deixou o prédio e seguiu caminhando com a multidão pela Sexta Avenida. Ficou feliz de estar na cidade, não longe de tudo em Connecticut, e nem pensou em partir: "Eu não ia querer estar sozinho". A trivialização cultural já não parecia uma questão tão premente. Apesar de todas as críticas que fez aos hábitos culturais americanos, Roth é obviamente um produto da Segunda Guerra e um patriota. Ele me diz que nos dias seguintes ficou "furioso com pessoas como Susan Sontag, que culparam a América e culparam as vítimas, dizendo que os ataques eram resultado da política americana no Oriente Médio, não do modo como aqueles povos eram doutrinados e abusados em seus próprios países". Ele pendurou uma grande bandeira dos Estados Unidos em sua janela, uma janela de parede a parede que dá para uma varanda voltada para o sul, com vista para a silhueta dos edifícios. Seria um tremendo equívoco afirmar que, de algum modo, sua postura política se tornara conservadora. Roth é um homem que valoriza suas amizades ao extremo e não depende de — e, na verdade, nem aprecia — unanimidade de opiniões para mantê-las. (Uma das principais coisas que fazia com Melvin Tumin, enfático defensor do uso da força militar, era discutir sobre Israel.) Mas não gostou nem um pouco quando seu amigo Ron Silver, o ator que havia protagonizado diversas versões em áudio de seus livros, citou os ataques de 11 de setembro como motivo da conversão do liberalismo dos democratas ao apoio fervoroso ao presidente Bush. Silver discursou na Convenção Nacional do Partido Republicano em 2004. Algumas semanas depois, ele e Roth tiveram uma discussão acalorada ao telefone. Roth diz que Silver reclamou de ter sido incluído na lista negra dos liberais, o que ele, Roth, achou uma tentativa vulgar de conquistar sua simpatia — e decidiu romper a amizade. Diz que gritou com Silver como jamais havia gritado com nenhuma de suas ex-esposas.

Roth começou a escrever *Complô contra a América* em dezembro de 2000 — um mês antes da posse de George W. Bush, depois de uma eleição contestada que, do ponto de vista de muitos democratas, não foi suficientemente contestada. A inspiração imediata de Roth foi uma frase em um livro de Arthur Schlesinger: depois de citar um discurso feito por Charles Lindbergh em setembro de 1941 em que admoestava os judeus americanos por empurrarem o país para a guerra, Schlesinger observa que os republicanos isolacionistas poderiam ter se saído melhor se tivessem se agregado em torno de Lindbergh, o piloto indômito que quebrara recordes, era amado pelo país inteiro e nutria simpatias nazistas. "E se eles tivessem feito isso?", Roth anotou na margem. E se, em vez de conquistar um terceiro mandato em 1940, Roosevelt tivesse sido derrotado pelo jovem, carismático, isolacionista e antissemita Lindbergh? Uma eleição crucial que dá muito errado. Depois de tantas vidas pelo avesso, por que não a história pelo avesso?

Ele compreendeu desde o início que tal história, totalmente inventada — uma presidência Lindbergh que via com bons olhos os objetivos nazistas —, teria de ser fundamentada na realidade e, especificamente, na labuta de uma família de verdade tentando viver o dia a dia. E percebeu de imediato que essa família deveria ser a sua própria. Este é um aspecto bem-vindo do livro, se não, de algum modo, o seu cerne. Em um ensaio para o *The New York Times* em 2004 por ocasião do lançamento do livro, Roth afirmou que a obra lhe dera "uma oportunidade de trazer meus pais de volta do túmulo". Esta frase comovente lembra a "erupção de uma nostalgia por meus pais" que dera como motivo para escrever *The Facts* cerca de quinze anos antes. A literatura como um ato de ressurreição. O intento era "restaurá-los ao que eram no auge de suas capacidades, quando beiravam os quarenta anos de idade", prosseguiu, e também retratá-los com a maior fidelidade possível, "como se, na realidade, eu estivesse escrevendo uma obra de não ficção". Mas com uma diferença importante: esses modestos judeus americanos da classe trabalhadora teriam agora de enfrentar uma ameaça fascista ao estilo europeu que legitimava todos os seus temores de Velho Mundo — isso tornava plausível a paranoia que levou Alexander Portnoy ao divã, tornava a paranoia uma *virtude*. Ameaçados, perseguidos, postos à prova, eles tinham agora a oportunidade de expandir sua decência singela e conferir-lhe o estatuto de verdadeiro heroísmo — físico e moral.

A selvageria da história irrompendo na vida das pessoas já se tornara um tema familiar na obra de Roth. E mesmo que os fatos históricos descritos não tenham ocorrido, a história em si é tratada do mesmo modo: não como épica e grandiosa, mas como o caos e a desgraça que as pessoas comuns enfrentam. O livro decorre também da dolorosa consciência de ter crescido com segurança nos Estados Unidos, numa época em que crianças judias na Europa estavam sofrendo e morrendo, uma consciência presente na obra de Roth desde seus primeiros contos até *O escritor fantasma*. Em 12 de setembro de 2001, Roth publicou *Entre nós*, uma coletânea de textos dispersos, conversas com autores que ele admira e ensaios sobre eles. Em vista da data de publicação e do fato de esse pequeno volume não ser um romance, ele recebeu pouca atenção. Seja como for, é notável quantas das longas e judiciosas discussões sobre história e literatura envolvem pessoas cujas vidas Roth poderia ter vivido pelo avesso: Primo Levi (Auschwitz, fevereiro de 1944 a janeiro de 1945); Aharon Appelfeld (deportado com o pai para um campo de concentração em Transnístria depois do assassinato da mãe em 1941, quando ele tinha oito anos; Appelfeld escapou e passou os três anos seguintes escondido nas florestas da Ucrânia); Ivan Klíma (Terezín, dezembro de 1941 a maio de 1945, dos dez anos aos treze anos e meio); Isaac Bashevis Singer (fugiu da Polônia para a América em 1935); Bruno Schulz (executado por um oficial nazista enquanto caminhava por seu vilarejo na Polônia em 1942).

"Ainda me lembro do terror que senti, aos nove anos, quando um dia voltei correndo das brincadeiras de rua depois da escola e vi, na soleira da porta, a manchete 'CORREGEDOR CAI' na primeira página do jornal da tarde e compreendi que havia a possibilidade de os Estados Unidos perderem a guerra", Roth escreve em *The Facts*. *Complô contra a América* apresenta um tipo diferente de história pelo avesso, com resultados potencialmente similares para uma família judia. Em 1941, o presidente Lindbergh assina pactos de não agressão com a Alemanha e o Japão; o ministro das Relações Exteriores nazista, Joachim von Ribbentrop, é recepcionado com honras na Casa Branca; e os judeus dos Estados Unidos são submetidos a um programa de reassentamento de nome tranquilizador, Gente como a Gente, administrado pela Agência de Absorção Americana, que envia judeus da cidade para o interior a fim de tomarem conhecimento de como os verdadeiros americanos vivem. Muitos judeus veem o programa como um esforço para romper os laços da comunidade. Algumas famílias judias arrumam as malas e se mudam para o Canadá; não demora muito até que outras sejam mortas em pogroms que começam a pipocar espontaneamente por todo o país. Em sua maior parte, esses acontecimentos são vistos pelos olhos do jovem Philip Roth — considerado em retrospecto por seu eu mais velho, que narra com discrição —, que tem apenas sete anos quando Lindbergh é eleito e nove quando, em 1942, num súbito livramento, o avião do presidente desaparece sem deixar vestígios. Como resultado, o vice-presidente Burton K. Wheeler impõe lei marcial, o povo se rebela, Roosevelt retorna ao cargo em uma eleição especial e o país retoma o caminho real e glorioso que permitiu que Philip Roth crescesse, se tornasse o homem que é e o americano que é, e escrevesse esse livro. Embora a redenção histórica seja desconcertantemente abrupta e pareça quase descuidada, ficamos com a sensação de que Roth alcançou tudo o que pretendia ao descrever os primeiros passos dessa hecatombe histórica e seus efeitos sobre pessoas que continuariam com a mesma serena nobreza quando o mundo retomasse o devido curso.

Ele nunca quis escrever esse tipo de livro, diz, "com judeus sentados em torno da mesa da cozinha reclamando do antissemitismo". E balança a cabeça. "Quem sou eu, Neil Simon?" Ainda pior, "é exatamente o tipo de livro que outrora os rabinos quiseram que eu escrevesse". Repetidas vezes pôs de lado o manuscrito inacabado, julgando que não poderia levar a cabo algo tão óbvio. Mas, de vez em quando, retomava o texto e trabalhava um tanto até que, pouco a pouco, começou a sentir que estava ficando bom. Para ele, o que salvou o manuscrito foi, em parte, o comedimento: Lindbergh não é transformado num Hitler ou em algum tipo de caricatura; na verdade, ele pouco se afasta de suas verdadeiras posições políticas e das palavras que efetivamente proferiu. Não surgem campos de concentração nos Estados Unidos, nem há promulgação de políticas nazistas homicidas. (O programa Gente como a Gente, pelo qual o irmão de Philip, Sandy, passa um verão numa fazenda de tabaco no Kentucky — um verão que ele acaba adorando — tem basicamente o mesmo propósito que o verdadeiro Philip tinha quando partiu para Bucknell.) Os casos ostensivos de discriminação — por exemplo, a família Roth ser despejada de um hotel em Washington quando é reconhecida como judia — e as manifestações aleatórias de protesto contra os judeus são resultado do péssimo comum que vem à tona em pessoas comuns quando seus mais baixos instintos são sancionados.

Mas a verdadeira salvação do livro foi Roth ter inventado os vizinhos do andar de baixo, os trágicos e afligidos Wishnow, que contrastam de todas as maneiras possíveis com os divertidos e afligidos Portnoy, vizinhos igualmente inventados dos sólidos e estáveis Roth. O sr. Wishnow sofre uma morte horrível de câncer; a sra. Wishnow volta a trabalhar e acaba sendo transferida pelo Gente como a Gente para o Kentucky, onde é assassinada por uma turba antissemita. O filho do casal, Seldon — um garoto solitário, azarado, ansioso demais para agradar e terrivelmente assustado, que é também o mais inteligente da classe de Philip —, tem a infância arruinada, como qualquer vítima europeia da guerra. Do ponto de vista literário, os Wishnow permitem desviar o páthos dos Roth e, em especial, do pequeno Philip. O desejo desesperado do pobre Seldon de ser amigo de Philip deixa este maluco e lhe dá a oportunidade de ser mau — exatamente o tipo de oportunidade de que Roth precisava. Philip tem vergonha de Seldon, tenta evitá-lo, arma travessuras mesquinhas para ele: rouba as roupas de Seldon, peça por peça ("Como que eu ia perder meus sapatos? Como que eu ia perder minha calça?"), e as enfia numa mala de papelão, enquanto aguarda sua fuga para uma vida não desastrosa e não judaica no orfanato católico a algumas quadras de distância. Contudo, o mais insuportável acerca de Seldon é a tragédia que o envolve. Philip impede-o de falar sobre seu "pai morto apavorante" bombardeando-o com piadas escatológicas que aprendeu na escola. Nada como uma boa piada suja para afastar não só o sentimento de pena pela vítima como a sentimentalização da infância.

Philip é uma criança maravilhosamente honesta e prática. (As anotações de Roth sobre o livro contêm a advertência: "Ler Huck Finn".) Não importa o que aconteça no mundo lá fora, ele continua concentrado em sua coleção de selos; seu medo dos nazistas é equivalente ao medo que tem de fantasmas no porão. Forçado a dividir o quarto com seu primo Alvin, que perdera a perna na guerra — Alvin havia sido voluntário do Exército canadense —, Philip fica horrorizado quando vê a perna artificial e, pior ainda, o coto. (Na vida real, Roth não tinha um primo chamado Alvin; ele baseou esse horror específico da infância na experiência de compartilhar o quarto com a irmã mais velha de sua mãe, que agonizava com um câncer.) A mudança da sra. Wishnow para Kentucky e sua morte resultam de um estratagema basbaque de Philip para se livrar de Seldon. Philip certamente não queria que isso acontecesse — ele é tomado pelo remorso: "Que meus pais criassem o filho dela como se fosse deles de agora em diante. Ele dormiria na minha cama. Ficaria com meu irmão. Herdaria todo o meu futuro". (Philip tem planos de fugir, de novo, conseguir um emprego com os surdos-mudos — que, segundo ouviu dizer, são contratados para dar nó na massa dos pretzels produzidos na fábrica da rua Livingston — e nunca mais falar uma palavra.) Essa é a culpa que o Roth adulto, narrador do livro, carregou pelo resto da vida: "A culpa é minha. Eu não conseguia pensar em outra coisa naquele momento, e até hoje não consigo parar de pensar nisso". Mesmo aqui, Roth, o verdadeiro Roth, não consegue deixar de se assombrar com a sorte de ter vivido a infância que viveu, nem de lastimar aqueles que não tiveram a mesma sorte.

Roth não tinha certeza de que estava escrevendo esse livro para seu público de sempre. O gênero histórico do "e se?" não era sua especialidade e ele não lera quase nenhum dos livros que os críticos citaram como comparação. (Com uma exceção: *It Can't Happen Here*, romance de Sinclair Lewis de 1935 sobre a tomada do poder por fascistas, havia sido um dos favoritos de seu pai sempre politicamente atento. O pai de Sueco Levov menciona a obra em *Pastoral americana*, referindo-se a Nixon — "A ideia", diz Lou Levov, "não podia ser mais atual".) Grande parte do livro tem a qualidade de uma história de aventura à moda antiga, com pausas em momentos de suspense que lembram um folhetim: "Será que o senhor não entende, tio Herman", grita o primo Alvin: "Ele acaba de garantir a derrota do Roosevelt!". Embora haja algumas das longas e serpentinas sentenças de meia página que se tornaram uma espécie de marca registrada — "É como andar de metrô", diz Roth dando risada; "você entra em um lugar e sai em outro" —, a escrita, de modo geral, é ágil, maleável e discreta. ("Encurtar frases", instruem suas notas; "relaxar a linguagem.") É a história que interessa. Existem, é claro, algumas expressões memoráveis: um estranho malcriado em um restaurante de Washington tinha uma pança "que mais parecia a barriga de um ganso cevado", a qual Herman Roth está inclinado a espetar com o garfo e a faca. (Os perigos dos talheres nesses livros!) Roth nunca deixou de adaptar sua linguagem ao tema — basta comparar uma

387

frase de *As melhores intenções...* com outra de *O complexo de Portnoy* ou *O teatro de Sabbath.* Desse modo, não chega a surpreender que o tema central de *Complô contra a América* — os pais sinceros e escrupulosos de Roth — também tenha afetado a composição do livro. Estamos bem longe da jovial vulgaridade dos Patimkin ou das preocupações histéricas dos Portnoy ou mesmo do sereno distanciamento dos Levov quando lemos esta explicação sóbria, quase à maneira de um ensaio, de exatamente quem eram os judeus que os Roth entendiam como comunidade:

> Esses judeus não precisavam de grandes referenciais, profissões de fé nem credos doutrinais para serem judeus, e certamente não precisavam de outro idioma — já tinham sua língua, cuja expressividade sabiam manipular sem nenhum esforço, fosse à mesa de jogo ou durante uma negociação comercial, com o mesmo virtuosismo espontâneo da população nativa. Sua condição de judeus não era nenhuma desgraça, tampouco um feito de que se sentissem "orgulhosos". Eles eram o que não podiam deixar de ser — o que jamais tiveram vontade de deixar de ser. Eram judeus por ser quem eram, tal como eram americanos.

É dessa última questão — os judeus como americanos — que Roth vem se aproximando desde sempre, valendo-se de uma variedade infindável de vozes e disfarces, indo de uma pergunta tormentosa em suas primeiras obras e terminando aqui com uma resposta enfática. Há no livro uma conversa por telefone entre a sra. Roth e o pequeno Seldon que restaura uma dignidade outrora inimaginável à figura da mãe judia obcecada por oferecer comida; Philip, ouvindo a conversa, compara sua força redentora com a de "um oficial em pleno combate". E Herman Roth — em sua última aparição nas páginas de um livro — reage à sugestão de que sua família se mude para o Canadá com uma declaração convicta: "Este país é nosso!".

O que é literatura judaica? Esse fenômeno sequer existe? Roth tentou responder a essas perguntas em sua entrevista à *Paris Review*, em meados dos anos 1980, negando que uma eventual "qualidade judaica dos livros" tivesse algo a ver com o assunto de cada um. Havia, isso sim, certa sensibilidade reconhecível: "o nervosismo, a excitabilidade, a discussão, a dramatização, a indignação, a obsessão, a suscetibilidade, a encenação — acima de tudo, a *falação*", explica, claramente se divertindo ao descrever as qualidades estilísticas do seu livro mais recente na época, *A lição de anatomia*. "Não é *sobre* o que ele fala que torna um livro judaico, mas sim que ele simplesmente não cala a boca. O livro não deixa você em paz." (Todo escritor judeu que não ache essa categorização ridícula — ou ofensiva — provavelmente tem sua própria definição. Para Bellow, uma história judaica é aquela em que "riso e tremor são tão curiosamente misturados que não é fácil determinar as relações entre ambos" — em outras palavras, uma história de Bellow.)

A despeito do tormento descomunal a que os personagens são submetidos só por serem judeus — existe aqui mais tormento, em termos reais, do que em qualquer outro livro de Roth —, *Complô contra a América* mantém a voz baixa. Quem precisa gritar quando o inimigo é real e está bem ao lado? Segundo sua própria definição, Roth não escrevia um "livro judaico" havia anos e essa história tão judaica não é exceção. De fato, acabou se revelando um dos seus livros mais acessíveis ao público — direto, profundamente cativante, capaz de provocar risos e lágrimas, sem sexo e com um mínimo de masturbação, um livro escrito por um gênio ainda que não uma obra com o seu gênio, sem o ardor e a incisão que Roth sempre demonstra quando voa alto.

Roth foi cuidadoso ao adequar suas invenções aos fatos históricos e incluiu como apêndice vinte páginas de uma "Cronologia verídica das principais personagens" e o texto completo do discurso de Lindbergh mencionado por Schlesinger, de setembro de 1941, em que denuncia os britânicos, os judeus e o governo Roosevelt como "agitadores belicistas". Mas *Complô contra a América* chegou à lista dos best-sellers em 2004 por causa de suas implicações para o presente. Até mesmo o título, que Roth extraiu de um panfleto político de 1946, parece ter um eco pós-11 de setembro. No *The New York Times*, Michiko Kakutani — que achou o livro "provocador, mas desigual"— observou que o romance pode ser lido "ou como aviso quanto ao perigo do isolacionismo ou advertência quanto aos perigos da Lei Patriota e a ameaça às liberdades civis". Mas foi uma coluna de Frank Rich, também no *Times*, que realmente fez as coisas acontecerem. Anunciando que o livro era "fascinante desde a primeira frase — 'O medo domina estas lembranças, um medo perpétuo'" —, Rich comparou essa atmosfera ao "medo perpétuo" que definiu "nosso mundo pós-11 de setembro" e à "política inescrupulosa do ano eleitoral de 2004". Outros viram o uniforme de voo de Lindbergh como uma referência à farda que Bush vestiu para seu discurso de "Missão: Realizada". E, na *The New York Review of Books*, J.M. Coetzee perguntou se o livro de uma "América sob um regime fascista" não seria na realidade "sobre" a América sob Bush.

Roth, num ensaio para o *Times*, insistiu em que não escrevera o livro como "um roman à clef do momento atual" — mesmo que julgasse George W. Bush "um homem inapto para administrar uma loja de ferragens, quanto mais uma nação como esta". Por outro lado, observou que os livros de Kafka haviam servido de inspiração política para escritores tchecos que se opuseram ao regime soviético nos anos 1960 e 1970; não era o modo como Kafka pretendeu que sua obra fosse lida, mas "a literatura ganha usos os mais diversos". Em conversa, Roth toma o cuidado de distinguir entre fascismo e o governo meramente de direita de Bush. Mas entende por que seu livro foi visto do modo como foi, politicamente. "Havia essa sensação de impotência diante de Bush", ele recorda, "e ninguém com algum peso no Partido Democrata estava dizendo nada. Eles se aferraram ao meu livro como um meio de articular sua raiva e frustração."

Complô contra a América tem duas mensagens, concluiu Roth no *Times*. Primeiro, que apesar da discriminação antissemita generalizada por parte da hierarquia protestante nos anos 1930 e apesar do virulento ódio aos judeus da Associação Teuto-Americana, da Frente Cristã, de Henry Ford, do padre Coughlin e, sim, de Charles Lindbergh, *nada* acontecera aqui — "Como nós americanos somos sortudos". E, segundo, que nossa vida, como americanos, é "tão precária como qualquer outra". *Poderia* ter acontecido algo parecido. "Todas as garantias são provisórias", escreveu, "mesmo aqui, numa democracia de duzentos anos." A eleição de George W. Bush confirmara-lhe a lição não apenas desse livro, mas de todos os livros que ele vinha escrevendo havia anos: "Somos emboscados, mesmo sendo americanos livres em uma república poderosa armada até os dentes, pela imprevisibilidade da história".

Fantasmas

Depois de ganhar dois National Book Awards (*Adeus, Columbus*; *O teatro de Sabbath*), dois National Book Critics Circle Awards (*O avesso da vida*; *Patrimônio*), dois prêmios PEN/Faulkner (*Operação Shylock*; *A marca humana*), o título de Melhor Romance Americano do Ano da revista *Time* (*Operação Shylock*), o prêmio Pulitzer (*Pastoral americana*), a National Medal of Arts, o WH Smith Literary Award de melhor livro do ano no Reino Unido (*A marca humana*), o Prix Médicis Étranger de melhor livro estrangeiro do ano na França (*A marca humana*), títulos honorários da Harvard e da Universidade da Pensilvânia, e um sem-número de outros prêmios e distinções, Roth estava de volta ao topo da lista dos mais vendidos — logo atrás de Stephen King e Dan Brown — pela primeira vez desde *O complexo de Portnoy* (que não ganhara nenhum prêmio). E agora uma homenagem mais durável estava prestes a lhe ser feita: a publicação de suas obras completas pela Library of America, na belíssima coleção encadernada do cânone da literatura americana, colocando Roth em companhia de, entre outros, Herman Melville, Henry James, Edith Wharton, William

Faulkner, James Baldwin, Eudora Welty e Saul Bellow. Os dois primeiros volumes com suas obras foram publicados no outono de 2005 e seis outros foram programados, com o plano de concluir a coleção quando Roth fizesse oitenta anos, em 2013. Somente Welty e Bellow haviam merecido essa honra ainda em vida. E Roth pouco parecia estar desacelerando sua produção e, na verdade, seu ritmo de trabalho significou que um volume adicional teve de ser acrescentado à série.

Embora os volumes da Library of America não tenham prefácios ou comentários críticos, havia algumas novas informações para extrair do apêndice com a cronologia da vida e das obras do autor. Compilada pelo editor da série, Ross Miller, com colaboração efetiva do próprio Roth, a lista usual de publicações e prêmios foi expandida e adquiriu um tom emocional com a menção frequente aos amigos que fizera ao longo dos anos. "1965: Começa a lecionar literatura comparada na Universidade da Pensilvânia [...]. Conhece o professor Joel Conarroe, que se torna amigo íntimo." "1976: Em Londres, retoma antiga amizade com o crítico britânico A. Alvarez e, alguns anos depois, inicia amizade com o escritor americano Michael Herr (autor de *Despachos de guerra*, que Roth admira) e com o pintor americano R. B. Kitaj." "1980: Milan e Vera Kundera visitam Connecticut em sua primeira viagem aos Estados Unidos; Roth apresenta Kundera a sua amiga Veronica Geng, editora da *New Yorker*, que se torna também editora de Kundera na revista." "1982: Corresponde-se com Judith Thurman depois de ler sua biografia de Isak Dinesen e começam uma amizade."

Este último item nos oferece um vislumbre de um hábito um tanto surpreendente de Roth, tendo em vista sua fama: muitas vezes, quando lê algo que admira, ele envia uma carta ao autor, que quase sempre é um estranho completo. Thurman lembra-se do seu choque ao receber um bilhete entusiástico, datilografado numa folha simples de papel, assinado "Philip Roth", e de sua resposta, que começava: "Se o senhor é Philip Roth, o fabricante de castiçais...". É também um incansável paladino de jovens escritores e de autores em busca de um lugar ao sol, ainda que não tão jovens: Joel Conarroe, que acabou se tornando diretor da Escola de Artes e Ciências na Universidade da Pensilvânia e, mais tarde, presidente da Fundação John Simon Guggenheim, tem uma grossa pasta com as recomendações de Roth para diversos cargos e prêmios. Essa cronologia, em suma, indica preocupações muito distintas daquelas do autor notoriamente solitário. Não é possível rir tanto quanto Roth riu ao longo da vida sem acumular um monte de amigos.

Quando a cronologia foi publicada, vários desses amigos estavam para morrer ou já mortos: Janet Hobhouse, Melvin Tumin, Mildred Martin (de Bucknell), Bob Maurer (de Bucknell). "A gente acha que não terá de pensar mais nisso quando nossos pais morrem; que depois disso, acabou", ele me diz. "Ninguém mais deveria morrer, certo?" Veronica Geng era não só editora e amiga de Roth, mas também "a melhor humorista desde S. J. Perelman", ele declara, "só que mais idiossincrática e *moderne*"; quando foi submetida a uma cirurgia por causa de um tumor no cérebro, no hospital Sloan-Kettering, Roth ia se sentar a seu lado, na parte de fora do hospital, para onde a havia levado na cadeira de rodas, a fim de que, para horror das enfermeiras, ela pudesse fumar. Ele se juntou a alguns outros amigos para bancar as despesas médicas e criou um fundo, seguindo o modelo do seu fundo de Praga, para lhe proporcionar garantia financeira. Geng estava convalescendo no escritório de Roth em Manhattan quando uma convulsão levou-a de volta para o hospital; ela morreu na véspera do Natal de 1997, aos 56 anos de idade. Outra morte difícil de absorver foi a de George Plimpton, em 2003; Plimpton era um dos amigos mais antigos de Roth e um homem de energia aparentemente infatigável. Por fim, a mais difícil de todas, a de Saul Bellow, em 2005.

Bellow era "o 'outro' que eu li desde o princípio com o mais profundo prazer e admiração", Roth escreveu na dedicatória de *Reading Myself and Others*, de 1975. No âmbito pessoal, os dois foram bastante amigos nos primeiros anos e se encontravam periodicamente. Roth lembra-se de que, em 1986, em Londres, ele e Bloom deram um jantar para Bellow, que estava abatido pela morte de seus dois irmãos e o fim de seu quarto casamento. Levaram-no também a um concerto com alguns dos últimos quartetos de Shostakovich a fim de alegrá-lo — o que talvez não fosse a ideia mais convencional para animar alguém, mas, diz Roth, "eu queria que ele ouvisse algo de grande beleza". Bellow agradeceu-lhe por carta, mais tarde publicada, em que o sofrimento e o alívio musical são ponderados numa formulação tipicamente desassombrada: "Quase há arte suficiente para cobrir as mais terríveis aflições. Mas não é bem assim. Sempre restam lacunas".

Todavia, apesar de tais ocasiões e comunicações, Roth sentia que Bellow era reservado e guardava certa distância. (Somos lembrados do charme de Felix Abravanel, em *O escritor fantasma*, "como um fosso de proporções tão oceânicas que não dava para enxergar a coisa formidavelmente torreada e fortificada para cuja proteção ele fora escavado".) Os dois só se tornaram amigos íntimos vários anos mais tarde. Um item na cronologia da Library of America diz: "1991: Renova forte amizade com Saul Bellow".

Roth atribui a reviravolta na atitude de Bellow — ou seja, o verdadeiro começo de sua amizade — a Janis Freedman Bellow, com quem Bellow se casou em 1989. Roth ainda se lembra da sua resenha encorajadora de *Operação Shylock* e está convencido de que foi ela que conseguiu que Bellow "me lesse a sério". E imagina-a dizendo a seu marido ilustre, algum tempo depois de casados: "Mas o que está havendo? O homem gosta de fato de você, ele realmente o admira e quer ser seu amigo". O que quer que ela tenha dito, parece ter funcionado. Não admira, pois, que em outubro de 1995 Roth tenha enviado uma carta a Bellow, cujo conteúdo, na íntegra, é: "Caro Saul. Enfim você se casou com uma mulher que me compreende. Saudações, Philip".

Janis Freedman Bellow, uma mulher calorosa, de fácil convívio, que hoje leciona literatura na Universidade Tufts, insiste em que não foi preciso persuadir o marido a ler a obra de Roth a sério. Juntos, diz, os dois tinham conversas infindáveis sobre seus livros — *Pastoral americana*, em particular, era um dos favoritos de Bellow — e, na verdade, "foi graças a Saul que aprofundei minha apreciação da obra de Philip". Com relação à amizade, acredita que o marido "ansiava por uma conexão com Philip" e que ela apenas ajudou a fazê-la acontecer. Havia certa tensão entre os dois, ela admite, devido à competitividade de Bellow, que tinha uma longa história de dizer coisas que mais tarde preferiria não ter dito — esse é um homem que deu a uma coletânea de contos o título *Trocando os pés pelas mãos e outras histórias* — e algumas delas foram ditas a Roth. Mas Bellow não queria mais ser tão cáustico. "Eu tinha aquele gene conciliador", admite ela, "mas não é que eu ficasse dando chutes nele debaixo da mesa."

Durante o início dos anos 1990, quando Roth ia a Chicago visitar o irmão, Sandy, ele também visitava os Bellow; no verão, ele e alguns outros amigos se reuniam regularmente na casa dos Bellow em Vermont. O sentimento de Roth pela obra de Bellow beira a reverência. Ele fala sem rodeios de ter se sentido "assoberbado" por Bellow como escritor — "inspirado, mas assoberbado" por seu "poder invulgar de observação, a naturalidade, a capacidade de ver o que está por trás do rosto humano". De modo geral, "ele me fazia me sentir um amador". Roth achou que o último romance de Bellow, *Ravelstein*, publicado em 2000, tinha falhas graves, mas o amigo estava com 84 anos quando o concluiu. "É difícil escrever um livro aos 84 anos", observa Roth, "é difícil lembrar de um dia para outro o que você já fez." Modificando ligeiramente um pacto de franqueza mútua que haviam feito, Roth disse a Bellow apenas que não conseguia avaliar o livro com isenção, pois "não tinha simpatia" pelo personagem Ravelstein, assim como algumas pessoas não tinham simpatia por Mickey Sabbath. Roth permaneceu próximo de Bellow em seus últimos anos, de crescente debilidade. Mesmo nos piores momentos, Roth foi "uma presença constante", recorda-se Freedman Bellow. Ele telefonava sempre. "E isso podia ser difícil", diz; "Saul podia ser repetitivo e muitas pessoas achavam que não valia mais a pena." Mas os dois acabavam caindo na gargalhada. ("Esse era o grande vínculo", ela acrescenta, "o modo como cada um conseguia fazer o outro rir.") Bellow havia lido *Complô contra a América* mais de uma vez e levava o livro consigo para toda parte. "Era 'o Livro'", diz Freedman Bellow. "Ele vivia berrando: 'Onde está o Livro? Onde está o Livro?'." Roth me conta que, cerca de uma semana antes de morrer, Bellow ligou para dizer que tivera um sonho com Lindbergh, no qual dizia a ele: "Perdão, senhor, não era minha intenção contaminá-lo com minha presença judaica". A essa altura, a condição de Bellow havia se deteriorado tanto que, de certa maneira, diz Roth, ele foi "salvo pela morte". Mas isso em nada tornou as coisas mais fáceis quando o fim chegou.

A morte de Bellow lançou Roth no desespero — "por causa dele, das doenças, da morte", diz. Mais ou menos nessa época, em 2005, Roth passou por uma cirurgia nas costas e a dor contínua que sentia só contribuiu para seu humor sombrio. Ele já começara um novo livro, sobre um velho ator que perdeu seus dons. Ele se baseara na experiência de Claire Bloom ao trabalhar com Ralph Richardson, que depois de um espetáculo certa noite confessou a ela que "a magia se foi". Roth deixou esse manuscrito de lado e, nos dias seguintes ao funeral de Bellow, começou outro. Pouco à vontade para trabalhar no computador, escrevia à mão, lentamente, tateando atrás do que buscava. Lembrou-se de que seu pai, cujo irmão caçula morrera no mesmo ano que a esposa e diversos amigos, havia lhe dito: "Philip, não vou aguentar olhar para mais uma cova no chão". Em sua entrevista para o Web of Stories, Roth disse não ter entendido ao certo o que o pai quisera dizer e que se oferecera a ir ao último enterro em seu lugar. Agora, porém, ele sabia. "Acho que chegamos a um ponto", diz, "em que não aguentamos olhar para mais uma cova no chão."

Homem comum é um livro sobre morte e funerais e covas no chão, e sobre as doenças que nos levam até lá. Extremamente breve — uma novela, na realidade —, foi publicado com uma ominosa capa preta, sem imagem alguma, que deixou Roth bastante satisfeito, pois o livro em si lembrava "uma lápide". De fato, a história começa no funeral do personagem principal e se move para trás no tempo, recapitulando os acontecimentos de sua vida. Temas familiares são abordados sem comiseração à medida que o idoso herói vai percebendo o caos doméstico que deixou atrás de si: dois filhos raivosos e amargurados do primeiro casamento; um amoroso (mas, no fim, assexuado) segundo casamento, que sabotara com uma aventura sexual. Ele conseguiu preservar uma filha de bom coração e um irmão quase heroico, mas está essencialmente sozinho ao entrar na velhice. Além de seus relacionamentos deteriorados, pouco sabemos sobre esse homem. Embora quisesse ter sido pintor, acabou se contentando com uma vida na publicidade — Roth advertiu o irmão de que utilizaria alguns aspectos da vida dele —, mas sua biografia é constituída basicamente de desastres médicos: uma operação de hérnia aos nove anos, um apêndice supurado aos 34, uma cirurgia cardíaca aos 56 e uma série cada vez mais frequente de hospitalizações para angioplastias, inserção de stents cardíacos e uma desfibrilação. Décadas de saúde são devidamente mencionadas e, em seguida, relegadas por não virem ao caso.

Como *Everyman*, o auto anônimo do século xv do qual toma o título, *Homem comum* trata do destino que aguarda todos nós: "o adversário que é a doença e a calamidade sempre à espreita nos bastidores". No auto medieval, Homem Comum encontra-se com a Morte em pessoa e profere o que Roth considera ser a melhor frase da literatura inglesa entre Chaucer e Shakespeare: "Ó Morte, viestes quando eu menos em vós pensava". Ao contrário do protagonista medieval, porém, o Homem Comum de Roth não acredita em Deus ou em vida após a morte. Ele é judeu, mas isso não tem nenhum significado mais profundo. Sabemos que seu pai tinha uma joalheria chamada Para Todos [Everyman], para evitar que o nome judaico afastasse clientes cristãos, mas a essa altura o fato de o Homem Comum ser judeu não é, em absoluto, notável — o que, em si, talvez seja um fato notável. O único paraíso que ele conhece é sua infância e o único inferno que consegue imaginar é abdicar da vida aqui mesmo na Terra. Não obstante, há algo revigorante na implacabilidade do livro; Roth parece estar buscando a brutal franqueza daquelas covas no chão.

No entanto, a construção perde força à medida que o livro avança, pois falta vivacidade. O Homem Comum, por exigência de sua identidade, é um homem totalmente banal — contente "com uma vida regida pelas normas costumeiras, comportando-se mais ou menos como os outros" — e o relato de suas tribulações é cru, medicamente preciso e um tanto rígido. Em *Pastoral americana*, Roth mediou a banalidade do Sueco Levov através da sensibilidade introspectiva de Zuckerman. Aqui não há mediação. A narração em terceira pessoa parece emergir do ponto de vista do Homem Comum — "Era bem verdade que ele optara por morar sozinho, mas não insuportavelmente sozinho" —, apesar do fato de sobreviver a ele e descrever seu funeral. Com isso, a voz do autor parece constringida pelas limitações do próprio personagem. Elogios, nesse livro, consistem em palavras como "confiável", "simpático", "moderado", "agradável" e "consciencioso". Talvez haja escritores que julguem tais qualidades inspiradoras, mas os melhores dotes de Roth estão em outro lugar. Como receara ao empreender livros mais curtos, ele de fato parece estar escrevendo "com uma mão amarrada atrás das costas". Em vista da quantidade de oportunidades perdidas, às vezes fica difícil distinguir a crueza do livro de simples exaustão. O que Roth teria feito em outros tempos do cirurgião, dr. Smith, nascido Solly Smulowitz? Aqui, porém, ficamos sabendo apenas que ele "havia sido criado nos cortiços, filho de imigrantes pobres". A enfermeira ruiva, Maureen, de uma família eslavo-irlandesa do Bronx, "tinha uma maneira brusca de falar que manifestava a autoconfiança de uma proletária durona" — mas nunca chegamos a ouvi-la. São muitas as coisas que somos obrigados a aceitar na confiança. Homem Comum, "feliz por ter sobrevivido" a mais uma rodada de cirurgias, pensa sobre o irmão: "Como pode uma pessoa ter uma vontade de viver tão contagiante quanto Howie?". Entretanto, não sentimos nem a vontade de viver de Howie nem a felicidade de nosso herói, pois Roth não as mostra para nós e porque a emoção não está presente na linguagem — como estava (e com que riqueza!) em sua obra-prima sobre viver e morrer, *O teatro de Sabbath*, embora seja verdade que ele estava buscando outra coisa: uma dose rápida e intensa de doença e da calamidade da morte, tal como vivenciada em uma sociedade que nos dá tempo de sobra para vê-la chegar.

Homem comum não é uma alegoria, a despeito do título. Não contém nenhum símbolo ostensivo e, por certo, nenhuma mensagem moral. A ideia em si de chamar o livro *Homem comum*, diz Roth, só lhe veio depois de ter concluído a primeira versão sem dar nome ao protagonista. Todavia, há aspectos do livro que parecem incomodamente próximos de um conto de fadas. Quem imaginaria que fosse possível reclamar de um livro de Roth porque seus personagens são bons demais? Ele já retratou pessoas boas inúmeras vezes, de modo vívido e verdadeiro — o generoso Norman Cowan em *O teatro de Sabbath*, Sueco Levov em *Pastoral americana*, seus próprios pais em *Complô contra a América* —, mas aqui o irmão, Howie, é um príncipe de papel, não apenas por ser milionário, ter um casamento feliz, agir com irrepreensível gentileza e ser capaz de praticar "polo aquático, além de polo a cavalo", mas por causa da sufocante posição de superioridade de onde essa descrição parece emanar. E ele não é a única figura vista dessa maneira. Desde *Portnoy*, Roth sempre equilibrou imensa ternura com fúria, uma emoção mantendo a outra sob controle. Mas esse é um livro em que, como nota Homem Comum, "a ternura estava fora de controle". O narrador de Roth — e o próprio Roth — parece atuar sob o feitiço da mortalidade: um amálgama de gratidão, lembranças, consciência pesada e saudades. Roth já escrevera sobre esse fenômeno em *Pastoral americana*, sobre a admiração hiperbólica que acomete os passageiros de uma limusine que segue o carro funerário.

Há um enorme senso de alívio — e um bem-vindo surto de energia — quando os personagens perdem o constrangimento e botam para quebrar. Homem Comum reclama de seus eternamente amargos filhos ("Seus sacanas! Seus idiotas! Seus merdinhas, sempre a me condenar!"). A doce e singela segunda esposa de Homem Comum — personagem que Roth baseou em Ann Mudge, sua doce e singela namorada nos anos 1960, que lhe restaurou a sanidade depois de Maggie — flagra o marido tendo um caso e expulsa-o de casa. A fúria dela oferece um interessante contraponto às concepções de casamento e sexo tão centrais em *O animal agonizante*:

Mas que merda, o que adianta continuar falando — todas essas histórias são bem conhecidas. O homem perde a paixão no casamento e não consegue viver sem paixão. A mulher é pragmática. A mulher é realista. É verdade que a paixão acabou, ela está mais velha e não é mais o que era, mas ela se contenta com o afeto físico, ficar com ele na cama, um abraçando o outro. O afeto físico, a ternura, a camaradagem, a proximidade... Mas ele não aceita. Porque ele *não consegue viver sem a coisa*. Pois agora você vai ter que viver sem, meu caro. Vai ter que viver sem muita coisa. Vai aprender o que é viver sem as coisas!

É o que acontece. Ao se aproximar do fim, ele percebe que o preço do sexo havia sido, bem, praticamente tudo. Esta talvez pareça a filosofia de um velho — "Roth tardio" —, mas a noção já estava inteiramente presente no "primeiro" Roth; é ela que desencadeia a crise que conclui *O professor do desejo*, publicado nos idos de 1977. Saber o preço, contudo, não altera a necessidade de escolher ou a dor dos resultados. Para Homem Comum, o sexo continua sendo a única parte da vida que desperta sua curiosidade, mesmo que a idade restrinja-o a observar "as jovens que passavam correndo por ele no deque", enquanto anseia por "uma derradeira grande explosão de tudo".

Apesar das decepções, *Homem comum* contém cenas realistas e personagens secundários que continuam a nos assombrar muito depois de termos fechado o livro: uma mulher com dores constantes nas costas que comete suicídio; uma mulher que chora incontrolavelmente em funerais há meio século — fora de si "porque não tem mais dezoito anos". (Devemos rir ou chorar?) Uma cena forte descreve um funeral judaico ortodoxo — o enterro do pai de Homem Comum — no qual as próprias pessoas que haviam ido prantear o morto pegam pás e, uma a uma, enchem a cova escancarada no chão, lembrando "trabalhadores de antigamente, alimentando com carvão uma fornalha". Esse processo ritual leva cerca de uma hora e é algo terrível de assistir; quem não consegue erguer a pá lança punhados de terra. Homem Comum quer que todos parem, mas o processo não pode ser parado. Roth estava descrevendo o funeral de Bellow, golpe por golpe, centímetro por centímetro de terra cobrindo o caixão. Ele me explica que os pensamentos que lhe passaram pela cabeça na ocasião são os que colocou no livro: "Agora sei o que é ser enterrado. Até hoje eu não sabia".

O clímax ocorre no mesmo cemitério dilapidado, às margens da rodovia expressa de Nova Jersey, aonde Homem Comum vai visitar os túmulos dos pais. Há um coveiro lá, um homem simpático disposto a explicar a mecânica do seu ofício — um ferro de dois metros e pouco para sondar o lote de terra, uma armação de madeira para moldá-lo — que é o mais próximo a que consegue chegar de explicar seus mistérios. (Cavar sepulturas é para *Homem comum* o que fabricar luvas foi para *Pastoral americana*: um trabalho cotidiano, que exige habilidade e paciência, e que ajuda a fazer a vida parecer inteligível.) Apesar da sua falta de crença religiosa, Homem Comum dirige em voz alta algumas palavras a seus pais: "Estou com setenta e um anos. O filho de vocês está com setenta e um anos" — palavras nada eloquentes, nem de longe uma prece; a mera expressão singela de um fato habitual (ainda que espantoso). E não parece nem um pouco surpreso quando seus pais respondem: "Olhe para trás e expie as coisas que você pode expiar", o pai aconselha — aproximando-se, por um instante, da linguagem do auto medieval —, "e aproveite o que lhe resta". O herói se sente livre do medo, ainda que seu tempo também esteja quase chegando ao fim. O final do livro rejeita todo e qualquer tipo de conforto. Há apenas a resposta da mãe, oferecendo o único consolo que há: "Bom", diz ela a seu garoto, um velho agora, prestes a morrer. "Você viveu."

Uma frase de *Homem comum* foi reproduzida em artigos de jornal como uma espécie de bordão, uma máxima de sabedoria popular sobre a velhice. A frase ocorreu a Roth enquanto ele assistia na televisão a notícias sobre a evacuação de um asilo de velhos durante o furacão Katrina, em que pessoas em cadeiras de rodas e em macas eram enfiadas num barco, em meio a águas revoltas: "A velhice não é uma batalha; a velhice é um massacre".

O sentimento é transposto para seu livro seguinte, *Fantasma sai de cena* — o que não chega a surpreender, pois esse não é um sentimento que tenda a regredir com o tempo. No entanto, apesar do título e do tema, *Fantasma sai de cena* tem charme, humor e complexidade humana de sobra. Ao contrário de *Homem comum*, não é nem esquemático nem sentimental, mas uma obra inesperadamente vivaz, embora implacável, sobre o amargo fim.

O vigor de *Fantasma sai de cena* parece provir da presença de Nathan Zuckerman, que Roth revive pela última vez, mesmo que seja para fazer o pobre homem atravessar os arcos chamejantes da vergonha e da humilhação. Zuckerman, por sua vez, deseja de coração ser revivido, retornar à vida outra vez. Depois de onze anos em seu retiro no topo da montanha, essencialmente sozinho, ele é inspirado pela morte de um amigo chamado Larry Hollis a mudar sua vida, outra vez. Hollis tentou empurrar Zuckerman para uma vida menos solitária e mais ativa: convites para jantar, jogos de pingue-pongue, dois gatinhos de presente, que se revelam adoráveis mas causam tanta distração que Zuckerman precisa devolvê-los. (Ele voltou as costas para a vida não porque se fechou a seus encantos, mas justamente por ser suscetível demais a eles.) Hollis é diagnosticado com câncer na página doze e comete suicídio na página seguinte, mas a descrição que Zuckerman faz da amizade é tão prosaicamente genial que a história é tudo menos lúgubre. Zuckerman está mais velho e mais triste, propenso agora tanto a refletir como a explodir, mas não menos espirituoso ou confidencialmente simpático — um amigo íntimo instantâneo que retoma o relacionamento conosco como se nunca tivesse sido interrompido.

Com renovado ânimo, Zuckerman vai a Nova York para se submeter a uma operação que oferece a chance de aliviar a incontinência que, junto com a impotência, ele tem suportado desde a cirurgia da próstata nove anos antes e que se tornara o principal motivo de sua reclusão. (Não há nada que possa ser feito com relação à impotência e sua memória parece estar falhando, mas se livrar das fraldas é um bom pontapé inicial a caminho da autorrenovação.) Em Nova York, caminhando pelas ruas como Rip Van Winkle e reclamando da onipresença de telefones celulares, ele descobre que "bastaram poucas horas para que Nova York fizesse o que ela costuma fazer com as pessoas — despertar suas possibilidades. A esperança irrompe".

Fantasma sai de cena, publicado em 2007, é uma continuação de *O escritor fantasma* de 1979. Zuckerman não dá sinais de se lembrar de seus interlúdios com Sueco Levov ou Ira Ringold ou Coleman Silk, mas nunca se esqueceu de E. I. Lonoff, morto agora há mais de quarenta anos, nem da garota misteriosa, Amy Bellette, que ele imaginara como Anne Frank na noite de nevasca que passou na casa de Lonoff em 1956. Tinha 23 anos. Paixão instantânea. O rosto. A voz, com ligeiro sotaque inidentificável. É a voz que ele ouve outra vez assim que entra no elevador saindo do consultório do urologista, no hospital Mount Sinai, embora a mulher em si estivesse irreconhecível. Amy Bellette está agora com 75 anos e, como Zuckerman descobre ao acompanhá-la a uma lanchonete nas proximidades, passou por uma cirurgia no cérebro: quando tira o chapéu, ela revela que um lado da cabeça foi raspado e ostenta uma cicatriz cirúrgica sinuosa que começa atrás da orelha e vai até junto à testa. O que parecia ser um fino vestido azul de verão é, na realidade, uma camisola hospitalar que ela enfeitou com botões e um cinto parecido com uma corda. Zuckerman decide deixá-la em paz, mas uma complexa série de eventos logo os aproxima novamente, enquanto Roth aproveita para rever e revisar as grandes, porém etéreas questões do livro anterior: juventude e velhice, arte e vida, o esplendor da imaginação e as ambições da literatura. Tudo isso ao longo de uma só semana, no outono de 2004, enquanto a cidade está atordoada com a reeleição de George W. Bush.

Empolgado com a promessa de renovação física, Zuckerman, num gesto impulsivo, responde a um anúncio e concorda em trocar seu retiro na montanha por um apartamento no Upper West Side e vai se encontrar com o jovem casal de escritores, Billy Davidoff e Jamie Logan, que moram lá. Billy tem um ar de menino, é modesto e respeitoso. Jamie tem trinta anos, é alta e esguia, com o rosto emoldurado por cabelos negros, e tem um ar lânguido. Zuckerman está com 71 anos. Paixão instantânea. O rosto. A voz, com ligeiro sotaque inidentificável. (Texas, dinheiro antigo.) Jamie Logan não é uma mera beldade; ela fala depressa e em voz baixa, "como costumam fazer as pessoas muito complicadas". Ela poderia ter excitado Zuckerman insuportavelmente mesmo que ele houvesse tocado uma mulher nos últimos onze anos, mesmo que ele não houvesse tentado se privar da visão de prazeres fora de seu alcance. Jamie se apresenta a ele como se fosse todos esses prazeres numa única embalagem, envolta num suéter de cashmere de mil dólares, com um decote revelando uma blusa de seda rendada que lembrava muito — Zuckerman também se manteve afastado da moda feminina por onze anos — uma peça de lingerie. "Seus seios não indicavam subnutrição", observa. Jamie é imperfeita o suficiente para parecer absolutamente real — ela tem problemas com os pais, preocupa-se com o que escreve e não sabe usar "de repente" —, mas é perfeita o bastante para ser um pouco irritante. (Ao ler o livro pela primeira vez, comentei com petulân-

406

cia que Jamie parecia uma princesinha; Roth respondeu brincando: "Você precisa ouvir o que ela diz a seu respeito!".)

É ridículo que Zuckerman sequer pense sobre ela, é claro. Mas este é Nathan Zuckerman, para quem a ameaça de parecer ridículo é quase irresistível: "Não há uma situação que um homem apaixonado não consiga explorar em proveito próprio. Olhar para ela provocava um choque visual — eu absorvia sua imagem com os olhos do mesmo modo como um engolidor de espadas engole uma espada".

Muito adequadamente, *As quatro últimas canções* de Strauss estão tocando no aparelho de CD do casal quando ele chega: música elegíaca para uma altaneira voz feminina, composta por um homem muito idoso. (Será que eles já estavam ouvindo antes, Zuckerman se pergunta, ou será que ela pôs as canções para tocar apenas em sua homenagem?) As mesmas canções também estão tocando durante o diálogo que Zuckerman escreve depois de alguns encontros com Jamie ao longo dos dias seguintes: um dueto para vozes masculina e feminina, intitulado *Ele e Ela*, descrito como "uma peça sobre desejo, tentação, flerte e agonia". Como "agonia" sugere, a peça não é ostensivamente sexual; o casal nunca se toca. Em vez disso, Ele e Ela discutem bastante Conrad, às vezes Hardy e um pouco de Keats, até ele começar a dizer o que sente e o que deseja e ela responder com o máximo de evasivas de que uma mulher lisonjeada de trinta anos é capaz. Até a conversa final, pelo telefone, quando a jovem, desejável e tentadora Ela anuncia de supetão (a peça é de Zuckerman, afinal de contas) que está indo agora mesmo para o quarto de hotel dele.

Amor e sexo e flerte e conversas e calor humano não são tudo a que Zuckerman renunciou. Desde 11 de setembro, ele também se absteve de jornais, revistas, telenoticiários e qualquer tipo de consciência dos acontecimentos nacionais. Esta é sua maneira de evitar se tornar "o típico maníaco das cartas à redação", sempre vociferando contra as maneiras pelas quais "o patriotismo autêntico de uma nação ferida" está sendo explorado por "um rei imbecil". É sua maneira de se poupar do "desprezo constante que é uma inevitabilidade para todo cidadão consciencioso durante o reinado de George W. Bush". Ele já fez a sua parte no que diz respeito a indignação política. O mesmo não acontece com Jamie e o marido, com quem ele acompanha a apuração da eleição, e que não param de atender a telefonemas de amigos enquanto o senso de confiança vai se transformando em previsões de desgraça. Estes são momentos históricos seletos que Roth captou em Nova York quando o idealismo violado cedeu lugar ao desespero teatral. ("Esta é a véspera do dia em que as coisas vão piorar ainda mais!", Jamie grita; notícias do dia seguinte falam de pessoas chorando nas escadarias da biblioteca da rua 42.) O jovem casal não pode saber o que Zuckerman aprendeu ao vivenciar os assassinatos dos anos 1960 e suportar Nixon e Reagan. "Nós herdamos um instrumento flexível", ele diz a Jamie para tranquilizá-la. E prossegue com as palavras mais consoladoras que é capaz de evocar tendo passado "quase três quartos de século sob o fascínio da América": "A gente aguenta muita coisa".

Fantasma sai de cena não fala apenas de velhice, mas também da perplexidade mútua entre jovens e velhos — entre os "já-eras" e os "ainda-nãos". Perplexidade se torna antagonismo quando Roth aborda um assunto que invadiu seus últimos anos com a mesma inevitabilidade e quase o mesmo regozijo que a morte: biografias. "É o que se faz agora", Amy Bellette explica para Zuckerman: "Expor o escritor a acusações. Computar definitivamente todos os erros que ele cometeu. É assim, destruindo reputações, que esses zeros-à-esquerda ficam conhecidos". Amy entrou em contato com Nathan para que ele a ajude a rechaçar um desses zeros-à-esquerda que está escrevendo uma biografia de E. I. Lonoff, na qual pretende revelar uma transgressão sexual de juventude como a chave da obra do grande autor. Roth se esforça ao máximo para tornar simpático esse inimigo recém-chegado. Richard Kliman tem 28 anos, um metro e noventa de altura e é bonito e viril (tudo o que o pobre Zuckerman não é ou não tem), além de impetuoso, presunçoso e cego de tanta autoconfiança. Em outras palavras, conclui Zuckerman, ele é "uma imitação razoável do que eu fora quando estava mais ou menos na etapa de vida em que ele estava agora". Zuckerman, por sua vez, um escritor solitário mais velho e mais famoso, se transformou em Lonoff e, sem meias palavras, se recusa a apoiar o projeto de Kliman. E explica-lhe o motivo: "Porque remexer na lama e dizer que se está fazendo pesquisa é a mais abjeta das fraudes literárias". A isso Kliman tem uma perfeita réplica zuckermaniana: "E remexer na lama e dizer que se está fazendo ficção?".

Mas sabemos muito bem onde estão as simpatias do autor. Ou quem ele acha que vai vencer. Embora Zuckerman consiga frustrar por ora o plano do biógrafo, ele sabe que, em última análise, há pouco que possa fazer contra a investida de uma "juventude ignorante, munida de uma saúde selvagem e armada de tempo até os dentes". É uma frase esplêndida, que capta o gosto de medo, de ameaça, de ficar velho. A selvageria da juventude está presente até no som das palavras: o violento coice no final da frase nos força a praticamente cuspir a junção aliterativa de "dentes" e "tempo" [mais forte ainda no inglês: *armed to the teeth with time*]. (A mesma aliteração serve a um efeito igualmente sensório, ainda que muito mais suave, quando Mickey Sabbath se lembra da sua infância em Jersey Shore: "Dava para tocar com os dedos o ponto onde a América começava" [*You could touch with your toes where America began*].)

Em outros trechos do livro, a desenvoltura da voz narrativa transforma a surpresa linguística em expressões tão naturais que não ficamos bem certos de que elas não existiram sempre: o marido apaixonado de Jamie descreve-a em termos que fazem Zuckerman pensar: a "paixão de Billy [...] dava a impressão de ele estar me falando de uma pessoa com quem ele sonhara numa prisão". Mesmo a falta de palavras é eloquente. Quando perguntam a Zuckerman como é ter setenta anos, durante um pequeno jantar de aniversário organizado pelo caseiro e sua esposa na casa de campo, ele se levanta da cadeira para explicar:

"Pensem no ano 4000." Eles sorriram, como se eu fosse contar uma piada, e por isso acrescentei: "Não, não. É sério: pensem no ano 4000. Em todas as suas dimensões, todos os seus aspectos. O ano 4000. Pensem com calma". Após um minuto de um silêncio solene, afirmei em voz baixa: "Ter setenta anos é isso", e voltei a me sentar.

O verdadeiro assunto do livro é o tempo. A cena de amor mais importante não é entre Zuckerman e a sensual Jamie, mas entre Zuckerman e a devastada Amy Bellette — que sofre da mesma doença e ostenta a mesma cicatriz de Veronica Geng. A camisola hospitalar remodelada também veio de Geng, expressão de sua irônica extravagância in extremis. E Amy tem também a mesma paixão inflexível de Geng por literatura — é seu elo mais profundo com Zuckerman. Este é um livro cheio de fantasmas. Perto do fim, Roth suspende a narrativa com uma disquisição de oito páginas sobre as extraordinárias virtudes e a carreira de George Plimpton, cuja morte continua sendo inconcebível para seu velho amigo Zuckerman. É o tipo de interrupção que um escritor mais jovem provavelmente não ousaria, uma ruptura formal que deforma toda a história. Todavia, as páginas sobre Plimpton são cruciais: a sobrecapa da edição original do livro deveria mostrar o próprio Plimpton, sentado à mesa no centro de uma festa, num restaurante. (Foi mudada porque o fotógrafo pediu dinheiro demais.) Plimpton é uma força vital, como o amigo de Zuckerman,

Larry Hollis, no começo do livro. Ambos servem para amplificar as questões que ocupam Zuckerman desde *O escritor fantasma* e que agora entraram em cadência de crise.

Arte ou vida? Sentar-se diante de uma mesa o dia inteiro e "virar frases pelo avesso", como Lonoff fazia, como Zuckerman faz, ou buscar um destino mais vivaz? O mundo escrito ou o não escrito? ("Ela: 'Mas então em nome de que você dedicou a sua vida?'; Ele: 'Eu não sabia que estava dedicando a minha vida'.") Para Zuckerman, Plimpton — "um homem vivido, lúdico, jovial e profundamente inquisitivo, atuando como jornalista, editor e de vez em quando como personalidade do cinema e da televisão" — é a definição de uma vida bem vivida. "Quando as pessoas dizem a si próprias: 'Quero ser feliz', elas podiam perfeitamente estar dizendo: 'Quero ser George Plimpton'." (Em algumas anotações que fez sobre o livro, Roth compara Plimpton ao protagonista do romance *Os embaixadores*, de Henry James, chamado Lambert Strether, cuja fala mais famosa é: "Viva tudo o que puder; é um erro não fazê-lo".) Zuckerman esforça-se para encontrar a palavra certa que represente sua relação com Plimpton: "Qual era mesmo a palavra que eu estava procurando? O antônimo de 'duplo'". A diferença entre eles não é uma questão de vidas vividas pelo avesso, pois a vida de Plimpton nunca foi uma possibilidade para Zuckerman — ou para Roth —, não importa as escolhas que ele pudesse ter feito.

O sucesso e a bonomia de Plimpton estão intrinsecamente ligados ao fato de ele ter sido membro da "hierarquia protestante endinheirada que reinava na sociedade bostoniana e nova-iorquina", afirma Zuckerman, "enquanto meus ancestrais pobres eram governados por rabinos nos guetos da Europa Oriental". Plimpton proporciona a Zuckerman o primeiro vislumbre do que "era ser privilegiado e dispor de recursos amplos":

Ao que parecia, ele não precisava fugir de nada, não tinha nenhum defeito a ocultar, nenhuma injustiça a combater, nenhuma deficiência a compensar, nenhuma fraqueza a dominar, nenhum obstáculo a contornar, e parecia ter aprendido tudo e estar aberto a tudo sem nenhum esforço.

O oposto consumado de Zuckerman, criado para uma vida de incansável diligência. Se invertermos a fórmula de Plimpton — fugir de tudo, ocultar defeitos, combater injustiças —, teremos uma ideia razoável das forças por detrás do "antônimo de duplo" do próprio Plimpton, Zuckerman: o escritor judeu que renunciou à vida em nome do trabalho. A morte de Plimpton, no entanto, é uma grande reprimenda para Zuckerman. Ele sente súbita vergonha de seu longo retiro e, cheio de remorso por "tudo aquilo que eu havia desperdiçado", promete solenemente uma nova responsabilidade perante a vida: permanecer em Nova York, no meio da agitação, no momento presente, no drama todo.

Entretanto, cerca de 25 páginas depois, ele faz as malas e foge. Porque a cirurgia urológica não deu certo, porque sua memória parece estar piorando e porque, mesmo na sua fantasia de Jamie indo visitá-lo no quarto de hotel, o que poderia fazer com ela quando chegasse? (Quanta humilhação um homem pode suportar?) Zuckerman conclui *Ele e Ela* com Ele partindo às pressas justamente quando Ela se põe a caminho — quando escreve esse desfecho, já está de volta a sua casa. É um final melancólico para ele, reinstalado na sua cabana isolada, numa cinzenta manhã de novembro, contemplando uma estrada silenciosa, coberta de flocos de neve. Roth diz ter ficado bastante satisfeito por despachar sua melhor criatura com tanta crueldade. Mas há algumas raras almas que acreditam que Zuckerman fez a melhor escolha e, no fundo de seu coração, Roth parece ser uma delas. Em uma entrevista ao *Le Nouvel Observateur* publicada em 1981, dois anos depois de *O escritor fantasma*, ele afirmou: "Arte é vida, também, sabe? Solidão é vida, meditação é vida, fingimento é vida, suposição é vida, contemplação é vida, linguagem é vida. Haverá menos vida em virar frases pelo avesso do que em fabricar automóveis?".

Ou, como diz Zuckerman em *Fantasma sai de cena*: "A vida não vivida, especulada, traçada no papel impresso, é a vida cujo significado acaba sendo mais importante".

Seguindo em frente

Então, é "seguir em frente, no período de declínio de meu talento": Zuckerman, perto do fim de *Fantasma sai de cena*, está preocupado porque escreveu um novo livro que não chega a ser satisfatório, mas que ele se vê incapaz de melhorar. Roth tinha 74 anos quando *Fantasma sai de cena* foi publicado, no outono de 2007. As críticas, de modo geral, foram entusiásticas (James Wood, na *The New Yorker*, qualificou-o como "intricado, hábil e premente"), mas ele também se preocupava com o que iria fazer para seguir em frente. Continuava escrevendo o mesmo número de horas por dia, mas já não tinha o vigor mental para um livro de maior porte. Depois de seis meses, explica — em vez dos dois anos, em média, que dedicava a um livro —, sentia que já não conseguia "complicar mais as coisas". Ele já concluíra outro livro, um volume breve que lhe tomara apenas cinco meses, intitulado *Indignação*, mas não sabia ao certo como se sentia a respeito, e no verão anterior ao lançamento de *Fantasma sai de cena*, voltara a se debruçar sobre a obra. As críticas de algumas pessoas em que ele costumava confiar para um retorno inicial — e, a essa altura, eu era uma delas — confirmaram seus temores. Ele pretendia acrescentar mais uma grande cena, mas não estava funcionando. Zuckerman, enfrentando o mesmo tipo de problema, recorre aos exemplos contrastantes de dois heróis seus: Hemingway — que deixava de lado qualquer manuscrito que não conseguisse terminar a contento, fosse para voltar a trabalhar nele mais tarde ou para deixá-lo inédito para sempre — e Faulkner, que dava o melhor de si a cada livro e, independentemente do grau de satisfação pessoal, soltava-o no mundo para que os leitores colhessem seus frutos, quaisquer que fossem. Zuckerman escolheu o caminho de Faulkner; Roth também. "Esta é a escala que é", disse acerca de *Indignação*, e soltou-o no mundo.

Indignação é um livro modesto, porém intenso, que não revela nenhuma das incertezas de seu autor. O texto é seguro, simples, fluente. As apostas ficcionais são altas. A primeira frase nos leva simultaneamente aos primórdios da Guerra da Coreia, em junho de 1950, e à carreira acadêmica do jovem protagonista, Marcus Messner. A guerra não é mero pano de fundo. No ano seguinte, Marcus se transfere da faculdade local em Newark para Winesburg, na região rural de Ohio — Roth lera uma nova edição dos contos de Sherwood Anderson quando começou a escrever o livro —, a centenas de quilômetros da insistente supervisão de seu pai, cujas aflições com o bem-estar de seu único filho haviam se tornado intoleráveis. Em Winesburg, Marcus matricula-se no Corpo de Treinamento dos Oficiais da Reserva e segue todas as regras à risca. Sua grande preocupação é não se meter em nenhum tipo de encrenca que possa levar a sua expulsão, tornando-o passível de ser convocado para combate ativo na guerra. Os componentes da história são, é claro, familiares: Newark, uma faculdade muito parecida com Bucknell — incluindo o comparecimento compulsório à igreja —, e a interferência paterna. Mas a energia do livro provém do primeiro protagonista jovem que Roth tenta-

415

va criar em algum tempo. Ingênuo, impetuoso e, na verdade, cheio de indignação diante de qualquer injustiça percebida, Marcus, de dezenove anos, é mais jovem e mais cru até mesmo que Nathan Zuckerman quando entrou em cena.

Mas Marcus não é Nathan Zuckerman e *Indignação* não é uma comédia, embora tenha vários momentos cômicos, a maioria resultante da sinceridade meio aparvalhada de Marcus. Seu pai é um açougueiro kasher e Marcus cresceu ajudando-o no açougue; sua vida está imersa em sangue do começo ao fim. Ele não se tornará um escritor porque não viverá tempo bastante para que essa possibilidade lhe ocorra. Marcus é uma figura totalmente verossímil e, em sua juventude desesperadamente orgulhosa e confusa, enternecedora (mas nunca sentimentalizada). Os personagens ao seu redor, por outro lado, são menos críveis: suas motivações são obscuras e nenhum deles parece ter outra razão de existir senão fazer a história avançar. Seja como for, o livro avança como um míssil em uma trajetória cuidadosamente traçada. Incapaz de fornecer a proliferação de detalhes que sempre considerara fundamental para "a textura moral da ficção", Roth desenvolveu outros métodos. *Indignação* tem a qualidade de uma fábula moral voltaireana, um *Cândido* para os tempos atuais. Poderia ser classificado, junto com *O animal agonizante* e *Homem comum*, como um *conte philosophique* — e, sendo o mais pungente dos três, mereceria o subtítulo *A história de um soldado.*

Roth narra a história do ponto de vista de Marcus, na primeira pessoa, embora este tenha sido morto em combate — como o próprio Marcus nos informa por volta da quinquagésima página. A morte, ao que parece, não elimina a memória; aliás, a morte parece ser *nada mais* que memória. Assim, por toda a eternidade, Marcus se lembra dos pequenos erros de conduta e coincidências que o levaram até onde ele está: a primeira experiência sexual

(Roth faz o advento do boquete nos campi americanos parecer um aspecto vital da história social do país); uma discussão com um colega de dormitório; alguns encontros tensos com o diretor de alunos da faculdade; uma tempestade de neve no campus que libera a mal contida energia de centenas de moleques de fraternidade sexualmente frustrados e se transforma num tumultuado assalto a calcinhas em meio à neve salpicada de sangue; a recusa de Marcus de participar dos serviços religiosos e o momento em que é pego subornando outro aluno para falsificar sua assinatura na lista de presença da capela. É uma história breve de infrações insignificantes. Entretanto, esses acontecimentos, que vão se acumulando, de algum modo acabam levando-o a um morro íngreme, identificado apenas por um número, na região central da Coreia, coberto de cadáveres e de um volume de sangue como não via desde a adolescência, quando visitava com o pai o abatedouro da cidade.

A premissa do livro é uma outra situação do tipo "e se?", uma outra vida pelo avesso. E se o pai de Roth — superprotetor, intimidante e sempre cismado — estivesse certo? E se a sátira que Roth publicou na revista em Bucknell tivesse provocado sua expulsão da escola? As páginas são repletas de presságios conscientes:

[Eu] visualizava as facas e os cutelos de meu pai sempre que lia sobre os combates de baioneta com os chineses na Coreia. Sabia quão assassina pode ser uma faca afiada. E sabia o que era o sangue, incrustando o pescoço das galinhas onde elas haviam sido ritualmente abatidas, pingando do pedaço de carne em minhas mãos enquanto eu cortava uma costeleta ao longo do osso, vazando através dos sacos de papel pardo apesar do envoltório encerado que protegia cada corte de carne, espraiando-se pelos sulcos entrecruzados dos cepos por força das cuteladas.

A linguagem em si inflige violência — o estalido quase germânico de consoantes ("incrustando o pescoço"), a aliteração lancinante do c ("enquanto eu cortava uma costeleta"), o crescendo pingando-vazando-espraiando —, de tal modo que até uma palavra inocente como "entrecruzado" parece sinistra. Marcus tem bons motivos para se preocupar com seu destino, apesar de ser um rapaz prudente, responsável e trabalhador que só tira notas boas. Em Ohio, ele está tão distante do ambiente familiar que perdeu a noção do quanto está inadaptado ao mundo americano ao seu redor. Roth nunca retratara antes esse tipo de outsider inocente tateando seu novo espaço, nem mostrara uma visão tão penalizada das perspectivas de um pobre rapaz judeu comprometido com o trabalho sem fim. Marcus tem que lutar e batalhar por cada raspa: ele tem apenas uma roupa boa, igual à de um rapaz retratado na capa do catálogo da escola; ele trabalha como garçom todos os fins de semana e nunca sabe ao certo se a rapaziada encharcada de cerveja chama sua atenção aos gritos de "Ei, ô meu, vem cá!" ou "Ei, judeu, vem cá!"; e tem tanto medo de descumprir as regras e ser expulso — o que, no seu caso, significaria ir para a Coreia — que se recusa a se masturbar no banheiro da escola. Mas não é o sexo que por fim acaba com ele. Marcus fica enfurecido quando é forçado a ouvir na capela um sermão sobre "o exemplo de Cristo" — enfurecido não por ser judeu, insiste, mas porque é um ateu perfeitamente racional. É típico de Roth que o diretor da faculdade que acaba sendo responsável pela morte horrível de Marcus não seja um vilão: ex-ídolo do futebol americano e um cristão devoto, ele é apenas um homem à vontade num mundo onde Marcus, sempre brigando com seus colegas de dormitório e pulando de um dormitório a outro, literalmente não consegue achar um lugar para si. O confronto entre ambos revela não só a santimônia do diretor, mas também seu esforço para ser justo; não só a bravura e a independência de pensamento do jovem, mas também sua incapacidade de domar a própria indignação e salvar a si mesmo.

Temos então outro "e se?": e se Roth, na faculdade, não suportasse frequentar a igreja, como Marcus, instintivamente, não suporta? De fato, Roth me diz que ele *não conseguia* suportar "os beatismos e as banalidades dos clérigos em seus sermões". (E acrescenta, com o que parece ser um antigo reflexo defensivo: "O rabino era o pior — ele pronunciava Deus com três sílabas". É como se restringir a crítica aos cristãos ainda implicasse ressentimento e um senso repulsivo de vitimização.) Mas, então, Roth se recusava a participar dos ritos religiosos? Ele pagava alguém para falsificar sua assinatura na lista de presença — uma prática aparentemente tão comum em Bucknell como em Winesburg? "Não", responde. "Eu ia." Só que ficava lendo no banco da igreja — *O mundo como vontade e representação*, de Schopenhauer, e *Sobre heróis: o heroísmo e a veneração do herói na história*, de Carlyle, pelo que se lembra. ("Se alguma pessoa inteligente mencionava um livro, eu o lia.") Mas escondia as capas: "Eu era desafiador o bastante para ler esses livros na capela, mas não o suficiente para anunciá-los ao mundo". E embora diga acerca dos serviços religiosos que, às vezes, "eu pensava que iam acabar me matando!", isso evidentemente não aconteceu. Aliás, nem todo o tempo passado lá era desagradável, visto que "as garotas frequentavam a igreja em massa: saias longas e blusas peter pan e cardigãs de cashmere; e usavam combinação com alças". Agora ele está seguindo suas lembranças por um caminho mais feliz: "Betty" — sua namorada em Bucknell — "usava combinação com alças...". Havia outras coisas em que pensar. Esta é outra lição sobre as diferenças entre autobiografia e a elevação das apostas na ficção. Marcus morre porque se recusa a acompanhar sermões cristãos — morre, no sentido mais elementar, por ser um judeu muito menos transigente e muito mais desafiador do que Roth jamais foi.

Apesar da brevidade do livro, Roth não hesita em tentar abarcar uma época inteira, lançando um olhar imparcial sobre a repressão sexual, as práticas de vigilância, a retidão provinciana. No entanto, *Indignação* soou sombriamente oportuno quando foi lançado, no outono de 2008, em meio ao clamor público contra as mortes na guerra do Iraque e a recusa do governo em permitir a publicação de fotografias de caixões retornando aos Estados Unidos — ambos os fatos foram mencionados na resenha de Charles Simic na *The New York Review of Books*. Roth havia se inspirado em uma guerra bem diferente, mas dessa vez ele não negou os paralelos. (Vale lembrar que ele rejeitara uma leitura contemporânea de *Complô contra a América*.) "Se você procurar no jornal os nomes e as idades dos soldados que estão morrendo no Iraque hoje", disse numa entrevista à *Barnes & Noble Review*, "encontrará idades aterradoras, como dezenove e 22; é horroroso demais. Foi esse horror particular que me engajou." A acusação que o reitor faz aos alunos após o assalto às calcinhas — "Há um mundo pegando fogo e vocês se aquecem com roupas de baixo" — pareceu a alguns críticos uma reprimenda justa para cidadãos tão alheios a tudo e tão anestesiados por trivialidades como os estudantes de Winesburg, que são advertidos de que "a história vai apanhá-los no final".

O discurso de Marcus, vindo do mundo dos mortos, parece uma estranha incursão no insólito. O sombrio mundo interior em que ele continua a existir, desencarnado e sozinho, é para ele um lugar incerto entre o céu e o inferno:

> Não é a memória que se extingue aqui, é o tempo. Não há descanso, porque na vida após a morte também não se dorme. [...] aqui não há nada para pensar senão na vida pregressa. Será que isso faz daqui o inferno? Ou o céu? [...] Aqui não se pode avançar, isso é incontestável. Não há portas. Não há dias. A única direção (por enquan-

420

to?) é para trás. E o julgamento é interminável, não porque alguma divindade nos julgue, mas porque as ações de cada um são julgadas para sempre, e com muita má vontade, por nós mesmos.

Isto é uma refutação do ateísmo de Marcus? Uma comprovação? Será que Roth foi se tornando brando e metafísico com o passar dos anos, permitindo até sugestões do além-túmulo? (E as vozes que Homem Comum ouve na sepultura dos pais? Talvez não estivessem apenas em sua mente, afinal...)

Como ficamos sabendo quase no fim do livro, Marcus estava enganado quanto a estar morto, mas não sobre a batalha. Sofrendo pavorosamente com os ferimentos provocados por baioneta que quase lhe deceparam uma perna e destroçaram seu intestino, todas as suas lembranças ocorrem numa bruma morfínica: a droga atingiu seu cérebro como um "combustível mnemônico". O primeiro capítulo — quase tão longo como o livro inteiro, estendendo-se até este ponto — chama-se "Sob o efeito da morfina". (Havíamos sido informados e mesmo assim não sabíamos.) Em seguida, no capítulo 2 — que não tem mais de sete páginas e intitula-se "Saindo de baixo" —, Marcus efetivamente morre. A memória cessa, os médicos do Exército cobrem-lhe o rosto com seu poncho e não há nada mais para ouvir, exceto, em Newark, o choro de seu pai com a notícia. Absolutamente nada.

Para Roth, que me diz que o livro começou porque ele estava "farto de políticos bradando sobre Deus", esse nada é um ponto essencial, talvez *o* ponto essencial. Roth continua sendo um ateu racional, à maneira de seu herói de dezenove anos. E embora saiba apreciar de coração tudo o que ganhou no campus de uma universidade americana nos anos 1950 — uma educação sólida, amigos para o resto da vida —, os costumes sociais e sexuais da época são um tema que ainda está longe de esgotar sua indignação. (Ele enviou um exemplar de *Indignação* para a mulher que "fez o único boquete em Bucknell entre 1950 e 1954". Roth diz ter ficado estupefato na época — "Não estava sequer na minha lista de fantasias" — e a garota, estarrecida com o que fizera, se recusou a sair com ele outra vez. Mais de meio século depois, porém, ela respondeu com uma carta elegante em que fala sobre uma cirurgia no joelho e uma neta, e lembra que no primeiro encontro Roth dissera-lhe para ler Thomas Wolfe.) Uma "Nota histórica" de encerramento, com apenas um parágrafo, explica que, vinte anos após a morte de Marcus, como resultado do movimento estudantil dos anos 1960, "quase todas as normas e restrições que regulavam a conduta dos estudantes", incluindo a exigência de comparecimento ao serviço religioso, foram suprimidas em Winesburg. Se é possível intensificar um senso do nada — da futilidade, da absoluta aleatoriedade do destino —, Roth consegue fazê-lo aqui.

Mesmo depois de terminar *Indignação*, Roth se sentia descontente, pois estava com dificuldade para dar início a um novo trabalho. ("Quanto tempo você consegue ficar sem trabalhar em um livro?", eu lhe perguntei na época. "Psicologicamente", respondeu, "umas duas horas.") Com livros mais curtos, os intervalos ociosos começaram a se tornar mais frequentes ("Odeio o vazio") e foi se tornando cada vez mais difícil reunir energias para recomeçar. Decidiu retomar as páginas que escrevera sobre um ator em decadência, que deixara de lado para escrever *Homem comum*, e, no final de 2008, concluiu um livro bastante breve, *A humilhação*, no qual, pela primeira vez numa obra sua, o protagonista comete suicídio. (Mickey Sabbath passa o livro inteiro tentando dar fim a si mesmo, mas está ligado demais à vida para levar a cabo o feito.)

Foi uma época difícil para Roth, com mortes e doenças continuando a se acumular. William Styron, amigo íntimo de décadas, morreu em novembro de 2006. Seu irmão, padecendo de uma gama desgraçada de doenças, sofria dores constantes e ninguém esperava que tivesse muito tempo de vida. E em janeiro de 2009 John Updike morreu, aos 76 anos; ele era exatos um ano e um dia mais velho que Roth. Os dois haviam começado quase simultaneamente: *Adeus, Columbus* apareceu no mesmo ano, 1959, que o primeiro romance de Updike, *The Poorhouse Fair*. Uma década depois, ambos tinham escandalizado o país lucrativamente com *Casais trocados* (1968) e *O complexo de Portnoy* (1969). Entretanto, os dois não se falavam havia uns dez anos, desde o desentendimento em torno do livro de Claire Bloom. É possível, Roth reconsidera hoje, que seus sentimentos estivessem um pouco "à flor da pele demais" na época. Seja como for, ele sentiu a morte de Updike como uma profunda perda — não tanto em termos pessoais, mas para a cultura. (Ele gostaria de poder ler o que Updike teria a dizer sobre Obama, por exemplo.) Nas semanas seguintes, ele falou com grande admiração do modo como Updike viveu os últimos meses: "Ele estava escrevendo poemas!". Mais impressionante, escreveu um poema chamado "Spirit of '76" para o que acabou sendo seu último aniversário. ("Fiquem comigo, palavras, um pouco mais...") "Nada de reclamar nem de se lamuriar no final", diz Roth, "só escrevendo." Naquele inverno, perguntei a Roth certo dia se ele lamentava ter deixado passar tantos anos sem reatar a amizade; ele respondeu, sem elaborar: "Sim".

Não que tivessem sido amigos íntimos. Eram o que Roth chama de "amigos à distância", descrição que parece adequada também ao modo como Updike percebia a relação. (Em entrevista ao *Telegraph* de Londres poucos meses antes de morrer, ao lhe perguntarem se ele e Roth eram amigos, Updike teria dado um sorriso enigmático e respondido: "Cautelosamente".) Os dois nutriam uma admiração mútua; eram competidores apreensivos que ficavam estimulados por terem um ao outro no mundo para que suas apostas ficassem ainda mais altas — como Picasso e Matisse.

É uma analogia muito vaga, na qual Roth teria de ser Picasso — a energia, o poder arrasador — e Updike, Matisse: a cor, a sensualidade. (Roth diz que Updike é o único escritor americano que logrou se aproximar do sensualismo sem culpa de Colette — o que é um tributo e tanto.) A diferença essencial entre a perspectiva de ambos não é tanto cristianismo versus judaísmo, ou crença versus descrença, ou cidade pequena versus megalópole, embora passe por tudo isso. Como escritores, suas maiores virtudes parecem emanar de diferentes órgãos principais de percepção, que poderiam ser descritos a grosso modo como olhos e ouvidos. Updike pintava com palavras — e, de fato, chegou a estudar arte por um ano em Oxford —, embora a erma solidão de seu olhar lembre mais Hopper do que Matisse. Roth é um mestre das vozes: argumentos, piadas, diálogos histéricos, disputas interiores mesmo quando um personagem está sozinho, o som de uma mente trabalhando. Não há uma página sequer de um que possa ser confundida com alguma página do outro, mas os dois estão unidos por terem passado uma vida inteira possuídos pela América. Ir de Coelho Angstrom para Nathan Zuckerman é, literalmente, ir de A a Z na história dos Estados Unidos após a Segunda Guerra — os anos em que, como Roth disse certa vez, "a América se descobriu como América".

No dia em que perguntei a Roth sobre arrependimentos, ele estava relembrando os tempos que passara com Updike e outros amigos em Martha's Vineyard nos anos 1960, discutindo sobre a guerra. Updike escreveu em razoável detalhe sobre essas discussões — primeiro, transformando-as em ficção em *Coelho em crise* (1971) e depois em seu livro de memórias, *Consciência à flor da pele*, publicado em 1989, em que Roth é retratado "no limiar vertiginoso de publicar *O complexo de Portnoy*" e parece "desconcertado" com o fato de Updike defender "Johnson e sua máquina de guerra deploravelmente ineficaz". Ansioso para entender por que defendera a guerra, postura da qual se envergonhou mais tarde, Updike lembra da repugnância que lhe causavam os extremistas antiguerra da época, em particular "a intolerância totalitária e a selvageria exemplificada pelos Weathermen". Durante anos, levou na carteira um cartão impresso com o lema dos Weathermen, as mesmas frases (com mínimas alterações gramaticais) que Merry Levov afixou na parede: "Somos contra tudo o que é bom e decente na América dos brancos nojentos. Vamos saquear e queimar e destruir. Somos a incubação dos piores pesadelos da mãe de vocês". Estendendo a questão para a moralidade da guerra, Updike nota que alguns sistemas religiosos reconhecem que o simples ato de viver implica matar: "Os jainistas tentam ocultar isso usando máscaras de gaze para evitar inalar insetos". É uma espantosa conjunção de temas: Roth, os Weathermen e os jainistas, tudo isso em seis páginas, publicadas cerca de cinco anos antes de Roth começar *Pastoral americana*. É difícil não ver aqui a pequenina semente da terrível progressão de Merry, o que, com certeza, em nada deprecia a monumental construção ficcional de Roth ou os detalhes que lhe dão vida: a desgraçada Merry, a fim de "não fazer mal algum aos organismos microscópicos que habitam o ar que respiramos", veste uma máscara feita com um pé de meia velho. É como se Roth e Updike mantivessem um intercâmbio enriquecedor mesmo à distância.

Updike, que não resenhou nenhum outro livro de Roth depois de *Operação Shylock*, confessou sua competitividade na entrevista ao *Telegraph*, indicando que ela era particularmente intensa naquele momento — 26 de outubro de 2008 — "pois, pelo que posso ver, Philip de fato leva vantagem nessa nossa rivalidade". Nem sempre fora assim. "Creio que, em uma lista de ficcionistas admiráveis, houve uma época em que eu estaria perto do topo, logo abaixo de Bellow", prosseguiu. Mas parecia-lhe que a reputação de Roth havia avançado e que ele, Roth, "de certo modo, parecia mais dedicado ao ato de escrever como um meio de realmente moldar o mundo a seu gosto". Se ele via isso como uma virtude ou como um defeito não fica claro e, embora admitisse não ter lido tudo, considerava-se "mais simpatizante dos primeiros livros do que dos últimos". Seja como for, "foi muito bom ter Roth por perto". Podemos ter um pequeno vislumbre de como a literatura tritura os ossos e exige esforços capazes de mover montanhas quando ouvimos Updike explicar que, depois de cinquenta anos escrevendo, ele começara recentemente a trabalhar aos domingos (esse até então tinha sido seu único dia de descanso, "para ir à igreja") e, em seguida, descreve Roth como "assustadoramente devotado ao ofício de ficcionista".

Para Roth, as melhores obras de Updike são o terceiro e o quarto livro da saga Coelho — *Coelho cresce* e *Coelho cai* — e os primeiros contos. (Como Updike, ele não afirma ter lido tudo.) Os livros de que gosta menos — "Se Updike estivesse aqui", observa Roth, diria: 'Aposto que sim'" — são os que tratam do escritor judeu Henry Bech. ("Ele incorporou todas as suas experiências de escritor à vida desse autor judeu", explica Roth na entrevista para o Web of Stories. "Não me convenceu.") Mas Roth é grande admirador da carreira de Updike como um todo: a fortitude, a dedicação ao trabalho, as frases, a fluência — a "golfada de prosa" sobre a qual, segundo ele, Updike (como Bellow) tinha pleno domínio. "Eu não tenho a golfada de prosa a meu dispor", Roth me explica. "Tenho a golfada de invenção, de diálogo, de eventos... mas não de prosa." É uma distinção sobre a qual ele parece ter refletido a fundo. "Há vários dias em que eu fico contente de produzir uma página depois de seis horas de trabalho. Nos dias em que consigo quatro ou cinco páginas, elas não são fluentes e sou obrigado a trabalhar nelas mais uns quatro ou cinco dias."

Um interlocutor deve ter cuidado para não tomar o estado de ânimo de um momento como sinal de um juízo definitivo; em outras ocasiões, Roth descreveu a escrita de alguns de seus livros — *O teatro de Sabbath, Pastoral americana* — como um "borbotão". Em última análise, porém, ele está falando sério sobre o quanto tem de trabalhar para conseguir o que consegue e como o seu processo é diferente do de Updike ou de Bellow. Ele afixou na parede de seu escritório em Connecticut um quadro com o alfabeto, "para lembrar a mim mesmo que, no final, é só o alfabeto, estúpido — são apenas as letras que conheço e elas formam palavras". E conclui: "Tenho de lutar pela minha fluência, a cada parágrafo, a cada sentença". Então se refestela na cadeira e se põe a imaginar uma série de livros que poderia ter escrito no estilo de Updike — *Rabbi corre, Rabbi em crise, Rabbi cresce* [fazendo uma brincadeira paronomástica com a semelhança entre *rabbi* (rabino) e *rabbit* (coelho)] — e cai na gargalhada.

Haveria pouca dúvida acerca do vencedor do prêmio PEN/ Saul Bellow de Realização em Ficção Americana de 2009 se Updike não tivesse morrido dois meses antes de a comissão julgadora se reunir. O prêmio, concedido a "um(a) eminente autor(a) americano(a) vivo(a) cujo corpus em inglês possua qualidades de excelência, ambição e volume de produção ao longo de uma carreira assídua que coloca-o(a) no mais alto patamar da literatura americana", foi instituído pelo PEN e é financiado, em homenagem a Bellow, por doadores privados. Foi dado pela primeira vez em 2007, dois anos após a morte de Bellow, a Philip Roth. E devido ao modo como o prêmio é concedido, Roth fazia parte da pequeníssima comissão (composta também por Benjamin Taylor, que na época editava a correspondência de Bellow, e por mim) encarregada de escolher o segundo vencedor. Roth leva esse prêmio bem a sério. O fato de carregar o nome de Bellow é muito importante para ele. Na época, pairavam no ar também os recentes comentários mordazes feitos pelo secretário permanente da Academia Sueca, a organização que confere o Prêmio Nobel de Literatura, criticando o conjunto dos escritores americanos por serem "hipersensíveis às tendências de sua própria cultura de massa" e denunciando a cultura americana como "isolada demais, insular demais" para ter um papel no "grande diálogo da literatura". Roth ficou compreensivelmente indignado com essas observações. Nas reuniões da comissão, ele mencionava todos os grandes escritores americanos que existiram e existem, dizendo: "É surpreendente, em tal companhia, que sequer consigamos escrever". Mas ele nunca se preocupou muito em competir. O único competidor de verdade da sua geração, diz, foi Mailer, que seguiu o exemplo de Hemingway. Por falar nisso — não há nada que o segure agora —, diz que ficou imensamente feliz de ter encontrado a palavra "papafobia" no dicionário quando buscava um sinônimo de "mal". Significa "medo do papa", mas ele adora a ideia de que possa talvez significar também "medo de Hemingway".

Mas o tema em debate são autores vivos. Há uma lista. E muita coisa para ser lida. (Num breve instante de frivolidade, quando já reduzimos a escolha a dois autores, mas sem acordo, Roth sugere pôr os nomes dentro de um chapéu — "O chapéu do Saul está no meu armário!".) O mais interessante não é o que Roth diz sobre esses autores, mas o que diz a respeito deles em comparação com ele próprio. Durante uma discussão sobre certo romance histórico, de repente ele tem uma ideia: "Este é meu livro ambientado no século XIX: 'Era 1845 no bairro de Weequahic em Newark... A Segunda Guerra Mundial ainda estava a quase cem anos no futuro...'".

Por fim, há duas pilhas de livros sobre a mesa: uma, Cormac McCarthy, a outra, Don DeLillo. Conversamos bastante e Roth está folheando calmamente um ou dois volumes. "Esses caras estão interessados em extremos", diz, "nada senão extremos. São o oposto de Cheever e de Updike: Cheever, que tentou enxergar a vida real sob uma luz mais brilhante, e Updike, que queria conhecer cada detalhe e cada nuance dela." E conclui, com certa tristeza na voz: "Eles me fazem parecer trivial". (McCarthy conquistou o prêmio em 2009; DeLillo ganhou no ano seguinte.)

Num aparte extraliterário, eu expressei em nossos encontros certa ojeriza às mortes horripilantes de animais em *Meridiano de sangue* de McCarthy: as mulas perversamente chutadas e mortas a tiros ou empurradas penhasco abaixo, o crânio do cavalo esmagado com uma pedra, os cães afogados *e* mortos a tiros. Na manhã seguinte, quando toquei a campainha do apartamento de Roth, ele gritou alegremente lá de dentro: "Já vou, já vou; estou acabando de esfolar um canguru!".

Você nunca me derrubou

"Ele perdera a magia." Essa é a primeira frase de *A humilhação* e Roth vai elaborando a ideia a partir daí. O ator envelhecido no centro da história teve uma vida extraordinária enquanto a magia durou, mas o livro trata do que acontece quando ela se vai. Renomado intérprete de Shakespeare e de Tchékhov, ele começa a ficar paralisado no palco, a ter desempenhos horríveis e, por fim, tem de aceitar que nunca mais conseguirá representar. Muito pouco do prazer que Roth sente no teatro está aparente aqui. O livro é sobre um homem que está chegando ao fim da vida, sozinho e inconsolável — como *Homem comum*, como *Fantasma sai de cena*, até mesmo como *Indignação*, ainda que neste caso o homem tenha apenas dezenove anos. Infelizmente, o ator, Simon Axler, carece tanto do humor irônico de Nathan Zuckerman como da energia revigorante de Marcus Messner. Apesar de seu histórico de palco, Axler tem algo do inexpressivo anonimato de Homem Comum. Ele é reduzido a pouco mais que suas inaptidões — profissionais, psicológicas e físicas, incluindo uma dor crônica nas costas e um colapso nervoso que o despacha para um hospital psiquiátrico por 26 dias. *A humilhação*, publicado em 2009, é um livro tão diligentemente reduzido como seu herói — e tão depressivo como ele.

Axler sofre uma dupla derrocada. Não deveria surpreender que, no livro número 30, o protagonista idoso fixe suas esperanças numa mulher mais jovem. Não, porém, numa jovem impossível e alegórica: Pegeen tem quarenta anos. Axler está com 65. Mas Roth acrescenta um artifício que anula qualquer possibilidade de salvação sexual, ou mesmo paz de espírito. Pegeen é lésbica, ou viveu como lésbica desde os vinte e poucos anos, e Axler é atormentado pelo medo de que ela retorne à vida antiga. Porém, ele vive sozinho há tanto tempo que perdeu toda a resistência emocional e logo está loucamente apaixonado. Visto que "na companhia de Pegeen ele havia começado a rejuvenescer", Axler começa também a sonhar com reconstruir sua vida de alto a baixo: voltar ao palco, submeter-se a uma cirurgia nas costas, até mesmo tornar-se pai — há uma cena em que ele consulta um médico sobre os riscos genéticos de gerar um filho aos 65 anos. Quanto mais altas as esperanças, mais dura é a queda. E este é um homem que tem uma arma no sótão — e que conhece bem seu Tchékhov.

Como os homens de Roth se tornaram agônicos em sua vulnerabilidade! Pegeen não é nenhuma maravilha de mulher, mas isso quase não importa: basta ela trazer-lhe um copo d'água para que Axler comece a desmoronar. ("Fazia muito tempo que ninguém lhe trazia um copo d'água.") Além disso, ela logo está fazendo muito mais, pois devido à dor na coluna, "na hora de trepar Axler não podia se deitar em cima de Pegeen, e nem mesmo ficar de lado". Pegeen é uma mulher que, de todas as maneiras, está sempre por cima. O livro avança para uma série de cenas sexuais chamativas e provocantes, que abrem o último capítulo em grande estilo, mas todas parecem forçadas e artificiais, ou mesmo maçantes, apesar de um vigoroso encontro a três e um pênis de borracha verde ligado a uma cinta de couro. Não há nada errado em introduzir um pênis verde nesse ponto de uma narrativa bastante cinzenta, mas esta é a cena sexual mais perfunctória na obra de Roth desde as seções iniciais de *O professor do desejo*, que parecem igualmente contrafeitas apesar do esforço para torná-las insolentes. O sexo, no que Roth tem de melhor, é parte da implacável comédia da vida, mesmo quando, à medida que seus heróis envelhecem, se torna a grande e candente força antagonista da morte. No entanto, nem a situação de Axler nem seu temperamento dão margem à comédia; até durante o encontro a três, ele sente vontade de sentar num canto e chorar. Certo amargor derrisório, ao menos, sobrevém quando Pegeen, usando a cinta para entrar em ação, informa-o de que o tinha traído com duas jogadoras de softbol e, em seguida, alivia a angústia dele com um boquete, enquanto ele pensa: "A estranheza daquela combinação teria repelido muitos homens".

Como de fato aconteceu. O próprio Roth não ficou plenamente feliz com o livro e continuou revisando-o mesmo quando as primeiras provas já estavam sendo enviadas para resenhistas. "Estou consertando a superfície", ele me explicou na época, "melhorando as frases, tornando-as mais precisas." Esses esforços eram estritamente para ele mesmo, pois, erguendo os ombros e rindo, diz que não importa qual versão acaba sendo resenhada. Todavia, as críticas foram excepcionalmente severas. Leon Wieseltier, no site da *The New Republic*: "Não há mais exuberância erótica em Roth, não mais; há apenas conquista, e sexo programático, e uma triste lascívia, e o páthos sentimental de um homem cujo maior temor na vida é não trepar". A bem da verdade, a severidade não foi universal: sempre há alguém que diga que o mais recente livro de Roth é seu "melhor trabalho em anos" (Jesse Kornbluth, *The Huffington Post*). Mais significativamente, a historiadora feminista Elaine Showalter, no *The Washington Post*, elogiou a "eloquência contida" do romance e aproveitou a ocasião para manifestar-se sobre a carreira de Roth de modo geral, chamando-o de "um colosso literário, cuja habilidade de inspirar, surpreender e enraivecer seus leitores continua inalterada".

"Enraivecer" acabou sendo a palavra-chave. Na primeira página da *The New York Times Book Review*, Katie Roiphe começa um ensaio sobre escritores homens contando a história de uma amiga que jogara seu exemplar de *A humilhação* na lata de lixo de uma estação de metrô depois de ler uma das cenas de sexo — motivada não por objeções feministas, mas porque era "repulsiva, datada e redundante". Provocar raiva não era, por certo, uma experiência nova para Roth ("O que está sendo feito para calar esse homem?"), mas era algo que não acontecia havia algum tempo e o fato de ter acontecido no começo de 2010 foi, sob alguns aspectos, alentador.

"Sabe, eu já estou velho", diz. "E odiar escritores não está mais na moda. Esse tipo de ódio existia quando os escritores eram mais combativos e acho que, à minha maneira, eu era combativo." Não seria uma má ideia, na verdade — à parte ameaças de morte como a lançada contra Salman Rushdie —, que voltassem a haver "reações mais veementes a obras literárias, minhas e de outros, em nossa cultura", que os livros voltassem a ter toda essa importância. Eu então lhe pergunto se, de algum modo, provocar esse tipo de reação furiosa era algo que ainda o estimulava, algo que inflamava sua combatividade. "Bem", responde, "é verdade que isso já me deu muito pano para manga." Faz uma pausa. "Mas, se pudesse escolher, eu preferiria não ser odiado."

O aspecto mais perturbador de *A humilhação* é a ruminação incessante de Axler sobre o que sente com a perda do talento. "Você acaba ficando muito bom em se virar de qualquer jeito quando não tem alternativa", diz ele, afirmação que se aplica, quase bem demais, aos últimos romances de Roth, que, embora sejam apenas uma sombra de suas obras anteriores, guardam a linha narrativa de um mestre e a insistência inquieta de um homem que ainda não exauriu tudo o que há em sua mente fervilhante. Repetidas vezes, Axler no palco parece ser um dublê de Roth na literatura: "A fonte inicial de seu trabalho de ator residia naquilo que ele ouvia, sua reação ao que ouvia estava no âmago da coisa, e se não conseguia mais ouvir, se não conseguia escutar, não podia mais trabalhar". Axler descreve a condição necessária para sua arte nos mesmos termos que Roth usa para descrever a sua: "Ou você é livre e a coisa é autêntica, real, viva, ou não é nada". E conclui: "Não sou mais livre".

Não existe armadilha mais antiga ou mais comum, é claro, quando se lê a obra de Roth, do que confundir a voz do livro com uma confissão autobiográfica do autor. Os fatos, como Roth já explicou inúmeras vezes, existem para ser eviscerados pela imaginação — como na trajetória de Marcus Messner da capela à cova. Portanto, embora seja verdade que nesses anos Roth teve um caso tórrido com uma ex-lésbica de quarenta anos, ele sobreviveu à relação sem sequelas e ambos continuam amigos. Também é verdade que ele começou a pensar em ter um filho e chegou a consultar um médico sobre a viabilidade genética — mas isso foi um pouco mais tarde, e com outra amante. Se este livro fosse uma biografia convencional traria nomes e datas — que virão, no devido tempo. O importante é que, tal como os livros, os casos amorosos estavam se tornando mais curtos e mais difíceis de manter (embora a excitação não desse sinais de diminuição, em nenhum dos campos). Além disso, Roth é um personagem muito mais corajoso e (desnecessário dizer) resiliente que seu herói. Axler, diante de suas desventuras artísticas, abandona o palco e, por fim, recorre à espingarda. Roth, por ocasião do lançamento de *A humilhação*, anunciou que havia completado mais um livro.

O livro, intitulado *Nêmesis*, não tem nenhuma das antigas e exuberantes liberdades, mas é tenso e tonificante, vivo e envolvente — qualidades que não vieram com facilidade. Roth afirma ter escrito treze versões. ("Isso só acontece quando você não está conseguindo chegar lá.") Ele não tinha tantas dificuldades em seu trabalho desde *Minha vida de homem*. Publicado em 2010, o livro é escrito no mesmo estilo cru e direto que caracteriza todas essas obras tardias — como se não houvesse tempo para nada além do fundamental — e retoma os mesmos temas sombrios. (Roth decidiu agrupar, sob o título genérico *Nemeses: Short Novels*, o quarteto formado por *Homem comum, Indignação, A humilhação* e *Nêmesis*, este último sendo superficialmente o mais cálido, mas, em última análise, o mais selvagem desses pequenos livros.) Roth sai-se melhor com seus jovens heróis, pois parece sentir a obrigação de preencher os mundos que eles habitam antes de tudo lhes ser tomado. Ou talvez seja apenas que esses jovens, ao contrário da geração mais velha e mais isolada, ainda *têm* mundos para habitar. Ou, melhor ainda, bairros: Bucky Cantor, o protagonista de 23 anos de *Nêmesis*, é professor de educação física e fiscal de pátio da escola da avenida Chancellor, no bairro de Weequahic em Newark, no verão de 1944. Os encantos prosaicos do lugar — as crianças, as famílias, a loja de cachorros-quentes — são um cenário enternecedor para o inferno que será desencadeado.

Nêmesis é uma deusa da vingança e da desforra na mitologia grega; ela distribui castigos para aqueles que tiveram um excesso de boa fortuna ou cometem algum outro crime que provoque a inveja dos deuses. Todavia, os heróis de Roth não cometeram crime algum. São punidos porque a punição é a sina humana. Roth diz hoje que um título razoável para abranger sua série anterior de livros seria algo como *Pegos de emboscada: uma trilogia americana*. Somos impotentes perante a história, o envelhecimento, outras pessoas, nossa capacidade de entender tudo errado: o futuro incognoscível, em suma. Roth bateu nessa tecla repetidas vezes. Ele está empenhado em refutar não só os preceitos religiosos usuais sobre virtude e justiça, mas também a noção comum e não raro mal empregada, com raízes nas ideias de Freud sobre os gregos e sobre nossas próprias vidas, de que somos psicologicamente cúmplices em nosso destino.

Ele vem contestando esse tipo de imputação desde que o dr. Spielvogel, em *Minha vida de homem*, acusou Peter Tarnopol de se meter num casamento horroroso porque sua esposa era parecida com sua mãe, a "ameçadora mãe fálica" — uma pequena amostra de "reducionismo psicanalítico" que desencadeia várias páginas furiosas de refutação. Todavia, a insistência de Roth em nossa incapacidade de enxergar o futuro e escolher — nossa inocência essencial — evoluiu ao longo dos anos, de uma defesa pessoal para uma teoria da vida conquistada a duras penas. (Roth gosta de citar Bellow: "A verdade vem aos golpes".) Mesmo assim, ainda hoje, ele fica fora de si com esses "pseudofreudianos de botequim" — estou citando algumas anotações não publicadas sobre sua história pessoal — que "nos dizem que *nós* fazemos o futuro com nossa cegueira deliberada e nossos autoenganos". O quarteto *Nemeses* — sobretudo o último livro — demonstra que nossa cegueira é real, ainda que sejamos cegos também a isso.

Dessa vez, a nêmesis é a poliomielite. Embora a epidemia do verão de 1944 seja tão ficcional quanto a presidência Lindbergh, é uma premissa fácil de aceitar, onze anos antes de a vacina se tornar disponível. A ameaça da doença assombrara a infância de Roth — ou melhor, visto que matava principalmente crianças, assombrara os pais de Roth durante a infância de Philip, como à maioria dos pais da época. Roth lembra-se de que ele e Sandy, saudáveis e bem protegidos, não acreditavam que nada de muito grave pudesse lhes acontecer. Bucky Cantor não tem tanta sorte: sua mãe morreu no parto, seu pai desapareceu e, embora tenha sido criado por avós bondosos, o avô já morreu e ele mais cuida de sua avó do que vice-versa. Não surgia um jovem protagonista tão órfão e tão desamparado na obra de Roth desde Neil Klugman, em *Adeus, Columbus*, mais de cinquenta anos antes.

Neil vivia em Newark com uma tia e um tio, depois que seus pais desertaram em busca do clima do Arizona — uma tática que manteve o olhar zombeteiro do autor voltado para alvos familiares menos íntimos (até que estivesse pronto e apto para enfrentá--los). Tanto Neil como Bucky acabam de terminar a faculdade, têm as mesmas origens precárias de imigrantes judeus e se apaixonam por garotas de famílias judias abastadas bem acima de sua posição social. Mas a distância entre 1959 e 2010 é imensa: o escritor que está começando a carreira com um floreio e uma piada, o escritor que se aproxima do fim com uma advertência solene e certo estremecimento. Há muito pouca zombaria em *Nêmesis*. A época em que é ambientado é historicamente aflitiva, cheia de notícias de soldados morrendo no front — Bucky não foi convocado por causa de sua miopia — e crianças morrendo em casa. Não há como o "Roth tardio" ser mais tardio que isso e há coisas demais em jogo para haver risos.

Bucky é descrito como uma alma doce, que adora esportes, mas "por temperamento, não tinha senso de humor e, embora dotado de boa articulação verbal, não era nem um pouco espirituoso, jamais na vida falara de forma satírica ou irônica" — precisamente o tipo de desafio que Roth vinha encarando desde *Pastoral americana*. Não seria possível confiar em Bucky para contar sua própria história, como não fora possível com Sueco Levov. A narração em terceira pessoa adotada por Roth dá ao livro um ar mais distanciado e mais impessoal do que o de qualquer um dos livros em que uma voz chega diretamente até nós. A questão de quem, de fato, está narrando essa história — o próprio senso de que haja alguém em particular narrando-a — surge apenas quando ouvimos uma ou outra referência ao herói como "sr. Cantor".

A charada é parcialmente resolvida por volta da centésima página, com uma menção de passagem a "eu, Arnie Mesnikoff", um dos garotos diagnosticados com pólio naquele verão. Não demorará até que a história desse garoto adquira um significado maior. Assim como em *Indignação*, Roth tem alguns truques na manga — truques meio antiquados, mas realizados com tanta maestria que compensam, ao menos em parte, o interesse e a surpresa que antes faziam parte do texto em si ("Você acaba ficando muito bom em se virar de qualquer jeito quando não tem alternativa."). Roth releu *A peste*, de Camus, antes de escrever *Nêmesis* e diversos críticos notaram essa influência. Camus também recorre a um truque narrativo — descobrimos que é um médico, personagem presente desde o começo, que está contando a história —, mas Roth diz que a ideia de fazer com que uma vítima da sua peste narrasse a história só lhe veio depois que já começara a escrever. Comparado com a alegoria magistral de Camus, o romance de Roth parece atulhado demais com tias que se lamentam ruidosamente, pais que choram embaraçados e estudantes tesos em seus ternos e gravatas num funeral extemporâneo — todos suando profusamente "no calor aniquilador da Newark equatorial", implacável como o calor do porto algeriano em Camus. Roth está sempre buscando a particularidade que constitui o maior trunfo de um romancista. (Bellow, numa carta a Roth no final dos anos 1950, criticou um dos seus contos por confiar demais em uma ideia. "*A peste* de Camus era uma IDEIA. Boa ou má? Nada muito genial, em minha opinião.") No entanto, a "textura moral" de *Nêmesis*, como a dos demais livros do grupo, vem à tona no tratamento dado a questionamentos morais mais diretos, como a pergunta feita a Bucky por um daqueles pais chorosos e suarentos: "Qual é o sentido da vida?". Ou, como Bucky pergunta a si mesmo: "Por que uma doença aleija crianças?". Ou, com ainda mais urgência: "Onde entrava Deus nessa história toda?".

O tema de *Nêmesis* é a consciência e o dever, e também a aleatoriedade do destino. A questão da responsabilidade moral tem dominado os heróis de Roth desde o zeloso dueto de *Letting Go* e o colérico Portnoy — do que mais ele tinha tanta raiva? — até os beligerantes pai e filho de *O animal agonizante*. Bucky Cantor se atormenta por não ter ido para a guerra, pois todos os seus amigos estão lá, combatendo; a mesma manchete, CORREGEDOR CAI, que tanto assustara o jovem Roth enche Bucky de terrível vergonha. É uma questão de masculinidade, numa época em que ser homem era uma realização moral; o avô de Bucky ensinara-lhe que "todos os atos de um homem devem estar imbuídos de responsabilidade". Bucky dá prova de coragem tomando conta de noventa crianças num parquinho durante o verão, à medida que o silvo agudo das ambulâncias vai se tornando mais assustador que as sirenes de alerta antiaéreo e a epidemia vai adquirindo a força de "uma guerra de verdade, uma guerra de extermínio, ruína, perda e danação, uma guerra com todas as devastações da guerra — a guerra contra as crianças de Newark". Bucky é um jovem comum, mas é também heroico em escala limitada — um protetor amoroso das crianças que o veneram.

Até ele desistir de tudo e ir embora. Seus motivos não ficam inteiramente claros; ele mesmo se surpreende com a decisão. O momento da virada ocorre quando está visitando a casa de sua namorada, Marcia Steinberg. Marcia não é nenhuma Brenda Patimkin; professora do primeiro ano, ela é tão cordial como Bucky e sua família não tem nenhum vestígio da vulgaridade dos Patimkin. Seu pai, um médico, é um homem "que transmitia autoridade de forma natural e despojada", sempre com bondade e sabedoria. Marcia está viajando quando Bucky faz sua visita; ela trabalha também como instrutora em uma colônia de férias, só que em Poconos, onde as crianças são saudáveis e em situação muito melhor que aquelas sob a guarda de Bucky em Newark.

Bucky, que não tem pai, veio pedir conselhos e, como não poderia deixar de ser, fica pasmo com a casa da família da namorada, a "abundância de banheiros" (mais de um) e um jardim nos fundos. (Bucky é tão simplório que pensava que só parques públicos tinham jardins.) Ele não é loucamente ambivalente, como Neil na casa dos Patimkin, nem fica loucamente animado, como Portnoy na grande casa de madeira branca de sua namorada na faculdade, que "despertou tantas emoções em mim como se fosse o Taj Mahal" — não há nenhum tipo de loucura selvagem em Bucky. Ele apenas se mostra discretamente impressionado, acima de tudo pela doçura de um pêssego um tanto simbólico que lhe oferecem, algo entre a maçã bíblica e a prodigalidade dos Patimkin. Acrescente-se um telefonema de Marcia insinuando os prazeres do sexo longe da supervisão dos pais e, antes mesmo de se dar conta, Bucky arranja um emprego na mesma colônia da namorada e deixa para trás a cidade escaldante e suas crianças moribundas. Bucky quer apenas dar um tempo, sentir uma brisa, afastar-se da morte. Como Marcia lhe diz: "É apenas uma questão de prudência diante do perigo — é bom senso!".

O "esplêndido santuário de Poconos" dá um tempo para nós também. Céu azul, ar fresco, um pouco de sexo muito meigo e muito discreto numa pequena ilha nas proximidades — este livro não poderia ser mais diferente de *A humilhação*. Há até um toque de humor às custas de uma colônia com temas indígenas para crianças judias: "É o nosso curandeiro", outro instrutor explica para Bucky, quando, na Noite Indígena, surge uma figura vestindo uma máscara de pássaro de bico grande, "é o Barry Feinberg". Todavia, grande parte desse material parece existir apenas para encher páginas, uma série de distrações destinadas a afastar nossa mente das ruas de Newark e das preocupações com poliomielite, para que fiquemos tão chocados como Bucky quando, menos de uma semana depois, um instrutor adolescente de sua cabana é acometido pela doença. A única conclusão possível, para Bucky, é a de que ele é um portador da doença e que já infectou muitas crianças inocentes não só no pátio de recreio, mas também nessas montanhas bucólicas — vários outros campistas adoecem. Por fim, ele também acaba sucumbindo ao mal.

Bucky é hospitalizado e permanece em reabilitação por mais de um ano, mas sobrevive, aleijado, em situação não pior que a de muitas outras vítimas de pólio da época, incluindo o presidente Roosevelt e Arnie Mesnikoff. Arnie reconhece seu velho professor na rua certo dia, em 1971, 27 anos depois daquele horrível verão — e mais de uma década depois de a vacina ter praticamente erradicado a doença, fazendo com que o sofrimento que os dois homens ainda têm de suportar pareça mais injuriosamente gratuito. Contudo, cada um se adaptou ao destino de maneiras diferentes e, ao que parece, essa diferença é o sentido e o significado da história. Arnie se casou, teve filhos e abriu uma empresa de engenharia especializada em adaptar imóveis para deficientes. Bucky, por outro lado, se recusou a se casar com Marcia, convicto de que deveria isentá-la de seu compromisso, de que sua última chance de ser um homem íntegro consistia em poupar "a jovem virtuosa, que ele amava com fervor, de aceitar irrefletidamente um aleijado como companheiro por toda a vida". Ele viveu sozinho desde então, afastado de tudo que um dia teve alguma importância em sua vida. E nunca deixou de odiar o Deus que fez tudo acontecer daquela maneira.

Nêmesis é notável dentre os livros de Roth por conter uma oração em hebraico. É verdade que Portnoy reza para que sua mãe se livre do câncer — "Boruch atoh Adonai, *que seja benigno!*" — e Neil Klugman tem uma maneira própria de dirigir-se à Divindade: "Eu sou carnal, e sei que o Senhor aprova, sei porque sei. Mas até onde pode ir minha carnalidade?". Aqui, no entanto, trata-se de algo mais sério. "Deus é Supremo e Excelso, Majestoso e Poderoso, Sábio e Clemente", diz, em parte, a oração, em tradução sob o texto hebraico original. A prece é recitada no funeral de um garoto de doze anos, num dia calcinante de 1944 em Newark, quando Bucky já está inflamado com a recusa de "engolir a mentira oficial de que Deus é bom e se intimidar diante de um assassino de crianças a sangue-frio". Por fim, sua busca por explicações supera até mesmo a de Sueco Levov e seu afastamento da vida supera até mesmo o retiro de Nathan Zuckerman. O mais duramente atacado dos homens passíveis de ser atacados — atacado de dentro e de fora —, ele baseia o resto de sua vida em uma concepção de Deus como

um ser onipotente cuja natureza e propósito deviam ser deduzidos não a partir de um duvidoso testemunho bíblico, e sim das irrefutáveis provas históricas colhidas durante uma existência passada neste planeta em meados do século xx. A concepção que ele fazia de Deus era de um ser onipotente que representava a união não de três pessoas em uma Divindade, como preconizava o cristianismo, mas de apenas duas: um filho da puta maluco e um gênio do mal.

Para Arnie, isso não é blasfêmia — Arnie raciocina em termos de acaso, não de Deus —, mas apenas "arrogância idiota", "a soberba de uma interpretação religiosa fantástica e infantil". Para a mente ateísta de Arnie, a necessidade de Bucky de encontrar um motivo para tudo é absurda: "[Ele] tem de perguntar por quê. Por quê? Por quê? O fato de que [a epidemia] não tem sentido, que é acidental, ilógica e trágica não o satisfaz". Tendemos a não pensar na obra de Roth em termos teológicos, mas essa perene inquietação — "Por quê? Por quê?" — remonta ao princípio de sua carreira, ao aluno de treze anos da escola judaica no conto "A conversão dos judeus", que procura o rabino com o mesmo tipo de questionamento irritante e irrespondível sobre Deus. Igualmente familiar é o questionamento do porquê de uma criança ser destinada a sofrimentos indizíveis e à morte, por mero acidente geográfico, enquanto outra merece, por assim dizer, uma colônia de férias nas montanhas Poconos — a qual, até a reviravolta na trama no final do livro, é um lugar perfeito e verdejante onde crianças crescem sem perturbações: um "esplêndido santuário", uma América ("Por que Ele colocava determinada pessoa na Europa ocupada pelos nazistas com um rifle na mão", pergunta-se Bucky, tornando a analogia perfeitamente clara, "e outra no refeitório de Indian Hill em frente a um prato de macarrão com queijo?"). Por certo, Bucky não é o primeiro protagonista de Roth a ser denunciado como um "maníaco à procura de uma razão", na furiosa acusação de Arnie.

Me pareceu evidente, ao terminar o livro, que Arnie é o homem mais sensato — em virtude de ter resgatado uma vida da catástrofe sem sentido — e que Bucky sofre do que o dr. Steinberg chama de "senso de responsabilidade mal orientado", que "pode ser uma coisa bem debilitante". J.M. Coetzee, porém, viu as coisas de outro modo, em uma resenha com reflexões particularmente profundas na *The New York Review of Books*. Bucky, escreveu ele, ao tentar "apreender os misteriosos desígnios de Deus" é quem "leva a humanidade, e o alcance do entendimento humano, a sério". Ele pode ser teimoso e autodestrutivo, mas "preserva vivo um ideal de dignidade humana face ao destino, Nêmesis, os deuses, Deus". Camus também apresenta uma discussão sobre Deus, entre o médico e um padre, depois de testemunharem a morte horrível de uma criança e unirem forças justamente no pátio de recreio de uma escola. Depois da peste, o médico, mais ou menos como Coetzee, divide a população em pessoas que recuperaram a felicidade porque seus desejos se limitam ao amor humano e todos aqueles que "aspiraram ir além do homem, a algo que nem sequer conseguem imaginar". Desnecessário dizer que o caminho para estes últimos é muito mais árduo.

"Eu não estava interessado em reverberações filosóficas", responde Roth a essas leituras e suas implicações; "apenas em bom senso psicológico". Acha que Coetzee assume uma "posição mais grandiosa" do que ele próprio é capaz. ("É uma posição que eu assumiria se fosse mais jovem.") No entanto, sua própria interpretação difere mais na linguagem do que em espécie, pois Roth também defende a determinação solitária de Bucky. Ele diz que poderia ter escrito um livro sobre um homem sagaz e egoísta o bastante para se agarrar ao amor de Marcia e fazê-la passar o resto da vida cuidando dele — mas *Nêmesis* não é esse livro. Pois, Roth explica, Bucky "é maior que isso". E se a mulher quisesse cuidar dele? "Há alguns homens que não gostam que cuidem deles", responde — "meu irmão, meu pai, ser cuidado por alguém era uma desgraça para eles." E se Bucky houvesse se equivocado quanto a sua responsabilidade na disseminação da doença? Além disso, mesmo que fosse responsável, no fim das contas ele é apenas mais uma vítima (como Arnie destaca), não? "Bem", diz Roth — forçado a uma posição mais grandiosa —, "Édipo também não foi responsável, visto que não sabia o que estava fazendo. E Bucky, como Édipo, escolhe viver do modo como vive por reconhecimento ao maior fato de sua vida."

Nêmesis termina com uma breve visão de Bucky no melhor momento da juventude, um herói grego nos tempos atuais, mostrando aos garotos impressionados como atirar dardos e aconselhando-os a praticar os três Ds: "determinação, dedicação e disciplina". O contraste entre a aparente invulnerabilidade da juventude e a posterior deformação física de Bucky é um pouco canhestro — somos lembrados do desprezo de Roth por uma estrutura "de enquadramento" para *Pastoral americana* —, mas enfatiza a qualidade de fábula do livro e constitui um final apro-

444

priado para um quarteto algo fabuloso. Sem dúvida, há muita coisa nesses livros que é genuína, real e viva: as cenas ao pé do túmulo em *Homem comum*, os confrontos entre Marcus e o diretor em *Indignação*, o calor irradiante de um verão pestilento de Newark em *Nêmesis*. Mas não conseguimos deixar de notar a formidável determinação, dedicação e disciplina que permitiram a esses livros vir a ser — e também as limitações que foram transmutadas em novos interesses, métodos e consequências. Há uma lição valiosíssima em contemplar um escritor poderoso se debatendo com as constrições da idade — em particular, um escritor que faz dessas constrições um dos grandes temas de sua obra — e continuando a escrever livros que nos despertam com uma pancada na cabeça.

"O período de declínio de meu talento": a autoabnegação expressa por Zuckerman não parece caber num artista que permaneceu tão implacavelmente produtivo. O que é certo, contudo, é que esses últimos romances teriam sido realizados de maneira muito diferente em fases anteriores da carreira de Roth. Existe o perigo de um leitor jovem, deparando-se com esses livros, pensar que são tudo o que existe na obra do autor? No que elas têm de melhor, essas narrativas despojadas parecem ser atraentes para um novo tipo de público leitor. Ao resenhar *Indignação* na *The New York Times Book Review*, David Gates manifestou preferência pelos "romances curtos e devastadores de sexo e mortalidade" de Roth. E numa resenha de *Nêmesis* na primeira página da mesma publicação, Leah Hager Cohen começou dizendo: "Eu havia descartado Roth", e prosseguiu explicando por que no final se convertera à sua literatura e considerava os últimos livros os melhores, exibindo "todo o brilho, sem a jactância" do autor. Tina Brown, em entrevista com Roth para *The Daily Beast*, também disse preferir os livros mais tardios e mais curtos por sua simplicidade, ausência de subterfúgios e senso de urgência: "É como se fôssemos arrebatados por um estado de espírito". A mim parece que esses livros, embora sejam muito mais elaborados, podem ser comparados com a novela tardia (e grande sucesso) de Hemingway, *O velho e o mar*: fáceis de ler, com uma narrativa profundamente envolvente e, todavia, tão simplificados que se tornam envolventes também como parábolas, ideais para o tipo de elucidação que ocorre nas escolas — ou, hoje em dia, em grupos de leitura. Ainda que não sejam as melhores obras de Roth, é provável que, não obstante, perdurem por um longo, longo tempo.

"O que essas histórias têm em comum", resume Roth, "é o cataclismo. Temos quatro homens, de idades diferentes, que são derrubados." Roth também teve sua cota de devastação; dentre as várias pessoas que amava e haviam morrido, estava seu irmão. Sandy Roth faleceu em maio de 2009, aos 81 anos, enquanto Roth trabalhava em *Nêmesis*. Tantos amigos de Roth em Connecticut estavam mortos que os invernos em sua casa se tornaram quase insuportavelmente solitários. E em meio a tudo isso vieram todas as versões preliminares de *Nêmesis*, decorrentes das dificuldades que estava tendo para acertar o tom mas também, ao que parece, porque não conseguia suportar a ideia de se despedir do livro. Roth não tinha outro livro em vista, situação que descreveu no outono de 2009 como "dolorosa", no sentido mais visceral possível. Ele estava com 76 anos e começava a ficar claro que seria o último romance que escreveria. E então o quê?

O homem passível de ser atacado. O homem vulnerável. O homem que envelhece, adoece e não consegue mais atuar: o homem derrubado. Estamos discutindo esses temas em sua obra, muito apropriadamente ao entardecer e com a seriedade apropriada, quando o mui estimado autor se levanta de supetão e se põe a representar o aturdido e ensanguentado Jake LaMotta em *Touro indomável*. LaMotta acabou de ser moído de pancadas no ringue por Sugar Ray Robinson. Perdeu o campeonato. Sangue escorre por todo o seu corpo. Mas ele continua em pé e agora vem cambaleando em minha direção, bufando (Roth imita De Niro com perfeição): "Ei, Ray. Você nunca me derrubou, Ray. Está ouvindo? Está vendo? Você nunca me derrubou, Ray, nunca me derrubou".

De novo com isso: adendos, lembranças e descobertas

Roth também imita com perfeição Marlon Brando como Marco Antônio e se põe a recitar de improviso o longo discurso "Amigos, romanos, compatriotas" enquanto caminhamos pelo centro de Manhattan numa tarde ensolarada. Ele discursa para o povo romano e são notavelmente poucas as pessoas que se voltam para olhar. Mais tarde, ele me diz que assiste a *O poderoso chefão* uma vez por ano, principalmente pelos rostos à la Daumier.

É fácil ver todos os erros de suas obras mais antigas, diz — muito mais difícil com as mais recentes. Os primeiríssimos livros quase lhe dão convulsões: o capítulo israelense que conclui *O complexo de Portnoy*, por exemplo. E nem pense em falar sobre *Adeus, Columbus* perto dele! "Para começar", diz, "tia Gladys seria da geração de meus pais, não uma imigrante, de modo que ela não falaria daquele jeito — aquilo foi um equívoco." Mas tia Gladys tinha razão a respeito da ausência de judeus em Short Hills. ("Desde quando judeu mora em Short Hills? Eles não devem ser judeus de verdade, vá por mim.") Muitos judeus tinham se mudado de Newark para Maplewood e South Orange depois da guerra, explica — "eram os paraísos dos subúrbios" —, mas Short Hills continuava sendo zona proibida. Isso não foi um erro, mas uma maneira de proteger a família de verdade que ele conhecia. A única personagem que ele se dispõe a defender até o fim é a garota, Brenda Patimkin. "Ela é jovem, decidida, brincalhona, audaciosa", diz, exatamente como a garota que serviu de inspiração. Mas a voz do herói, Neil Klugman, ele hoje julga "um pouco presunçosa". E de onde veio essa presunção? "Bem, havia muita superioridade correndo à solta nos subúrbios. Mas não posso culpar ninguém. Aquilo era apenas eu mesmo."

Roth às vezes cita as últimas linhas de *O grande Gatsby*, mas admite que tem algumas reservas em relação ao livro: "Um pouco melodioso demais para meu gosto". Considera Hemingway um escritor mais forte. Menciono a primeira versão que Fitzgerald escreveu de *Gatsby*, publicada em 2002 como *Trimalchio*, na qual a atitude de Gatsby perante Daisy é mais severa que na versão final, e o próprio Gatsby é menos aquele esfuziante Dom Quixote. Ele responde: "Parece que ficaria melhor desse jeito".

Nenhum dos outros ilustres homenageados pode ter se sentido mais honrado que Roth, um filho de Franklin Roosevelt e democrata vitalício, ao receber a National Humanities Medal das mãos do presidente Obama em março de 2011. Ele ainda se entusiasma quando me mostra o vídeo da cerimônia. Todos os agraciados com medalhas de Artes ou de Humanidades estão aguardando no Salão Verde da Casa Branca — Joyce Carol Oates e Sonny Rollins entre eles — quando de repente a porta se abre e o presidente entra. Foi uma quebra de protocolo, Obama explica pouco depois, durante a cerimônia; ele deveria ter feito uma entrada formal no Salão Leste depois que os homenageados já estivessem sentados. Mas diz que estava ansioso demais para ver todas aquelas pessoas. E Roth é a primeira pessoa que o presidente vê: seu rosto se ilumina ao reconhecê-lo, ele abre um grande sorriso e diz em voz alta: "Philip Roth!". Roth responde à altura, com o mesmo tom de surpresa e satisfação (que surpresa vê-lo aqui!): "Presidente Obama!".

A cerimônia é solene, inspiradora. Na tribuna, o presidente fala emocionado das "edições surradas pelo uso dessas obras de arte e discos que tanto me inspiraram ou me ajudaram a suportar os piores dias ou a assumir riscos que talvez de outro modo eu não tivesse ousado assumir". A arte americana, proclama, é um dos maiores "instrumentos de mudança e de progresso, de revolução e de efervescência" de que o país dispõe. Ele se refere conjuntamente às obras de Harper Lee — uma homenageada que não estava presente — e de Roth, uma dupla improvável, que "registraram a experiência americana das ruas de Newark aos tribunais do Alabama". Depois de elogiar os ensinamentos de Lee sobre racismo, o presidente pergunta, com discreta malícia: "Quantos jovens não aprenderam a *pensar* lendo sobre as façanhas de Portnoy e seus complexos?". O salão explode em duas ondas de risos: na primeira, as pessoas riem para si mesmas; em seguida — depois de uma longa e impassível pausa de Obama — as gargalhadas ecoam com ainda mais força, quando todos percebem que todos os outros estão rindo.

Por fim, chega a hora de conceder as medalhas. Um oficial militar lê um resumo extremamente sucinto das realizações de cada homenageado. Dois livros de Roth são citados: *O complexo de Portnoy*, é claro, e *Pastoral americana* — "que conquistou o Prêmio Pulitzer de 1998". (O jovem oficial pronuncia errado a palavra "pastoral" e vê-se que também ninguém lhe indicou como pronunciar o nome de W. E. B. Du Bois na referência ao biógrafo Arnold Rampersad.) No palco, Roth olha para o público, como se estivesse tentando fixar aquele instante na mente. O presidente diz algumas palavras confidenciais enquanto abaixa a medalha, presa a uma fita vermelha, sobre a cabeça inclinada de Roth. Roth me confessa que Obama disse: "Você não está diminuindo o ritmo nem um pouco" — ao que ele respondeu: "Ah, sr. presidente, estou sim".

Roth tem sofrido muita dor nas costas nos últimos anos e deve se submeter a uma grande cirurgia. Estamos na primavera de 2012 e eu especulo que, quando se recuperar, estiver livre de dor e retornar a Connecticut, talvez ainda escreva mais um romance. Ele suspira e diz: "Espero que não".

Estamos conversando sobre sua primeira esposa, Maggie, e eu pergunto se ele realmente acredita, como Nathan Zuckerman afirma em *The Facts*, que ela foi responsável por libertá-lo do papel de garoto bonzinho, simpático e analítico que jamais seria grande coisa como escritor — ou seja, que em termos literários, ele tem uma grande dívida para com ela. De início, ele parece surpreso, mas depois resmunga: "Nathan Zuckerman inventou tudo isso. Eu não devo a ela porra nenhuma".

E elabora a questão. "Ela interrompeu minha vida e levou parte dela embora", diz, mais tranquilo agora. "Também transformou-a para sempre." No momento, ele está se recuperando da cirurgia nas costas e quando o assunto vem à tona alguns meses depois, e ele já se sente mais forte e mais saudável, diz que Zuckerman tinha razão. Hoje, porém, ele está pensando em mais do que apenas trabalho.

Ele acaba de se encontrar com Ann Mudge, sua namorada dos meados dos anos 1960, e está sob o feitiço das vidas pelo avesso do passado. Não a via há mais de quarenta anos. "A única pessoa que poderia escrever isso não sou eu, é Proust", diz. Ann é seis meses mais velha que ele — ou seja, está com oitenta anos nesse momento — e tem um casamento longo e feliz. "Era uma velhinha de cabelos brancos que eu não reconheceria na rua", diz, "até sentar-se e começar a falar. Comecei então a ver seu rosto. Sabe o que nunca muda? As expressões faciais — continuam exatamente iguais."

Eles romperam em 1968, antes da publicação de *Portnoy* — poucos meses depois da morte de Maggie. "Eu tinha acabado de escapar de boa", diz, e precisava estar livre.

Tinham conversado durante horas, rememorando. "Graças a Deus que não escrevo mais, pois teria enlouquecido tentando anotar tudo."

"Maggie ocupou-me dos 23 aos 35 anos. Se eu não tivesse casado com ela, teria casado com alguém — provavelmente com Ann. Teríamos tido um filho, eu teria uns casos e acabaríamos nos divorciando, se eu tivesse seguido o padrão normal. Quem sabe? Mas a vida teria sido diferente."

Hoje, pelo menos, ele conclui: "Queria que nunca tivesse acontecido. Mesmo que ela tenha me dado tudo".

No começo, Roth não sabia o que fazer. Com *Nêmesis* concluído, ele se viu, pela primeira vez em mais de meio século, desacorrentado de seu talento (como Zuckerman diz a respeito de Lonoff). Compôs listas de possíveis assuntos para livros, mas nenhum deles lhe pareceu irresistível. Tinha medo de acabar se deprimindo, sofrendo com a falta de ocupação, incapaz de suportar a vida sem a dedicação diária de suas energias à página escrita. Mas nada disso aconteceu. Ele ficou absolutamente surpreso ao constatar que se sentia livre.

Ele está encantado com um casal de gêmeos de oito anos, filhos de uma antiga namorada, especialmente com a menina. O garoto é maravilhoso, gosta de caminhões e de beisebol, mas Roth e a menina estão escrevendo livros juntos. Foi ideia dela. Ela é muito, muito inteligente e verbalmente precoce, diz, "mas não quero soar como um avô". Cada um dos autores escreve uma frase por dia, alternadamente. A primeira coisa que Roth faz de manhã é verificar seus e-mails para ver o que ela lhe enviou. Já completaram dois livros. Ele dá gritos de alegria com a resposta dela a sua sugestão de que já tinham avançado o bastante em determinada história: "Não, não o bastante!". Tanta impetuosidade, tanta sofreguidão, tanto espírito lúdico! Ele não consegue deixar de se maravilhar e conjectura se "crescer com o feminismo já tão bem estabelecido" não explicaria a autoconfiança dessa "criança deslumbrante".

As alegrias de uma vida sem escrever: telefonemas e cartas para amigos, ginástica, leitura de histórias políticas e biografias. *Pós-guerra* [*Uma história da Europa desde 1945*], de Tony Judt, o livro de Simon Sebag Montefiore sobre Stalin, livros sobre Stalin por Alan Bullock e John Lukacs, os três volumes do estudo sobre Franklin Roosevelt por Arthur Schlesinger, diversos livros sobre Eleanor Roosevelt, *The Age of Reagan* de Sean Wilentz, o último volume de Robert Caro sobre Lyndon Johnson, a biografia de Joseph Kennedy por David Nasaw. Houve um pequeno furor na imprensa literária quando se soube que Roth teria dito que não lê mais ficção, e é verdade que grande parte do seu tempo é tomada por livros como estes.

Mas ele também lê ficção — ou melhor, relê os livros que foram importantes para ele na juventude: "Pois eu me perguntei: 'Será que nunca vou ler Conrad outra vez?'".

Há também Turguenev, incluindo as cartas e as biografias; há Faulkner, confirmando-lhe que *Enquanto agonizo* é "o melhor livro da primeira metade do século XX na América" e que ler as primeiras cinquenta páginas de *Absalão, Absalão!* "é como ser um gatinho preso num novelo de lã" [ou na narrativa, já que "yarn" tem ambos os sentidos]. Hemingway, é claro: *In Our Time* ("Venham me falar de magia; isso é que é magia"). E *Adeus às armas*: "um livro quase perfeito — não; um livro perfeito. A combinação de guerra e caso amoroso é extraordinária, para não falar em todas as brincadeiras agressivas entre os homens, como um eco distante da guerra. Mas é o caso amoroso que acaba comigo, o modo como um fica cutucando o outro no começo, até ela dizer: 'Vamos *ter* de continuar falando desse jeito?'". E há o Hemingway tardio, tão subestimado. *As ilhas da corrente*: "Ele nunca escrevera sobre ter filhos dessa maneira antes". E até mesmo *O jardim do Éden*, montado às pressas postumamente, que o mostra "abrindo o jogo sobre sexo, algo que não acho que ele tenha feito antes".

As melhores frases da literatura. Em *Crime e castigo*, Dunya, irmã de Raskolnikov, vai visitar Svidrigailov em seu apartamento. Svidrigailov é um personagem hediondo, um verdadeiro vilão — "com um charme sinistro e diabólico", diz Roth. Ele está encurralando Dunya, "literalmente manipulando-a até um canto do quarto", ameaçando estuprá-la. (Roth já escreveu sobre essa frase em *Operação Shylock*, mas agora ele está pensando apenas em quanto gosta dela.) "Svidrigailov está prestes a dar o bote quando ela tira uma pistola da bolsa e ele então profere a melhor frase da literatura: 'Isso muda tudo'". Roth repete a frase com gosto — "Isso muda tudo!".

"A outra grande frase", diz ele, claramente se divertindo, está em *Ulisses*, quando Bloom vê Gerty MacDowell na praia. "Ele não percebeu ainda que ela é paralítica e fica observando-a a uns vinte metros de distância. Ele está com a mão no bolso e, se não me engano, arrancou o bolso do bolso, não? Se não o fez, vou aproveitar isso algum dia. Mas a frase seguinte é" — pausa dramática — "De novo com isso" [*At it again*]. "'De novo com isso!'. Que mistura perfeita de resignação, deleite e tolerância! É isso que quero que esteja escrito na minha lápide", conclui. "De novo com isso!"

Roth recebeu algumas fotografias antigas da família, enviadas por uma prima do lado materno — entre elas uma da mãe em seu vestido de casamento. É uma linda foto, mostrando Bess Finkel no dia em que se tornou Bess Roth — 22 de fevereiro de 1927 —, trajando um vestido elegante, com um longo véu de gaze que se arrasta por uma escadaria imponente ladeada de plantas. Roth se recorda, vagamente, dessa fotografia na sua infância, exposta ao lado de várias outras no aparador perto da mesa de jantar, mas não a via há mais de meio século. A verdadeira descoberta ainda está por vir: ao comentar com a prima que a foto teria sido tirada num salão alugado (onde também imagina que o casamento foi realizado), ela responde que não, aquela era a casa da família Finkel.

Sua mãe teve uma infância abastada. Isso foi um choque para Roth. Ela cresceu num casarão na North Broad Street, em Elizabeth. (Quase todas as casas já se foram.) Mas Roth começa a decifrar um mistério familiar que nunca antes percebeu como mistério: por que a família de seu pai dominou tanto sua infância e por que ele via tão pouco os parentes do lado da mãe. Ele convivia bastante com as três irmãs da mãe e o irmão dela, Mickey. Mas o avô materno tinha três irmãos, que viviam com suas respectivas esposas e filhos, não muito longe; e essas pessoas Roth nunca viu.

Os Finkel eram prósperos. Os quatro irmãos tinham uma empresa de combustíveis em Elizabeth — carvão e, mais tarde, petróleo — e Roth agora se lembra de ver os grandes caminhões com "Finkel Fuels" pintado nas laterais. Juntando as peças, descobre que seu avô Finkel — Philip, de quem tomou o nome — teve um desentendimento com os irmãos em 1928, pegou sua parte do negócio em dinheiro e perdeu tudo no Crash. O casarão foi vendido em 1929. A morte do avô alguns anos depois deixou a avó de Roth em situação difícil e, ao que parece, os irmãos se recusaram a ajudá-la. Ressentimentos, relações partidas, cisma familiar. Mas, antes de tudo isso, Bess Finkel havia sido criada em circunstâncias que ele nem de longe imaginava. Roth sabia que, ao contrário de seu pai, ela tinha concluído a escola secundária e recebido treinamento especial para trabalhar como secretária em escritórios de advocacia. Mas ele nunca se dera conta do quanto sua mãe havia descido ao se casar com Herman Roth.

As contendas em família, a empresa de carvão, o dinheiro, a casa, a perda do dinheiro — "Nada disso me afeta pessoalmente", diz. "Eu tive família de sobra. Mas pense em tudo o que eu poderia ter escrito!"

Ele está recordando a menina irlandesa pela qual se apaixonou aos doze anos. Certo domingo, tinha ido com a família até Pelham visitar um primo, também chamado Philip — filho de tia Ethel, nascido um ano antes, o nome homenageando o mesmo avô. Era verão e Roth estava se divertindo tanto jogando beisebol com um bando de novos amigos — ele se lembra de tê-los impressionado com seu arremesso à distância — que seus pais deixaram-no ficar mais alguns dias. Ele costumava cantar "Peg o' My Heart" para ela. (*"It's your Irish heart I'm after* [Estou atrás de seu coração irlandês]", ele canta baixinho, até que bem afinado, agora.) "Eu estava totalmente apaixonado", recorda-se. E acrescenta, pensativamente: "Isso às vezes acontecia comigo".

Eu dou risada, porque me parece tão óbvio.

"Isso acontecia com você?", ele pergunta. Bem, sim, é claro. (Não acontece com todos?)

"É por isso que fomos para a literatura", ele conclui.

Alguns anos atrás, um empreiteiro ameaçou construir 44 casas numa gleba de terra em frente à casa de Roth em Connecticut, atravessando a estrada. Ele diz: "Quase me esfolaram", mas conseguiu adquirir ele mesmo o terreno. Hoje Roth é dono de 600 mil metros quadrados e parece conhecer cada árvore. Tornou-se um connoisseur de cascas de árvore e líquens. No dia em que cheguei lá para visitá-lo, no verão de 2012, a vizinha e amiga íntima de Roth Mia Farrow estava lá com ele para me receber e fomos dar uma caminhada por uma larga trilha ceifada na campina. Roth levou-me (literalmente) a conhecer tudo nos arredores, e senti como se Daisy Buchanan estivesse pairando no ar ao nosso lado.

E esse não foi o único arrepio literário. Mais adiante — o escritório de Roth — está a solitária cabana de dois cômodos de Zuckerman e bem ali os gigantescos bordos de Lonoff. O pomar de Lonoff está reduzido a algumas poucas macieiras, mas o fruto delas é doce. E o jantar à luz de velas, nessa noite de fim de verão, na presença da atriz e do escritor e de grilos cricrilando ao fundo, é tão tchekhoviano como qualquer cena de *O professor do desejo*.

A conversa durante o jantar se volta para o embate Obama-Romney e, em particular, os problemas com o financiamento das campanhas. Menciono que um dos partidários de Romney, Sheldon Adelson, é dono do hotel Sands em Las Vegas e Farrow solta uma gargalhada: "Eu já me casei no Sands!". Roth fica encantado — "Você quer dizer com Frank Sinatra?!".

Ela tem uma foto do casamento no celular.

Hábitos antigos demoram a desaparecer. Roth não está mais escrevendo o tempo todo, mas de algum modo as páginas continuam se acumulando. Nada de ficção, porém. Ele diz que não tem mais o vigor "para ficar extraindo algo do nada". Em vez disso, há anotações, reflexões, correções: tantas coisas foram escritas a seu respeito e tantas delas erradas — algumas já se cristalizam como fatos históricos. Estes são escritos de registro, para o futuro. Uma carta para a Wikipédia, em que tenta corrigir afirmações sobre sua inspiração para *A marca humana* e que acabou sendo publicada no site da *The New Yorker*, gerou uma extraordinária onda de escândalo. Mas ele já está cheio de escândalos. Melhor manter a cabeça baixa. Escreveu um ensaio maravilhoso em torno dos escritores americanos que moldaram sua juventude — trata-se de algo sobre os escritores, não sobre ele próprio —, mas escreveu-o só pelo prazer de escrevê-lo. Não consegue parar de escrever, não consegue parar de transformar a vida em palavras.

Tanto o agente de Roth como o *The New York Times* tentaram ser discretos a respeito das razões de um pedido recente de entrevista, mas Roth logo farejou o que estava acontecendo: o *Times* queria atualizar seu obituário. Não ficou nem um pouco perturbado com a ideia; afinal, não é como se ele nunca tivesse pensado sobre o que vem a seguir. Mas uma coisa o incomoda. O *Times*, é claro, usará resenhas do próprio *Times* ao resumir sua carreira. "Até na morte", exclama, "a gente recebe críticas negativas!"

Estamos do lado de fora do Carnegie Hall, durante o intervalo, numa linda noite de primavera. O Quarteto de Cordas Emerson acaba de se apresentar — o programa incluía excertos de *A arte da fuga* de Bach e o Quarteto para Cordas nº 15 de Shostakovich. Roth, que raramente perde um concerto do Emerson, convidou vários amigos para acompanhá-lo; além deles, outros amigos que estavam na plateia se aproximam para cumprimentá-lo. Entre eles uma elegante senhora de certa idade, de cabelos ruivos, ainda muito atraente, que faz parte da vida de Roth há muito tempo — seu nome é Maxine Groffsky e ela foi a inspiração para Brenda Patimkin. (Roth lembra que seu cabelo era incrivelmente lindo, "da cor de um setter irlandês", e achou que ela poderia estar flertando com ele essa noite: "Talvez tenhamos um caso a cada 51 anos".) Subjugado pelo sublime assombro da morte em Shostakovich, ele admite que nunca gostou realmente de *A arte da fuga*. "Obsessiva-compulsiva demais", diz. E dirigindo-se diretamente a Bach: "Está bem, está bem, você descobriu como funciona! Já pode parar!". Para nós, ele explicita sua inquietação: "Ele é como um homem que está sempre apalpando os bolsos ou receoso de ter deixado a lâmpada piloto acesa!". Quem um dia imaginou que Bach poderia ser tão engraçado?

A segunda metade do programa é o Quarteto para Cordas em Si Bemol Maior, opus 130, de Beethoven, apresentado com o final original, a *Grosse Fuge*, a mais formidável fuga da música ocidental: selvagem, densa, dissonante, profundamente dramática, argumentativa mesmo, percorrendo toda a escala emocional. A apresentação é eletrizante e, ao sair do teatro, Roth diz que agora entende por que tivéramos de ouvir antes a peça de Bach:

"Beethoven é como Bach sob o efeito de drogas!". Estamos todos nos sentindo meio exaltados quando saímos andando pela rua, gargalhando tanto que mal conseguimos caminhar, enquanto Roth — mestre das contravozes literárias, não posso deixar de pensar — continua discorrendo sobre a fuga: "Uma loucura completa aquelas vozes todas! Quatro lunáticos num asilo! Quatro desvairados, cada um berrando por si... até descobrirem que estão gritando juntos!". Ele comenta com uma pessoa do nosso grupo, uma psiquiatra, que em circunstâncias não musicais ela teria de dar uma injeção em cada um: "Quatro dementes pensando que cada um é Deus!".

As pessoas vão partindo, cada uma em uma direção. Roth está na Oitava Avenida, de braços erguidos, tentando chamar um táxi, que demora a aparecer. Estranhos passam e cumprimentam-no. Um homem grisalho que atravessava a avenida vem em sua direção. "Meu caro, eu amo tudo o que você escreveu nos últimos cinquenta anos", e logo acrescenta: "Sou mais velho do que pareço". Roth, que estava cantarolando de si para si, emerge de seus pensamentos a tempo de responder: "Eu também sou mais velho do que pareço". Outro homem que cruzava a rua simplesmente estica o braço para pegar na mão estendida de Roth e dizer: "Bravo, Maestro!". (Ainda o público do Carnegie Hall, de índole musical.) Tudo isso acontece depressa demais para que Roth reaja ou renuncie à música que passa por sua cabeça. Ele não parece nem satisfeito nem insatisfeito; aliás, mal parece perceber o que se passa. Mas agora consigo identificar distintamente a melodia que flui dele, todas essas vozes malucas, entrecruzadas, ao léu na noite de Nova York, o trânsito zunindo ao seu redor, enquanto cantarola a *Grosse Fuge*.

Agradecimentos

Meu primeiro e mais profundo obrigada é para Philip Roth, é claro, por ter escrito os livros e vivido a vida.

Minha enorme gratidão também às inúmeras pessoas que ajudaram a tornar este livro possível e que me concederam uma extraordinária gama de dons ao longo do caminho.

Jonathan Galassi, pelo apoio contínuo, inteligência firme e ouvido infalível; e todos da Farrar, Straus and Giroux — especialmente Miranda Popkey, Jonathan Lippincott, Mareike Grover, Devon Mazzone, Jeff Seroy e Lottchen Shivers — por seu trabalho dedicado e meticuloso.

Robert Cornfield, um homem sábio que me guiou no emaranhado matagal do jornalismo à literatura.

Ann Goldstein, que sabe mais sobre a língua inglesa do que qualquer outra pessoa que conheço, e que imprimiu sua graça e seu excepcional bom senso em cada página — uma aliada e uma amiga maravilhosa.

Os amigos extremamente generosos de Philip Roth, que compartilharam suas lembranças comigo: Janis Freedman Bellow, Joel Conarroe, Barbara Sproul, Benjamin Taylor e Judith Thurman.

Meus queridos amigos Robert Gottlieb e Mindy Aloff, que leram o manuscrito e fizeram sugestões importantes. Também meus caros amigos Alastair Macaulay e Alex Bevilacqua, que ouviram com paciência e contribuíram com insights infalíveis. Obrigada a todos por sua presença acalentadora e suas conversas.

Bonnie Yochelson, por um belíssimo dia dirigindo por Newark debaixo de chuva.

Hermione Lee, pelos convites, conversas e incentivos.

Dr. Jeffrey Liebmann, que torna possível que eu continue enxergando as páginas.

Shiva Rouhani, que transformou um suplício fotográfico em uma festa.

Catherine von Klitzing, pela alimentação verdadeiramente gastronômica.

Allegra Kent, pela beleza e a história e as peônias.

Jim Pappas, mestre livreiro, cuja mesa na Columbus Avenue foi o local de tantos encontros preciosos com tantas pessoas, inclusive Philip Roth.

Minha família extraordinária, as pessoas que realmente me mantêm íntegra: Julia Pierpont (uma escritora brilhante, cujo primeiro romance será publicado em 2014), Shirley Roth, Allan Roth, Bob e Mary Pierpont, Doris Garcia e Diana Garcia. Na família, como nos amigos, fui excepcionalmente abençoada.

E, em especial, meu marido, Robert Pierpont, que leu estas páginas quase tantas vezes quanto eu, e que me proporciona incentivo, amor e força sem fim.

Obras de Philip Roth

PELA COMPANHIA DAS LETRAS

Adeus, Columbus e cinco contos
O complexo de Portnoy
O professor do desejo
O escritor fantasma
Zuckerman libertado
A lição de anatomia
O avesso da vida
Patrimônio: uma história verídica
Operação Shylock: uma confissão
O teatro de Sabbath
Pastoral americana
Casei com um comunista
A marca humana
O animal agonizante
Entre nós: um escritor e seus colegas falam sobre trabalho
Complô contra a América
Homem comum

Fantasma sai de cena

Indignação

A humilhação

Nêmesis

A orgia de Praga (publicada como epílogo de *Zuckerman acorrentado*, incluindo *O escritor fantasma*, *Zuckerman libertado* e *A Lição de anatomia*)

LIVROS NÃO PUBLICADOS EM PORTUGUÊS OU PUBLICADOS POR OUTRAS EDITORAS

Letting Go

As melhores intenções... (Rio de Janeiro: Editora Expressão e Cultura, 1972). Tradução de César Tozzi.

Our gang (starring Tricky and his friends)

O seio (Rio de Janeiro: Artenova, 1974). Tradução de Roberto Mello.

The great American novel

Minha vida de homem (Rio de Janeiro: Artenova, 1975)

Reading myself and others

The facts: a novelist's autobiography

Engano (Lisboa: Dom Quixote, 2013)

Índice remissivo

aborto, 62, 64, 72, 104, 106, 115
Absalão, Absalão! (Faulkner), 454
Academia Americana de Artes e Letras, 191
Academia Sueca, 428
Adelson, Sheldon, 458
Adeus às armas (Hemingway), 110, 454
Adeus, Columbus (Roth), 21, 23, 25-6, 40, 49, 51, 61, 68, 82, 84, 89-90, 107, 118, 154, 158, 188, 222, 276, 423, 437
Afogados e os sobreviventes, Os (Levi), 234
afro-americanos, 31, 83, 346
Age of Reagan, The (Wilentz), 453
Alemanha, 27, 52, 74, 90, 101, 145, 158, 239, 251, 384
Algren, Nelson, 331
Allen, Fred, 37
Allen, Woody, 87
Alvarez, Al, 144, 378
América (Kafka), 144-5
American Imago, 76

American Jewish Committee, 20
American Judaism, 26
American Place Theatre, 68
American Review, 129
Amherst College, 263
Amis, Martin, 217, 220-1
Anderson, Sherwood, 39, 71, 415
Andy Hardy, filmes da série, 38, 56
Angkor Wat (Camboja), 103
"Angry Act, The" (Kleinschmidt), 76
Animal agonizante, O (Roth), 365, 367, 369-70, 372, 375, 378-80, 401, 416, 439
Anistia Internacional, 126
Anna Karenina (Tolstói), 26
Annan, Noel, 144
anos 1960, 26, 52, 63, 80, 92, 95, 110, 157, 164, 208-9, 216, 228, 233, 290, 306, 309, 341, 356, 366-8, 374, 376, 390, 401, 408, 422, 424, 452; *ver também* contracultura; movimento antiguerra
antissemitismo, 19, 21, 25, 34-5, 90, 100, 107-8, 128, 169-70, 186, 204,

465

216-9, 221, 239, 250, 257, 330, 382, 384-5, 391

Antler, Joyce, 84

Apanhador no campo de centeio, O (Salinger), 45

Appelfeld, Aharon, 208, 231, 234, 250, 256-8, 383

Arafat, Yasser, 250

Archer, Isabel, 53

Arendt, Hannah, 52

Aristófanes, 284

Arquivo Alemão de Literatura, 145

Art Students League, 35

Arte da fuga, A (Bach), 459

Artista da fome, O (Kafka), 110, 131

Asher, Aaron, 114, 147, 185, 241

Associação Teuto-Americana, 391

ataques de 11 de setembro *ver* 11 de setembro, ataques de

Atlantic Monthly, The, 217

Atwood, Margaret, 240, 332

Auden, W. H., 138-9

Audiências de McCarthy contra o Exército, 322

Auschwitz, campo de concentração, 138-9, 153, 163, 211, 232, 234, 383

Aventuras de Augie March, As (Bellow), 46

Avesso da vida, O (Roth), 199-201, 204-7, 209-10, 212-3, 215, 217, 219, 222, 224, 226, 230, 234-5, 237-9, 241, 251, 264, 266, 278, 301, 365, 392

Avishai, Bernard, 191

B'nai B'rith, Liga Antidifamação do, 17, 195, 356

Bábel, Isaac, 279

Bacacay (Gombrowicz), 146

Bach, Johann Sebastian, 153, 238-9, 459-60

Bailey, Clinton, 208

Baldwin, James, 304, 393

Bard College, 280, 297, 310, 314, 334, 339, 342, 345

Barnes & Noble Review, 420

Barth, John, 205, 206

BBC (British Broadcasting Company), 202, 296, 362

Beard, Mary, 95

Bech is Back (Updike), 221

Bech Noir (Updike), 190

Beckett, Samuel, 144, 156, 193

Beethoven, Ludwig van, 459-60

Begin, Menachem, 216

beisebol, 23, 28, 30, 37-8, 47, 88, 111, 112, 295, 323, 453, 456

Bellow, Janis Freedman, 261, 395-6

Bellow, Saul, 25-6, 46-7, 49, 52, 54, 58-9, 73, 110, 117, 120, 135, 145, 162, 231, 261, 289, 297-8, 328, 356, 361, 365, 389, 393, 395-7, 403, 425-7, 436, 438

Bennett, Arnold, 362

Bennington College, 157

Benny, Jack, 37

Beowulf (poema épico), 42

Berg, Gertrude, 84

Bergen-Belsen, campo de concentração, 153, 155

Berlin, Irving, 247, 252

Berlin, Isaiah, 144

Bernstein, Robert L., 105

Bíblia: *Gênesis*, 248

Biblioteca Bodleian (Oxford), 145

Biblioteca do Congresso, 48

Bloom, Claire, 142-7, 150, 173-5, 179-80, 183, 201-3, 216, 218, 230-2, 235, 237, 245, 259-60, 263-6, 282, 317, 318-21, 330, 332, 395, 397, 423, 455

Bloom, Harold, 332

Boas, Franz, 12

Booker Prize, 95

Borges, Jorge Luis, 196

Borowski, Tadeusz, 139, 231
Boston Globe, The, 332
Boston, Universidade de, 261
Bosworth, Patricia, 319
Botstein, Leon, 222, 342
Boudin, Kathy, 290-1, 309, 316, 366
Bourjaily, Vance, 151
Brand, Dorothy, 33
Brando, Marlon, 97, 448
Brendel, Alfred, 144, 225
Brice, Fanny, 84
Brincadeira, A (Kundera), 132, 136
Brod, Max, 129, 138, 145
Brodsky, Joseph, 135
Bronfman, Yefim, 359-60, 364
Brown, Dan, 392
Brown, Tina, 445
Broyard, Anatole, 182, 355-6
Bruce, Lenny, 81
Brynner, Yul, 317, 319
Buchenwald, campo de concentração, 163
Buckman, Gertrude, 100
Bucknell, Universidade, 41-3, 45-6, 49, 81, 98, 129, 133, 228, 240, 245, 333, 385, 394, 415, 417, 419, 422
Budapeste, 139
Bullock, Alan, 453
Burton, Richard, 317
Bush, George W., 381, 390-1, 406, 408

Caedmon Records, 174
Caldwell, Gail, 332
Calley, William, 104, 106
"Cambodia: A Modest Proposal" (Roth), 103
Camboja, 102-3, 314
Camus, Albert, 369, 438, 443
Canby, Vincent, 94
Canção do carrasco, A (Mailer), 170
Cândido (Voltaire), 416
Cantor de jazz, O (filme), 83-4
Capote, Truman, 68

Carlyle, Thomas, 419
Carnê dourado, O (Lessing), 331
Carnegie Hall (Nova York), 459-60
Caro, Robert, 453
Carson, Johnny, 179
Carter, Angela, 135
Casais trocados (Updike), 95, 423
Case Worker, The (Konrád), 191
Casei com um comunista (Roth), 323, 329-30, 333, 338, 341, 343
Castelo, O (Kafka), 131, 138, 144, 149
Cather, Willa, 171
Céline, Louis-Ferdinand, 110, 261
Cerf, Bennett, 68, 69
Chaplin, Charlie, 143
Chaucer, Geoffrey, 399
Chave estrela, A (Levi), 231
Cheever, John, 133, 364, 429
Chełmno, campo de extermínio, 138
Cheltenham, Festival Literário de, 95
Chicago, 47-9, 56-8, 129, 160-2, 189, 207, 226, 250, 263, 289, 396
Chicago Tribune, 261, 332
Chicago, Universidade de, 46, 56, 160, 261
Chichester Festival, 201
Chistes e sua relação com o inconsciente, Os (Freud), 83
Chopin, Frédéric, 163
Christ in Concrete (di Donato), 27
CIA (Central Intelligence Agency), 137
Cisjordânia, 204, 208-9, 223, 253-4; ver também Israel
Citizen Tom Paine (Fast), 323
City Athletic Club (Nova York), 380
City University of New York, 230
Clark, Joanna Rostropowicz, 139
Clinton, Bill, 14, 208, 341-3, 347, 350
Clinton, Hillary, 343
Coelho cai (Updike), 260, 426
Coelho cresce (Updike), 220, 426
Coelho em crise (Updike), 424

467

Coetzee, J. M., 390, 443-4
Cohen, Florence, 325
Cohen, Irving, 325
Cohen, Leah Hager, 445
Colbert, Claudette, 68
Colette, 110, 148, 424
Collier's, 45
Columbia, Universidade, 207, 253
Comitê de Atividades Antiamericanas do Congresso, 330
Commentary, 20, 26, 46, 90, 91, 101, 306
Complexo de Portnoy, O (Roth), 13, 55, 75, 79-82, 85-93, 95-100, 102, 107-9, 111-6, 118, 120, 125, 127, 130, 135-6, 139, 148, 154, 156, 177, 179-80, 189, 201, 206, 208, 217, 222, 227-30, 239, 242, 244-6, 259, 270, 273, 275-6, 279, 286-8, 306, 309, 319-21, 325, 344, 371, 382, 385, 388, 392, 401, 423-4, 439-41, 448, 450, 452
Complô contra a América (Roth), 12, 381, 383, 388-91, 397, 401, 420
comunismo/comunistas, 104, 112, 144, 179, 322, 325-6, 330, 334, 338, 343, 349, 354, 357
Conarroe, Joel, 207, 393-4
Confissões de Nat Turner, As (Styron), 75
Congo, República do, 342
Connecticut, 11, 15, 65, 88, 114, 143, 174-5, 182, 201, 226, 230, 245, 259, 263-4, 267, 274, 298, 321, 341-2, 351, 380, 393, 427, 446, 451, 457
Conrad, Joseph, 197, 262, 297, 407, 454
Consciência à flor da pele (Updike), 424
Conselhos Judaicos, 52
Contos de Nova York (filme), 87
contracultura, 306

"Conversão dos judeus, A" (Roth), 18-9, 30, 49, 127, 162, 442
Coreia, Guerra da, 45, 415
Corriere della Sera, 234
Corwin, Norman, 36-7, 323, 338
Coughlin, padre, 34, 216, 391
Crime e castigo (Dostoiévski), 454
crise dos mísseis (Cuba), 69
Crise na vida de uma atriz, A (Kierkegaard), 180
cristãos, 97, 167, 172, 189, 219, 222-3, 251, 288, 298, 337, 353, 399, 418-9; *ver também* gentios
Crouch, Stanley, 11
Cuba, 69

Dachau, campo de concentração, 153
Daily Beast, The, 445
Daroff, Prêmio, 26
Daumier, Honoré, 448
De Niro, Robert, 447
Deception (Roth), 235
Declaração de Independência (EUA), 19, 35
"Defensor da fé, O" (Roth), 19, 158
DeLillo, Don, 428-9
Demjanjuk, John, 234, 248, 253, 256, 258, 360
democratas, 342, 381
Departamento de Estado dos EUA, 141
Despachos de guerra (Herr), 357, 393
Deus: uma biografia (Miles), 165
Dia da Vitória na Europa, 36, 323
Diário (Kafka), 131
Diário de Anne Frank, O (Frank), 164, 166
Diáspora, 210
Diasporismo, 248, 251
Dickens, Charles, 169, 178
Dickstein, Morris, 120
Dinesen, Isak, 393
direita americana, 12

Dohrn, Bernardine, 310
Donato, Pietro di, 27
Dongala, Emmanuel, 341-2
Donne, John, 217
Dos Passos, John, 39, 361
Dostoiévski, Fiódor, 337, 454
Doubleday, 165
Dreiser, Theodore, 72
Du Bois, W. E. B., 451

Edel, Leon, 53
"Educação de H*Y*M*A*N K*A* P*L*A*N, A" (Rosten), 20
Eisenhower, Dwight D., 94
Eldridge, Roy, 358
"Eli, o fanático" (Roth), 18, 173
Eliot, T. S., 42, 336
Elizabeth (Nova Jersey), 29, 31, 181, 303, 455-6
Ellison, Ralph, 27
Elon, Amos, 208
Embaixadores, Os (James), 411
Empire Burlesque (teatro de Newark), 42
Encounter, 137
Enquanto agonizo (Faulkner), 454
Entre nós (Roth), 160, 222, 383
Epstein, Barbara, 82, 245
Epstein, Jason, 82
Epstein, Lawrence J., 84
"Epstein" (Roth), 18, 47, 49, 60, 100, 158, 285
Escher, M. C., 238
Escritor fantasma, O (Roth), 14, 156-8, 162, 164-7, 169, 171, 173, 175, 178, 180, 193, 241, 279, 323, 335, 364, 395, 405, 411, 413
Escritores da Outra Europa, série, 134, 139, 191, 231
Esquire, 60, 77, 111
Et Cetera (revista literária de Bucknell), 43-4
Eurípides, 345

Exército dos EUA, 47-9, 56, 58, 160, 255, 322, 324, 325, 421
Êxodo (Uris), 26
Êxtase (filme), 38

Facts, The (Roth), 27, 31, 57, 61-3, 69, 98, 121, 123, 215, 227-30, 236, 243, 248, 262, 290, 301, 383, 451
Fantasma sai de cena (Roth), 404-5, 408, 413-4
Farrar, Straus and Giroux, 241
Farrow, Mia, 457-8
fascismo/fascistas, 142, 353, 382, 387, 390-1
Fast, Howard, 38, 323
Faulkner, William, 342, 364, 392-3, 415, 454
FBI (Federal Bureau of Investigation), 106, 303
Feiffer, Jules, 82, 245
Feira de ilusões (filme), 38
feminismo/feministas, 72-3, 117, 123, 240, 283, 333, 372, 374, 432-3, 453
Ferdydurke (Gombrowicz), 146
Ferenczi, Sándor, 145
"Festa, A" (Tchékhov), 146
Fiedler, Leslie, 25
Finkel, Emmanuel (Mickey), 35, 456
Finkel, Ethel, 456
Finkel, Honey, 270
Finkel, Philip, 456
Finkielkraut, Alain, 149
Finnegans Wake (Joyce), 251
First Diasporist Manifesto (Kitaj), 252
Fitzgerald, F. Scott, 21-2, 25, 43, 47, 58, 344, 364, 449
Fitzgerald, Zelda, 58
Flaubert, Gustave, 65, 108, 117, 123, 181, 196, 198
Ford, Henry, 34, 216, 391
Fort Dix, 48

Fox, Joe, 241
França, 392; *ver também* Paris
Frank, Anne, 52, 156, 158, 164-5, 167-9, 171-4, 178, 335, 337, 405
Frank, Margot, 166
Fraser, Antonia, 144, 202
Freedom House (Praga), 138
Frente Cristã, 391
Freud, Sigmund, 81, 83, 116, 126, 145, 247, 436
Friedman, Bruce Jay, 87
Fugs, The, 81
Fundação John Simon Guggenheim, 394
Fundo Tcheco Ad Hoc, 133
Furies, The (Hobhouse), 267

Gable, Martin, 68
Galsworthy, John, 362
Gass, William, 188, 220
Gates, David, 445
Gates, Henry Louis, Jr., 355
Gauguin, Paul, 23
Geffen, Arthur, 49
Generation of Vipers (Wylie), 84
Gênesis, Livro de, 248
Genet, Jean, 110, 261
Geng, Veronica, 170, 241, 393-4, 410
Gens, Jacob, 52
gentios, 18, 85, 90, 97, 120, 158, 169, 251
Gershwin, George, 287, 353
Gessen, Keith, 372
"Ghostly Father, I Confess" (McCarthy), 222
Gide, André, 369, 374
Ginzburg, Eugenia, 201
Gitcha, Meema, 29, 257
Gitlin, Todd, 332
Glassman, Susan, 58-9
Goebbels, Joseph, 91, 190
Gogol, Nikolai, 113
Gombrowicz, Witold, 146, 261

Goodman, Benny, 288
Gornick, Vivian, 117-8, 120, 123
Graham, Billy, 107
Grande Gatsby, O (Fitzgerald), 21-2, 171, 344, 449
Grant, Linda, 332
Gray, Paul, 259
Great American Novel, The (Roth), 111-4
Greenberg, Eliezer, 188
Greenburg, Dan, 87, 97
Greenfeld, Josh, 72
Groddeck, Georg, 145
Groffsky, Maxine, 57, 459
Grosse Fuge (Beethoven), 459-60
Groves of Academe, The (McCarthy), 345
Grumbach, Doris, 72
Guardian, The, 332
Guerra dos Seis Dias, 178
Guston, Philip, 109, 157, 190

Haaretz, 90
Haetzni, Elyakim, 208
Halcion, 226-7, 234, 247, 250, 252, 262-3
Haldeman, H. R., 106, 107, 108
Hall da Fama do Beisebol (Cooperstown), 111
Hamlet (Shakespeare), 143
Hardwick, Elizabeth, 222
Hardy, Thomas, 45, 407
Harvard, Universidade, 21, 23, 122, 392
Havel, Václav, 136-7, 142
Hawthorne, Nathaniel, 368
Haydn, Josef, 220
Hayward, Susan, 64, 115
Hayworth, Rita, 60
Hebraica, Universidade (Jerusalém), 209
hebraico, 19-20, 28, 90, 130-1, 169, 210, 264, 270, 441-2

Heine, Heinrich, 160
Heller, Zoë, 319, 372
Hemingway, Ernest, 39, 46-7, 110, 112, 147, 336, 338, 364, 415, 428, 446, 449, 454
Henrique V (Shakespeare), 298
Hepburn, Katharine, 22
Herr, Michael, 357, 393
Hersey, John, 133
Herzl, Theodore, 252, 282
Hitler, Adolph, 101, 385
Hobhouse, Janet, 218, 238, 266-7, 277-8, 357, 394
Hoffman, Dustin, 68
Holocausto, 20, 85, 91, 185-6, 211, 231, 251, 254, 256-7; *ver também* nomes dos campos de concentração e de extermínio
Holt, Rinehart & Winston, 114
Holub, Miroslav, 132
Homem comum (Roth), 398-400, 402, 404, 416, 422, 430, 435, 445
Homem invisível (Ellison), 27
Hope, Bob, 37
Hopper, Edward, 424
Houghton Mifflin, 68, 242
"House I Live In, The" (canção), 33
Howard, Maureen, 72, 400
Howe, Irving, 25, 84, 90-1, 188-9, 191
Hudson Review, The, 46
Huffington Post, The, 432
Humilhação, A (Roth), 422, 431, 433, 435, 440
Hungerford, Amy, 350
Hungria, 139
Hunter College, 109, 230
Husák, Gustáv, 137
Huvelle, C. H., 259, 341
Huvelle, Mary, 341

"I Always Wanted You to Admire My Fasting'; or Looking at Kafka" (Roth), 129

I. F. Stone's Weekly, 12
ídiche, 29, 47, 88, 142, 188-9, 196, 198, 257, 303, 329
Ilhas da corrente, As (Hemingway), 454
"Imagining Jews" (Roth), 97
Imoralista, O (Gide), 369, 374
In Fact (jornal), 12
In Our Time (Hemingway), 454
Indignação (Roth), 414-6, 420-2, 430, 435, 438, 445
Inglaterra, 145, 155, 164, 173, 176, 186, 200, 210, 212, 213, 216-7, 219, 266, 272; *ver também* Londres
intifada, 248
Intimate Lighting (filme), 128
Into That Darkness (Sereny), 231
Iowa, Universidade de, 53, 63
Iraque, Guerra do, 420
irlandeses, 31, 269
Irvington (Nova Jersey), 40
Israel, 14, 68, 89, 100, 142, 145, 190-1, 200, 207-13, 215-7, 219-20, 222, 225, 234, 248, 250-1, 253-4, 257, 264, 381; *ver também* Jerusalém
It Can't Happen Here (Lewis), 387
Itália, 74
Iugoslávia, 139

jainismo/jainistas, 310, 425
James, Henry, 14, 52-3, 57, 73, 81, 143, 163, 178, 196, 339, 392, 411
Japão, 44, 384
Jardim das cerejeiras, O (Tchékhov), 201-2
Jardim do Éden, O (Hemingway), 454
Jarrell, Randall, 345
Jerusalém, 74, 208-9, 211, 234, 248, 250, 253, 257; *ver também* Israel
Jewboy, The (Roth), 67, 82

"Jewish Blues, The" (Roth), 77
Jewish Book Council of America, 26
Jewish National Fund, 198
"Jewish Patient Begins His Analysis,
    A" (Roth), 77
Johnson, Lyndon Baines, 79, 424,
    453
Jolson, Al, 83
Joplin, Janis, 366
Jovens leões, Os (Shaw), 48, 60
Joyce, James, 284, 296-7, 336, 342
judeus, 14, 17-21, 23, 25-8, 30-1, 34-
    5, 40, 42, 45-7, 49, 51-2, 55, 59,
    63, 67, 70, 74, 77-83, 85-93, 97,
    101-2, 107-8, 120, 127, 130, 139,
    142, 147, 153, 155, 158, 162-4,
    167-9, 171-3, 178, 186, 188-90,
    193, 196, 198, 200, 202, 205, 208-
    12, 215-6, 218-23, 225, 228, 233,
    239, 244, 246-8, 250-2, 253, 257,
    269, 279-80, 283, 288-9, 292-3,
    298, 303, 325, 333, 336-7, 344-5,
    353, 356, 359, 380-2, 384-5, 388-
    91, 399, 412, 418-9, 426, 437,
    448-9; *ver também* antissemitis-
    mo; Holocausto; Israel
Judt, Tony, 453
Justice, Donald, 111

Kafka, Franz, 7, 81, 109-10, 112-3,
    125-6, 129-33, 135-8, 144-9, 152,
    153, 156, 167-8, 181, 191, 196,
    201, 270, 308, 368, 379, 390
Kafka, Ottla, 137
Kafka, Valerie, 144
Kakutani, Michiko, 245, 259, 284,
    332, 372, 390
Katrina (furacão), 404
Kazin, Alfred, 20, 25, 54
Keats, John, 407
Kelly, Robert, 332
Kennedy, Jacqueline, 68, 180
Kennedy, Joseph, 453

Kent, Allegra, 61
Kenyon Review, The, 46
Kermode, Frank, 285
Khan, Aly, príncipe, 60
Khoury, Elias, 255
Kierkegaard, Søren, 180, 248
Kilgour, French & Stanbury, 92
King, Stephen, 392
Kiš, Danilo, 139
Kissinger, Henry, 314
Kitaj, R. B., 225, 252, 269, 393
Kleinschmidt, Hans, 74-6, 98
Klíma, Ivan, 132-4, 136-7, 140, 142,
    196, 231, 383
Klímová, Rita, 132
Klinghoffer, Leon, 247
Konrád, George, 191
Kornbluth, Jesse, 432
Kosinski, Jerzy, 141
Kramer, Hilton, 190
Kundera, Milan, 132-3, 135-6, 139,
    142, 173, 393
Kundera, Vera, 132, 393

Lamarr, Hedy, 38
LaMotta, Jake, 446
Lawrence, D. H., 284, 331
Le Carré, John, 144
Leaving a Doll's House (Bloom), 174
Lee, Harper, 450
Lee, Hermione, 72, 207, 212
Lehmann-Haupt, Christopher, 187-
    9, 240
Lei Patriota (2001), 390
Leonard, John, 170
Lessing, Doris, 331, 332
Let Freedom Ring! (Roth e Brand),
    33, 86
Letting Go (Roth), 52-5, 57-8, 63, 66-
    8, 77, 80, 127, 205-6, 228, 337
Levi, Lucia, 232
Levi, Primo, 231-4, 341, 352, 383

Lewinsky, Monica, 334, 341-2, 347, 349
Lewis, Sinclair, 39, 387
Library of America, 392-3, 395
Lição de anatomia, A (Roth), 182-4, 187, 192, 205
Liehm, Antonín, 128-9
Liehm, Mira, 128
Life (revista), 79, 92, 94
Limelight and After (Bloom), 321
Lindbergh, Charles, 12, 216, 381-5, 390-1, 397, 436
Lindsay, John, 94
Lista de Schindler, A (filme), 321
Little Theater (Newark), 38
Łódz, gueto de, 138
London Review of Books, 240-1, 319
Londres, 60, 92, 100, 141-7, 173-5, 182, 186, 200-1, 203-4, 212, 215-8, 221-2, 224, 226, 230-1, 233, 236, 274, 318, 393, 395, 423
Long Island, 47
Lonoff, Lenny, 244
Look (revista), 102-3
Look Homeward, Angel (Wolfe), 41
Los Angeles Times, 317, 320
Louca de Chaillot, A (Giraudoux), 29
Louis, Joe, 15
Lowenstein, Bob, 324, 330, 333
Lukacs, John, 453
Lurie, Alison, 133, 174, 207, 332
Luzes da ribalta (filme), 143
Lycidas (Milton), 217

Macdonald, Dwight, 105
MacGraw, Ali, 93
Maclean's (revista), 238
Madame Bovary (Flaubert), 26, 110
Máfia, 90
Mahler, Gustav, 360
Mailer, Norman, 48, 95, 117, 135-6, 162, 170, 333, 428

Malamud, Bernard, 47, 52, 67, 111, 156-7, 160, 164, 171
Malaparte, Curzio, 145
Manea, Norman, 334-5
Manhattan Transfer (Dos Passos), 22
Mann, Erika, 139
Mann, Thomas, 43, 110, 145, 285
Manual da mãe judia, O (Greenburg), 87
Marca humana, A (Roth), 14, 348-9, 352, 355, 357, 360-2, 375, 392, 458
Marinha dos EUA, 30, 35, 44, 344
Mário e o mágico (Mann), 43, 110
Mars-Jones, Adam, 372
Martin, Mildred, 45, 129, 245, 333, 394
Martin, Nan, 93
Marx, Irmãos, 193
marxismo, 38
Masin, Seymour ("Sueco"), 291-315, 325, 337, 343, 354, 362, 367, 387, 399, 401, 405, 437, 442
Maskenfreiheit, 160-1
Matisse, Henri, 423-4
Maurer, Bob, 43, 129, 322, 394
Maurer, Charlotte, 43, 129
May, Elaine, 84
McCarthy, Cormac, 428-9
McCarthy, Joseph. 208, 322, 334, 341
McCarthy, Mary, 25, 221-3, 331, 345
Melhor Romance Americano do Ano, 392
Melhores intenções..., As (Roth), 67, 70-1, 73, 77, 81, 123, 128, 308, 388
Melville, Herman, 148, 392
Memorial do Holocausto (Jerusalém), 211
Memórias de Brideshead (filme), 202
Memórias de uma época de imaturidade (Gombrowicz), 146
Men in My Life, The (Gornick), 120

473

Menand, Louis, 95
Meridiano de sangue (McCarthy), 429
Metamorfose, A (Kafka), 113, 144, 150, 199, 379
Metropolitan Life, 34-5, 39, 128, 157
Miles, Jack, 165, 379
Miller, Arthur, 133
Miller, Henry, 82, 117, 278, 283-4, 333
Miller, Ross, 393
Miłosz, Czesław, 73
Milton, John, 217, 285
Minha vida de homem (Roth), 75, 114-6, 118-20, 123, 160, 206, 321, 365, 435-6
Mishima, Yukio, 110, 136
Mitchell, John, 107
Moby Dick (Melville), 112
Montanha mágica, A (Mann), 145
Montefiore, Simon Sebag, 453
Morrell, Ottoline, 331
Mossad, 250, 258, 379
Mother's Kisses, A (Friedman), 87
movimento antiguerra, 77, 290
movimento sufragista, 290
Mozart, Wolfgang Amadeus, 48, 88
Mrs. Dalloway (Woolf), 296
Mucha, Alphonse, 197
Mucha, Jití, 197
Mudge, Ann, 69, 77, 92, 216, 401, 452
Mulheres apaixonadas (Lawrence), 331
Mundo como vontade e representação, O (Schopenhauer), 419
Munro, Alice, 374
Muro das Lamentações (Jerusalém), 210, 222
Musil, Robert, 145, 285
My Lai, massacre em, 104

"Nariz, O" (Gogol), 113

Nasaw, David, 453
Nation, The, 194, 372
National Book Award, 25, 285, 317
National Book Critics Circle Award, 392
National Humanities Medal, 449
National Medal of Arts, 392
Natural, The (Malamud), 47
nazistas, 27, 36, 52, 74, 86, 91, 101, 131, 139, 144, 153, 158, 167, 196, 216, 234, 239, 249, 315, 382-6, 443
Nêmesis (Roth), 14, 434-5, 437-9, 441, 443-6, 452
New American Review, 77
New Deal, 104, 270
New Republic, The, 56, 432
New School, The, 355-6, 369
New York (revista), 318, 320
New York Athletic Club, 380
New York Post, 26, 51
New York Review of Books, The, 128, 189, 245, 285, 320, 390, 420, 443
New York Times Book Review, The, 14, 72, 105, 120, 151, 191, 220, 240, 285, 332, 433, 445
New York Times, The, 18, 54, 87, 94-5, 106, 162, 170, 182, 187, 231, 240, 245, 259, 317, 355, 372, 390, 458
New York University, 255
New Yorker, The, 12-3, 19-21, 43, 45, 95, 166, 170, 187, 220, 254, 260, 355, 393, 414, 458
Newark (Nova Jersey), 13, 21-2, 24, 28, 30-2, 38-40, 42, 65, 81, 85, 128, 130, 136, 143, 158, 160, 178-9, 186, 247, 256, 270, 295, 302-4, 310, 316, 322, 325, 330-1, 342, 356, 415, 421, 428, 435, 437-40, 442, 445, 449-50
Nicarágua, 224
Nice Jewish Boy, The (Roth), 68

Nixon, Richard M., 14, 102, 104, 108, 183, 240, 306, 314, 387, 408
Nobel de Literatura, Prêmio, 428
Northwestern, Universidade, 38, 356
Nouvel Observateur, Le, 412
"Novotny's Pain" (Roth), 48
Nus e os mortos, Os (Mailer), 48

O'Brien, Edna, 180
O'Neill, Eugene, 42
Oates, Joyce Carol, 449
Obama, Barack, 423, 449-51, 457
Obelisk Press, 279
Observer, The, 372
Olivier, Laurence, 317
OLP (Organização para a Libertação da Palestina), 250, 253
On a Note of Triumph (Corwin), 37, 68, 323
11 de setembro, ataques de, 379-81, 390, 407
Operação Shylock (Roth), 14, 23, 29, 247-51, 255, 257-8, 260-3, 283-4, 301, 308, 360, 379, 392, 395, 425, 454
Orchestra Hall (Chicago), 48
Orgia de Praga, A (Roth), 156, 195, 197-8, 367
Orwell, George, 39, 104
Oswald, Lee Harvey, 69
Other People's Houses (Segal), 166
Our Gang (Roth), 104-5, 108, 113-4, 306, 309
Outra volta do parafuso, A (James), 143
Oxford, Universidade de, 145, 202, 218, 424

Palestina, 23, 90, 129, 145, 172, 198, 209; *ver também* Israel
palestinos, 255
Paris, 47, 60, 82, 142, 165, 222, 279, 389

Paris Review, 20, 60, 72, 162, 187, 212
Partido Democrata, 391
Partido Republicano, 381
Partisan Review, 77, 188-9
Passer, Ivan, 128
Pastoral americana (Roth), 289-90, 292-3, 296, 301, 303, 306, 309, 316, 327, 332, 337, 339, 343, 349, 354, 360, 378, 387, 392, 396, 403, 425, 427, 444, 450
Patrimônio (Roth), 182, 242-5, 259, 262, 279, 285, 315, 392
Pavilhão dos cancerosos (Soljenítsin), 110
Pearl Harbor, ataque japonês a, 30, 284, 325
Peerce, Larry, 22
Pellar, Luba, 127
Pellar, Rudolf, 127
PEN (clube), 141, 142, 261, 392, 427
Penguin Books, 134
Pensilvânia, Universidade da, 68, 129, 392-4
People (revista), 285
Perelman, S. J., 394
Peste, A (Camus), 438
"Philip Roth Reconsidered" (Howe), 90
Picasso, Pablo, 423, 424
Pictures from an Institution (Jarrell), 345
Pinter, Harold, 143-4, 146, 178, 202, 224-5, 235
Playhouse 90 (programa de televisão), 52
Plimpton, George, 60, 394, 410-2
Poderoso chefão, O (filme), 448
Poderoso chefão, O (Puzo), 89
Podhoretz, Norman, 46, 306
Pollak, Oskar, 7
Pollard, Jonathan, 247
Pollock, Jackson, 362
Polônia, 212, 251, 383

Poorhouse Fair, The (Updike), 423
Por que estamos no Vietnã? (Mailer), 95
Porta do sol (Khoury), 255
Pós-guerra — Uma história da Europa desde 1945 (Judt), 453
Powell, Betty, 44
Praga, 13, 125-8, 132-4, 136-40, 142, 144, 146, 152-3, 156, 179, 187, 195-8, 208-9, 236, 261, 270, 394
Pratt, Instituto, 35, 39
Prêmio Faulkner, 261, 392
Prêmio Saul Bellow de Realização em Ficção Americana, 427
Prescott, Orville, 54
Princeton, Universidade de, 43, 65-6, 74-5, 291, 356
Pritchard, William, 285
Prix Médicis Étranger, 392
Processo, O (Kafka), 131, 145, 270
Professor do desejo, O (Roth), 146-7, 150, 153-4, 160, 228, 261, 313, 366, 375, 402, 432, 457
Professor's House, The (Cather), 171
Prokofiev, Sergei, 359
protestantes, 56, 69, 298, 391, 411; *ver também* cristãos; gentios
Protocolos dos sábios de Sião, Os, 90
Proulx, Annie, 332
Proust, Marcel, 287, 452
psicanálise, 74, 76, 81, 94, 99, 116, 279
Publishers Weekly, 332
Pulitzer, prêmio, 96, 165, 170, 292, 317, 392, 450
puritanos, 368
Puzo, Mario, 90
Pynchon, Thomas, 205, 240

Quarteto de Cordas Budapest, 48, 88
Quarteto de Cordas Emerson, 459
Quatro últimas canções, As (Strauss), 407

"Que os velhos mortos cedam lugar aos novos mortos" (Kundera), 135
Queda, A (Camus), 369, 371
Quero viver! (filme), 64

Raab, Scott, 111
Radcliffe College, 21
Rampersad, Arnold, 451
Random House, 68, 114
Rangum (Birmânia), 102, 147
Ravelstein (Bellow), 396, 397
Reading Myself and Others (Roth), 26, 85, 103, 129, 395
Reagan, Ronald, 224, 408
Réage, Pauline, 284
realismo, 72, 135, 301, 308, 373
"Relatório para uma academia, Um" (Kafka), 148
Remnick, David, 296, 362
republicanos, 381
Retrato de uma senhora (James), 53
Rhys, Jean, 201
Ribbentrop, Joachim Von, 384
Rich, Frank, 390
Richardson, Ralph, 397
Rieff, David, 241
Rilke, Rainer Maria, 113
Risíveis amores (Kundera), 132, 135
Robinson Crusoé (Defoe), 166
Robinson, Sugar Ray, 446
Rodgers e Hammerstein, 38
Rogow, Betty, 37
Roiphe, Katie, 433
Rollins, Sonny, 449
Romênia, 251
Romney, Mitt, 457-8
Roosevelt, Eleanor, 98, 453
Roosevelt, Franklin D., 28, 102, 282, 382, 384, 387, 390, 441, 449, 453
Rosten, Leo, 20
Roth, Bess Finkel (mãe de Roth), 29, 31, 35, 98, 182, 303, 436, 455-6

Roth, Herman (pai de Roth), 29, 30-1, 34, 39, 40, 76, 97-8, 100, 153, 181-2, 189, 193, 242-4, 303, 314-5, 364, 387, 388, 436, 456

Roth, Margaret Martinson Williams ("Maggie", primeira esposa de Roth), 55-70, 74-5, 77-8, 92-3, 108, 115-6, 121, 123, 150, 160-1, 228-9, 290, 315, 355, 401, 451, 452

Roth, Sanford ("Sandy", irmão de Roth), 29-30, 35-6, 38-9, 99, 214, 215, 226, 263, 385, 396, 436, 446

Roth, Sender (avô de Roth), 28

Runyon, Damon, 38

Rushdie, Salman, 433

Rússia, 28; *ver também* União Soviética

Rutgers, Universidade, 21, 39-40

S. Klein (loja de departamentos), 39

Said, Edward, 253

Salinger, J. D., 45-6

Sands Hotel (Las Vegas), 458

Saturday Evening Post, The, 45

Saudková, Vera, 137, 138

Schlesinger, Arthur, 133, 322, 381, 390, 453

Scholem, Gershom, 90

Schopenhauer, Arthur, 42, 419

Schulz, Bruno, 139, 383

Schumann, Robert, 163

Schwartz, Delmore, 100

Scofield, Paul, 143

sefarditas, judeus, 233

Segal, Lore, 166

Segunda Guerra Mundial, 19, 102, 111, 287, 380, 424, 428

Seio, O (Roth), 113-4, 366, 375

Seldes, George, 12

Sereny, Gitta, 231

Servadio, Gaia, 233

Sewanee Review, The, 46

Shakespeare, William, 240, 331, 349, 399, 430

Shaw, Irwin, 48

Shawn, William, 43

Shechner, Mark, 375

Sheed, Wilfrid, 72

Shields, Carol, 332

Short Hills (Nova Jersey), 21, 448-9

Shostakovich, Dmitri, 395, 459

Silver, Ron, 311, 329, 381

Silvers, Robert, 128

Simic, Charles, 420

Simon & Schuster, 241-2

Simon, Neil, 384

Simpson, O. J., 265

Sinatra, Frank, 68, 347, 358, 458

Singer, Isaac Bashevis, 167, 171, 212, 383

sionismo, 217, 251

Sloan-Kettering, hospital (Nova York), 394

Smith, Willard, 43

Sobre heróis: o heroísmo e a veneração do herói na história (Carlyle), 419

Sol também se levanta, O (Hemingway), 148

solipsismo, 187, 192, 259, 261

Soljenítsin, Alexander, 92, 134

Solotaroff, Ted, 53-4, 77, 207

"Some New Jewish Stereotypes" (Roth), 26

Sonata a Kreutzer, A (Tolstói), 369

Sontag, Susan, 380

Sorin, Gerald, 191

Spencer, Stanley, 373

"Spirit of '76" (Updike), 423

Sproul, Barbara, 93, 102-4, 108-10, 114, 126-7, 129, 132, 142, 150

St. Louis Jewish Light (jornal), 121

Stabiner, Karen, 73

Stalin, Joseph, 326, 453

Staten Island Community College, 128

Steiger, Anna, 174, 203, 318, 320

Steiger, Rod, 174

Steiner, Marianne, 144-5

Stern, Isaac, 377

Stern, Richard, 49, 207

Stony Brook (Universidade estadual de Nova York), 68, 113

Strand, Mark, 111

Straus, Roger, 241

Strauss, Richard, 407

Streicher, Julius, 91

Streisand, Barbra, 95

Styron, William, 65, 68, 75-6, 108, 133, 342, 422

"Sueco" ver Masin, Seymour

Surpresa, sinfonia (Haydn), 220

Susann, Jacqueline, 95

Swede: Weequahic's Gentle Giant (Masin), 292

Swift, Jonathan, 45, 103-5

Symons, Julian, 241

Syrkin, Marie, 90

Tabela periódica, A (Levi), 352

Tailândia, 102

Tati, Jacques, 60

Taylor, Benjamin, 207, 365, 427

tchecos, escritores, 127-9, 132, 141, 195-6, 390

Tchecoslováquia, 126-7, 133-4, 138-9, 141, 150, 156, 187, 196, 198; ver também Praga

Tchékhov, Anton, 110, 114, 128, 130, 135, 146-9, 153, 175, 201-2, 262, 430-1

Teatro de Sabbath, O (Roth), 14, 266, 268, 272, 275-6, 278, 285-7, 302, 317, 335, 357, 365, 388, 392, 400-1, 427

Tel-Aviv, 145, 208

Telegraph de Londres, 423, 425

Terezín, campo de concentração, 132, 153, 383

This Way for the Gas, Ladies and Gentlemen (Borowski), 231

Thomas, D. M., 260

Thomson, Ian, 232

Thurman, Judith, 207, 237, 274, 311, 393

Time (revista), 155, 259, 392

Times de Londres, 186

Tolstói, Leon, 26, 118, 336, 369-70, 372, 377

Tonight Show, The, 95

Torrington (Connecticut), 351

Toscanini, Arturo, 144

Touro indomável (filme), 446

Towers, Robert, 170

Town & Country (revista), 96

Traição (Pinter), 235

Treasury of Yiddish Stories, A (Howe e Greenberg), 188

Treblinka, campo de extermínio, 231, 234, 249

Três irmãs, As (Tchékhov), 130

trilogia americana, 343, 354, 361-2, 367; ver também Pastoral americana; Marca humana, A; Casei com um comunista

Trimalchio (Fitzgerald), 449

Trocando os pés pelas mãos e outras histórias (Bellow), 396

Trópico de câncer (Miller), 82, 279

Tucker, Richard, 107

Tufts, Universidade, 396

Tumba para Boris Davidovich, Uma (Kiš), 139

Tumin, Melvin, 356-7, 381, 394

Tunis, John, 38, 250, 323

Turguenev, Ivan, 454

Turim, 231-3

Ucrânia, 234, 251, 256, 383

Ulisses (Joyce), 296, 455

478

União Soviética, 126-7, 132, 137, 152, 326, 335, 390
United Jewish Appeal (UJA), 170
Updike, John, 95, 133, 135, 139, 170, 187, 190-1, 206, 220-1, 238, 260-1, 276, 295-7, 320-1, 423-7, 429
Uris, Leon, 26, 257
"Urso atravessou a montanha, O" (Munro), 374

Vaculík, Ludvík, 132
Vale das bonecas, O (Susann), 95
Vanity Fair, 318
Varsóvia, 139, 186-7, 209
"Velejando para Bizâncio" (Yeats), 370
Velho e o mar, O (Hemingway), 446
Vermont, 157, 396
Viagra, 347
Vietnã, Guerra do, 31, 95, 102, 105, 260, 290, 295, 348, 350, 357
Village Voice, The, 72, 95, 117
Vilna, gueto de, 52
vingança literária, 331
Voltaire, 416

Wałęsa, Lech, 252
Walker, Alice, 240
Walter Reed, hospital (Washington), 48
Washington Post, The, 95, 432
Washington, D.C., 48, 300, 357, 385, 387
Watergate, caso, 183, 190, 314
Weathermen, 291, 305-6, 310, 425
Web of Stories (site), 35, 49, 80, 266, 325, 398, 426
Weequahic High School (Newark), 31-4, 38, 39, 44, 88, 291-4, 304, 324, 428, 435
Weldon, Fay, 240
Welty, Eudora, 393

WH Smith Literary Award, 392
"Whacking Off" (Roth), 77
Wharton, Edith, 73, 392
Wheeler, Burton K., 384
Wieseltier, Leon, 432
Wikipédia, 458
Wilentz, Sean, 453
Williams, David, 63, 121
Williams, Holly, 63-6, 78, 290
Wilson, Edmund, 43
Winik, Marion, 320
Wolfe, Thomas, 41, 47, 54, 279, 361, 422
Wood, James, 414
Woodstock (Nova York), 93, 104, 108-9, 111
Woolf, Virginia, 42, 135, 296
Works Progress Administration (WPA), 270
World Trade Center, ataques terroristas ao *ver* 11 de setembro, ataques de
Wouk, Herman, 178
Writers' Workshop, 111
"Writing about Jews" (Roth), 26
Wylie, Andrew, 241
Wylie, Philip, 84

Yaddo (Saratoga Springs), 70, 74, 78, 93, 95, 112, 321
Yale, Universidade, 242, 346, 350
Yeats, William Butler, 365, 370
Yeshiva, Universidade, 26, 52, 228, 333
Yom Kippur, Guerra do, 190

Zola, Émile, 316
Zuckerman acorrentado (Roth), 197, 199
Zuckerman libertado (Roth), 7, 16, 177, 181, 302, 308

1ª EDIÇÃO [2015] 1 reimpressão

ESTA OBRA FOI COMPOSTA EM MINION PELO ESTÚDIO O.L.M. / FLAVIO PERALTA
E IMPRESSA EM OFSETE PELA GEOGRÁFICA SOBRE PAPEL PÓLEN SOFT DA SUZANO
PAPEL E CELULOSE PARA A EDITORA SCHWARCZ EM MARÇO DE 2015